Städtische Armutsquartiere – Kriminelle Lebenswelten?

D1731997

Dietrich Oberwittler • Susann Rabold
Dirk Baier (Hrsg.)

Städtische Armutsquartiere – Kriminelle Lebenswelten?

Studien zu sozialräumlichen Kontexteffekten auf Jugendkriminalität und Kriminalitätswahrnehmungen

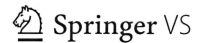
Springer VS

Herausgeber
PD Dr. Dietrich Oberwittler
Max-Planck-Institut für ausländisches und
    internationales Strafrecht
Abteilung Kriminologie
Freiburg i. B., Deutschland

Dr. Dirk Baier
Kriminologisches Forschungsinstitut
    Niedersachsen e.V.
Hannover, Deutschland

Dr. Susann Rabold
Kriminologischer Dienst im Bildungsinstitut
    des niedersächsischen Justizvollzuges
Celle, Deutschland

ISBN 978-3-531-16976-7   ISBN 978-3-531-93244-6 (eBook)
DOI 10.1007/978-3-531-93244-6

Die Deutsche Nationalbibliothek verzeichnet diese Publikation in der Deutschen Nationalbibliografie;
detaillierte bibliografische Daten sind im Internet über http://dnb.d-nb.de abrufbar.

Springer VS
© Springer Fachmedien Wiesbaden 2013
Das Werk einschließlich aller seiner Teile ist urheberrechtlich geschützt. Jede Verwertung, die nicht ausdrücklich vom Urheberrechtsgesetz zugelassen ist, bedarf der vorherigen Zustimmung des Verlags. Das
gilt insbesondere für Vervielfältigungen, Bearbeitungen, Übersetzungen, Mikroverfilmungen und die Ein-
speicherung und Verarbeitung in elektronischen Systemen.

Die Wiedergabe von Gebrauchsnamen, Handelsnamen, Warenbezeichnungen usw. in diesem Werk berechtigt auch ohne besondere Kennzeichnung nicht zu der Annahme, dass solche Namen im Sinne der
Warenzeichen- und Markenschutz-Gesetzgebung als frei zu betrachten wären und daher von jedermann
benutzt werden dürften.

Gedruckt auf säurefreiem und chlorfrei gebleichtem Papier

Springer VS ist eine Marke von Springer DE. Springer DE ist Teil der Fachverlagsgruppe Springer
Science+Business Media.
www.springer-vs.de

Inhalt

Vorwort

Die Frage nach den Ursachen kriminellen Verhaltens gehört wohl zu einer der ältesten Fragen in den Sozialwissenschaften. Antworten wurden dabei meist in der Persönlichkeit oder der familiären Sozialisation gesucht. Schon früh galt die Aufmerksamkeit allerdings auch lokalen bzw. regionalen Faktoren. So konnten Auswertungen von Kriminalstatistiken aus dem 19. Jahrhundert in verschiedenen Ländern belegen, dass es hinsichtlich des Kriminalitätsaufkommens Stadt-Land- oder Nord-Süd-Unterschiede gibt. Dies wurde wiederum mit der unterschiedlichen Wirtschaftsleistung oder Einwohnerdichte in Zusammenhang gebracht. Aber auch sozio-kulturelle Erklärungen regional differierender Raten abweichenden Verhaltens finden sich in Studien des ausgehenden 19. Jahrhunderts: Emile Durkheim spricht bspw. von der Anomie, d. h. einem gesellschaftlichen Zustand, in dem die verhaltensregulierende Kraft gesellschaftlicher Normen aufgehoben ist, ausgelöst u. a. durch einen rapiden Wirtschaftsaufschwung oder schnelles Bevölkerungswachstum.

Die Sichtweise, dass kriminelles Verhalten durch makrosoziale Faktoren beeinflusst wird, ist aus der Forschung nie ganz verschwunden. In den letzten beiden Jahrzehnten hat sie aber in besonderem Maße zu Forschungsaktivitäten geführt, die sich verstärkt auf den Einfluss städtischer Lebensräume konzentriert haben. Dieses neue Interesse an städtischen Lebenskontexten steht damit in Zusammenhang, dass sich das Bild der Städte verändert. Innerstädtische Differenzierungsprozesse in eher reiche und eher arme Stadtviertel, in von Migranten oder von Einheimischen dominierte Stadtteile, in aufstrebende („gentrifizierte") und verwahrlosende Nachbarschaften usw. prägen aktuell das städtische Erscheinungsbild.

Im angelsächsischen Raum sind diese urbanen Differenzierungsprozesse schon länger bekannt. Es überrascht daher nicht, dass maßgebliche Impulse für die Untersuchung der Auswirkungen dieser Prozesse auf das Kriminalitätsgeschehen aus den USA stammen. Hier wurde Anfang des 20. Jahrhunderts von Clifford R. Shaw und Henry D. McKay die Desorganisationstheorie als eine der zentralen Theorien zur Erklärung des sozialräumlichen Einflusses auf kriminelles Verhalten entwickelt. Diese geht davon aus, dass sich Stadtteile in der Zusammensetzung ihrer Bewohnerschaft unterscheiden. Wichtige strukturelle Merkmale sind hierbei die Armutsquote, die ethnische Zusammensetzung oder der Zu- und Fortzugssaldo. Diese Merkmale stellen jedoch nur „Proxy-Variablen" für die damit einher gehenden sozialen Prozesse dar. In Stadtteilen, in denen ein hoher Anteil der Bevölkerung arm ist, in denen viele unterschiedliche Nationen leben oder in denen ein ständiger Austausch eines wesentlichen Anteils der Bevölkerung stattfindet, fällt es den Bewohnern schwerer, enge soziale Bindungen untereinander aufzubauen. Empirisch untersucht haben dies Robert J. Sampson und Kollegen seit den 1990er Jahren. Sie belegen, dass der soziale Zusammenhalt unter diesen strukturellen Bedingungen tatsächlich geringer ausfällt und dass die Bereitschaft, soziale Kontrolle auszuüben (also z. B. bei Kriminalität einzugreifen oder die Polizei zu alarmieren), sinkt. Sie sprechen von der „collective efficacy" von Stadtteilen; in manchen Studien wird auch der Begriff des „Sozialkapitals" benutzt. In Stadtteilen, in denen das Sozialkapital gering ist, sind die Anreize und Möglichkeiten, kriminelles Verhalten auszuüben, größer.

Seit nun etwa zehn Jahren beschäftigt man sich auch in Deutschland systematisch in empirischen Studien mit dem Einfluss der städtischen Umwelt auf kriminelles Verhalten. So wurden u. a. in Hamburg, Köln, Freiburg, Hannover oder Duisburg entsprechende Untersuchungen durchgeführt. Dies ist für uns Anlass, mit diesem Buch eine Art Zwischenbilanz der bisherigen Forschung zu ziehen. In einem ersten Schritt haben wir hierzu auf dem Soziologiekongress in Jena 2008 eine eigene Ad-Hoc-Gruppe veranstaltet. Im Anschluss an diese Veranstaltung sind wir in einem zweiten Schritt an weitere Forscher bzw. Forschergruppen herangetreten, um möglichst viele Perspektiven in diesem Buch zu berücksichtigen. Als Resultat liegt dieser Sammelband vor, der in verschiedener Hinsicht die Heterogenität des Forschungsfeldes illustriert:

- Es gibt Beiträge, die sich mit der Erklärung von kriminellen Verhaltensweisen beschäftigen und Beiträge, die kriminalitätsbezogene Einstellungen und Wahrnehmungen (z. B. Kriminalitätsfurcht, Vermeidungsverhalten) untersuchen.
- Es wird in den Beiträgen danach gefragt, inwieweit Jugendliche durch Bedingungen ihrer Wohnumwelt beeinflusst werden und inwieweit dies für Erwachsene gilt.
- Dabei wird sich zwar meist auf Stadtteile konzentriert; geichwohl wird auch der Einfluss anderer Kontexte wie z. B. der Schule berücksichtigt.

Bewusst wurde dabei allen Autoren die Möglichkeit eingeräumt, ihre theoretischen Grundlagen bzw. die für ihre Untersuchung relevante Forschungsliteratur als Teil ihres Beitrags selbst vorzustellen. Insofern wird nicht der Versuch unternommen, ein einheitliches theoretisches Gebäude zu entwickeln, denen sich die Einzelbeiträge unterordnen. Zwar werden in den Beiträgen von Jürgen Friedrichs und Dietrich Oberwittler einige grundlegende Ideen dieser Forschungsperspektive vorgestellt. Diese Beiträge belegen aber zugleich, dass es auch in der angelsächsischen Literatur kein genuine „sozialökologische Theorie der Kriminalität" gibt, sondern dass es sich dort wie auch hier in Deutschland noch um eine Sammlung an Thesen und Theorien mittlerer Reichweite handelt. Die Entscheidung, den Autoren der empirischen Beiträge die Theoriearbeit ein Stück weit selbst zu überlassen, führt dazu, dass die Beträge nicht konstitent aufeinander abgestimmt sind. Dem Leser werden damit kleinere Widersprüche, aber auch Redundanzen zugemutet.

Der Großteil der Beiträge stellt, wie bereits angedeutet, Ergebnisse empirischer Studien vor. Diese Studien sind primär quantitativ ausgerichtet, was vor dem Hintergrund der vielfältigen Erkenntnisse angelsächsischer Studien, deren Gültigkeit in Deutschland geprüft werden soll, nicht überrascht. Um die mit Hilfe von Befragungen gewonnenen Informationen statistisch adäquat auswerten zu können, wird mittlerweile häufig auf das Verfahren der Mehrebenenanalyse zurückgegriffen. Die Angaben der Befragten sind, so die Annahme, nicht unabhängig von dem Kontext, zu dem sie gehören (Stadtteil, Schulklasse usw.). Auswertungen im Rahmen von Varianz- oder Regressionsanalysen setzen aber gerade die Unabhängigkeit der Beobachtungen voraus. Mehrebenenanalysen berücksichtigen dies und können dadurch die Signifikanz von Zusammenhängen bzw. Unterschieden exakt berechnen. Es verwundert nicht, dass der Anstieg sozialökologischer Forschungsaktivitäten und die zunehmende Verbreitung von Mehrebenenanalysen Hand in Hand geht, insofern zu einer virulenten wissenschaftlichen Frage die passende statistische Methode sowie „verbraucherfreundliche" Analysesoftware zur Verfügung steht. Für Leser, die mit diesem Verfahren nicht vertraut sind, empfiehlt es sich, zunächst das Kapitel von Julia Simonson zu lesen, das neben ausgewählten weiterführenden methodischen Fragen auch eine Einführung in die Mehrebenenanalyse enthält.

In der Gesamtschau fallen die Ergebnisse der Studien in diesem Sammelband sehr heterogen aus. Einige Studien belegen Zusammenhänge zwischen Stadtteilfaktoren und Verhaltensweisen bzw. Einstellungen, andere Studien nicht. Zudem gibt es Befunde, die die getroffenen Annahmen auf den Kopf stellen. Die Vielfalt der Befunde ist unserer Ansicht nach positiv zu bewerten, insofern damit neue Fragen für die weitere Forschung aufgeworfen werden. Dies beginnt u. a. mit der Frage, was ein Stadtteil überhaupt ist und welche Stadtteile Relevanz für das Individuum haben. In einigen Beiträgen wird zur Abgrenzung von Stadtteilen auf administrative Grenzziehungen zurückgegriffen. Dies ist nachvollziehbar, weil nur so auch Daten anderer Statistikquellen in den Auswertungen berücksichtigt werden können. Decken sich aber diese so abgegrenzten Stadtteile mit den Erlebniswelten der Menschen in den Städten? Wären nicht andere Einheiten wie Nachbarschaften oder gar Wohnblöcke diesen administrativen Kontexten vorzuziehen? Eine andere Frage betrifft die genauen Mechanismen, die wirken, wenn Stadtteilfaktoren wirken. Welche Prozesse laufen im Individuum und seiner nahen sozialen Umwelt ab, damit dieses auf Basis eines geringen sozialen Zusammenhalts im Stadtteil zu kriminellem Verhalten greift? Wie äußert sich für den Einzelnen überhaupt eine niedrige soziale Kohäsion oder eine hohe soziale Desorganisation? Auch methodische Fragen werden in den Beiträgen aufgeworfen. Die wichtigste Frage betrifft dabei jene der Kausalität. Bei den meisten Studien handelt es sich um Querschnittsbefragungen, mit denen Ursache und Wirkung empirisch nicht getrennt werden können. Längsschnittliche Studien bzw. Experimentalstudien wären eine Antwort; sie werden derzeit aber kaum durchgeführt. Ein Blick ins Ausland zeigt, dass andere Länder hier schon weiter vorangeschritten sind. So wird im Beitrag von Julia Burdick-Will und Jens Ludwig das Moving-to-Opportunity-Projekt vorgestellt, eine experimentelle Studie, in der Bewohner von benachteiligten Gebieten die Chance erhalten haben, ihr Stadtteil zu verlassen und in ein weniger benachteiligtes Gebiet zu ziehen. Methodische, z. T. aber auch inhaltliche Fragen ergeben sich aus ihren Befunden sowie aus den Befunden anderer Beiträge zum differentiellen Einfluss der Stadtteilfaktoren: Große Stadtteile scheinen demnach etwas anders zu wirken als kleine Stadtteile, Jungen scheinen etwas anders beeinflusst zu werden als Mädchen, nach Kontrolle bestimmter Faktoren zeigen sich bisweilen keine direkten Beziehungen mehr zwischen Stadtteilfaktoren und Verhaltens- bzw. Einstellungsindikatoren usw. Die Leserinnen und Leser werden also mit einer Vielzahl an Befunden, aber auch mit einer Vielzahl an offenen und weiterführenden Fragen konfrontiert. Wir hoffen, dass sie letztlich nach der Lektüre der Beiträge unserem Urteil zustimmen können, dass dies als ein positives Merkmal des Sammelbandes zu deuten ist.

Der Band dokumentiert mit seinen Beiträgen erstmals einen wichtigen Teil der aktuellen empirisch-quantitativen Forschung zu sozialräumlichen Kontexteffekten auf Jugenddelinquenz und Kriminalitätswahrnehmungen in Deutschland und füllt damit klar eine Lücke. Wir hoffen, dass wir mit diesem Band einen Anstoß für weitere Forschungen zu den sozialräumlichen Dimensionen von Kriminalität in Deutschland geben können.

Freiburg und Hannover, im März 2013
Dietrich Oberwittler, Susann Rabold, Dirk Baier

Sozialräumliche Kontexteffekte der Armut

Jürgen Friedrichs

1. Einleitung

In den letzten zwanzig Jahren hat es in der Soziologie eine zunehmende Zahl von Studien über die Effekte unterschiedlicher Kontexte auf das Verhalten von Individuen in solchen Kontexten gegeben, z. B. zu Merkmalen von Schulen und den Leistungen der Schüler/innen (u. a. Kristen 2002, van Tubergen et al. 2004, Vartanian 1999), über soziale Netzwerke und Kriminalität von Jugendlichen (u. a. Haynie 2001), zu Gebietsmerkmalen und Wahlverhalten (u. a. Jagodzinski et al. 1996) oder Bildungsabschlüssen (Andersson 2004, Andersson und Subramanian 2006) oder Einkommen (Andersson et al. 2007, Galster et al. 2008). Der größte Teil dieser Forschungen richtet sich jedoch auf Wohngebiete (neighborhoods) und deren Effekte auf die Lebensbedingungen der Bewohner; hiervon überwiegend auf Armuts- oder benachteiligte Wohngebiete. Sie wurde entscheidend angestoßen durch die Publikation „The Truly Disadvantaged" von Wilson (1987; vgl. auch Small und Newman 2001), obgleich man Ansätze hierzu – rückblickend – schon in den Berichten über Armutsgebiete in London aus dem 19. Jahrhundert und der ebenso einflussreichen Studie von Shaw und McKay (1942) finden kann.

Drei Entwicklungen haben zum Aufschwung dieser Kontext-Forschungen beigetragen. Erstens das methodologische Paradigma der Makro-Mikro Analyse durch Coleman (1987, 1990; vgl. auch Blalock 1984, Blau 1994, Hernes 1989; für die Stadtforschung: Galster et al. 2000). Zweitens durch die Fortschritte in dem statistischen Verfahren der Mehrebenen-Analyse, des hierarchical linear modeling (HLM), das gestattet, Kontext- und Individualeffekte getrennt zu bestimmen (Hox 1996, Langer 2009, Snijders and Bosker 1999). Drittens, die zunehmende Arbeitslosigkeit und Armut in zahlreichen hochentwickelten Ländern, die in den großen Städten zu einer räumlichen Konzentration der Armut geführt hat, z. B. in den USA (Jargowsky 1996, Wilson 1987), in Europa (Musterd und Murie 2006), in Deutschland (Farwick 2001, Friedrichs und Triemer 2009).

Mit der Zunahme der Armut in europäischen Großstädten hat es in zahlreichen europäischen Ländern Programme gegeben, die sich darauf richten, die Lebensbedingungen der Bewohner benachteiligter Wohngebiete zu verbessern (Vranken 2004), wie die Ergebnisse der EU-Forschungsprojekte NEHOM (Holt-Jensen et al. 2004) und UGIS (Vranken et al. 2002) dokumentieren. In Deutschland können die Programme von Hamburg und insbesondere Nordrhein-Westfalen als Vorläufer des Bund-Länder-Programms „Soziale Stadt" (vgl. Difu 2003, Walther und Mensch 2004) gelten, das von der ARGEBAU vorbereitet und im September 1999 verabschiedet wurde. In den USA sind es vor allem die Programme MTO

(Orr et al. 2003; vgl. den Beitrag von Burdick-Will und Ludwig in diesem Band) oder HOPE VI (Cisneros und Engdahl 2009, Popkin et al. 2009).

Im ersten Teil gehe ich knapp auf ältere Beschreibungen von Armutsgebieten ein, sodann ausführlich auf die solchen (benachteiligten) Gebieten zugeschriebenen Kontexteffekte. Dabei erweitere ich das Modell von Coleman um eine Mesoebene, wie sie Friedrichs et al. (2003: 801) für die Analyse von Armutsgebieten vorgeschlagen haben. In einem knappen dritten Teil erweitere ich die Analyse der Effekte von Armutsgebieten auf die Bewohner um Kontexteffekte höherer Aggregationsebenen: das Land – genauer dessen Wohlfahrtsregime – und die globale Ebene. Diese Ebenen einzubeziehen entspricht den Annahmen in der neueren soziologischen und sozialgeographischen Stadtforschung. Die Frage lautet: Hat die Globalisierung einen Einfluss auf das Verhalten – die Restriktionen und Opportunitäten – des Einzelnen? Wenn ja: Welche Mechanismen beschreiben die Effekte von einer jeweils höheren auf die niedrigere Aggregationsebene?

2.   Armut in Städten: Eine historischer Rückblick

In einer Gesellschaft, die soziale Ungleichheit aufweist, wird es vor allem in den Großstädten Armutsgebiete geben, in denen diejenigen wohnen (müssen), die die niedrigsten Rentengebote abgeben. Sie sind damit auf sehr preiswerte Wohnungen angewiesen, die sich oft in Wohngebäuden in schlechtem Zustand befinden.

Anschauliche Beispiele hierfür sind die frühen Studien über Armuts- oder genauer: Elendsgebiete in London. Bereits 1851 erschien von Henry Mayhew „London Labour and London Poor", dem weitere Studien anderer Autoren folgten, darunter der Bestseller „The Bitter Cry of Outcast London" der missionarischen „London Congregational Union" (Mearns 1883). Der Bericht schildert die erbärmlichen Wohnbedingen der Armen: feuchte Gebäude, verschimmelte Wände, überbelegte Wohnungen, armseliges Mobiliar, kümmerliche Ernährung, vielfach verwahrloste Kinder und eine Bewohnerschaft, unter der Prostituierte und Diebe leben. Der Autor, Reverend Mearns, folgert: „These particulars indicate but faintly the moral influences from which the dwellers in these squalid regions have no escape" (14). Es ist die Kombination von trostlosen Lebensumständen und einer anderen Moral als derjenigen der restlichen Gesellschaft, die erforderlich ist, um zu überleben. Die immanente Logik des Handelns unter solchen Bedingungen verdeutlicht der Bericht an folgendem Beispiel:

„And it is to their infinite credit that it should be so, considering that they are daily face to face with the contrast between their wretched earnings and those which are the produce of sin. A child seven years old is known easily to make also 6d. a week by thieving, but what can he earn by such work as match-box making, for which 23d. a gross is paid, the maker having to find his own fire for drying the boxes, and his own paste and string? Before he can gain as much as the young thief he must make 56 gross of match-boxes a week, or 1296 a day. It is needless to say that this is impossible, for even adults can rarely make more than an average of half that number. How long then must the little hands toil before they can earn the price of the scantiest meal" (15).

Im Jahre 1885 führte die marxistische Social Democratic Federation eine Studie in den Wohngebieten der Arbeiter in London durch, deren Ergebnisse die Pall Mall Gazette veröffentlichte. Das wichtigste Ergebnis war, dass jeder Vierte in krasser Armut lebte – was einer Million Einwohnern entsprach. Charles Booth zog diese Ergebnisse in Zweifel und begann 1886 eine eigene Studie über die Wohngebiete in London; das Ergebnis waren 17 Bände „Life and Labour of the People in London", gegliedert in mehrere Serien. Der erste Band erschien 1892, der letzte 1903. Seine Ergebnisse waren – entgegen seinen Vermutungen – noch dramatischer als diejenigen von Mearns: In East London waren 33 % der rd. 900.000 Bewohner arm. Booth arbeitete drei Ursachen der Armut heraus: 1. Arbeitslosigkeit oder zu niedrige Entlohnung, 2. Lebensumstände, wie z. B. Krankheit oder zu große Familien und 3. Gewohnheit, worunter er Faulheit und Trunksucht rechnete. Letztere machten aber nur 15 % der Fälle aus, was die These vom persönlichen Versagen, die (im konservativen Sinne: zu Recht) in die Armut führt, weitgehend widerlegte (Booth 1970: 146 ff., Fried und Elman 1968).

Armut ist in diesen sorgfältigen und eindrucksvollen Beschreibungen, die zum Teil auf einer teilnehmenden Beobachtung beruhen, einerseits ein individuelles Problem, andererseits auch ein Versagen der Gesellschaft. Deren Mehrheit scheint zu denken, weil die Armen an ihrem Schicksal selbst Schuld seien, müsse man sich auch nicht um sie kümmern. Um dem entgegen zu wirken, gehen die Vorschläge von Booth dahin, der Staat müsse die Klasse B mit anderen Lebensbedingungen sowohl zwingen als auch beglücken – um sie „loszuwerden". Diese Lebensbedingungen sind: Leben auf dem Lande, eigene Häuser, eigenständige Produktion mit Rohmaterialien, die der Staat zur Verfügung stellt. „The leading idea is to provide the labourer with land on which to work and so find his own living" (295). Gegenwärtig koste diese Klasse den Staat mehr, als sie ihm an Steuern oder sonstigen Leistungen einbrächte.

Einen Effekt des Kontextes behandelt Booth nicht explizit, wohl aber finden sich Hinweise darauf. Einer davon nimmt fast die grundlegende Annahme des MTO-Programms vorweg, wenn Booth (1975: 175) über die unterste Klasse (A) schreibt: „Persistent dispersion is the policy to be pursued by the State in its contest with them, for to scatter them is necessarily to place them under better influences. The chances for their children, especially, would be better; the hereditary taint less inevitable".

Ich komme auf die Beschreibungen der Armut auf der Individualebene später zurück. Um die Analyse zu strukturieren, gehe ich von einem Makro-Mikro-Modell aus, das in Abbildung 1 dargestellt ist. Hier ist neben der Makro- und der Mikroebene noch eine Mesoebene eingeführt. Auf dieser Ebene sind generell Institutionen angesiedelt, z. B. die Schule, die Polizei, aber auch Netzwerke von Personen.

Es ist ein bislang in der Literatur unzureichend bearbeitetes Problem, welche direkten Effekte von der Makroebene auf die Mikroebene ausgehen, welche von der Makro- auf die Mesoebene und welche von der Mesoebene auf die Individualebene. Beispiele hierfür sind: soziale Netzwerke (Haynie 2001, Oberwittler 2003, 2007), Schule (Bramley und Karley 2007), Gesundheit (Cornaz et al. 2009, Lee und Cubbin 2002, Stimpson et al. 2007), Arbeitsmarkt (Musterd und Andersson 2006, Musterd et al. 2008, Van Ham und Manley 2010), Arbeitslosigkeit (Nonnenmacher 2009) oder Bildungsabschlüsse (Andersson 2004, Andersson und Subramanian 2006, Kauppinen 2007), Kinder (Pebley und Sastry 2004). Die Schule hat stärkere Effekte als das Wohngebiet, wie mehrere Studien zeigen (Kauppinen 2008, Van der Slik et al. 2006).

Abbildung 1: Das Makro-Mikro-Modell der Kontexteffekte von Wohngebieten am Beispiel des Schulschwänzens

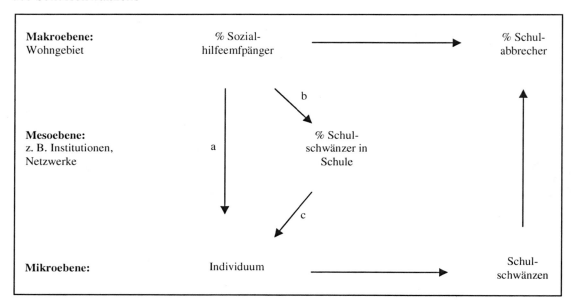

3. Die Makroebene: Benachteiligte Wohngebiete

Seit Mitte der 1980er Jahre hat auch die Armut in der Bundesrepublik zugenommen (Andreß 1999, Balsen et al. 1984, Blasius et al. 2008, Bude 2008, Friedrichs und Blasius 2000, Hanesch et al. 1994, Huster 1996). Damit verbunden ist eine steigende soziale Ungleichheit, die sich seit den 1990er Jahren beobachten lässt; die Spanne zwischen „Arm" und „Reich" ist deutlich größer geworden, in Westdeutschland noch stärker als in Ostdeutschland. Hierfür einige Belege:

1. Die Realeinkommen sind zwischen 1992 und 2003 gestiegen, zwischen 2003 und 2006 zurückgegangen; die Mittelschicht ist zwischen 2000 und 2006 von 62 % auf 54 % geschrumpft (Grabka und Frick 2008: 102-104; vgl. auch Deutscher Bundestag 2005: 55).

2. Die Armutsquoten (60 % des Medians des monatlichen Äquivalenzeinkommens) sind im Zeitraum 1993-2006 von 11,6 % auf 13,9 %, im Jahre 2008 auf 14,0 % gestiegen (Statistisches Bundesamt 2008: 165, Grabka und Frick 2010: 4).
3. Die Zahl der Sozialhilfeempfänger (laufende Hilfe) ist in Deutschland seit 1980 von 851.000 auf 2.910.000 Ende 2004 gestiegen (Deutscher Bundestag 2005: 323).
4. Auch in den Jahren 2002 bis 2007 hat die soziale Ungleichheit zugenommen, und dabei die Vermögensungleichheit noch stärker als die Einkommensungleichheit. Im Jahre 2007 konzentrierten sich 61,1 % der Nettovermögen bei den obersten 10 % der Einkommensbezieher; im Jahre 2002 waren es noch 57,9 %. Die untersten 50 % haben praktisch kein Vermögen (Frick und Grabka 2009: 59). Der Gini-Koeffizient der Ungleichheit ist von .24 in Jahre 2000 auf .29 im Jahre 2009 gestiegen (Grabka und Frick 2010: 3f.). Auch der neueste Bericht der Bundesregierung „Lebenslagen in Deutschland" belegt, dass die Polarisierung der Einkommen zunimmt (Deutscher Bundestag 2005: 18).
5. Die am stärksten von Armut betroffenen Gruppen sind Alleinerziehende (40 % Armutsrisiko), Jugendliche zwischen 13-25 Jahren und Familien mit drei und mehr Kindern (Grabka und Frick 2010: 6).

Unter Bedingungen sozialer Ungleichheit wird es immer auch arme und diskriminierte Personen in einer Stadt geben – und: sie werden räumlich konzentriert wohnen, weil ihre geringen Rentengebote nur die Wahl einfacher Wohngebiete zulassen, die sich in allen Großstädten in wenigen Stadtteilen konzentrieren. Hinzu kommt, dass diese Personen oder Haushalte insbesondere auf Wohnungen angewiesen sind, die der kommunalen Belegung unterliegen („Sozialwohnungen"), diese sich aber nur in wenigen Stadtvierteln befinden. Allein dieser Sachverhalt begünstigt eine Segregation der Armen. Ein Wohngebiet kann dann als benachteiligt angesehen werden, wenn die Quote der Sozialhilfeempfänger über dem Durchschnitt oder eine Standardabweichung über dem Mittelwert der Stadt liegt.

Es ist daher kaum verwunderlich, dass auch die Zahl der Armutsgebiete in den deutschen Großstädten zugenommen hat. Zwischen 1990 und 2005 nahm in den 15 größten Großstädten die Zahl der Stadtteile mit mehr als 10 % Armen um 23 % zu. Die höchsten Werte wiesen Berlin-Wedding (+ 8,9 Prozentpunkte), Essen-Stadtkern (+ 7,9), Köln-Chorweiler (+ 7,9), Essen-Ostviertel (+ 7,2), Frankfurt/M.-Ginnheim (+ 6,3) und Düsseldorf-Hassels (+6,0) auf. In Leipzig nahm allein zwischen 2000 und 2005 die Armutsquote in Neustadt-Neuschönfeld um 7,7 Prozentpunkte zu. Insgesamt stieg in dem 15-jährigen Zeitraum die Segregation der Armen (alle Angaben aus: Friedrichs und Triemer 2009).

Die gestiegene Armut stellt für die Städte ein besonderes Problem dar, weil sich hohe Anteile ärmerer Bevölkerung in wenigen Stadtteilen konzentrieren. Aufgrund der steigenden sozialen Probleme legten mehrere Großstädte Armuts- oder Sozialberichte vor, u. a. Bremen (FHB 1987), Stuttgart (Landeshauptstadt Stuttgart 1990) und München (Landeshauptstadt München 1991), Hamburg (BAGS 1993) und Essen (Stadt Essen 1993), Wiesbaden (Landeshauptstadt Wiesbaden 1996), Frankfurt am Main (Bartelheimer 1997) und Köln (Stadt

Köln 1998). Ihnen sind seither zahlreiche andere Städte gefolgt, u. a. Chemnitz (Stadt Chemnitz 2005), Dresden (Landeshauptstadt Dresden 2006), Magdeburg (Landeshauptstadt Magdeburg 2002), Nürnberg (Stadt Nürnberg 2004) und Schwerin (Landeshauptstadt Schwerin 2004).

Eine wichtige Beobachtung war die Zunahme der Armut in der gesamten Stadt, insbesondere aber in den bereits bestehenden Armutsgebieten (vgl. Keller 1999, Farwick 1996, 2001, Farwick und Voges 1997). Die steigende Verarmung von Wohngebieten lässt sich durch drei Hypothesen erklären:

1. selektive Fortzüge: die relativ Bessergestellten ziehen aus;
2. selektive Zuzüge: statusniedrigere Personen ziehen ein oder werden durch das Wohnungsamt in Sozialwohnungen eingewiesen;
3. eine stetig zunehmende und überdurchschnittlich starke Verarmung der Bewohner in benachteiligten Wohngebieten.

Jargowsky (1997: 51) findet in seiner Studie nordamerikanischer Großstädte Belege für alle drei Hypothesen. Farwick (1996: 8) hingegen zeigt sowohl für Bremen als auch für Bielefeld, dass vor allem die dritte Hypothese zutrifft. Demnach ist es die ungünstige Qualifikationsstruktur der Bewohner armer Gebiete, die immer mehr Personen arbeitslos und schließlich von der Sozialhilfe abhängig werden lässt. In einer Variante der Shift-Share-Analyse kann Farwick für beide Städte zeigen, dass die Zunahme der Armut in Armutsgebieten überproportional zur Zunahme der gesamtstädtischen Armut ist, d. h. der Struktureffekt ist wesentlich geringer als der „Shift"-Effekt", nämlich die spezifischen Bedingungen in den Armutsgebieten.

Die Hypothese der selektiven Zuzüge schließt ein, dass in Armutsgebieten ein relativ hoher Anteil öffentlich geförderter Wohnungen besteht, für die die Kommune oder eine städtische Wohnungsgesellschaft das Belegungsrecht haben. Die Einweisung von Problemfamilien bzw. Familien mit Armutsrisiken hätte eine steigende Quote von Armen zur Folge. In den Armutsgebieten Hannovers waren es 50 %, die ihre Wohnung zugewiesen erhielten (Herlyn et al. 1991: 97). Es ist allerdings umstritten, in welchem Maße einzelne Kommunen eine solche Politik verfolgen und so zu einer zunehmenden Verarmung des Gebietes beitragen. Jedoch verweist dieses Problem darauf, in die Analyse von Armutsgebieten den gesamtstädtischen Wohnungsmarkt einbeziehen müsste.

In einer vergleichenden Studie deutscher Großstädte wurden diese Hypothesen ebenfalls getestet, allerdings waren für die Stadtteile nur Daten für eine begrenzte Zahl von Variablen zu ermitteln, weshalb der statistische Test auf wenigen erklärenden Variablen beruht. In einer multiplen Regression auf den Anteil der Sozialhilfeempfänger 2005 hatten die folgenden Variablen hochsignifikante Effekte (beta, $p > .001$): Fortzüge Deutsche (-.58), Arbeitslosenquote (.52), Fortzüge insgesamt (.50), Anteil Sozialwohnungen (.33), Fluktuationsquote (Zu- und Fortzüge/Einwohner .29), einen niedrigen, aber signifikanten Effekt ($p >$

.01) hatte die Einwohnerzahl (.16); hingegen hatten die Fortzüge der Ausländer keinen Effekt (Friedrichs und Triemer 2009: 116).[1]

Diese Ergebnisse stützen alle drei Hypothesen, allerdings stärker die erste und die dritte, etwas weniger die zweite – den Einfluss der Zuweisungen aufgrund des Anteils der Sozialwohnungen. Aufschlussreich ist, dass die Sesshaftigkeit der deutschen und nicht die der ausländischen Bewohner so stark zu der Höhe des Anteils der Armen beiträgt.

Fast alle bisherigen Untersuchungen beziehen sich auf einen Zeitpunkt, sind also Querschnittsanalysen. Sofern Längsschnittdaten vorliegen, handelt es sich um wenige statistisch erfasste Merkmale, mit denen Veränderungen in den benachteiligten Gebieten beschrieben werden. Diese vorhandenen Makrodaten sind jedoch nicht geeignet, die Entwicklung von Armut auf der individuellen Ebene zu beschreiben. Was gegenwärtig jedoch völlig fehlt, sind empirische Untersuchungen benachteiligter Gebiete anhand von Panel-Daten.

Wie komplex die Analyse von Kontexteffekten auf Arme ist, lässt sich an einem einfachen Beispiel illustrieren. Die 85 Stadtteile von Köln wurden in zwei Gruppen eingeteilt: solche unter 20 % Sozialhilfeempfänger (SGB II und XII) und solche mit 20 und mehr Prozent. Ferner wurden die Bewohner in Arme (Bezug von Hartz IV) und Nicht-Bezieher eingeteilt. Das Ergebnis der Kreuzung beider Variablen zeigt Tabelle 1.

Tabelle 1: Personen in armen und nicht-armen Wohngebieten, nach Status der Person (85 Stadtteile von Köln, 2008)

	Wohngebiet (Absolute Werte)			Wohngebiet (in Prozent)			
	arm	nicht-arm	Insg.	*Person*	arm	nicht-arm	Insg.
arm	53.552 (A)	74.790 (B)	128.342	arm	5,4 (A)	7,5 (B)	12,9
nicht-arm	129.920 (C)	736.554 (D)	866.474	nicht-arm	13,1 (C)	74,0 (D)	87,1
Insgesamt	183.472	811.344	994.816	Insgesamt	18,4	81,6	100,0

Anmerkung: Summe der Empfänger von Sozialleistungen nach SGB II, der Leistungen der Grundsicherung und der Hilfe zum Lebensunterhalt; rd. 2400 Fälle bleiben unberücksichtigt, da diese den Stadtvierteln nicht zugewiesen werden konnten.

Überrascherderweise wohnen mehr Arme in nicht-armen Stadtteilen, zudem viele Nicht-Arme in armen Stadtteilen (7,5 % vs. 5,4 %). Ein ähnliches Ergebnis findet Schwarzer (2005: 138) für Hannover, wo 70 % der Bezieher von Transferleistungen zwischen 1987 und 2004 „außerhalb der stadtbekannten benachteiligten Stadtbezirke" wohnten. Aus dieser Verteilung ergibt sich eine Reihe von Fragen:

1. Geht es den Bewohnern im Wohngebiet des Typs in A besser als denen im Typ B?
2. Geht es denen in B besser als denjenigen C?
3. Worin genau unterscheiden sich die Lebensbedingungen in A von denen in D?

---

[1] Diese Analyse bezieht sich auf alle 15 Großstädte. Die Effekte der Variablen unterscheiden sich für die einzelnen Städte.

Die erste Frage richtet sich auf den Einfluss von Armut in einem Wohngebiet auf arme und nicht arme Bewohner. Auf dieses Problem richteten sich zwei Forschungsprojekte in Köln (Blasius et al. 2008, Friedrichs und Blasius 2000). Auch die zweite Frage richtet sich auf einen Nachbarschafts-Effekt; doch werden nun Nicht-Arme in armen mit jenen in nicht-armen Wohngebieten verglichen. Diese Studien ergänzen jene zur ersten Frage. Sie sind zwingend für Programme wie das der „Sozialen Stadt", weil dort nur benachteiligte Wohngebiete untersucht werden, auf die sich sozialpolitische Maßnahmen richten – nicht aber irgendwelche Kontrollgebiete.

Die dritte Frage ist ebenfalls von erheblicher Bedeutung für politische Programme, weil nun untersucht werden muss, ob es Armen nach einem Umzug aus einem armen in ein nicht-armes Wohngebiet besser geht. Hierauf richtete sich das nordamerikanische MTO-Experiment (vgl. Burdick-Will und Ludwig in diesem Band).

4. Kontexteffekte und Mechanismen

Die grundsätzliche Annahme eines Kontexteffektes des Wohngebietes (neighborhood effect) ist, ein gegebenes Verhalten der Bewohner ließe sich nicht nur durch die individuellen Merkmale der Bewohner erklären, sondern zusätzlich durch Merkmale des Gebietes (Atkinson und Kintrea 2001, Ellen und Turner 1997, Galster 2007, Oberwittler 2004). Dabei ist nach den vorliegenden Untersuchungen zu erwarten, dass der Kontexteffekt wesentlich geringer als der Individualeffekt ist. Um die Kontexteffekte zu bestimmen, sind drei Probleme zu lösen, die in den folgenden Abschnitten behandelt werden:
1. Welche Mechanismen bewirken die Einflüsse?
2. Auf welche Gruppen haben sie (welche?) Einflüsse?
3. Gibt es Schwellenwerte solcher Einflüsse?

4.1. Typen von Kontexteffekten

In der einschlägigen Literatur werden unterschiedliche Kontexteffekte angeführt, die die einzelnen Ebenen miteinander verbinden (Dietz 2002, Erbring und Young 1979, Friedrichs 1998, Galster 2003, 2008, Jencks und Mayer 1990, Leventhal und Brooks-Gunn 2000, Sampson et al. 2002). Ich führe im Folgenden einige dieser Effekte, genauer: Mechanismen, auf und berücksichtige dabei, ob es sich um mögliche Effekte der Makro- auf die Mikro- oder auf die Mesoebene und schließlich von dieser auf die Mikroebene handelt. Es sind hauptsächlich folgende:
1. Diskriminierung des Wohngebietes
2. Defizitäre Infrastruktur
3. Rollenmodelle
4. Ansteckungseffekt
5. Kollektive Sozialisation

4.1.1. Diskriminierung des Wohngebietes

Ein erster Effekt besteht in der Wahrnehmung von Wohngebieten durch die Bewohner der Stadt. Benachteiligte Wohngebiete haben ein schlechteres Image, was von deren Bewohnern als Stigma wahrgenommen wird und dann dazu führen kann, sowohl das Wohngebiet als auch sein Bewohner/innen zu stigmatisieren. So fanden Atkinson und Kintrea (2001) in zwei benachteiligten Wohngebieten von Edinburgh und Glasgow, dass 25 % bzw. 35 % der Bewohner angaben, das niedrige Ansehen des Gebiets habe sie bei der Suche nach einem Job behindert, von den Bewohnern von gemischten Gebieten in den beiden Städten gab dies hingegen nur 1 % der Bewohner an. Die wahrgenommene Diskriminierung war in der wohlhabenden Stadt Edinburgh stärker als in dem weniger wohlhabenden Glasgow. Die Einkommensdifferenzierung in einer Stadt könnte demnach mit einer Differenzierung des Ansehens der einzelnen Wohngebiete verbunden sein und dies könnte zu einer stärkeren (wahrgenommenen) Diskriminierung benachteiligter Wohngebiete führen.

In einer Studie von 24 Wohngebieten in Utrecht finden Permentier et al. (2008), dass die Reputation eines Wohngebietes stärker von dem wahrgenommenen Status der Bewohner als von physischen Merkmalen abhängt. Die Urteile von Bewohnern und Nicht-Bewohnern waren umso ähnlicher, je höher der Status eines Wohngebietes war, hingegen wurden mittlere und statusniedrige Wohngebiete von den Bewohnern besser beurteilt als von den restlichen Stadtbewohnern. Kamphuis et al. (2010) zeigen an einer Befragung in 14 Wohngebieten von Eindhoven, dass nur eine niedrige Korrelation zwischen der objektiven Ausstattung und der subjektiven Beurteilung eines Wohngebietes besteht; zudem gibt es nur wenige signifikante Unterschiede in der Ausstattung zwischen beanachteiligten und nichtbenachteiligten Wohngebieten. Bewohner niedrigen sozialen Status urteilen eher abwertend, weil sie in weniger attraktiven Wohngebieten wohnen, die auch einen geringeren sozialen Zusammenhalt aufweisen.

4.1.2. Defizitäre Infrastruktur

Hier besteht der Effekt des Wohngebietes darin, „routine activities" (Sampson et al. 2002: 458) zu ermöglichen, zu erleichtern oder zu verhindern, weil einzelne Einrichtungen vorhanden oder nicht vorhanden sind. Zu diesen Opportunitäten gehören die Qualität der Schulen, die Ausstattung mit Freizeiteinrichtungen und die verfügbaren Anschlüsse im öffentlichen Nahverkehr.

4.1.3. Rollenmodelle

Hier wird davon ausgegangen, der Effekt des Kontextes käme durch die Bewohner des Gebiets zustande, speziell durch Rollenmodelle. Eine häufig getestete Hypothese ist, ein hoher Anteil von Personen, die erwerbstätig sind, die in höheren Angestelltenberufen sind oder die Freien Berufen angehören („managerial and professional"), habe einen positiven Einfluss auf das Erwerbsverhalten der Bewohner und einen negativen Effekt auf abweichendes Verhalten. Crane (1991: 1233) berichtet, dieser Anteil von Personen mit relativ hohem sozialen Status habe auf die abhängigen Variablen „Schulabbrecher" und „Teenager-Schwangerschaften" einen höheren Effekt als andere Variablen, wie z. B. die Arbeitslosenquote, der Anteil allein erziehender Frauen oder der Anteil der Erwerbstätigen. Unterstellt wird hier ein soziales Lernen (Bandura und Walters 1963, Friedrichs 1998), wobei „positive" Verhaltensweisen durch „Vorbilder" erlernt werden.

Es ist jedoch unklar, ab welchem Anteil von Personen mit relativ hohem Status in einer Nachbarschaft die vermuteten positiven Effekte auftreten. Es ist ebenso möglich, dass bei einem Teil der Bewohner eine relative Deprivation auftritt, weil die Standards nicht erreicht werden können – was zu einem Rückzug („retreatism") im Sinne von Merton (1957: 153, 187) führen kann.

4.1.4. Ansteckungseffekt

Der Effekt beruht auf der Annahme, ein höherer Anteil abweichenden Verhaltens in einem Wohngebiet erhöhe auch die Bereitschaft, abweichendes Verhalten zu akzeptieren und zu übernehmen. Dies ist insbesondere für Jugendliche nachgewiesen worden (vgl. Browning et al. 2004: 508). Diese Annahme gehört aber auch zu den zentralen Hypothesen von Wilson (1987) über die Ausbreitung abweichender Verhaltensmuster, z. B. Schulabbruch oder Schwangerschaften von Teenagern.

4.1.5. Kollektive Sozialisation

Die Annahme lautet hier, einzelne Gruppen (z. B. soziale Netzwerke) oder Institutionen (z. B. die Schule) vermitteln soziale Verhaltensmuster: Werte, Normen und Einstellungen. Dies geschieht durch Interaktion in Gruppen außerhalb der Familie. Diesem Effekt lässt sich eine Aussage von Mearns (1883: 8) über Armutsgebiet in London zurechnen: „All kinds of depravity have here their schools".

4.1.6. Kontexteffekte und Mechanismen

Nun ist weder für die Rollenmodelle, noch für den Ansteckungseffekt hinreichend expliziert, worin der Effekt genau besteht. Auch wenn wir die direkten Effekte (a) und die indirekten Effekte (b, c) im Modell in Abbildung 1 berechnen können, so wissen wir damit noch immer nicht, durch welche Mechanismen sie genauer beschrieben werden können. Wie geht es vor sich, dass der Anteil von Personen mit höheren Positionen sich auf das Verhalten von Personen mit niedrigeren Positionen auswirkt? Wie können die unterstellten positiven Effekte solcher „Rollenmodelle" präziser formuliert werden? Es ist sinnvoll, hierzu auf die neueren Überlegungen zu „sozialen Mechanismen" zurückzugreifen (Hedström und Swedberg 1998, Mayntz 2005, Opp 2004); dieser Ausdruck wird zwar auch in einigen Arbeiten zu Nachbarschaftseffekten verwendet (z. B. Atkinson und Kintrea 2001, Sampson 2006, Sampson et al. 2002), aber ohne ihn mit konkreten Inhalten (Hypothesen) zu füllen.

Unter einem Mechanismus versteht Opp (2004: 362-364) einen „kausalen Prozess" oder eine „Wirkungskette" von Hypothesen, die zwei Variablen miteinander verbinden. Es wird also nicht *eine* Hypothese formuliert, sondern eine Kette aufeinander bezogener Hypothesen, die spezifizieren, wie eine Bedingung (Input) mit einem Ergebnis (Output) – auf plausible Weise – verbunden ist (Hedström und Swedberg 1998: 9). Den Kontexteffekt solcherart zu modellieren, hat den Vorteil, präziser zu bestimmen, welche Bedingungen gegeben sein müssen, damit ein Merkmal auf der Kontextebene sich auf die Handlungen der Individuen auswirkt.

Nehmen wir das Beispiel der Rollenmodelle. Es werden negative Effekte des Anteils der „managerial/professional" in einem Wohngebiet auf abweichendes Verhalten wie Jugendkriminalität, Teenager-Schwangerschaften oder Schulabbruch empirisch festgestellt. Unklar bleibt jedoch, wie dieser Effekt zustande kommt.

Die Kontexthypothese lautet: Je mehr Personen in höheren Angestelltenpositionen in einem Gebiet wohnen, desto niedriger ist die Rate abweichenden Verhaltens. Fasst man diese Hypothese genauer, so lautet der unterstellte Mechanismus: Personen der Gruppe A mit dem Verhalten V(A) sehen Personen der Gruppe B mit dem Verhalten V(B). Das Verhalten V(B) wird als abweichend vom eigenen Verhalten wahrgenommen, aber positiv von der Gruppe A bewertet. Diese positive Bewertung führt Personen der Gruppe A nun dazu, eher das Verhalten V(B) als das Verhalten V(A) auszuführen. So schreibt Crane (1991: 1227), arme männliche Jugendliche seien stärker als andere Bewohnergruppen für die Einflüsse von peer groups empfänglich, weshalb es zu stärkeren (delinquenten) jugendlichen Subkulturen käme.

Wie man an diesem Beispiel erkennen kann, machen wir die zusätzliche Annahme, Personen der Gruppe A würden das Verhalten V(B) dem Verhalten V(A) vorziehen, weil sie es positiver bewerten. Einen solchen Maßstab müssen die Personen der Gruppe A sich jedoch ungeachtet der Neigung, V(A) auszuführen, bewahrt oder erarbeitet haben. Das ist nun keineswegs zwingend, denn z. B. Wilson (1987) lässt sich so interpretieren, dass mit dem Überwiegen von V(A) über V(B) in einem Wohngebiet auch die Maßstäbe der Bewertung sich zugunsten von V(A) verschoben haben und sich die Bewohner daran als dem dominanten Verhaltensmuster orientieren. Das bedeutet: Wenn Wilson empirisch belegt, die Normen der Bewohner von Armutsgebieten wichen von den Normen der „mainstream society" ab, so dürfte dies auch einschließen, die Bewohner würden die Werte der Mehrheit nicht (mehr) akzeptieren. Dies entspräche den Hypothesen von Sutherland (1968) über abweichendes Verhalten, denen zufolge man nicht nur die Techniken abweichenden Verhaltens lernt, sondern auch die Legitimationen dafür. Wenn das zutreffend ist, stellt sich die weitere Frage, ob Legitimationen (wie in der Theorie von Sutherland angenommen) durch die reine „Ausbreitung" von neuen Normen erlernt werden können, oder ob es dazu persönlicher Kontakte mit Personen im Gebiet bedarf. Wie es also genau zur Übernahme oder Ablehnung abweichenden Verhaltens kommt, lässt sich nur aufklären, wenn die Wahrnehmung und Bewertung der Personen empirisch erfasst werden.

Noch schwieriger ist es, den „Ansteckungseffekt" empirisch zu bestimmen. Er kann sowohl auf der bloßen Wahrnehmung des Verhaltens anderer Bewohner/innen als auch auf der Interaktion der Bewohner/innen bestehen. Für beide Formen liegen Studien vor. So untersuchen Ross et al. (2001) die wahrgenommene „disorder" in Wohngebieten (darauf aufbauend: Blasius und Friedrichs 2007) und finden einen signifikanten Effekt auf das Gefühl der Machtlosigkeit bei den Bewohnern. Andererseits zeigen die Studien von Sampson (Sampson et al. 2002: 465, Sampson und Raudenbush 1999), dass die Wahrnehmung physischen Verfalls nicht direkt zu höherer Kriminalität führt, sondern durch das Ausmaß sozialer Kontrolle als intervenierende Variable bestimmt wird. Dennoch ist damit noch nicht hinreichend geklärt, wie sich die Wahrnehmung von physischem Verfall oder die Beobachtung von Drogenhandel im Wohngebiet auf die Einstellungen und das Verhalten der Bewohner auswirken: Nimmt man gelockerte Normen wahr und verhält sich deshalb ebenfalls abweichend?

Wir müssen demnach beide Mechanismen, Rollenmodelle und Ansteckung, explizieren und in qualitativen Studien untersuchen, bevor wir eine standardisierte Befragung vornehmen können. Dies wäre ein erheblicher Fortschritt in der Aufklärung von Kontexteffekten.

Ein weiteres Problem ist, dass sich die empirischen Studien fast ausschließlich auf Kontexteffekte „armer" Wohngebiete auf deren Bewohner richten. So wird schon in der Einleitung des Reviews von Sampson et al. (2002) von Gebieten mit „concentrated poverty" gesprochen, auf die sich der Bericht über den kumulativen Forschungsstand dann auch richtet. Wie aber sind die Kontexteffekte in „gemischten" oder „mittleren" Gebieten, in denen es „arme", „mittlere" und „reiche" Haushalte gibt? Haben arme Haushalte bessere Chancen in weniger armen Gebieten? Welche Kontexteffekte treten in „reichen" Wohngebieten auf?

Klarer ist der Mechanismus bei der kollektiven Sozialisation, da es sich um Interaktionen und soziales Lernen handelt. Wahrscheinlich sind die beiden wichtigsten Mechanismen soziales Lernen und Rollenmodelle. Hierzu kann man auch auf eine empirisch fundierte Theorie des sozialen Lernens von Bandura und Walters (1963) zurückgreifen. Wichtig ist hierbei eine Reihe von Annahmen, die sich der Theorie der differentiellen Assoziation von Sutherland (1968) entnehmen lassen: 1. Abweichendes Verhalten wird gelernt, 2. Gelernt werden nicht nur die Techniken abweichenden Verhaltens, z. B. eines Einbruchs, sondern auch die Legitimation dieses Verhaltens. Dieser Aspekt erscheint mir außerordentlich wichtig, denn wer ein Verhalten übernimmt, muss ja auch Gründe dafür haben, es zu tun. Diese Gründe muss er aber nicht nur sich selbst, sondern auch anderen plausibel machen können (oder gar müssen), mithin muss er lernen, das Verhalten zu rechtfertigen. Wenngleich das nicht in allen Fällen, in denen Verhaltensmuster übernommen werden, zutreffen mag, so dürfte es doch für die weitaus größte Zahl gelten.

Wenden wir nun diese Mechanismen auf die unterschiedlichen Beziehungen in Abbildung 1 an. Der Pfeil (a) umfasst alle aufgeführten Mechanismen. Der Pfeil (b) dagegen umfasst keinen dieser Mechanismen; hier sind eigenständige Annahmen erforderlich. So kann die Lehrerschaft in der Schule eine selektive Auswahl von Lehrer/innen sein, die aufgrund des schlechten Rufes des Wohngebietes zunächst nicht an eine Schule in diesem Wohngebiet wollten, woanders aber aufgrund ihrer Qualifikation keine Anstellung erhielten. Unter dieser Annahme hätten benachteiligte Gebiete „schlechtere" Schulen. Dabei ist allerdings zu bedenken, dass es hoch motivierte Lehrer/innen gibt, die auch hochqualifiziert sind und ihre Qualifikationen in eben einer Schule eines benachteiligten Wohngebietes ausüben wollen.

Ein anderes Beispiel: Das Wohngebiet, in dem die Schule liegt, hat einen hohen Anteil von Ausländern oder Bewohnern mit Migrationshintergrund. Dann wird (sollte) auch das Kollegium der Lehrer/innen multikulturell zusammengesetzt sein. Beides wären Effekte der Nachbarschaft auf die Schule, also der Makro- auf die Mikroebene.

Im Modell in Abbildung 1 lässt der Pfeil (c) nur wenige Mechanismen zu. Wenn wir bei dem Beispiel „Schule – Individuum" bleiben, dann sind es am ehesten oder in den meisten Fällen: soziales Lernen durch Interaktion. Das führt zu einer interessanten Folgerung. Wenn der Effekt (a) aus allen Mechanismen hervorgerufen werden kann, derjenige von (c) ganz überwiegend durch soziales Lernen in Interaktionen, dann gilt sehr wahrscheinlich a > c und a > b sowie b > c. Demnach käme der intermediären Ebene (z. B. Schule, Netzwerk) eine sehr viel stärkere und prägendere Bedeutung zu als den Makrobedingungen und deren direkten Effekten auf die Individuen.

Von der sozialen Interaktion wird angenommen, räumliche Nähe fördere die Interaktion zwischen Personen unterschiedlichen sozialen Status, z. B. des Einkommens, der Berufsgruppen oder der ethnischen Herkunft. Diese Hypothese wird durch die Befunde der sozialpsychologischen Forschung gestützt. So fanden Pettigrew und Tropp (2006) in einer Meta-Analyse von 688 Studien über den Zusammenhang von Kontakten und Vorurteilen, dass Intergruppen-Kontakte die Vorurteile gegenüber der jeweils anderen Gruppe vermindern. Das würde die Annahme eines positiven Effekts der sozialen Mischung im Wohngebiet stützen. Das setzt voraus, dass Personen überhaupt miteinander in Kontakt kommen. Hier zeigen Studien zu sozialen Netzwerken, dass die Kontakte gemeinsame Merkmale der Personen voraussetzen, zum Beispiel des Alters, der Bildung oder der Religion (Jackson 1977, Laumann 1966, Wolf 1996).

Dieser Sachverhalt kann auch am Beispiel der Beziehungen von Hausbesitzern und Mietern belegt werden. Hiscock (2001) untersuchte in einer schriftlichen Befragung in West-Schottland den Effekt der Mischung des Wohnstatus auf das soziale Kapital von Wohngebieten. Das soziale Kapital wurde durch vier dichotome Indikatoren gemessen: ob man mit Nachbarn Gefälligkeiten tausche, ob man sich als Teil der Gemeinschaft fühle, ob man berufstätig sei, und ob das Ansehen des Wohngebiets ein Problem sei. Eine logistische Regression (unter Kontrolle von Alter, Geschlecht, Einkommen und Wohnstatus) erbrachte positive Effekte der Mischung auf Berufstätigkeit und Ansehen, wenn nur 29 % der Bewohner Sozialmieter waren, hingegen negative Effekte auf alle Indikatoren bis auf die Berufstätigkeit, wenn der Anteil bei 82 % lag. Somit ist ein nicht-linearer Effekt des Anteils der Sozialmieter auf das soziale Kapital zu vermuten. Auch hing das Ausmaß der Interaktionen von den Merkmalen der Bewohner ab: „More interaction takes place when owners and renters have similar characteristics, especially when they have children" (S. 6).

In einer Studie von zehn nach dem Wohnstatus gemischten Wohngebieten führte Jupp (1999) rd. 1.000 Interviews durch. Sein wichtigstes Ergebnis lautete, dass Mieter und Eigentümer „getrennte Leben" führen, weshalb er für eine soziale Mischung auf der kleinräumlichen Ebene von Straßen plädiert. Auch Brophy und Smith (1997: 8, 15) fanden in ihrer Untersuchung von sieben U.S. Wohngebieten mit Bewohnern unterschiedlichen Einkommens positive Effekte der sozialen Mischung, jedoch nur wenige Kontakte zwischen den unterschiedlichen Bewohnergruppen. Basierend auf 49 Tagebüchern von Haushalten in drei nach dem Wohnstatus gemischten Wohngebieten in Schottland kommen Atkinson und Kintrea (2000, 2001) ebenfalls zu dem Ergebnis, dass es nur wenige Kontakte zwischen Eigentümern und Mietern gibt.

Ostendorf et al. (2001) nehmen an, ein Effekt der sozialen Mischung läge dann vor, wenn eine kurvilineare Beziehung zwischen dem Anteil der Wohnungen hoher Qualität und dem Anteil unterprivilegierter Personen in Wohngebieten bestünde: Bis zu einem Anteil unter 10 % von Wohnungen mit hoher Qualität solle der Anteil der unterprivilegierten Bewohner von ca. 40 % auf ca. 8 % abfallen, danach (mehr als 10 % Wohnungen hoher Qualität) auf einem niedrigen Niveau fast konstant bleiben. Ihre empirische Studie von N = 929 Nachbarschaften erbrachte jedoch eine lineare negative Beziehung zwischen dem Anteil der Benachteiligten und dem Anteil von Wohnungen hoher Qualität, woraus sie folgern, die Mischung nach dem Wohnstatus vermindere die Zahl benachteiligter Personen nicht (S. 377).

In einer neueren Studie untersuchen Andersson et al. (2007), welche sozioökonomischen Bedingungen eines Wohngebietes den stärksten Einfluss auf die Einkommen der erwachsenen Bewohner/innen haben. Basierend auf den Daten des Schwedischen Sozial-Registers finden sie, dass der Anteil männlicher Erwachsener, der über ein Einkommen in den niedrigsten oder in den höchsten 30 % aufweist, mehr Varianz der Einkommen in allen Schichten erklärt als die soziale Mischung nach Bildung, ethnischem Status oder Wohnstatus; dabei sind die Effekte bei Männern stärker als bei Frauen, und bei Bewohnern von Stadtregionen stärker als bei solchen in kleineren Städten.

4.2. Einflüsse auf spezifische Gruppen

Welche Gruppen haben einen Einfluss auf das Verhalten der jeweils anderen? In den weiter oben referierten Studien zum Einfluss des Anteils von statushohen Personen wird unterstellt (und empirisch belegt), diese Gruppe habe einen positiven Effekt auf das Verhalten *aller* anderen sozialen Gruppen im Wohngebiet. Denkbar ist aber auch, dass die Effekte gegenläufig wirken, dass also abweichendes Verhalten von Jugendlichen der Unterschicht zu einem (verstärkt) abweichenden Verhalten von Jugendlichen der Mittel- und Oberschicht führt. Galster (2007) hat in seiner eingehenden methodologischen Analyse solche Effekte anhand von drei Status-Gruppen modelliert. Er zeigt, welche Effekte auftreten können, wenn man den Anteil jeweils einer Gruppe konstant hält und nur die Anteile der beiden anderen variiert. Demzufolge müssen wir empirisch untersuchen, ob und wie sich das Verhalten einer Gruppe abhängig von deren Anteil auf das Verhalten der anderen Gruppen auswirkt.

Die generelle Hypothese aus nordamerikanischen Studien für benachteiligte Gebiete ist, die Kontexteffekte der Nachbarschaft auf ethnische Minoritäten seien stärker – und zwar negativer – als jene auf die einheimische Bevölkerung (u. a. Crane 1991, Massey und Denton 1993, South und Crowder 1997, Wilson 1987). Dabei sind die Effekte für Afro-Amerikaner stärker als für andere Minoritäten wie z. B. Hispanier.

Eine wichtige Frage hierbei ist, ob Deutsche bereit sind, in Wohngebieten mit einem mehr oder minder hohen Anteil von Ausländern zu leben. Aufschlussreich sind die Ergebnisse des ALLBUS 2006. Den Befragten wurden Bilder mit 7x7 Häusern vorgelegt, auf denen jeweils ein unterschiedlicher Anteil von Häusern grau markiert war; diese symbolisierten den Anteil der Ausländer. Die Befragten sollten nun angeben, ob sie in dem jeweiligen Wohngebiet leben möchten. Von den westdeutschen Befragten mit deutscher Staatsangehörigkeit (N = 1926) bejahten dies 58 % für die Mischung mit einem Anteil von (nur) 8 % Ausländern, bei einem Anteil von 33 % Ausländern waren es 39 %, und bei einem Anteil von 73 % Ausländern nur noch 5 % der Befragten (eigene Berechnungen).

Die überraschend hohe Ablehnung könnte darauf zurückgehen, dass man befürchtet, Ausländer oder genauer: ausländische Jugendliche, würden durch abweichendes Verhalten und Jugendbanden die Sicherheit gefährden – was in der Literatur als „fear of crime" bezeichnet wird. Das muss nun keineswegs berechtigt sein: In einer Studie von zwei benachteiligten Wohngebieten in Köln (N = 202) waren sowohl die Toleranz gegenüber abweichendem Verhalten als auch gewalttätigem abweichenden Verhaltens unter den türkischen Befragten niedriger und homogener als bei den Deutschen (Friedrichs und Blasius 2000: 88ff, Friedrichs und Blasius 2003). Die Items dieser Skalen wurden von Dekker und Bolt (2005) in einer Untersuchung von zwei weniger benachteiligten Wohngebieten in Utrecht und Den Haag verwendet (N = 465). Sie gelangten zu dem gleichen Ergebnis: Angehörige der ethnischen Minoritäten sind gegenüber abweichendem Verhalten weniger tolerant als holländische Bewohner (S. 2463). In der gleichen Studie finden sie auch, dass Angehörige der ethnischen Minoritäten, hier vor allem Surinamesen, Türken und Marokkaner, stärkere Netzwerke im Wohngebiet haben und eine stärkere Bindung und das Wohngebiet.

Generell können wir davon ausgehen, dass die Mehrzahl der Migranten, in Deutschland vor allem die türkischen, eine geringere Bildung haben, niedrigere Einkommen und ein höheres Risiko, arbeitslos zu werden. Da ihre Bindungen an die Wohngebiete höher sind (Dekker und Bolt 2005, Friedrichs und Blasius 2000: 51ff) und sie zudem geringere Optionen auf dem Wohnungsmarkt haben, vermuten wir, dass sie seltener die Absicht äußern, aus dem Wohngebiet fort zu ziehen. Da hingegen die deutschen Bewohner ungern in Gebieten mit einem mittleren oder gar hohen Ausländeranteil leben wollen und ihre Optionen auf dem Wohnungsmarkt größer sind, werden sie häufiger fortziehen wollen. Demnach ist eine

Entmischung bislang sozial gemischter Wohngebiete zu erwarten. Wo jedoch solche Schwellenwerte („tipping points" nach Schelling 1978) liegen, ist empirisch zu bestimmen.

Wir können daher vereinfacht annehmen, Einkommens- und ethnische Heterogenität verringere die Bereitschaft, zu dem Kollektivgut „soziales Kapital im Wohngebiet" beizutragen. Ist unter solchen Bedingungen auch eine Heterogenität der Normen zu erwarten, die ihrerseits zu einer geringen Kohäsion und sozialen Kontrolle im Gebiet führt?

Für deutsche Großstädte können wir von drei empirischen Befunden ausgehen:

1. Je höher der soziale Status eines Wohngebietes, desto geringer ist der Anteil ethnischer Minoritäten oder Migranten.
2. Je höher der Migrantenanteil, desto höher ist die soziale Benachteiligung des Wohngebietes (Böltken et al. 2004, Strohmeier und Alic 2006). Dieser Zusammenhang lässt sich am Beispiel der 85 Stadtteile von Köln demonstrieren. Es bestanden 2005 folgende Korrelationen: Anteil Migranten – Anteil Sozialhilfeempfänger: r = .78; Anteil Migranten – Arbeitslosenquote: r = .71; Anteil Sozialhilfeempfänger – Anteil Arbeitslose: r = . 83. Die Zusammenhänge zwischen dem Anteil der Sozialhilfeempfänger und dem Anteil der Ausländer sind in den 15 untersuchten Großstädten unterschiedlich hoch, die Koef fizienten reichen von r = .41 bis r = .90. Das bedeutet: je enger der Zusammenhang, desto stärker fallen Gebiete hoher Armut mit solchen hoher Ausländeranteile zusammen (Friedrichs und Triemer 2008: 111).
3. In Wohngebieten Bremens, in denen die Transferrate (SGB II) hoch ist, ist auch die Insolvenzrate hoch (r = .88), vor allem in Wohngebieten mit einen hohen Anteil von Bewohnern mit niedrigen Einkommen (Farwick und Petrowsky 2008: 83).
4. Wohngebiete mit einem mittleren oder hohen Anteil von Migranten sind auch in den Anteilen einzelner ethnischer Gruppen gemischt; es gibt keine Wohngebiete, in denen eine Minorität mehr als 38 % der Migranten ausmacht (Schönwälder et al. 2007: 18).

4.3. Schwellenwerte

Noch komplizierter ist das Problem der Schwellenwerte. Schon Wilson (1987) geht davon aus, erst wenn das abweichende Verhalten in einem Wohngebiet eine bestimmte (von ihm nicht spezifizierte) Schwelle überschritten habe, breite sich dieses Verhalten aus. Galster et al. (2000) kamen in einer Studie von 34.705 U.S. census tracts für die Jahre 1980 und 1990 zu folgenden Ergebnissen:

1. Endogene Prozesse der Selbstverstärkung: Census tracts mit einer Armutsrate von unter 6,9 % im Jahr 1980 wiesen 1990 nur eine sehr geringe Zunahme der Armut auf, hingegen nahmen in solchen mit Armutsraten zwischen 6,9 % und 36,8 % die Armutsquoten stark zu, und bei solchen über 36,8 % wurden die Quoten der Zunahme negativ.
2. Exogene Prozesse: Wenn der Anteil statushoher Personen im Gebiet den Schwellenwert zwischen 17 % und 23 % übersteigt, nehmen die Raten der Alleinerziehenden,

der Arbeitslosen und der Armen zu; die Quote der Eigentümer hat bis zu einem Schwellenwert von unter 60 % einen positiven, d. h. steigernden Einfluss auf die Arbeitslosenquote, zwischen 60 und 85,5 % einen negativen und ab über 85,5 % erneut einen positiven Einfluss (S. 724).

Die Überlegung, es gäbe zwei getrennte Schwellenwerte – ein Mindestanteil (um 20 %) und ein hoher Anteil (um 40 %) – führt Galster (2007) in einer späteren Publikation weiter aus: „It is only when a group reaches some critical mass of density or power over a pre-defined area that it is likely to become effective in shaping the behaviours of others. Past this threshold, as more members are recruited, the group's power to sanction non-conformity probably grows nonlinearly. This is especially likely when the position of the group becomes so dominant as to become normative in the area." Solche nicht-linearen Effekte sind in mehreren Studien belegt worden, allerdings variieren die Schwellenwerte zwischen Studien aufgrund unterschiedlicher Gebietsstrukturen und abhängigen Variablen (u. a. Buck 2001, Crane 1991, Gibbons 2002, McCulloch 2001, Musterd und Andersson 2005, Oberwittler 2007).

5. Die Mikroebene: Bewohner benachteiligter Wohngebiete

In den eingangs zitierten eindruckvollen Beschreibungen ist Armut nicht nur ein individuelles Schicksal, sondern vor allem ein Versagen der Gesellschaft, sowohl was die Entlohnung der Arbeit als auch die Wohnbedingungen angeht. Solche menschenunwürdigen Bedingungen weisen Armutsgebiete in den europäischen Städten zu Beginn des 21. Jahrhunderts nicht auf. Das Ausmaß sozialer Ungleichheit ist auch nicht so groß wie in London in der Mitte und am Ende des 19. Jahrhunderts. Verglichen damit geht es den Armen heute sehr viel besser, jedoch *relativ* zu dem gesellschaftlichen Wohlstand vermutlich nicht. Aber vielleicht ist der materielle Vergleich auch nicht ausreichend.

Wir könnten annehmen, (relative) Armut sei vergleichbar, weil der Maßstab, genauer: die Bezugsgruppe, der Armen nicht die Situation Armer vor 100 Jahren ist, sondern derjenige der unteren Mittelschicht heute. Danach bemessen sich die wahrgenommene soziale Ausgrenzung und die Handlungsrestriktionen. So findet Vogel (2001: 157) in seiner Studie von Arbeitslosen in Hamburg St. Pauli und der peripheren Neubausiedlung Mümmelmannsberg: „Die Tatsache, dass sie in einem Stadtteil leben, in dem viele ihr Schicksal teilen, macht es ihnen nicht leichter, mit der Arbeitslosigkeit zurechtzukommen. Denn den Vergleichs- und Bezugspunkt repräsentieren nach wie vor diejenigen, die erwerbstätig sind. An deren Alltag und Lebensweise messen sie ihre eigene Lage."

Für die meisten Arbeitslosen und Armen bleibt die Arbeit der Bezugspunkt der gesellschaftlichen Integration. Arbeit hat nicht nur die Funktion, den Tag zu strukturieren und gesellschaftliche Anerkennung zu erlangen, sie bedeut zusätzlich „so etwas wie die *Legitimation des Daseins*" (Schulz 2007: 36, Hervorhebung im O.). Je länger sie erfolglos nach

Arbeit suchen, desto eher sehen sie sich ausgegrenzt und grenzen sich am Ende selber aus, resignieren, geben auf. Ein Teil der Armen unterstützt sich in dieser Ausgrenzung „gewissermaßen zu ihrem eigenen Schutz vor Vorwürfen und Schuldgefühlen".

Wir können über die materielle Situation hinaus Vergleiche anstellen. Haben damals wie heute die materielle Lage zu psychischen Problemen geführt? Sind die Korrelate damals wie heute Alkoholismus, eheliche Gewalt, vernachlässigte Kinder, Vererbung der Armut über mehrere Generationen, schlechte Ernährung, höhere Morbidität und Mortalitätsrisken? Steht am Ende nicht bei einem (kleinen) Teil der Armen auch die Hoffnungslosigkeit und Apathie, über die auch in zahlreichen Arbeitslosen-Studien berichtet wird, angefangen von der bis heute gültigen Marienthal-Studie aus dem Jahre 1933 (Jahoda et al. 1975) bis hin zu der Studie der Friedrich-Ebert-Stiftung (Müller-Hilmer 2006, Bude 2008). Keim und Neef (2007: 20f) unterschieden in ihrer Studie in zwei Wohngebieten in Kassel fünf Typen von Bewältigung; davon entfallen 13 % auf den Typ der „Marginalisierten", die sich aus der Gesellschaft zurückgezogen haben. Ein extremes Bild von Ausgrenzung schildert der Bericht über drei Familien am Rand der Gesellschaft in der verarmten nordamerikanischen Stadt Troy (Schaefer und Keneally 2010).

Nimmt man die Ergebnisse mehrerer Studien zu den Lebensbedingungen von Armen zusammen, so kann man diese Fragen vorläufig folgendermaßen beantworten: Es gibt – damals wie heute – erhebliche Unterschiede zwischen Haushalten in der Art, wie sie Armut bewältigen. Ohne auf einzelnen Typologien (u. a. Bien und Weidacher 2004, Engbersen 2004, Farwick 2004, Jahoda et al. 1975, Meier et al. 2003, Neef und Keim 2007, Vogel 2001), einzugehen, zeichnen sich zwei entgegen gesetzte Formen der Bewältigung (des coping) ab:

1. die bürgerlichen Haushalte, die versuchen, mit dem Geld auszukommen, den Mann vor dem Trinken und die Kinder vor „schlechten" Einflüssen zu bewahren, den Haushalt ordentlich zu führen; wobei zumeist die Frau das gesamte Geld verwaltet.
2. Am anderen befinden sich diejenigen Haushalte, die nur eine sehr geringe Kontrolle über ihre Lebensführung haben, Haushalt und Wohnung vernachlässigen, zumindest der Mann viel Geld für Alkohol ausgibt, in denen die Kinder sich selbst überlassen, also nicht angemessen beaufsichtigt und erzogen werden.[2]

Zwischen diesen Extremen gibt es ein breites Spektrum von Bewältigungs-Strategien. Vermutlich findet eine phasenhafte Entwicklung von dem „bürgerlichen" zum „resignativen" Pol statt, in deren Verlauf sich die materiellen und psychischen Bedingungen schrittweise verschlechtern. Eine solche Entwicklung ist nicht zwangsläufig, wie die – je nach Typologie – unterschiedlichen Lebensformen und Bewältigungs-Strategien belegen, die sich empirisch vorfinden lassen. Die Lebensbedingungen verschlechtern sich allerdings rapide, wenn arme Haushalte von unerwarteten Ereignissen getroffen werden, z. B. größere Anschaffungen, Krankheit, Trennung/Scheidung, weil keine Ersparnisse vorhanden sind. Der Haushalt lässt

---

[2] Eine dritte, aber ebenfalls in sich heterogene Gruppe sind die alleinerziehenden Mütter.

sich nur so lange einigermaßen führen, wie es keine unerwarteten Ausgaben gibt. Neue Möbel, Reparaturen oder größere Ausgaben für die Kinder sind kaum zu bewältigen. Nur wenn es gelungen ist, trotz des geringen Einkommens regelmäßig etwas Geld zurückzulegen oder aber von Verwandten unterstützt zu werden, können derartige Probleme gelöst werden. Schulden zu machen scheint für die Befragten kein Ausweg zu sein; dies wird sogar häufig ausdrücklich abgelehnt

Schulz (2007) untersuchte die Wahrnehmung und Bewältigung von Armut in dem benachteiligten Hamburger Stadtteil Wilhelmsburg. Die Transferleistungen lagen hier 25 % höher als im Durchschnitt Hamburgs. Sie führte neun Gruppendiskussionen mit vier bis sechs Personen durch, zusätzlich Expertenbefragungen u. a. von Sozialarbeitern im Gebiet. In dem Gebiet gab es zunächst drei Tafeln, dort konnte man sich morgens eine Bezugsmarke holen und sich dann mittags anstellen, um Lebensmittel zu erhalten. Die Zahl der Bedürftigen war so groß, dass im Juni 2007 eine vierte Tafel eingerichtet werden musste. So sagen Frauen, die seit vielen Jahren arm sind, dass sie ihre Kinder durchbringen müssen, ihre Schulden bezahlen müssen und sie als allein Erziehende mit sehr wenig Geld durchkommen müssen. Allerdings grenzen sie sich gegen Frauen ab, die in noch stärkerer Armut leben, weil sie solche monatlichen Transferleistungen nicht erhalten.

Hingegen findet die Autorin bei den erwerbstätigen Frauen mit geringem Einkommen, dass sie die Bildung für sehr wichtig halten, sie „ist eingebettet in ein soziales Umfeld, sie wird mitgetragen von Freundin und Familie". Dieser Sachverhalt zeigt einmal mehr, wie stark Einstellungen, die geeignet sind, den benachteiligten Lebensumständen zu entrinnen, sich wohl am ehesten aufrecht erhalten lassen, wenn man von anderen Personen darin unterstützt wird.

Die meisten anderen in den Gruppendiskussionen geäußerten Ansichten über Bildung beziehen sich nur auf die bessere Bildung der Kinder. Nicht die benachteiligten Personen wünschten sich hier eine bessere Bildung, sondern sie wünschten es sich für ihre Kinder, damit sie im Leben vorankommen. Dieser Aspekt trat auch sehr deutlich in den Fallstudien unserer Untersuchung in Vingst/Höhenberg zutage. Es waren die befragten Frauen, die betonten, ihre eigenen Ansprüche zurückzuschrauben, um den Kindern eine gute Ausbildung oder aber auch nur Konsumgüter zu erlauben, die sie mit anderen Klassenkameradinnen gleichstellten. Diese Anstrengung, die Kinder möglichst wenig unter der Armut leiden zu lassen, fanden wir auch in einem benachteiligten Wohngebiet in Köln bei einem Teil der Familien, was folgendes Zitat aus den qualitativen Interviews belegt: „wenn ich mal Geld habe, dass ich meinem Sohn was kaufe, damit die Kinder ihn nicht ärgern. (männlich, Jg. 1953, ein Kind im Haushalt, Äquivalenzeinkommen unter € 500,-) (Blasius et al. 2007: 193).

Von denjenigen, die keine Transferzahlungen beziehen, gaben 33,6 % an, sich überhaupt nicht einschränken zu müssen und „nur" 4 % nannten vier oder mehr Bereiche mit starken Einschränkungen. Bei den Beziehern von Transfergeld ist das entsprechende Verhältnis 7,7 % zu 20,3 %. Es sind vor allem Einschränkungen im Bereich Urlaub/Reisen, die von den ärmeren Bewohnern in Kauf genommen werden müssen (Blasius et al. 2007: 191).

Vergleichbare Ergebnisse berichtet Andreß (1999: 149) aus seiner repräsentativen Studie „Alltag in Deutschland": Hier gaben von den westdeutschen Befragten, die weniger als 60 % des mittleren Äquivalentseinkommens zur Verfügung hatten, folgende Einschränkungen an: Urlaub/Freizeit: 65,2 %, Bekleidung: 63,0 %, Haushaltseinrichtung: 71,4 %, Nahrungsmittel: 28,6 % und Gesundheitsvorsorge: 12,8 %.

Die Armut schränkt nicht nur den Aktionsraum ein, sie führt auch zusammen mit vielen Entbehrungen und Enttäuschungen zu einer resignativen Haltung, dem Gefühl, ausgegrenzt zu sein – der „social isolation" (Wilson 1987). Das wiederum, insbesondere bei denjenigen, die sich dem resignativen Pol nähern, führt bei vielen dazu, sich auf die Wohnung zurück zu ziehen. „Vor allem *private Räume* haben bei den Befragten eine hohe Relevanz. In fast allen Gruppendiskussionen nehmen Gespräche über die eigene Wohnsituation einen großen Raum ein, während kaum die Rede von Aufenthalten in öffentlichen Räumen ist" (Schulz 2007: 65).

Sich so einzuschränken, zieht weitere negative Folgen nach sich: „Und das ist das, was mich so verbittert. Man sitzt den lieben langen Tag in seinen vier Wänden. Halb acht, Becher Kaffee, Zigarette, Fernseher an. Und so sitz' ich abends und warte, dass ich ins Bett kann" (Schulz 2007: 71) - „Ich persönlich [werde] so richtig aggressiv. [...] Weil man ist den ganzen Tag nur zu Hause, und man ist dann so richtig nervös. Der Ausgleich fehlt" (männlich, Jg. 1953, ein Kind im Haushalt, Äquivalenzeinkommen unter € 500,-,) und: „Durch die Arbeitslosigkeit kam dann halt der Alkohol dazu. Wir sind uns - nicht an die Wäsche gegangen, wie sagt man, wir haben uns quasi gekloppt, und da hab ich auch mehrmals gesagt, ich kann nicht mehr, ich will auch nicht mehr" (weiblich, Jg. 1968, zwei Kinder im Haushalt, Äquivalenzeinkommen unter € 500,-; beides in: Blasius et al. 2007: 199).

Wenn die von Armut betroffenen Personen ihre Hoffnung verloren haben, keine positiven Veränderungen mehr erleben, dann, so Schulz (2007: 32, 105f.) entwickeln sie „Glaubenssätze". Sie „sprechen kaum mehr über Erfahrungen, sondern über das Fazit, das sie daraus entwickelt haben"; solche Glaubenssätze sind: „Wer arm ist, hat automatisch Schulden", „Es gibt keine Arbeit" oder „Frauen, die Kinder haben, bekommen keine Arbeit". Schulz interpretiert diesen Sachverhalt dahingehend, dass die Betroffenen eine „Glaubens- und Deutungsgemeinschaft" seien und dass dies ihnen ein Gefühl der Zusammengehörigkeit gebe (106).

Armut ist immer auch mit einer schlechteren Ernährung und allgemein einem schlechten gesundheitlichen Verhalten verbunden. Hierzu zwei Beispiele: die Studien von Wesemann und von Tempel. Wesemann (2006) untersuchte den Zusammenhang von Armut und gesundheitlichem Verhalten. Dazu führte sie die Daten zur medizinischen Früherkennung, die Standarduntersuchungen an Kindern von U1 bis U9 sowie die Angaben im Elternfragebogen mit Daten aus der amtlichen Statistik für 85 Kölner Stadtteile zusammen. Mit einem steigenden Anteil von Arbeitslosen, Sozialhilfeempfängern oder Ausländern nimmt auch der Anteil der Kinder, die nicht alle Früherkennungsuntersuchungen haben vornehmen lassen, signifikant zu, dagegen der Anteil derjenigen, die Sport treiben, signifikant ab, und der Anteil, der sich drei und mehr Stunden mit dem Fernsehen, Computer oder Playstation-Spielen beschäftigt, zu.

Tempel (2008) untersuchte am Beispiel Bremens die Zusammenhänge zwischen Sterblichkeit und Status des Wohngebiets. Dazu wurden die Ortsteile Bremens in drei Gruppen eingeteilt: bürgerliche Viertel, Arbeiterviertel und Großsiedlungen. Die drei Typen von Wohngebieten unterschieden sich zunächst in den jeweils besuchten Schulen: In den Großsiedlungen besuchten 20,4 % das Gymnasium, in den bürgerlichen Vierteln waren es hingegen 67,2 %. Ferner hat sich die vorzeitige Sterblichkeit (Todesfälle unter 65 Jahren) beträchtlich zu Ungunsten der benachteiligten Gebiete entwickelt: Von einem ohnehin ungleichen Ausgangsniveau im Jahre 1970 nahm sie in den bürgerlichen Gebieten bei den Männern und Frauen um 51 %, in den Großsiedlungen hingen nur um 14-15 % ab. Schließlich ist auch die Wahlbeteiligung in diesen Gebietstypen sehr unterschiedlich; sie beträgt 54,3 % in den Großsiedlungen aber 74,4 % in den bürgerlichen Vierteln. Interpretiert man die Wahlbeteiligung als Indikator politischen Interesses und der Vorstellung, im Gemeinwesen etwas bewirken zu können, dann sind diese niedrigen Quoten ein Hinweis auf den politischen Rückzug vieler Bewohner/innen in benachteiligten Wohngebieten.

Die Ergebnisse für alle hier untersuchten Indikatoren gehen in die gleiche Richtung wie die bereits von Booth berichteten Zustände – wenngleich auf einem absolut erheblich höheren Niveau des Lebensstandards und der sozialen Sicherung. Wie Tempel (2008) feststellt, haben sich in Bremen die sozial-räumlichen Gegensätze vergrößert, was vor allem darauf zurückzuführen ist, das sich statusniedrige Personen, die ohnehin höhere Gesundheitsrisiken haben, in wenigen Stadtteilen konzentrieren.

Aktionsräume und Netzwerke

Die Einschränkungen, denen Bewohner/innen in benachteiligten Gebieten unterliegen, sind nun nicht solche der Ernährung, des Konsums und der Gesundheit. Der Verlust des Arbeitsplatzes bedeutet auch, soziale Kontakte zu verlieren, die bislang zu Arbeitskollegen bestanden und am Arbeitsplatz aufrechterhalten wurden (vgl. hierzu Vogel 2001: 157). Die Netzwerke werden deshalb tendenziell kleiner und außerdem lokaler, da der Arbeitsplatz in den meisten Fällen außerhalb des Wohngebietes lag. Damit war aber auch ein Einfluss von Personen aus möglicherweise nicht benachteiligten Gebieten auf Personen in benachteiligten Gebieten gegeben. Solche (unterstellt: positiven) Einflüsse sind nun geringer oder fallen ganz fort. Demnach sind Kinder, Jugendliche, Hausfrauen und arbeitslose Personen diejenigen Gruppen, die am stärksten von den Effekten des Wohngebietes betroffen sind.

Die Beschränkung auf das Gebiet ist nicht zuletzt eine Folge beträchtlicher Kosten des öffentlichen Nahverkehrs. Wenn zwei Personen aus dem benachteiligten rechtsrheinischen Gebiet Köln-Vingst nur fünf Stationen fahren wollen, bezahlen sie hier für jede einzelne Fahrt € 2,40, d. h. für beide Personen hin und zurück € 9,60. Wie hoch muss der Einkauf oder wie wichtig die Dienstleistung sein, dass ein Hartz IV-Haushalt diese Kosten auf sich nimmt? Die beiden Personen werden wohl nur sehr selten diese Fahrt unternehmen und damit sehr stark auf die Ausstattung und die Angebote im Wohngebiet angewiesen sein.

Mit dem Verlust des Arbeitsplatzes außerhalb des Wohngebietes ist demnach ein doppelter Verlust verbunden: ein qualitativ schlechteres Netzwerk und ein kleinerer Aktionsraum. Die Personen verlieren „bridging capital" (Woolcock und Narayan 2000, Friedrichs und Oberwittler 2007), also soziales Kapital, was sie aus dem Gebiet mit anderen Teilen der Stadt verbindet. In der Theorie von Granovetter (1973) formuliert, gehen hier „weak ties" verloren, die entscheidend sind, um z. B. einen neuen Job mit Hilfe eines entfernten Bekannten zu finden (Wegener 1989, 1991).

Beide Sachverhalte, kleinere Aktionsräume und kleinere und lokalere Netzwerke, belegen die Studien von Tobias und Boettner (1992) und Nauck et al. (1997) sowie die Studien in benachteiligten Wohngebieten von Köln (Blasius et al. 2008; Friedrichs und Blasius 2000). In einer Studie in einem stark benachteiligten und einem „durchschnittlichen" Wohngebiet in Kassel fanden Neef und Keim (2007: 72f.), dass 23 % der Befragten beziehungsarme oder nur aus einer Person außerhalb des Haushalts bestehende Netzwerke hatten, hingegen 40 % größere Netzwerke. Auch dies zeigt, welche Unterschiede innerhalb von Wohngebieten bestehen; auf diese interne Differenzierung richtet sich der folgende Abschnitt.

Interne Differenzierung

Die Ausführungen bis hierhin haben bereits gezeigt, dass in benachteiligten Wohngebieten die Struktur der Bewohner und deren Verhalten nicht homogen sind. In jedem benachteiligten oder Armutsgebiet leben sehr unterschiedliche Personengruppen, und es ist ein Vorurteil, das Gebiet als eine Einheit zu betrachten. Von der Bevölkerung einer Stadt oder auch von Stadtforschern als benachteiligt bezeichnete Gebiete mögen dieser Zuschreibung entsprechen, insofern sie einen weit über dem städtischen Durchschnitt liegenden Anteil von Sozialhilfeempfängern aufweisen. Dieser Wert sagt aber nichts darüber aus, ob es Teilgebiete in dem Stadtteil gibt, die sich voneinander unterscheiden. Es dürfte aber kaum ein Zweifel daran bestehen, dass es solche unterschiedlichen Teilräume auch in einem benachteiligten Gebiet gibt.

Diese Heterogenität belegt die Studie von Blasius et al. (2008) am Beispiel des Stadtteils Köln-Vingst/Höhenberg. In dieser Studie wurden 717 deutsche und 228 türkische Bewohner in einer repräsentativen Stichprobe im Jahr 2004 befragt. Das Gebiet mit insgesamt rd. 22.000 Bewohnern lässt sich in sechs Wohnviertel unterteilen. Wie sich zeigte, unterschieden sich diese Viertel erheblich in der Bevölkerungsstruktur (Blasius und Friedrichs 2007, Blasius et al. 2008). Um diese interne Heterogenität zu belegen, sind in Tabelle 2 von den sechs Vierteln die Daten für zwei sehr unterschiedliche Viertel, Siedlung Vingst und Höhenberg-Süd, dargestellt.

Tabelle 2: Merkmale zweier Viertel des Untersuchungsgebietes

	Siedlung Vingst	Höhenberg Süd
Anteil Transfer-Empfänger/innen	18,5	27,0
Äquivalenzeinkommen über 1000 €	18,5	17,4
Netzwerkgröße (Personen)	7,0	5,7
Anteil Fortzugsabsicht (aktives Suchen)	10,7	28,6
Mittelwert Skalen*:		
DISORDER	-0,03	0,47
DEVBEO	0,00	0,40
JUGBEO	0,09	0,49
COLLEFF	0,27	-0,39
INTCLOS	0,41	-0,40

* Höhere Werte zeigen mehr beobachtetes abweichendes Verhalten, höhere kollektive Wirksamkeit und stärkere intergenerationale Beziehungen an.
Quelle: Blasius et al. (2008: 52, 53, 125, 126)

Der Index „Verwahrlosung" (DISORDER) misst das Ausmaß der wahrgenommenen Verwahrlosung und des physischen Verfalls in einem Gebiet; er geht auf die Studie von Ross et al. (2001) zurück. Die beiden anderen Indizes „kollektive Wirksamkeit" (COLLEFF) und „intergenerationale Beziehungen" (INTCLOS) sind von Sampson et al. (Sampson et al. 1997, 1999) entwickelt worden und messen das Ausmaß sozialen Kapitals in einem Wohngebiet. Sie werden hier in der Übersetzung von Oberwittler verwendet. Die collective efficacy misst die Bereitschaft, sich für das Gebiet einzusetzen, die intergenerational closure die Supervision von Kindern und Jugendlichen.

Die Unterschiede zwischen den sechs Vierteln sind signifikant für alle drei Merkmale. Für die beiden ausgewählten Viertel bestehen erhebliche Unterschiede. In Höhenberg-Süd ist das Ausmaß wahrgenommener Unordnung größer, hingegen die soziale Kontrolle und die Supervision von Kindern und Jugendlichen geringer als in der Siedlung Vingst. Diese Ergebnisse sprechen dafür, kleinräumige Analysen vorzunehmen, um der Heterogenität von Wohngebieten gerecht zu werden. (In der Tabelle sind nur die Ergebnisse für die Deutschen dargestellt; diejenigen für die türkischen Befragten unterscheiden sich in der Tendenz nicht von denen für die Deutschen.) Dieses Ergebnis zeigt auch die Studie von Schwarzer (2005; vgl. auch Geiling 2000) über die 385 Stadtteile von Hannover in den Jahren 1987 bis 2004.

6.   Eine Erweiterung des Modells

Die Lebensbedingungen der Bewohner eines Wohngebietes hängen nicht nur von deren individuellen Merkmalen und denen des Wohngebiets ab, sondern auch von den sozioökonomischen Entwicklungen der Stadt. Diese wirken sich ungleich auf die einzelnen Wohngebiete (oder Stadtteile) aus. Wenn eine Zeche, ein Stahlwerk oder eine Fabrik schließt, dann sind davon in der Regel das Gebiet, in dem die Einrichtung liegt, und die benachbarten Wohngebiete am stärksten betroffen, weil viele Arbeiter/innen in der Nähe ihrer Arbeitsstätte gewohnt haben. Als in Köln die Chemische Fabrik Kalk (als Teil der

BASF) im Jahr 1993 schließen musste, wirkte sich dies vor allem auf die rechtsrheinischen Wohngebiete in Köln-Kalk aus. Insbesondere dort stieg die Arbeitslosenquote – und nicht in den bürgerlichen Wohngebieten.

Aber auch die Entwicklung einer Stadt ist abhängig von nationalen und globalen wirtschaftlichen Entwicklungen. Je diversifizierter die Branchenstruktur einer Stadt ist, desto weniger treffen sie nationale und internationale Krisen. Man muss dabei nicht nur an die Textil-, Stahl- und Automobilindustrie denken, sondern auch an die Auswirkungen der Finanzkrise 2008 auf London.

Abbildung 2: Ein erweitertes Makro-Mikro-Modell

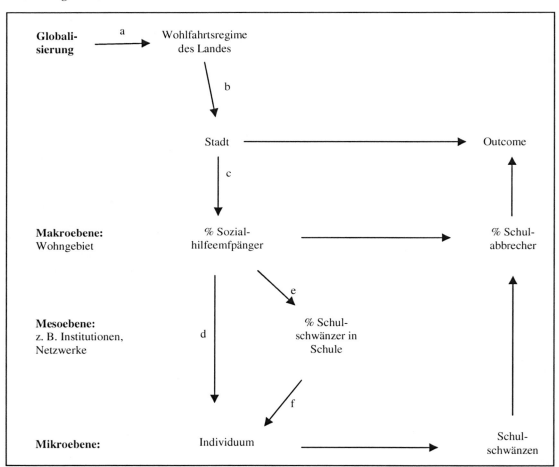

Die Nachbarschaftseffekte, die bislang behandelt wurden, sollen daher abschließend in einen weiteren räumlichen (und ökonomischen) Kontext gestellt werden, wie dies in der soziologischen und sozialgeographischen Literatur zu Wohngebieten – oft implizit – geschieht. Dazu wird das ursprüngliche Modell in Abbildung 1 um drei Makroebenen in Abbildung 2 erweitert: die Stadt, das Land (hier nur dessen Wohlfahrtsregime) und die globale Ebene (Globalisierung).

Die Argumentationskette lautet (beispielhaft) folgendermaßen: Es wird angenommen, die Auswirkungen der Globalisierung, z. B. Lohndumping, Schließung oder Verlagerung von Produktionsstätten (a), träfen die Bewohner einer Stadt indirekt, nämlich abhängig von den wohlfahrtsstaatlichen Sicherungen des jeweiligen Landes (b), in dem die Stadt liegt. Je nachdem, wie stark die Stadt betroffen ist (z. B. Stahlproduktion), desto stärker wird der Effekt auf die Wohngebiete sein – abhängig von der Qualifikationsstruktur der Bewohner und der Lage der Produktionsstätte. Von diesen Bedingungen hängt dann die Stärke des Kontexteffektes des Wohngebietes ab. Unabhängig von diesem Effekt kann es weitere direkte Effekte des Wohngebiets auf die Bewohner ab.

Annahmen über solche Zusammenhänge finden sich bei Sassen (1991; 1994), in der deutschen Literatur u. a. bei Dangschat (1995), Keller (1999: 67f., 80f.) und in den Analysen der Polarisierung einzelner europäischer Städte (O'Loughlin und Friedrichs 1996). So nimmt Sassen an, mit steigender Globalisierung würden sich insbesondere die finanz- und unternehmensbezogenen Dienstleistungen (finance, insurance, real estate) in wenigen Städten, den global cities, konzentrieren. In diesen Städten käme es a) zu einer Polarisierung der Berufsstruktur und b) der Einkommen, sowie c) zu einer starken Zuwanderung von Migranten, die d) in den einfachen Dienstleistungsberufen, z. B. Wäscherei, arbeiten. (Sassen 1988: 27, 158; 1991: 87, 135, 328).

Offenkundig ist es fast unmöglich, eine so komplexe Kette von Hypothesen des Mehrebenen-Modells zu testen, dazu wäre erforderlich, für die unterstellten Effekte a bis f auch die Mechanismen zu spezifizieren. Dennoch gibt es Hinweise, die das Modell in Abbildung 2 stützen. Allerdings handelt es sich dabei um Studien zu einzelnen Städten.

Die Polarisierungsthese untersuchte Hamnet (1994, 2002) am Beispiel von London. Er findet keine berufliche Polarisierung, stattdessen eine zunehmende Professionalisierung, ebenso keine Polarisierung der Einkommen. Die von Sassen vermuteten Einkommenszuwächse am oberen und am unteren Ende der Verteilung sind in der Phase 1979-1993 nicht eingetreten. Wohl aber ist eine steigende Einkommensungleichheit (die Reichen wurde reicher) festzustellen.

Dangschat (1995) zeigt am Beispiel von Hamburg, dass im Zeitraum 1980-1989 die Bewohner in reichen Stadtteilen reicher und diejenigen in den armen Stadtteilen ärmer geworden sind; gemessen über das durchschnittliche zu versteuernde Einkommen. Die wichtigste Ursache hierfür ist die Zunahme der Arbeitslosigkeit und der Sozialhilfe, bei Veränderungen der Berufsstruktur.

Das Steueraufkommen verwendet ebenfalls Ritterhoff (2008) in seiner Studie über die Polarisierung in der „kleinen" global city Zürich. Hier hat die Zahl der Beschäftigten im tertiären Sektor stark zugenommen; im Jahr 2001 waren es 87 % aller Beschäftigten. Für Zürich lässt sich eine Einkommenspolarisierung nachweisen: Zwischen 1991 und 2002 hat die Zahl der Steuerpflichtigen mit hohem Einkommen (über 100.000 SFr) von 6,4 % auf 8,7 % zugenommen, bei den unteren Einkommen (unter 5.000 SFr) von 6,8 % auf 11,4 % (Ritterhoff 2008: 42). Noch stärker ist die Polarisierung der Vermögen im gleichen Zeitraum. Auch die räumliche Verteilung der Einkommen auf die 209 Zonen Zürichs ist ungleicher geworden. Die Zahl der Zonen mit den untersten 10 % der Einkommen hat um 19 % zugenommen, die der oberen 10 % um 3 % und die Zahl der mittleren 25-75 % ist um 27 % geringer geworden. Die mittleren Gebiete werden demzufolge immer weniger – was für die Polarisierungsthese von Sassen spricht.

Die bislang umfangreichste Studie ist das URBEX-Projekt (Musterd und Murie 2006). Hier wurden in elf europäischen Städten jeweils zwei benachteiligte Gebiete untersucht. Den Fallstudien liegen im Prinzip Teile des in Abbildung 2 spezifizierten Modells zugrunde, weil man von der globalen Ebene über die wohlfahrtsstaatlichen Regimes zu den Lebensbedingungen der Bewohner der Gebiete kommen wollte. Die Effekte der Nachbarschaften waren niedrig und spezifisch für die jeweilige Stadt.

Die uneinheitlichen Ergebnisse sind eventuell die Folge der oben bereits erwähnten methodologischen Defizite, die auch für die Fallstudien in den einzelnen Städten und deren Wohngebieten zutreffen. Daher erscheinen die Ergebnisse der dargestellten Studien zunächst sehr überzeugend. Dennoch sind sie als vorläufig anzusehen, weil alle Studien ein gravierendes methodologisches Problem aufweist: Es sollen die Beziehungen (oder gar Effekte) eines ökonomischen Strukturwandels auf die Städte, mediatisiert durch den Wohlfahrtsstatus des jeweiligen Landes, auf die benachteiligten Wohngebiete und von diesen auf die Bewohner untersucht werden. An keiner Stelle wird diese Kette von Kontexteffekten präzise dargestellt, noch werden die Mechanismen spezifiziert, die solche (Kontext-)Effekte beschreiben. Insofern sind die Ergebnisse für die einzelnen Wohngebiete in den einzelnen Städten und deren Ländern zwar instruktiv und fruchtbar für die weitere Forschung, aber nur ein sehr begrenzter Test von Hypothesen. Jede Kritik an den empirischen Studien muss allerdings berücksichtigen, dass wir erst am Anfang einer systematischen Prüfung dieser komplexen Modelle mit zahlreichen Ebenen stehen.

7. Zusammenfassung und weiterführende Überlegungen

Ich versuche nicht, die Darstellung der räumlichen Auswirkungen von Armut zusammenzufassen. Entscheidend ist der Befund, dass arme Gebiete die Armen ärmer machen (Friedrichs 1998), oder: dass benachteiligte Gebiete zu benachteiligenden werden (Häußermann 2003: 147). Aber dieser Kontexteffekt ist gering (er erklärt ca. 8-10 % der Varianz), vergleicht man ihn mit den starken Effekten der individuellen Merkmale der Bewohner und deren früheren Erfahrungen von Armut.

Nun kann dieser niedrige Effekt des Wohngebietes auch dadurch zustande kommen, weil benachteiligte Wohngebiete aufgrund selektiver Migration (Zuwanderung) relativ homogen sind (Häußermann und Kapphan 2004: 213). Dem widersprechen die berichteten Befunde zur internen räumlichen und sozialen Differenzierung benachteiligter Wohngebiete. Die soziale Differenzierung zeigt sich deutlich in den unterschiedlichen Bewältigungsstrukturen.

Benachteiligte Wohngebiete sind in sich heterogen, obgleich dies dem Image solcher Gebiete widerspricht. Das vermeintlich deutlich erkennbare Armutsgebiet ist keineswegs „nur" arm, und ebenso wenig haben alle Bewohner/innen die gleichen Bewältigungsstrategien. Dementsprechend müssen sich planerische Maßnahmen zur Verbesserung der Lebensbedingungen im Wohngebiet und der Chancen außerhalb des Wohngebietes sowohl auf unterschiedliche Teilgebiete als auch auf unterschiedliche Gruppen von Bewohnern richten, also sehr differenzierte und empirisch fundierte Strategien sein.

Die Gruppendiskussionen in der Studie von Schulz (2007) legen die Annahme nahe, es gäbe Effekte der Gruppe – die nicht auf die Methode der Gruppendiskussion zurückgehen. Es sind Kontexte, die nicht die des höheren Aggregats, der Nachbarschaft sind, sondern auf einer niedrigeren Ebene erfolgen. Hier stellt sich die Frage, ob die Nachbarschaft einen sozialen Effekt auf diese Gruppen oder Netzwerke hat. Ferner: Weil offenbar die Nachbarschaftseffekte derartig über Gruppen vermittelt sind, finden wir auf der Ebene der Nachbarschaft keine so starken Effekte bzw. erklärten Varianzen des Verhaltens und der Einstellungen der Individuen. Dieser Ebene wäre künftigen empirischen Studien nachzugehen.

Das Defizit vieler Studien ist, den unterstellten Effekt des Wohngebietes nicht bestimmen zu können, weil nur ein oder zwei (benachteiligte/s) Wohngebiet/e untersucht wurden. Die Mehrebenenanalyse erfordert jedoch mindesten 20 Einheiten auf der zweiten Ebene. Ungelöst erscheint mir auch die Frage nach den differentiellen Effekten von Bedingungen auf der Ebene der Wohngebiete: Hat die Fluktuationsquote oder der Anteil von Migranten einen unterschiedlichen Effekt auf die Arbeitslosen im Vergleich zu den Alleinerziehenden im Wohngebiet? Wenn ja: Wie kommt dieser Effekt zustande (Mechanismen)?

Das Konzept der Kontexteffekte von Wohngebieten hängt eng mit dem Konzept der sozialen Mischung oder sozialen „Balance" von Wohngebieten zusammen. In beiden Fällen wird unterstellt, es bestünde ein Effekt auf die Bewohner. Beide Forschungsrichtungen waren lange unverbunden, erst in jüngerer Zeit wurden sie theoretisch vereinigt (Atkinson 2005, Galster 2007, Ostendorf et al. 2001). Wir müssen demnach Effekte sozialer Mischung und Kontexteffekte der Gebiete in einem gemeinsamen Modell verbinden. Darauf konnte hier nicht eingegangen werden, verwiesen sei auf Friedrichs (2010).

Wenn mehr Arme in nicht-armen Wohngebieten als in armen Wohngebieten wohnen, dann können wir uns nicht mehr darauf beschränken, nur Armutsgebiete zu untersuchen, sondern müssen den empirischen Verteilungen durch komplexere Untersuchungsdesigns gerecht werden. Nur dann, wenn wir wissen, wie es Reichen in armen Gebieten und Armen in reichen Gebieten ergeht, haben wir die möglichen Kontexteffekte vollständig untersucht. Schließlich: Bislang sind fast ausschließlich benachteiligte Wohngebiete untersucht worden,

Wohngebiete der oberen Mittelschicht oder der Oberschicht sind nicht auf Kontexteffekte hin untersucht worden.

Die komplizierteste Aufgabe ist vermutlich, das komplexe Modell globaler ökonomischer Entwicklung und ihrer Auswirkungen auf Städte, Wohngebiete und deren Bewohner/innen (Abbildung 2) empirisch zu untersuchen.

Literaturverzeichnis

Andersson, E., 2004. From Valley of Sadness to Hill of Happiness: The Significance of Surrondings for Socioeconomic Career. *Urban Studies*, 41, 641-659.

Andersson, R., Musterd, S., Galster, G., Kaupinnen, T. M., 2007. What Mix Matters? Exploring the Relationships Between Individual Incomes and Different Measures of Their Neighbourhood Context. *Housing Studies*, 22, 637-660.

Andersson, E., Subramanian, S. V., 2006. Explorations of Neighbourhood and Educational Outcomes for Young Swedes. *Urban Studies*, 43, 2013-2025.

Andreß, H.-J., 1999. *Leben in Armut. Analysen der Verhaltensweisen armer Haushalte mit Umfragedaten.* Opladen: Westdeutscher Verlag.

Atkinson, R., 2005. *Neighbourhoods and the Impacts of Social Mix: Crime, Tenure Diversification and Assisted Mobility.* University of Tasmania, School of Sociology, Housing and Community Research Unit, CNR Paper 29.

Atkinson, R., Kintrea, K., 2000. Owner-occupation, Social Mix and Neighbourhood Impacts. *Policy and Politics,* 28, 93-108.

Atkinson, R., Kintrea, K., 2001. Disentangling Area Effects: Evidence from Deprived and Non-deprived Neighbourhoods. *Urban Studies*, 38, 2277-2298.

BAGS (=Behörde für Arbeit, Gesundheit und Soziales der Freien und Hansestadt Hamburg) 1993. *Armut in Hamburg.* Hamburg: BAGS.

Balsen, W., Nakielski, H., Rössel, K., Winkel, R., 1984. *Die neue Armut.* 3. überarb. Auflage. Köln: Bund-Verlag.

Bandura, A., Walters, R. H., 1963. *Social Learning and Personality Development.* New York: Holt, Rinehart and Winston.

Bartelheimer, P., 1997. *Risiken für die soziale Stadt. Erster Frankfurter Sozialbericht.* Frankfurt/M.: Deutscher Verein für öffentliche und private Fürsorge.

Bien, W., Weidacher, A. (Hg.) 2004. *Leben in der Wohlstandsgesellschaft. Familien in prekären Lebenslagen.* Wiesbaden: VS Verlag.

Blalock, H. M., 1984. Contextual Effects Models: Theoretical and Methodological Issues. *Annual Review of Sociology,* 10, 353-372.

Blasius, J., Friedrichs, J., 2007. Internal Heterogeneity in a Deprived Urban Area and its Impact on Resident's Perceptions of Deviance. *Housing Studies*, 22, 753-780.

Blasius, J., Friedrichs, J., Klöckner, J., 2008. *Doppelt benachteiligt? Leben in einem deutsch-türkischen Stadtteil.* Wiesbaden. VS Verlag.

Blasius, J., Friedrichs, J., Symann, S., 2007. Armut und Lebensführung in einem benachteiligten Wohngebiet Kölns. In: Baum, D. (Hg.), *Die Stadt in der Sozialen Arbeit.* Wiesbaden: VS Verlag, 188-203.

Blau, P. M., 1994. *Structural Contexts of Opportunities.* Chicago, IL: University of Chicago Press.

Böltken, F., Gatzweiler, H.-P., Meyer, K., 2004. Innerstädtische Raumbeobachtung: Ein-, Rück- und Ausblicke. Informationsgrundlagen für Stadtforschung und Stadtentwicklungspolitik/Städtekooperation. *Stadtforschung und Statistik,* 2, 193-211.

Booth, C., 1970. *Life and Labour of the People in London.* New York: AMS Press. (Reprinted from the edition 1902-1904.)

Bramley, G., Karley, N. K., 2007. Homeownership, Poverty and Educational Achievement: School Effects as Neighbourhood Effects. *Housing Studies*, 22, 693-722.

Brophy, P. C., Smith, R. N., 1997. Mixed-Income Housing: Factors for Success. *Cityscape*, 3, 3-31.

Browning, C. R., Feinberg, S. L., Dietz, R. D., 2004. The Paradox of Social Organization: Networks, Collective Efficacy, and Violent Crime in Urban Neighborhoods. *Social Forces*, 83, 503-534.

Buck, N., 2001. Identifying Neighbourhood Effectson Social Exclusion. *Urban Studies*, 38, 2251-2275.

Bude, H., 2008. *Die Ausgeschlossenen. Das Ende vom Traum der gerechten Gesellschaft.* München: Hanser.

Cisneros, H. G., Engdahl, L. (Hg.) 2009. *From Despair to Hope.* Washington, D.C: Brookings.

Coleman, J. S., 1987. Microfoundations and Macrosocial Behavior. In: Alexander, J. C. et al. (Eds.), *The Micro-Macro Link.* Berkeley, CA: University of California Press, 153-173.

Cornaz, S., Taffé, P., Santos-Eggimann, B., 2009. Life-course Socioeconomic Environment and Health Risk Behaviours. A Multilevel Small-area Analysis of Young-old Persons in an Urban Neighbourhood in Lausanne, Switzerland. *Health & Place*, 15, 273-283.

Crane, J., 1991. The Epidemic Theory of Ghettos and Neighborhood Effects on Dropping out and Teenage Childbearing. *American Journal of Sociology*, 96, 1226-1259.

Dangschat, J. S., 1995. "Stadt" als Ort und als Ursache von Armut und sozialer Ausgrenzung. *Aus Politik und Zeitgeschichte*, B31-32, 50-62.

Dekker, K., Bolt, G., 2005. Social Cohesion in Post-war Estates in the Netherlands: Differences between Socioeconomic and Ethnic Groups. *Urban Studies*, 42, 2447-2470.

Deutscher Bundestag, 2005. *Lebenslagen in Deutschland – Zweiter Armuts- und Reichtumsbericht.* Bonn: Drucksache 15/5015.

Dietz, R. D., 2002. Estimation of Neighborhood Effects in the Social Sciences. *Social Science Research*, 31, 539-575.

Difu (Deutsches Institut für Urbanistik) 2003. *Strategien für die Soziale Stadt.* Berlin: Difu.

Ellen, I. G., Turner, M. A., 1997. Does Neighborhood Matter?Assessing Recent Evidence. *Housing Policy Debate*, 8, 833-866.

Engbersen, G., 2004. Zwei Formen der sozialen Ausgrenzung: Langfristige Arbeitslosigkeit und illegale Immigration in den Niederlanden. In: Häußermann, H., Kronauer, M., Siebel, W., (Hg.), 2004: *An den Rändern der Städte.* Frankfurt/M.: Suhrkamp, 99-121.

Erbring, L., Young, A. A., 1979. Individuals and Social Structure: Contextual Effects as Endogeneous Feedback. *Sociological Methods and Research*, 7, 396-430.

Farwick, A., 1996. Armut in der Stadt - Prozesse und Mechanismen der räumlichen Konzentration von Sozialhilfeempfängern. Universität Bremen: ZWE „Arbeit und Region", Arbeitspapier Nr. 25.

Farwick, A., 2001. *Segregierte Armut in der Stadt.* Opladen: Leske + Budrich.

Farwick, A., 2004. Segregierte Armut: Zum Einfluß städtischer Wohnquartiere auf die Dauer von Armutslagen. In: Häußermann, H., Kronauer, M., Siebel, W. (Hg.), *An den Rändern der Städte.* Frankfurt/M.: Suhrkamp, 286-314.

Farwick, A., Petrowski, W., 2008. Überschuldete Privathaushalte: Ausprägungen, Ursachen und räumliche Differenzierungen. In: Gestring, N. et al. (Hg), *Jahrbuch StadtRegion 2008/09. Arme reiche Stadt.* Opladen: Barbara Budrich, 73-87.

Farwick, A., Voges, W., 1997. Segregierte Armut und das Risiko Sozialer Ausgrenzung. Zum Einfluss der Nachbarschaft auf die Verstetigung von Sozialhilfebedürftigkeit. Universität Bremen: ZWE „Arbeit und Region", Arbeitspapier Nr. 27.

FHB (Freie und Hansestadt Bremen), 1987. *Erster Sozialbericht für die Freie und Hansestadt Bremen.* Bremen: Senator für Jugend und Soziales.

Frick, J. R., Grabka, M. M., 2009. Gestiegene Vermögensungleichheit in Deutschland. *DIW-Wochenbericht*, 4, 54-67.

Fried, A., Elman, R. M. (Hg.) 1968. *Charles Booth's LONDON.* London: Hutchinson.

Friedrichs, J., 1998. Do Poor Neighborhoods Make Their Residents Poorer? In: Andreß, H.-J. (Ed.), *Empirical Poverty Research in a Comparative Perspective.* Aldershot: Ashgate, 77-99.

Friedrichs, J., 2010. Welche soziale Mischung in Wohngebieten? In: Harth, A., Scheller, G. (Hg.), *Soziologie in der Stadt- und Freiraumplanung.* Wiesbaden: VS Verlag, 319-334.

Friedrichs, J., Blasius, J., 2000. *Leben in benachteiligten Wohngebieten*. Opladen: Leske+Budrich.

Friedrichs, J., Blasius, J., 2003. Social Norms in Distressed Neighborhoods. Testing the Wilson Hypothesis. *Housing Studies,* 18, 807-826.

Friedrichs, J., Galster, G., Musterd, S., 2003. Neighborhood Effects on Social Opportunities. The European and American Research and Policy Context. *Housing Studies,* 18, 797-806.

Friedrichs, J. und Oberwittler, D., 2007. Soziales Kapital in Wohngebieten. In: Franzen, A., Freitag, M. (Hg.), *Sozialkapital. Grundlagen und Anwendungen*. Wiesbaden: VS Verlag, 450-486.

Friedrichs, J., Triemer, S., 2008. *Gespaltene Städte? Soziale und ethnische Segregation in deutschen Großstädten.* Wiesbaden: VS Verlag.

Galster, G., 2003. Investigating Behavioral Impacts of Poor Neighborhoods: Towards New Data and Analytic Strategies. *Housing Studies,* 18, 863-914.

Galster, G. C., 2007. Neighborhood Social Mix as a Goal of Housing Policy: A Theoretical Analysis. *European Journal of Housing Policy,* 7, 19-43.

Galster, G. C., 2008. Quantifying the Effects of Neighbourhood on Individuals: Challenges, Alternative Approaches, and Promising Directions. *Schmollers Jahrbuch,* 128, 7-48.

Galster, G., Andersson, R., Musterd, S., Kauppinen, T. M., 2008. Does Neighbourhood income Mix Affect Earnings of Adults? New Evidence from Sweden. *Journal of Urban Economics,* 63, 858-870.

Galster, G. C., Quercia, R. G., Cortes, A. 2000. Identifying Neighborhood Thresholds: An Empirical Investigation. *Housing Policy Debate,* 11, 701-732.

Geiling, H., 2000. *Zum Verhältnis von Gesellschaft, Milieu und Raum. Ein Untersuchungsansatz zu Segregation und Kohäsion in der Stadt.* Fassung 6/2000. Unveröff. Ms.

Gibbons, S., 2002. *Neighbourhood Effects on Educational Achievement: Evidence from the Census and National Child Development Study.* London: Centre for the Economics of Education, London School of Economics and Political Science.

Grabka, M. M., Frick, J. R., 2008. *Schrumpfende Mittelschicht – Anzeichen einer dauerhaften Polarisierung der verfügbaren Einkommen?* 10/2008, 101-114.

Grabka, M. M., Frick, J. R., 2010. Weiterhin hohes Armutsrisiko in Deutschland: Kinder und junge Erwachsene besonders betroffen. *DIW-Wochenbericht,* 7/2010, 2-11.

Granovetter, M., 1973. The Strength of Weak Ties. *American Journal of Sociology,* 78, 1360-1380.

Häußermann, H., 2003. Armut in der Großstadt. Die Stadtstruktur verstärkt soziale Ungleichheit. *Informationen zur Raumentwicklung,* 3/4, 147-159.

Häußermann, H., Kapphan, A., 2004. Berlin: Ausgrenzungsprozesse in einer europäischen Stadt. In: Häußermann, H., Kronauer, M., Siebel, W. (Hg.), *2004: An den Rändern der Städte*. Frankfurt/M.: Suhrkamp, 203-234.

Hamnett, C., 1994. Social Polarization in Global Cities: Theory and Evidence. *Urban Studies,* 31, 401-424.

Hamnett, C., 2002. Social Polarization in London: the Income Evidence, 1979-93. In: Cross, M., Moore, R. (Hg.), *Globalization and the New City*. Houndmills. Palgrave, 168-199

Hanesch, W. et. al., 1994. *Armut in Deutschland*. Reinbek: Rowohlt.

Haynie, D. L., 2001. Delinquent Peers Revisited: Does Network Structure Matter? *American Journal of Sociology,* 106, 1013-1057.

Hedström, P., Swedberg, R., 1998. Social Mechanisms. An Introductory Essay. In: Dies, (Hg.), *Social Mechanisms: An Analytical Approach to Social Theory*. Cambridge: Cambridge University Press, 1-31.

Herlyn, U., Lakemann, U., Lettko, B., 1991. *Armut und Milieu. Benachteiligte Bewohner in großstädtischen Quartieren*. Basel: Birkhäuser.

Hernes, G., 1989. The Logic of the Protestant Ethic. *Rationality and Society,* 1, 123-162.

Hiscock, R., 2001. Are *Mixed Tenure Estates Likely to Enhance the Social Capital of Their Residents?* Paper, presented at the Housing Studies Association Conference, Sept. 3-4, Cardiff, UK.

Holt-Jensen, A., Henu, E., Kährik, A., Liias, R. (Hg.), 2004. *New Ideas for Neighbourhoods in Europe*. Bergen. TUT Press.

Hox, J. J., 1996. *Applied Multilevel Analysis*. www.fss.uu.nl/ms/jh/publist/amaboek.pdf.

Huster, E.-U., 1996. *Armut in Europa*. Opladen: Leske + Budrich.

Jackson, R. M., 1977. Social Structure and Process in Friendship Choice. In: Fischer, C. S., McCallister, L. (Hg.), *Networks and Places*. New York: Free Press, 59-78.

Jagodzinski, W., Friedrichs, J., Dülmer, H., 1996. Bestimmungsgründe der Wahlbeteiligung und der Wahl rechts-extremistischer Parteien – Ergebnisse von Aggregatanalysen zweier westdeutscher Großstädte. In: Gabriel, O. W., Falter, J. (Hg.), *Wahlen und politische Einstellungen in westlichen Demokratien*. Frankfurt/M.: Peter Lang, 119-148.

Jahoda, M., Lazarsfeld, P. F., Zeisel, H. 1975. *Die Arbeitslosen von Marienthal*. Frankfurt/M.: Suhrkamp. (Zuerst: Leipzig 1933.)

Jargowsky, P. A., 1996. *Poverty and Place*. New York: Russell Sage Foumdation.

Jargowsky, P. A., 1997. *Poverty and Place*. Ghettos, Barrios, and the American City. New York: Russel Sage.

Jencks, C., Mayer, S. E., 1990. The Social Consequences of Growing up in a Poor Neighborhood. In: Lynn, L. E., McGeary, M. G. H. (Hg.), *Inner-City-Poverty in the United States*. Washington, D.C.: National Academy Press, 111-186.

Jupp, B., 1999. *Living Together. Community Life in Mixed Tenure Estates*. London: Demos.

Kamphuis, C. B. M. et al., 2010. Why *Do Poor People Perceive Poor Neighbourhoods?* Health & Place, in press.

Kauppinen, T. M., 2007. Neighbourhood Effects in a European City: Secondary Education of Young People in Helsinki. *Social Science Research,* 36, 421-444.

Kauppinen, T. M., 2008.Schools as Mediators of Neighbourhood Effects on Choice Between Vocational and Academic Tracks of Secondary Education in Helsinki. *European Sociological Review,* 24, 379-391.

Keim, R., Neef, R., 2007. *„Wir sind keine Sozialen"*. Konstanz: UVK.

Keller, C., 1999. *Armut in der Stadt. Zur Segregation benachteiligter Gruppen in Deutschland*. Opladen: Westdeutscher Verlag.

Kristen, C., 2002. Hauptschule, Realschule oder Gymnasium? Ethnische Unterschiede am ersten Bildungsübergang. *Kölner Zeitschrift für Soziologie und Sozialpsychologie*, 54, 534-552.

Landeshauptstadt Dresden, 2006. *Sozialatlas*. Dresden: Der Oberbürgermeister, Geschäftsbereich Soziales.

Landeshauptstadt Magdeburg, 2002. *Sozialbericht der Landeshauptstadt Magdeburg 2000/2001*. Magdeburg: Sozial- und Wohnungsamt.

Landeshauptstadt München, 1991. *Münchner Armutsbericht '90*. München: Landeshauptstadt, Sozialreferat.

Landeshauptstadt Schwerin, 2004.*Sozialbericht*. Schwerin: Sozialdezernat.

Landeshauptstadt Stuttgart, 1990. *Soziale Ungleichheit und Armut. Sozialhilfebericht für die Stadt Stuttgart*. Stuttgart: Sozial- und Schulreferat.

Landeshauptstadt Wiesbaden, 1996. *Armutsrisiken und Sozialhilfebedürftigkeit in Wiesbaden*. Wiesbaden: Amt für Wahlen, Statistik und Stadtforschung.

Langer, W., 2009. *Mehrebenenanalyse*. 2. A. Wiebaden: VS Verlag.

Laumann, E. O., 1966. Prestige *and Association in an Urban Community. An Analysis of an Urban Stratification System*. Indianapolis-New York: Bobbs-Merrill.

Lee, R. E., Cubbin, C., 2002: Neighborhood Context and Youth Cardiovascular Health Behaviours. *American Journal of Public Health,* 92, 428–436.

Leventhal, T., Brooks-Gunn, J., 2000. The Neighborhoods They Live in: The Effects of Neighborhood Residence on Child and Adolescent Outcomes. *Psychological Bulletin,* 126, 309-337.

Massey, D. S., Denton, N. A., 1993. *American Apartheid. Segregation and the Making of the Underclass*. Cambridge, MA: Harvard University Press.

Mayntz, R., 2005. Soziale Mechanismen in der Analyse gesellschaftlicher Makro-Phänomene. In: Schimank, U., Greshoff, R. (Hg.), *Was erklärt die Soziologie?* Berlin: LIT Verlag, 204-227.

McCulloch, A., 2001. Ward-level Deprivation and Individual Social and Economic Outcomes in the British Household Panel Study. *Environment and Planning,* A 33, 667-684.

Mearns, A., 1883. *The Bitter Cry of Outcast London: An Inquiry into the Condition of the Abject Poor*. London: James Clarke & Co.

Meier, U., Preuße, H., Sunnus, E. M., 2003. *Steckbrief von Armut. Haushalte in prekären Lebenslagen*. Wiesbaden: Westdeutscher Verlag.

Merton, R. K., 1957. *Social Theory and Social Structure*. Revised edition. Glencoe, IL: Free Press.

Müller-Hilmer, R., 2006. *Gesellschaft im Reformprozess*. Bonn: Friedrich-Ebert-Stiftung.

Musterd, S., Andersson, R. 2005. Housing Mix, Social Mix, and Social Opportunities. *Urban Affairs Review,* 40, 1-30.

41

Musterd, S., Andersson, R., 2006. Employment, Social Mobility and Neighbourhood Effects: The Case of Sweden. *International Journal of Urban and Regional Research,* 30, 120-140.

Musterd, S., Andersson, R., Galster, G., Kauppinen, T., 2008. Are Immigrants' Earnings Influenced by the Characteristics of Their Neighbours? *Environment and Planning,* A 40, 785-805.

Musterd, S., Murie, A., 2006. The Spatial Dimensions of Urban Social Exclusion and Integration. In: Musterd, S., Murie, A., Kesteloot, C. (Hg.), *Neighbourhoods of Poverty.* Houndmills: Palgrave, 1-16.

Nauck, B., Kohlmann, A., Diefenbach, H., 1997. Familiäre Netzwerke, intergenerative Transmission und Assimilationsprozesse bei türkischen Migrantenfamilien. *Kölner Zeitschrift für Soziologie und Sozialpsychologie*, 49, 149-179.

Neef, R. und Keim, R., 2007. *„ Wir sind keine Sozialen".* Konstanz: UVK.

Nonnenmacher, A., 2009. *Ist Arbeit eine Pflicht?* Wiesbaden: VS Verlag.

O'Loughlin, J., Friedrichs, J. (Hg.), 1996. *Social Polarization in Post-Industrial Metropolises.* Berlin-New York: de Gruyter.

Oberwittler, D., 2003. Die Messung und Qualitätskontrolle kontextbezogener Befragungsdaten mithilfe der Mehrebenenanalyse – am Beispiel des Sozialkapitals von Stadtvierteln. *ZA-Information*, 53, 11-41.

Oberwittler, D., 2004. Stadtstruktur, Freundeskreise und Delinquenz. Eine Mehrebenenanalyse zu sozialökologischen Kontexteffekten auf schwere Jugenddelinquenz. In: Oberwittler, D., Karstedt, S. (Hg.): *Soziologie der Kriminalität.* Wiesbaden: VS Verlag für Sozialwissenschaften, 135-170.

Oberwittler, D., 2007. The Effects of Neighbourhood Poverty on Adolescent Problem Behaviours: A Multi-level Analysis Differentiated by Gender and Ethnicity. *Housing Studies,* 22, 781-803.

Opp, K.-D., 2004. Erklärung durch Mechanismen: Probleme und Alternative. In: Kecskes, R., Wagner, M., Wolf, C. (Hg.), *Angewandte Soziologie.* Wiesbaden: VS Verlag für Sozialwissenschaften, 361-379.

Ostendorf, W., Musterd, S., de Vos, S., 2001. Social Mix and the Neighbourhood Effect. Policy Ambitions and Empirical Evidence. *Housing Studies,* 16, 371-380.

Pebley, A. P., Sastry, N., 2004. Neighborhoods, Poverty, and Children's Well-Being. In:. Neckerman, K. M., (Hg.), *Social Inequality.* New York: Russel Sage,119-145.

Permentier, M., van Ham, M., Bolt, G., 2008. Same Neighbourhood … Different Views? A Confrontation of Internal and External Neighbourhood Reputations. *Housing Studies,* 23, 833-855.

Pettigrew, T. F., Tropp, L. R., 2006. A Meta-analytic Test of Intergroup Contact Theory. *Journal of Personality and Social Psychology,* 90, 751-783.

Popkin, S. J., Levy, D. K., Buron, L., 2009. Has HOPE VI Transformed Residents' Lives? New Evidence from the HOPE VI Panel Study. *Housing Studies,* 24, 477-502.

Ritterhoff, F., 2008. Soziale Polarisierung in einer Global City? Das Beispiel Zürich. In: Gestring, N. et al. (Hg), *Jahrbuch StadtRegion 2008/09. Arme reiche Stadt.* Opladen: Barbara Budrich, 35-54.

Ross, C. S., Mirowsky, J. Pribesh, S., 2001. Powerlessness and the Amplification of Threat: Neighborhood Disadvantage, Disorder, and Mistrust. American *Sociological Review,* 66, 568-591.

Sampson, R., 2006. How does Community Context Matter? Social Mechanisms and the Explanation of Crime Rates. In: Wikström, P.-O. H., Sampson, R. J. (Hg.), *Crime and Its Explanation: Contexts, Mechanisms and Development.* Cambridge: Cambridge University Press, 31-60.

Sampson, R. J., Morenoff, J. D., Gannon-Rowley, T., 2002. Assessing "Neighborhood Effects": Social Processes and New Directions in Research. *Annual Review of Sociology*, 28, 443-478.

Sampson, R. J., Raudenbusch, S. W., 1999. Systematic Social Observation of Public Spaces: A New Look at Disorder in Urban Neighborhoods. *Americam Jornal of Sociology,* 105, 603-651.

Sampson, R. J., Raudenbush, S. W., Earls, F. J., 1997. Neighborhoods and Violent Crime: A Multilevel Study of Collective Efficacy. *Science,* 277, 918-924.

Sampson, R. J., Raudenbush, S. W., Earls, F., 1999. Beyond Social Capital: Spatial Dynamics of Collective Efficacy for Children. *American Sociological Review,* 64, 633-660.

Sassen, S., 1988. *The Mobility of Labor and Capital. A Study of International Investment and Labor Flow.* Cambridge: Cambridge University Press.

Sassen, S., 1991. *The Global City.* Princeton, New Jersey: Princeton University Press.

Sassen, S., 1994. *Cities in a World Economy.* Thousand Oaks: Pine Forge Press.

Schaefer, J., Keneally, B. A., 2010. Was am Ende übrig bleibt. *GEO,* 3.3.2010, 112-127.

Schelling, T. C., 1978. *Micromotives and Macrobehavior.* New York: Norton.

Schönwälder, K., Söhn, J., Schmid, N., 2007. Siedlungsstrukturen von Migrantengruppen in Deutschland: Schwerpunkte der Ansiedlung und innerstädtische Konzentrationen. Berlin: *WZB, Discussion Paper Nr. SP IV 2007:* 601.

Schulz, C., 2007. *Ausgegrenzt und abgefunden?* Innenansichten der Armut. Berlin: LIT.

Schwarzer, T., 2005. Soziale Prekarität in der Stadt. In: Geiling, H. (Hg.), *Soziale Integration als Herausforderung für kommunale und regionale Akteure.* Frankfurt/M.: Peter Lang, 135-158

Shaw, C., McKay, H. D., 1969 [1942]. *Juvenile Delinquency and Urban Areas.* Chicago: Chicago University Press.

Small, M. L., Newman, K., 2001. Urban Poverty After The Truly Disadvantaged: The Rediscovery of the Family, the Neighborhood, and Culture. *Annual Review of Sociology,* 27, 23-45.

Snijders, T. A. B., Bosker, R., 1999. *Multilevel Analysis. An Introduction to Basic and Advanced Multilevel Modeling.* London: Sage.

South, S. J., Crowder, K. D., 1997. Escaping Distressed Neighborhoods: Individual, Community, and Metropolitan Influences. *American Journal of Sociology,* 102, 1040-1084.

Stadt Chemnitz, 2005. *Jahresbericht des Sozialamtes 2004. Ausgewählte soziale Entwicklungen in der Stadt Chemnitz.* Chemnitz: Stadtverwaltung, Sozialamt.

Stadt Essen, 1993. *Soziale Ungleichheit im Stadtgebiet.* Essen: Amt für Stadtentwicklungsplanung, Statistik, Stadtforschung und Wahlen.

Stadt Köln, 1998. *Kölner Sozialbericht.* Köln: Der Oberstadtdirektor, Dezernat für Soziales und Gesundheit.

Stadt Nürnberg, 2004. *Sozialbericht der Stadt Nürnberg. Band I: Die soziale Lage in Nürnberg. Struktur und Entwicklung der Armut.* Nürnberg: Stadt Nürnberg, Referat für Jugend, Familie und Soziales.

Statistisches Bundesamt (Hg.) 2008. *Datenreport 2008.* Bonn: Bundeszentrale für politische Bildung.

Stimpson, J. P., Ju, H., Raji, M. A., Eschbach, K., 2007. Neighborhood Deprivation and Health Risk Behaviors in NHANES III. *American Journal of Health Behavior,* 31, 215–222.

Strohmeier, K. P., Alic, S., 2006. *Segregation in den Städten.* Bonn: Friedrich-Ebert-Stiftung.

Sutherland, J., 1968. Die Theorie der differentiellen Kontakte. In: Sack, F. und König, R. (Hg.): *Kriminalsoziologie.* Frankfurt/M.: Akademische Verlagsgesellschaft, 394-399.

Tempel, G., 2008. Sozialräumliche Polarisierung und Mortalitätsentwicklung. In: Gestring, N. et al. (Hg), *Jahrbuch StadtRegion 2008/09. Arme reiche Stadt.* Opladen: Barbara Budrich, 15-34.

Tobias, G., Boettner, J. (Hg.) 1992. *Von der Hand in den Mund. Armut und Armutsbewältigung in einer westdeutschen Großstadt.* Essen: Klartext.

Van der Slik, F. W. P., Driessen G. W. J. M., De Bot, K. L. J., 2006. Ethnic and Socioeconomic Class Composition and Language Proficiency. A Longitudinal Multilevel Examination in Dutch Elementary Schools. *European Sociological Review,* 22, 293-308.

Van Ham, M., Manley, D. 2010. The Effect of Neighbourhood Housing Tenure Mix on Labour Market Outcomes: a Longitudinal Investigation of Neighbourhood Effects. *Journal of Economic Review,* 24, 379-391.

van Tubergen, F., Maas, I., Flap, H., 2004, The Economic Incorporation of Immigrants in 18 Western Societies: Origin, Destination, and Community Effects. *American Sociological Review,* 69, 704-727.

Vartanian, T. P., 1999. Adolescent Neighborhood Effects on Labor Market and Economic Outcomes. *Social Service Review,* 73, 142-167.

Vogel, B., 2001. Wege an den Rand der Arbeitsgesellschaft – der Verlust der Erwerbsarbeit und die Gefahr sozialer Ausgrenzung. In: Barlösius, E., Ludwig-Mayerhofer, W. (Hg.), *Die Armut der Gesellschaft.* Opladen: Leske+Budrich, 151-168.

Vranken, J., 2004. Changing Forms of Solidarity: Urban Development Programmes in Europe. In: Kazepov, Y. (Hg.), *Cities of Europe. Chnaging Contexts, Local Arrangements, and the Challenge to Urban Cohesion.* Oxford: Blackwell, 255-276.

Vranken, J, De Decker, P., Van Nieuwenhuyze, I. (Hg.) 2002. *Urban Governance, Social Inclusion and Sustainability.* Antwerpen: Garant.

Walther, U.-J., Mensch, K., 2004. *Armut und Ausgrenzung in der „Sozialen Stadt".* Darmstadt: Schader-Stiftung.

Wegener, B., 1989. Soziale Beziehungen im Karriereprozess. *Kölner Zeitschrift für Soziologie und Sozialpsychologie,* 14, 270-297.

Wegener, B., 1991. Job Mobility and Social Ties: Social Resources, Prior Job, and Status Attainment. *American Sociological Review,* 56, 60-71.

Wesemann, S., 2006. *Analyse von sozialer Ungleichheit und Gesundheit auf Stadtteilebene in Köln.* Unveröff. Magisterarbeit. Köln: Forschungsinstitut für Soziologie.

Wilson, W. J., 1987. *The Truly Disadvantaged.* Chicago-London: The University of Chicago Press.

Wolf, C., 1996. *Gleich und gleich gesellt sich. Individuelle und strukturelle Einflüsse auf die Entstehung von Freundschaften.* Hamburg: Dr. Kovac.

Woolcock, M., Narayan, D., 2000. Social Capital: Implications für Development Theory, Research, and Policy. *The World Bank Observer,* 15, 225-249.

Wohnquartiere und Kriminalität – Überblick über die Forschung zu den sozialräumlichen Dimensionen urbaner Kriminalität

Dietrich Oberwittler

1. Einleitung

Auch wenn der Cyberspace eine zunehmende Bedeutung für bekannte und neuartige Formen der Kriminalität erlangt, bleiben viele herkömmliche Formen strafbaren Verhaltens – z. B. Sachbeschädigung, Diebstahl, Wohnungseinbruch, Raub, Körperverletzung – doch fest in Raum und Zeit verankert. Erhebliche Teile des Phänomens Kriminalität werden daher auch in Zukunft ihre sozialräumliche Dimension behalten, die die Kriminalitätsforschung von Beginn beschäftigt hat. Seit der Industrialisierung und Urbanisierung im 19. Jahrhundert gelten Großstädte und vor allem großstädtische Armutsquartiere als besonders mit Kriminalität belastete Räume, während zuvor einige Kriminalitätsformen im Gegenteil häufiger in ländlichen Gebieten registriert worden waren (Eisner 1997, Thome 2002). Dass Kriminalität und andere Formen der Unordnung (disorder oder incivilities), die häufig mit Kriminalität in Verbindung gebracht werden, innerhalb der Städte sehr ungleich verteilt sind, hat Konsequenzen für die lebensweltlichen Erfahrungen und Einschätzungen der betroffenen Menschen, entscheidet mit über die Attraktivität und Lebensqualität von Wohngebieten und ist ein Ausgangspunkt für diverse polizeiliche, kommunalpolitische und städtebauliche Strategien.

Die Forschung zu räumlichen Aspekten von Kriminalität hat in den letzten fünfzehn Jahren enorm zugenommen und ist mittlerweile nur noch schwer zu überblicken (Bottoms 2007, 2012, Kubrin 2009, Sampson 2006, Sampson et al. 2002, Taylor 2010, Wikström 2007). Neben der Forschung zu Stadtvierteleffekten auf Jugenddelinquenz, die in diesem Beitrag im Mittelpunkt stehen soll, und die ihren Bezugspunkt immer noch in der klassischen Chicago School der 1930er und 1940er Jahre hat (Shaw und McKay 1969 [1942]), haben sich Studien zu den räumlichen Verteilungsmustern der Tatorte von Kriminalität zu eigenständigen Forschungszweigen entwickelt. Während städtische Räume bzw. Wohngebiete in der erstgenannten Perspektive hauptsächlich als Entwicklungs- und Handlungskontexte für ihre (jugendlichen) Bewohner gesehen werden, geht es in der zweiten Perspektive um städtische Räume als Kontexte für Ereignisse (Wikström und Sampson 2003). Auch in dieser Perspektive spielt der Zusammenhang zwischen sozialräumlichen Benachteiligungen und Kriminalität eine wichtige, aber nicht mehr die einzig entscheidende Rolle. Kriminalitätsereignisse können sich zwischen den lokalen Bewohnern abspielen (als Täter, Opfer oder sonstige Anwesende), müssen es jedoch nicht. Denn städtische Räume sind eine „Bühne" für soziale Interaktionen zwischen Menschen unterschiedlicher Herkunft und Rollen: Anwohner, Besucher, Arbeitende, Einkaufende, usw. Dies gilt besonders für zentrumsnahe Räume, die teils sehr hohe Kriminalitätsbelastungen und „hot spots" aufweisen (Braga 2005, Sherman et al. 1989). Ein eigenes Forschungsfeld (crime pattern theory) untersucht die räumliche Verteilung krimineller Ereignisse als Ergebnis von Mobilitätsmustern von Tätern und Opfern (Brantingham und Brantingham 2008). Ein benachbartes Forschungsfeld analysiert Tatortverteilungen vorrangig unter den Prämissen der Rational Choice-Theorie und geographischer Muster günstiger Tatgelegenheiten, auch um daraus situative Präventionsmaßnahmen abzuleiten (z. B. Bernasco 2010, Bowers und Johnson 2005, Clarke 2009, Cornish und Clarke 1986). Zu den Faktoren, die Tatgelegenheiten beeinflussen, gehört jedoch auch die von der Chicago School ins Zentrum gerückte informelle Sozialkontrolle und der soziale Zusammenhalt der Bewohner – Gegenstand eines weiteren Untersuchungsfeldes –, so dass es durchaus Überlappungen zwischen diesen Perspektiven gibt. Einen recht umfassenden theoretischen Rahmen für diese unterschiedlichen Perspektiven auf räumliche Kriminalitätsverteilungen bietet das sogenannte „systemic model of crime" (Bursik 1999, Bursik und Grasmick 1993, Warnerund Rountree 1997), das unter anderem auf Überlegungen der Stadtsoziologen Kasarda und Janowitz (1974) zum sozialen Zusammenhalt von Großstadtbewohnern zurückgeht.

Allen genannten Forschungsperspektiven ist gemein, dass sie städtischen Räumen eine eigenständige kausale Bedeutung – unabhängig von der Rolle der Individuen, die sich in ihnen aufhalten – für die Genese von Kriminalität zugestehen. Es wird angenommen, dass die geographischen Raumeinheiten kollektive Merkmale haben, die sich entweder aus der sozialen Zusammensetzung und den wechselseitigen Beziehungen der Menschen, die sich in ihnen aufhalten, entwickeln, oder sich aus physischen und städtebaulichen Eigenschaften, der geographischen Lage, der Verkehrswege usw. ergeben. Die Vorstellung der „Emergenz" kollektiver Eigenschaften aus einer Menge individueller Handlungen ist ein Kernbestandteil des Makro-Mikro-Makro-Modells nach Coleman und Boudon und entspricht dem „Mechanismus [oder der Logik] der Aggregation" (Hedström und Swedberg 1998, vgl. Boudon 1998, Esser 1996, Friedrichs 1988, Greve et al. 2008). Wenn diese kollektiven Eigenschaften der Makro-Ebene wiederum Einfluss auf das individuelle Verhalten von Menschen, die sich in diesen Kontexten aufhalten, haben, dann entspricht dies im Makro-Mikro-Makro-Modell dem „Mechanismus [oder der Logik] der Situation". Da Kriminalität aus der Perspektive geographischer Einheiten stets aus der Summe vieler einzelner Handlungen besteht, stellen Makro-Mikro-Makro-Verbindungen notwendige Elemente in sozialräumlichen Kriminalitätstheorien dar.

2. Das „systemische Modell" der Kriminalität – wechselseitige Beziehungen zwischen struktureller Benachteiligung, sozialem Kapital und Kriminalität auf der Ebene von Stadtvierteln

2.1. Die Rolle von sozialem Kapital und kollektiver Wirksamkeit bei der Kontrolle von Kriminalität

Im „systemischen Modell" wird der kollektiven sozialen Organisation eines Wohnquartiers – vor allem der Fähigkeit, für die Einhaltung von Verhaltensnormen zu sorgen – eine kausale Bedeutung für das Ausmaß der lokalen Kriminalität zugeschrieben, aber auch umgekehrt nach den Rückwirkungen von Kriminalität und Unordnung auf diese soziale Organisation gefragt. Soziale Bindungen und Vertrauen gelten als Voraussetzungen für die Bereitschaft der Bewohner, sich für das gemeinsame Wohl einzusetzen, und die Summe dieser individuellen Handlungsdispositionen bildet ein kollektives soziales Kapital, von dem alle profitieren können – in der Sprache der Ökonomie eine „positive Externalität" (Coleman 1988: 116, Granovetter 1973: 1373, vgl. Friedrichs und Oberwittler 2007).

Eine grundlegende Annahme des Models ist, dass die soziale Organisation von Wohnquartieren sehr stark von strukturellen Merkmalen beeinflusst wird und damit einen Mechanismus bildet, welcher den empirisch immer wieder bestätigten Zusammenhang zwischen struktureller Benachteiligung und Kriminalität erklären kann (Pratt und Cullen 2005). Konzentrierte Armut und andere strukturelle Benachteiligungen verursachen nach dieser Vorstellung Kriminalität nicht direkt, sondern vermittelt über eine unzureichende kollektive Organisation der Bewohner („indirect effect hypothesis", Bursik und Grasmick 1993). Dies wird in der schematischen Darstellung des „systemischen Modells" (Abbildung 1) dadurch angezeigt, dass der hauptsächliche Wirkungspfad von „konzentrierter Benachteiligung" zunächst zur „sozialen Organisation" und von dort weiter zu „Kriminalität" geht. Tatsächlich zeigt sich jedoch in vielen empirischen Studien, dass trotz Berücksichtigung der sozialen Organisation ein direkter Einfluss struktureller Benachteiligung auf Kriminalität bestehen bleibt (z. B. Sampson et al. 1997).

Bis hierher entspricht diese Argumentation der bis heute einflussreichen Theorie der sozialen Desorganisation von Shaw und McKay (1969 [1942]). Diese stellten statistische Zusammenhänge der Jugendkriminalitätsraten in den Chicagoer Stadtvierteln mit drei Merkmalen sozialräumlicher Benachteiligung fest (Armut, ethnische Heterogenität und residentielle Instabilität) und erklärten dies unter anderem mit der Schwierigkeit der Bewohner, sich zum kooperativen Handeln zusammenzufinden (Shaw und McKay 1969 [1942]: 184). Allerdings dauerte es bis in die 1990er Jahre, bis die Existenz dieser vermittelnden sozialen Prozesse mit Hilfe von Befragungsdaten empirisch bestätigt wurde. Bellair (1997) konnte in einer Aggregatanalyse von Struktur- und Befragungsdaten in 60 Wohngebieten zeigen, dass der Einfluss struktureller Probleme auf Kriminalität in der Tat teilweise durch soziale Bindungen im Wohngebiet vermittelt wird. Diese und andere Studien zeigten jedoch auch, dass sehr enge Bindungen und intensive Interaktionen zwischen den Bewohnern weniger nützlich für die Kontrolle von Kriminalität sind als schwache Bindungen (Hipp und Perrin 2006, vgl. Granovetter 1973), ja dass dichte Netzwerke und Interaktionen sogar kriminalitätsfördernd wirken können, wenn sie an deviante Subkulturen gekoppelt sind (Bellair und Browning 2010, Browning et al. 2004, Warner und Rountree 1997).

Abbildung 1: Das „systemische Modell"

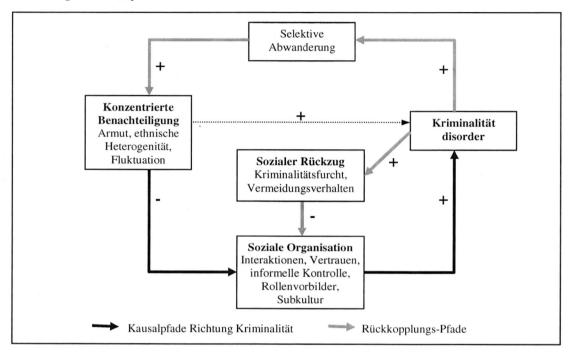

Im Konzept der „kollektiven Wirksamkeit" (collective efficacy), der von Sampson (2004, 2006, 2012) weiterentwickelten Version der Theorie der sozialen Desorganisation, wird daher weniger Wert auf soziale Netzwerke und Interaktionen als auf generalisiertes Vertrauen und Verhaltenserwartungen im kollektiven Interesse gelegt. Die Kernidee der kollektiven Wirksamkeit ist, dass sich Bewohner dann erfolgreich für das gemeinsame Wohl der Nachbarschaft einsetzen – konkret indem sie bei Fehlverhalten von Kindern und Jugendlichen einschreiten –, wenn eine Basis gegenseitigen Vertrauens und geteilter Normen vorhanden ist. Dafür ist es nach Sampson (2006: 40) in der modernen, urbanisierten Lebenswelt nicht erforderlich „that my neighbor or local police officer be my friend". Ebenso trugen die Erkenntnisse neuerer ethnographischer Studien (Carr 2003) dazu bei, dass im Konzept der kollektiven Wirksamkeit auch das Einschalten der Polizei unter den Begriff der informellen Sozialkontrolle subsumiert wird, solange die Initiative dazu von den Bewohnern ausgeht und es sich nicht um eine pro-aktive Polizeistrategie handelt (Sampson 2006: 13). Entsprechend lautet die Frage im Erhebungsinstrument zur Messung der kollektiven Wirksamkeit schlicht, ob die Nachbarn „etwas tun würden", wenn Jugendliche z. B. Grafittis sprühen (Sampson et al. 1997, vgl. Friedrichs und Oberwittler 2007 bzw. Lüdemann 2006b für die deutsche Version der Skala).

Das Konzept der kollektiven Wirksamkeit wurde erstmals 1995 in der Bewohnerbefragung im Rahmen des „Project on Human Development in Chicago Neighborhoods" empirisch überprüft. Dabei wurden 8.782 Bewohner in 343 „neighorhood clusters", zusammengefasste Volkszählungsbezirke (census tracts) mit durchschnittlich ca. 8.000 Einwohnern in der Stadt Chicago befragt. Das zentrale Ergebnis war, dass die kollektive Wirksamkeit wie angenommen einen wesentlichen Teil des Effekts der struktureller Benachteiligung auf die Häufigkeit von Gewaltdelikten in den Wohnquartieren vermittelte, wobei jedoch noch ein direkter Wirkungspfad der konzentrierten Armut erhalten blieb. Die sozialräumliche Verteilung der Gewaltkriminalität in Chicago konnte durch die Berücksichtigung der kollektiven Wirksamkeit signifikant besser aufgeklärt werden als durch die strukturellen Merkmale alleine. Inzwischen haben weitere Studien das Konzept der kollektiven Wirksamkeit angewendet und die Chicagoer Ergebnisse bestätigt, so z. B. in Schweden (Sampson und Wikström 2008), den Niederlanden (Nieuwbeerta et al. 2008), Großbritannien (Wikström et al. 2012) und Australien (Mazerolle et al. 2010). In einer deutschen Studie hatte die kollektive Wirksamkeit dagegen keinen signifikanten Effekt auf Gewaltkriminalität über den Einfluss struktureller Benachteiligungen hinaus (Friedrichs und Oberwittler 2007).

In allen empirischen Studien zeigte sich, dass die Unterschiede zwischen Wohnquartieren im Ausmaß der kollektiven Wirksamkeit zu zwei Dritteln oder mehr durch die Konzentration struktureller Benachteiligungen, vor allem gemessen durch Armut, aber auch durch residentielle Instabilität erklärt werden konnten. Einige europäische Studien bestätigten darüber hinaus die umstrittene These Putnams (2007), dass ethnische Heterogenität mit einem Vertrauensverlust der Bewohner einhergeht (Andrews 2009, Laurence 2011, Oberwittler und Wikström 2011, Portes und Vickstrom 2011, Wikström et al. 2012: 182), der unter anderem vermutlich auf seltenere Kontakte zwischen Bewohnern unterschiedlicher ethnischer Herkunft zurückzuführen ist (Stolle et al. 2008). Denn auch wenn soziale Interaktionen und freundschaftliche Bindungen zwischen Bewohnern kein Bestandteil des Konzepts der kollektiven Wirksamkeit sind, so tragen sie doch indirekt durch die Förderung der allgemeinen Zufriedenheit mit dem Wohnquartier und des Vertrauens in die Nachbarn zur Stärkung des kollektiven Sozialkapitals bei (Burchfield 2009, Friedrichs und Oberwittler 2007, Gibson et al. 2002, Silver und Miller 2004).

2.2. Rückwirkungen von Kriminalität und Unordnung auf Sozialkapital und Sozialstruktur

Ein sehr wichtiger Teil des systemischen Modells befasst sich mit den Rückwirkungen oder feed back-Prozessen von Kriminalität und verschiedenen Formen der Unordnung im öffentlichen Raum, die meist unter den Begriffen incivilities oder disorder zusammengefasst werden, auf verschiedene Aspekte der sozialen Organisation von Wohngebieten. Der Grundgedanke ist, dass persönliche Erfahrungen und Beobachtungen von abweichendem Verhalten (oder auch Berichte darüber) Kriminalitätsfurcht fördern, Vertrauen zerstören, zu sozialem Rückzug führen und die Bereitschaft zum Handeln im gemeinsamen Interesse reduzieren könnten. Diese Rückwirkungen sind in Abbildung 1 als graue Pfeile von „Kriminalität/disorder" zu „sozialer Rückzug" und von dort zu „soziale Organisation" dargestellt. Schon um kausale Wirkungen des Sozialkapitals auf Kriminalität abzusichern und dabei das Endogenitätsproblem auszuschalten, welches zu einer Überschätzung von statistischen Zusammenhängen führen kann (Sobel 1995), sollten diese Feedback-Prozesse in empirischen Modellen berücksichtigt werden. Aus diesem Grund haben Sampson et al. (1997) zeitlich vorhergehende Kriminalitätsdaten als Kontrollvariable in ihr Modell aufgenommen und gezeigt, dass Gewalt im Zeitverlauf zu einer Reduzierung der kollektiven Wirksamkeit führte. Über ähnliche Rückwirkungen berichtete Bellair (2000): Gewaltkriminalität führte zu einem Rückgang der informellen Sozialkontrolle, hingegen hatte Einbruchsdiebstahl einen gegenteiligen Effekt. Auch Lüdemann (2006b) fand einen positiven Effekt von indirekten Viktimisierungen (und von wahrgenommer Unordnung, s.u.) auf die praktizierte Sozialkontrolle der Bewohner.

Es waren vor allem zwei Studien bzw. Erklärungsansätze, die die Beziehung zwischen urbaner Unordnung und Unsicherheitswahrnehmungen in Hinblick auf die soziale Entwicklung von Wohnquartieren in den Mittelpunkt der Aufmerksamkeit gerückt und eine Flut von weiteren Studien und Veröffentlichungen ausgelöst haben: Wesley Skogan argumentierte in seinem Buch „Disorder and Decline" (1990, vgl. Skogan 2008), dass benachteiligte Wohnquartiere der amerikanischen Großstädte durch Kriminalität und Unordnung in eine Abwärtsspirale des Verfalls hineingezogen werden; und Wilson und Kelling postulierten in ihrem berühmt gewordenen Aufsatz „Broken Windows" (1982) einen Mechanismus, demzufolge alltägliche Phänomene physischer Unordnung wie Müll und zerbrochene Fensterscheiben als sichtbarer Ausdruck einer mangelnden Sozialkontrolle im öffentlichen Raum potenzielle Täter zur Kriminalität animieren und die Bewohner weiter verunsichern. Diese Hypothesen wurden in einer Vielzahl von Studien empirischen Tests unterzogen. In einer aufwändigen Längsschnittstudie mit Daten des British Crime Surveys fanden Markowitz et al. (2001) Hinweise auf einen solchen negativen Feedback-Kreislauf zwischen Unordnung, Angst und Vertrauen: „Cohesion decreases disorder, which increases fear, which decreases cohesion" (Markowitz et al. 2001: 310). Weitere Studien haben die Annahme negativer Rückwirkungen von Kriminalität und Unordnung bestätigt (Brunton-Smith 2011, Brunton-Smith und Sturgis 2011, Gault und Silver 2008, Garcia et al. 2007, Pauwels et al. 2010, Ross und Jang 1999, Steenbeck und Hipp 2011, Taylor et al. 2011). Es ist jedoch umstritten, ob Unordnung einen von Kriminalität abgrenzbaren Platz und eine eigenständige kausale Rolle im systemischen Modell haben sollte (Gau und Pratt 2008, Raudenbush und Sampson 1999b, Sampson 2009, Xu et al. 2005). Eine der methodisch anspruchsvollsten Längsschnittstudien, die unter der Leitung von Ralph Taylor in Baltimore durchgeführt wurde, ist in den Schlussfolgerungen vorsichtiger. Diese Studie fand keinen signifikanten Effekt von Unordnung auf eine spätere Zunahme von Kriminalitätsfurcht oder auf eine abnehmende

Zufriedenheit mit dem Wohnquartier (Robinson et al. 2003), obwohl der Zusammenhang zwischen Unordnung und Kriminalitätsfurcht im Querschnitt sehr eng war, wie auch in vielen anderen Studien (Hirtenlehner 2008, Lüdemann 2006a, Oberwittler 2008, Wyant 2008). Taylor und seine Kollegen argumentieren, dass diese starke Korrelation zwischen der Wahrnehmung von Unordnung und Kriminalitätsfurcht Ausdruck einer Überschneidung der Bedeutungsinhalte der Fragen ist und deswegen erheblich überschätzt wird: Befragte, die sehr ängstlich sind, nehmen auch mehr Unordnung war (Covington und Taylor 1991, Perkins und Taylor 1996, Taylor 2001: 228). Sowohl Kriminalitätsfurcht als auch Wahrnehmungen von Unordnung sind schwer fassbare Konzepte, die stark von subjektiv unterschiedlichen Empfindsamkeiten beeinflusst werden und zudem diffuse, allgemeinere gesellschaftliche Sorgen ausdrücken (Covington und Taylor 1991, Farrall et al. 2009, Hirtenlehner 2006, Hummelsheim et al. 2011, Innes 2004, Jackson 2004).

Aus diesem Grunde wurden in einigen Studien eigene systematische Beobachtungen physischer und sozialer Zeichen der Unordnung durchgeführt, zusätzlich oder an Stelle der Bewohnerbefragungen. Im Project of Human Development in Chicago Neighborhoods lagen die Korrelationen zwischen befragungsbasierten subjektiven Wahrnehmungen und beobachtungsbasierten Messungen der physischen und sozialen Disorder-Phänomene zwischen r=.65 und .70 (Sampson und Raudenbush 1999: 31). Anhand derselben Daten demonstrierten Sampson und Raudenbush (2004), dass die subjektiven Wahrnehmungen von Unordnung von der sozialen und ethnischen Zusammensetzung der Wohnquartiere mitbestimmt wird: Relativ zu den systematischen Beobachtungen nehmen Bewohner von sozial benachteiligten und ethnisch segregierten Wohnquartieren mehr Unordnung wahr, und zwar unabhängig von ihrem eigenen sozialen und ethischen Status. Eifler et al. (2009) zeigten mit den Daten deutscher Opferbefragungen (die allerdings keine Kontextdaten der Wohnquartiere enthielten), dass eine erhöhte Sensibilität für Unordnung mit eigenen oder von Bekannten berichteten Viktimisierungen erklärbar ist.

Das Schema des systemischen Modells (Abbildung 1) enthält einen zweiten und größeren Rückkopplungs-Zyklus, nämlich den der Verschärfung konzentrierter Benachteiligungen durch selektive Abwanderung aus den von Kriminalität und Unordnung betroffenen Wohnquartieren. Ziehen diejenigen, die es sich leisten können, aus den problematischen Quartieren weg, so verändert sich die sozialstrukturelle Zusammensetzung weiter zum Schlechteren. Für diesen Prozess gibt es einige empirische Belege wiederum aus den USA, wo die Problemlage zweifelsohne weitaus schärfer ist als in europäischen Großstädten (Cullen und Levitt 1999, South und Messner 2000, vgl. Massey 1996). Morenoff und Sampson (1997) zeigten, dass die ethnische Segregation in Chicago zwischen 1970 und 1990 unter anderem wegen der räumlichen Verteilung der Tötungsdelikte zugenommen hat: Stadtviertel mit einer hohen Mordrate verloren insgesamt an Einwohnern, jedoch ging nur die weiße Bevölkerung stark zurück, während die absolute Anzahl schwarzer Einwohner sogar anstieg. Möglicherweise werden diese negativen Effekte von Kriminalität auf die demographische Entwicklung von Stadtvierteln noch unterschätzt, da es Hinweise darauf gibt, dass in den besonders benachteiligten Wohnquartieren weniger Straftaten angezeigt und polizeilich registriert werden, so dass die offiziellen Kriminalitätsraten zu einer Unterschätzung der Problemlagen führen (Goudriaan et al. 2006, Kirk und Matsuda 2011). Es gibt demgegenüber keine empirischen Bestätigungen der aus dem Labeling Approach abgeleiteten Annahme, dass eine negative soziale Entwicklung von Wohnquartieren lediglich durch eine kollektive Stigmatisierung aufgrund selektiven Polizeihandelns ausgelöst werde (vgl. Belina und Wehrheim 2011).

Kriminalität und Unordnung im öffentlichen Raum sind allerdings nicht die einzigen Faktoren, die über die Attraktivität von Wohnquartieren entscheiden und für die Wohnsitzwahl relevant sind; die ethnische Zusammensetzung der Bewohner und die wahrgenommene Qualität der lokalen Schulen sind weitere, miteinander verbundene Faktoren (Baur und Häußermann 2009, Farwick 2012, Häußermann 2008). Schließlich sollte auch nicht übersehen werden, dass es trotz empirischer Bestätigungen des „Teufelskreises" aus sozialen Benachteiligungen, mangelndem Sozialkapital und Kriminalität auch Beispiele für entgegengesetzte Prozesse gibt, wie z. B. die Gentrifizierung. Dieser Prozess betrifft vor allem innenstadtnahe Wohnquartiere, die aufgrund ihrer Lage, ihrer Bausubstanz und eines allgemeinen Nachfragetrends nach zentrumsnahen Wohnlagen wieder für sozial bessergestellte Schichten attraktiv sind und durch deren Zuzug „aufgewertet" werden – mit nicht unproblematischen Auswirkungen hinsichtlich der Mietpreisentwicklung und Verdrängung sozial schwacher Bewohner (Holm 2010, 2012). Die Gentrifizierung demonstriert, dass es gegenläufige sozialräumliche Wandlungsprozesse gibt, die offensichtlich wesentlich stärker sind als die zuvor beschriebene Abwärtsdynamik. Dabei darf der makro-gesellschaftliche Kontext nicht übersehen werden, zu dem die ökonomische Entwicklung ebenso dazu gehört wie auch ein seit Mitte der 1990er Jahre stark fallender Trend bei vielen Formen der Kriminalität wie Wohnungseinbruch und KfZ-Diebstahl (Oberwittler 2012). Über die Mechanismen der Gentrifizierung in Hinblick auf die lokale Kriminalitätsentwicklung, z. B. ob ein Rückgang der Kriminalität Voraussetzung oder Folge der Gentrifizierung ist, ist recht wenig bekannt (Kirk und Laub 2010).

3. Sozialräumliche Kontexteffekte auf Jugenddelinquenz

3.1. Theoretische Erklärungsansätze

Führt die Konzentration sozialer Benachteiligungen in Wohnquartieren zu einer Verstärkung von problematischen Verhaltensweisen und Entwicklungstendenzen von Kindern und Jugendlichen (im Folgenden vereinfacht „Jugendliche"), die in diesen Quartieren wohnen? Dies ist ganz kurz gefasst die Kernfrage, die hinter der Hypothese sozialräumlicher Kontexteffekte auf Jugendliche steht. Ging es im vorhergehenden Abschnitt zum „systemischen Modell" um die Wirkungen der kollektiven sozialen Organisation auf die aggregierte Summe von Kriminalitätsereignissen in Wohnquartieren (hinter denen letztlich auch einzelne Ereignisse stehen), so liegt der Fokus – wie bei der klassischen Chicago School der 1930er

Jahre – im Folgenden auf den Wirkungen auf das individuelle abweichende Verhalten und die Entwicklung von Jugendlichen.

Auswirkungen sozialräumlicher Konzentrationen von Benachteiligungen – in erster Linie sind damit materielle und Bildungsarmut sowie Migrationsstatus gemeint – werden nicht nur in Hinblick auf Delinquenz und Kriminalität, sondern auf eine Vielzahl von Verhaltensbereichen diskutiert (vgl. allgemein Sampson et al. 2002): Bildungserfolg (Schulleistungen, Schulabbruch; z. B. Ditton 2009, Harding et al. 2011), Gesundheit (psychisches Wohlbefinden, Ernährungsverhalten/Gewicht; z. B. Diez Roux und Mair 2010, Reijneveld et al. 2005), Sexualverhalten (z. B. Browning et al. 2008, Harding 2007, Lupton und Kneale 2012) und Substanzkonsum (z. B. Fauth et al. 2007, Maimon und Browning 2012). Viele dieser Verhaltensbereiche weisen Querverbindungen und Wechselwirkungen auf und werden daher häufig als Aspekte eines übergeordneten „Risiko-" oder „Problemverhaltens" von Jugendlichen aufgefasst und in einigen Studien auch gemeinsam untersucht (Harding 2010). Insbesondere unterscheiden sich die theoretischen Erklärungsansätze in Hinblick auf sozialräumliche Kontexteffekte zwischen diesen Bereichen nur wenig.

Für die Erklärung von Kontexteffekten auf abweichendes Verhalten von Jugendlichen ist die Theorie der sozialen Desorganisation von Shaw und McKay (1969 [1942]) bis heute der zentrale Ausgangspunkt geblieben. Dies liegt auch daran, dass Shaw und McKay mehrere Wirkungsmechanismen der sozialräumlichen Strukturbedingungen auf Kinder und Jugendliche postuliert haben: Einerseits den Effekt der informellen Sozialkontrolle der (erwachsenen) Bewohner über Jugendliche, der im „systemischen Modell" und im Ansatz der kollektiven Wirksamkeit die entscheidende Rolle spielt (s.o.), andererseits aber auch den Effekt der Kontakte zwischen delinquenten Jugendlichen, den sie sich als einen Prozess der „cultural transmission" devianter Normen und Verhaltensmuster von einer Generation von Jugendlichen auf die jeweils nachwachsende Generation vorstellten (Shaw und McKay 1969 [1942]: 168). Dieser Zweig der Desorganisationstheorie, der an die klassische Lerntheorie (Sutherland und Cressey 1960) anknüpfte und später in den Subkulturtheorien seine Fortsetzung fand (Cohen 1955, Miller 1958), wurde jedoch später unter dem Einfluss von Travis Hirschi (1969, vgl. Kornhauser 1978) über Jahrzehnte hinweg unterbewertet und ist erst seit einigen Jahren wieder stärker in den Vordergrund gerückt (Akers und Jensen 2006, Harding 2008, 2009b, Haynie und Osgood 2005, Warr 2002, vgl. Kubrin 2009). Der Mechanismus der sozialräumlichen Verstärkung von Jugenddelinquenz durch Gleichaltrige ist mit Krankheitsepidemien verglichen worden: Wenn subkulturelle Einstellungen in einem sozial segregierten Wohnquartier durch die Konzentration benachteiligter Familien Fuß fassen, könnte der Kontakt zwischen den Jugendlichen deviante Normen verbreiten und verstärken (Crane 1991). Die Anwesenheit vieler Jugendlicher mit delinquenten Neigungen stellt auch einen situativen Faktor für Delinquenz dar, denn Jugendliche begehen Delikte ganz überwiegend in Gemeinschaft mit anderen (Wikström et al. 2012: 329). Jugendgangs als eine mehr oder weniger organisierte Form von Jugenddelinquenz haben meist einen starken territorialen Bezug und bewirken bei ihren Mitgliedern eine deutliche Intensivierung ihrer Delinquenz (Klein und Maxson 2006, Klein et al. 2006, Pitt 2008, Thornberry et al. 2003).

Diese beiden Wirkungspfade – informelle Sozialkontrolle durch die Erwachsenen einerseits, delinquente Einflüsse vorrangig durch Gleichaltrige andererseits – wurden, da sie unterschiedlichen Theorietraditionen zuzuordnen sind, häufig als konkurrierend wahrgenommen und bislang sehr selten gemeinsam untersucht. Angemessener erscheint es jedoch, diese Aspekte der sozialen Organisation von Wohnquartieren in einem wechselseitigen Zusammenhang zu sehen, wie dies James Coleman bereits in den 1960er Jahren getan hat, als er den Desorganisationsansatz auf die neu entstehenden Suburbs der amerikanischen Mittelschicht bezog. Je schwächer der Zusammenhalt und die kollektive Wirksamkeit der Erwachsenen, desto besser kann sich dadurch nach Coleman die (subkulturelle) Organisation der Jugendlichen entwickeln: „One result of the highly developed adolescent community and minimal adult community is a relative powerlessness of adults to control their children. […] Thus there is a proliferation of community among the children, as community among parents desintegrates" (Coleman 1966: 705). Später hat Coleman (1988) diesen Gedanken zum Konzept der „intergenerational closure" als einer Form des kollektiven Sozialkapitals weiterentwickelt.

Einen weiteren Wirkungsmechanismus hat William J. Wilson (1987, 1997, vgl. Friedrichs et al. 2003) in seinen sehr einflussreichen Büchern über die Verschärfung der Armut in den afro-amerikanischen Ghettos der US-Großstädte im Zuge der De-Industrialisierung beschrieben: Je seltener reguläre Arbeitsverhältnisse der erwachsenen Ghetto-Bewohner werden, desto mehr fehlen positive Rollenvorbilder für Jugendliche (und werden durch deviante Vorbilder ersetzt). Auf der individuellen Ebene könnte dieser Effekt sowohl anomietheoretisch, durch Frustrationen angesichts blockierter sozialer Chancen (Agnew 1999), als auch subkulturtheoretisch erklärt werden.

Erweiterungen des Theoriemodells werden erforderlich, wenn man berücksichtigt, dass Schulen einen weiteren und geographisch häufig nicht mit dem Wohnquartier deckungsgleichen Kontext darstellen, der für die Sozialisation von Jugendlichen zweifelsohne sehr relevant ist (Kauppinen 2008, Kirk 2009, Oberwittler 2007a, 2007b). Nicht anders als bei Wohnquartieren auch werden in Bezug auf Kontexteffekte von Schulen unterschiedliche Wirkungsmechanismen angenommen, nämlich in erster Linie Effekte der Schulorganisation, für die Schulleitungen und Lehrkräfte verantwortlich sind (Bradshaw et al. 2009, Payne et al. 2003), als auch Effekte der Beeinflussung durch Mitschüler (Fuchs und Schmalz 2010, Harris et al. 2002, Lo et al. 2011).

Eine weitere wichtige Ausdifferenzierung der Erklärungsansätze betrifft die zeitliche Dimension: Kinder und Jugendliche durchlaufen verschiedene Entwicklungsphasen, in denen der Charakter und die Intensität der Umwelterfahrungen sehr unterschiedlich sind und die Bedeutung der Eltern als Vermittler von und „Beschützer" vor schädlichen sozialräumlichen Einflüssen tendenziell abnimmt (Ingolsby et al. 2006). Wikström und Sampson (2003) haben eine Unterscheidung zwischen kurzfristigen und langfristigen Effekten des Wohnquartiers vorgeschlagen: Während kurzfristige Einflüsse vor allem die aktuellen Gelegenheitsstrukturen für delinquentes Verhalten betreffen („ecological context of action"), werden durch die langfristigen Einflüsse die Einstellungen und Neigungen zur Delinquenz geprägt („ecological context of development").

Abbildung 2: Theorie-Schema Kontexteffekte auf Kinder und Jugendliche

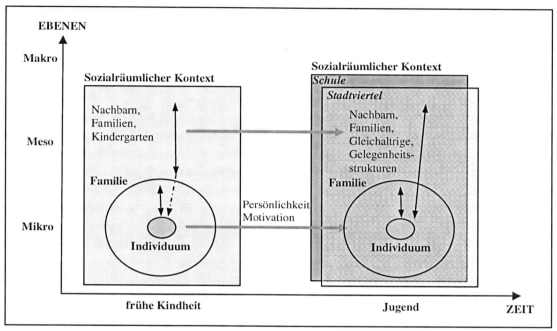

Abbildung 2 fasst wesentliche Aspekte dieser theoretischen Überlegungen in einem Schema zusammen. Das Individuum befindet sich hier in einem Koordinatensystem, das sowohl die räumliche als auch die zeitliche Dimension abbildet. Der Terminologie Bronfenbrenners (1979) folgend wird das Individuum selbst und seine unmittelbare familiäre Umwelt als ökologische Mikro-Ebene, die schulische und kleinräumliche Umwelt als Meso-Ebene und der entfernte regionale und nationale Kontext als Makro-Ebene bezeichnet. In der frühen Kindheit ist die Bedeutung der Familie für die Gestaltung der sozialen Umwelt noch sehr groß; Einflüsse der Meso-Ebene auf das Individuum werden kaum direkt wirksam, sondern eher durch die familiäre Situation vermittelt. Dies ändert sich in dem Maße, wie das Kind direkte soziale Interaktionen mit der Umwelt außerhalb der eigenen Familie aufnimmt. Im Jugendalter ist dementsprechend die familiäre „Schutzhülle" um das Individuum dünner und der direkte Interaktionspfeil zwischen Individuum und Meso-Ebene stärker als in der frühen Kindheit. Zudem differenzieren sich die sozialökologischen Kontexte der Meso-Ebene mit der Erweiterung der Aktionsräume des Jugendlichen aus. Stadtviertel- und Schulkontext als die beiden wichtigsten Kontexte überlappen sich zwar häufig, sind jedoch nicht identisch. In der zeitlichen Perspektive übt die Meso-Ebene (ebenso wie die Makro-Ebene, deren Effekte hier nicht dargestellt sind) nicht nur unmittelbare, sondern auch verzögerte und kumulative Wirkungen aus, indem sie längerfristig stabile Einstellungen und Motivationen prägen kann. Der beidseitig gerichtete Pfeil deutet Interaktionen zwischen den Individuum und der sozialräumlichen Kontexte an, d. h. die individuellen Jugendlichen sind nicht nur passive Empfänger von Kontexteinflüssen, sondern setzen sich im Sinne des Modells des „produktiv realitätsverarbeitenden Subjekts" (Hurrelmann 1983, vgl. Magnusson und Stattin 2006) aktiv mit ihrer sozialen Umwelt auseinander. Wenn man diesen Gedanken ernst nimmt, dann liegt auch die Vermutung nahe, dass Jugendliche individuell sehr unterschiedlich auf sozialräumliche Kontextbedingungen reagieren (s.u.). Aber erst seit einigen Jahren verfolgen Forscher diese Perspektive vermehrt und untersuchen, warum Jugendliche mehr oder weniger (oder gar nicht) empfänglich für Kontexteinflüsse sind, und welche individuellen Faktoren für differentielle Wirkungen des Kontextes verantwortlich sind. In der ersten, weitaus längeren Phase der Forschungsgeschichte wurde die Frage nach sozialräumlichen Kontexteffekten auf Jugendliche in der Regel so verstanden, dass es um durchschnittliche Effekte auf „die" Jugendlichen in den betroffenen Wohnquartieren ging. Ich werde diese beiden Perspektiven entlang der historischen Forschungsentwicklung ebenfalls in dieser Reihenfolge behandeln.

3.2. Empirische Resultate zur Bedeutung von sozialräumlichen Kontexten für Kinder und Jugendliche – „globale" Effekte

Shaw und McKay selbst konnten die Existenz sozialräumlicher Kontexteffekte auf Jugendliche aufgrund der damaligen methodischen Beschränkungen nicht empirisch überprüfen. Anhand aggregierter offizieller Daten ließ sich lediglich zeigen, dass bestimmte Wohnquartiere Chicagos trotz ständigen Bevölkerungsaustausches über lange Zeiträume hohe Konzentrationen von jugendlichen Straftätern aufwiesen. Als sich in den 1960er und 1970er Jahren Jugendbefragungen zur selbstberichteten Delinquenz als Methode der Kriminalsoziologie mehr und mehr durchsetzten, standen sozialräumliche Fragestellungen zunächst nicht im Vordergrund (Kivivuori 2011, Krohn et al. 2010). Bei den damals noch seltenen Studien zu Kontexteffekten dominierte die Vorstellung, dass sich in Wohnquartieren mit der steigenden Konzentration sozial benachteiligter Familien eine deviante Subkultur ausbreitet und im Extremfall zur „Leitkultur" wird, der sich Jugendliche kaum entziehen können. In einer der ersten Studien auf der Basis von Selbstberichtsdaten stellten Clarke und Wenninger (1962: 833) fest „that there are community-wide norms which are related to illegal behavior and to which juveniles adhere regardless of their social class origin". Detlev Frehsee, der in den 1970er Jahren die erste vergleichbare Studie in Deutschland durchführte, formulierte gleichlautend: „Innerhalb der Wohnbereiche findet also eine kulturelle Anpassung an das dominante Normensystem statt" (Frehsee 1979: 349). Inzwischen wurde diese Vorstellung einer homogenen devianten Subkultur zugunsten der Idee einer Normenheterogenität aufgegeben (die sich allerdings auch schon in der Studie von Shaw und McKay (1969 [1942]: 182) findet), welche die Jugendlichen vor die Notwendigkeit stellt, sich zwischen unterschiedlichen Werten und Handlungsalternativen entscheiden zu müssen (Anderson 1999, Friedrichs 1997, Harding 2007, 2010).

Die meisten Studien zu sozialräumlichen Kontexteffekten auf Jugenddelinquenz wurden und werden in den USA durchgeführt. Hier sind vor allem drei sehr aufwändige Längsschnittstudien zu nennen, deren Design optimal auf die Analyse von Kontexteinflüssen ausgerichtet ist. Das „Project on Human Development in Chicago Neighborhoods" (PHDCN) wurde von Mitte der 1990er Jahre bis in die frühen 2000er Jahre durchgeführt und schloss drei Befragungswellen von sieben Alterskohorten mit Interviews der Kinder und Jugendlichen sowie ihrer Eltern ein. Zusätzlich wurden eine Bewohnerbefragung sowie systematische Beobachtungen in Wohnquartieren durchgeführt, ergänzt durch offizielle Zensus-, Polizei- und sonstige Daten. Die „National Longitudinal Study of Adolescent Health" („Add Health") ist eine national-repräsentative Studie, die ebenfalls Mitte der 1990er Jahre mit einer Stichprobe von rund 90.000 Jugendlichen begann und über viele Wellen bis heute weitergeführt wird. Sie umfasst neben Befragungen auch schulweite Netzwerkanalysen und medizinische Untersuchungen einschließlich Gentests. Den individuellen Befragungsdaten können die Volkszählungsdaten der Wohnquartiere (census tracts) als Kontextmerkmale zugespielt werden. Um die Dimension dieser Studie deutlich zu machen, genügt der Hinweis, dass bis heute beinahe 4.000 Veröffentlichungen mit „Add Health"-Daten entstanden sind. Die „Moving to Opportunity" (MTO)-Studie schließlich ist durch ihren experimentellen Charakter einzigartig: Zufällig ausgewählte Familien, die in extrem armen Wohnquartieren leben, können in ein „besseres" Wohnquartier umziehen, und die soziale Entwicklung der Jugendlichen wird über Jahre beobachtet (De Luca und Dayton 2009, Kling et al. 2005, Ludwig et al. 2008, vgl. auch Burdick-Will und Ludwig in diesem Band).

Diese und weitere Studien in den USA haben klare empirische Hinweise auf die Existenz sozialräumlicher Kontexteffekte auf Jugenddelinquenz und andere Formen von Problemverhalten erbracht. Alle Studien stimmen darin überein, dass die Stärke der Kontexteffekte – gemessen an den Varianzanteilen in multivariaten Erklärungsmodellen – weit hinter der Stärke der individuellen Einflussfaktoren zurücksteht (Elliott et al. 2006: 276). Tabelle 1A im Anhang bietet eine strukturierte Übersicht über einige wichtige Veröffentlichungen aus den USA und aus europäischen Ländern, die den internationalen Forschungsstand zu sozialräumlichen Kontexteffekten auf Jugenddelinquenz abbilden können. Einige der Veröffentlichungen befassen sich mit verwandten Verhaltensbereichen wie Gesundheit und Bildungserfolg, und die meisten Veröffentlichungen basieren auf Mehrebenenanalysen von Befragungsdaten, die nach Wohnquartieren oder Schulen (oder beiden) gruppiert wurden. Es ist jedoch wichtig zu betonen, dass die Auswahl der Studien weder systematisch noch vollständig ist.

In der Chicagoer Studie erklärten Kontexteffekte des Wohnquartiers 60 % der höheren Gewaltbelastung der afro-amerikanischen gegenüber den weißen Jugendlichen (Sampson et al. 2005, vgl. Kirk 2008, 2009). Der in den USA bei der Erklärung von Gewalt oft im Vordergrund stehende „race"-Faktor entpuppt sich demnach zumindest teilweise als eine Folge sozialräumlicher Benachteiligungen. Auf der Basis derselben Chicagoer Daten zeigte sich in einer anderen Auswertung eine Verdoppelung der Wahrscheinlichkeit, schwere Gewalt auszuüben, wenn die Jugendlichen bis zu zwei Jahren zuvor Zeuge von Gewalt mit Schusswaffen geworden waren (Bingenheimer et al. 2005, vgl. Brookmeyer et al. 2006, Harding 2009a, Patchin et al. 2006). Die Autoren interpretieren diesen statistisch gut abgesicherten Zusammenhang als kausalen Effekt des Wohnquartiers und sehen ihn als Beleg für die Verstärkungseffekte einer Gewalt-Subkultur. Auch die „Add Health"-Studie kann die Existenz von sozialräumlichen Verstärkungseffekten belegen. Die Armutskonzentration des Wohngebietes hat einen signifikanten Effekt auf die Gewaltdelinquenz der Jugendlichen und führt gemeinsam mit einer Reihe weiterer Risikofaktoren dazu, dass ethnische Zuordnungen statistisch gänzlich unbedeutend werden (Bellair und McNulty 2005). Auch De Coster et al. (2006: 741) kommen anhand der „Add Health"-Daten zu dem Schluss „that the relationship between violence and individual level, race, ethnicity, poverty, parents' education, and female headship can be explained in part by the types of communities in which families and individuals reside". Andere Auswertungen mit den Daten der Chicagoer Studie und der „Add Health"-Studie belegen sozialräumliche Effekte auf Schulleistungen und Sexualverhalten (Browning et al. 2005, Browning et al. 2008, Harding 2009a, Sampson et al. 2008). Ein zentrales und überraschendes Ergebnis der experimentellen MTO-Studie war, dass Mädchen positiver auf den Umzug reagierten als Jungen (Kling et al. 2005, vgl. Burdick-Will/Ludwig in diesem Band).

Die europäische Forschung zu sozialräumlichen Wirkungen auf Jugenddelinquenz ist viel weniger entwickelt und methodisch weniger aufwändig. Es dominieren noch Querschnittsstudien, deren Ergebnisse zurückhaltender interpretiert werden müssen (siehe unten). Studien, die die Wirkungen konzentrierter Benachteiligungen in Wohngebieten untersuchen, haben keine eindeutigen Ergebnisse erbracht. So zeigten sich in Rotterdam (Rovers 1997), Antwerpen (Pauwels 2007), Peterborough (Wikström und Butterworth 2006) und Duisburg (Kunadt 2011) keine Kontexteffekte auf Jugenddelinquenz, während eine in den Jahren 1999 und 2000 in Köln und Freiburg durchgeführte Studie des Freiburger Max-Planck-Instituts für Strafrecht Hinweise auf recht starke Kontexteffekte erbrachte, die jedoch nur für einige Gruppen gelten (Oberwittler 2004a, 2004b, 2007b). Dieses hier als „Kölner/Freiburger Studie" bezeichnete Forschungsprojekt stellte den in Deutschland bis dahin aufwändigsten Versuch dar, Nachbarschaftseffekte auf Jugenddelinquenz zu finden. Für einheimische Jugendliche mit auf das eigene Wohnquartier konzentriertem Freundeskreis verdoppelt sich nach den Ergebnissen der Kölner/Freiburger Studie beinahe die Wahrscheinlichkeit der schweren Delinquenz mit der Zunahme der sozialräumlichen Armut unter Kontrolle individueller Faktoren; gleichzeitig verliert der individuelle Arbeitslosen- bzw. Sozialhilfestatus der Eltern seine Signifikanz (Oberwittler 2004b). Bei Mädchen nimmt insbesondere die Gewaltneigung stark zu, bei Jungen eher die Wahrscheinlichkeit schwerer Eigentumsdelikte. Ebenso wie in den US-amerikanischen Studien wirkt die sozialstrukturelle Benachteiligung also eher kollektiv über die Wohngebiete als individuell auf jugendliche Delinquenz. Allerdings gilt dies erwartungswidrig nicht für Jugendliche aus Migrantenfamilien, für die sich keine sozialräumlichen Verstärkungseffekte fanden (Oberwittler 2004b, 2007b). Auch in einer national-repräsentativen Studie in den Niederlanden zeigte sich ein deutlicher Anstieg des Risikos psycho-sozialen Problemverhaltens von Kindern in den am stärksten benachteiligten Wohnquartieren (Reijneveld et al. 2005). In Bezug auf den Bildungserfolg von Jugendlichen in Schweden hat Brännström (2004, 2006) auf der Basis von Daten aus den 1960er Jahren gar keinen und auf der Basis von aktuelleren Daten (Brännström 2008) schwache Kontexteffekte der Wohnquartiere gefunden, die jedoch hinter denen der Schule zurückstanden.

Schulen als Kontexte spielen naturgemäß vor allem bei Studien zum Bildungserfolg und zu abweichendem Verhalten in der Schule eine entscheidende Rolle. Eine der bislang wenigen deutschen Studien, die den Einfluss der sozialen Zusammensetzung des Schulkontextes (der allerdings als Proxy-Variable des Wohnquartiers interpretiert wird) auf Schulleistungen untersuchen, kommt zu dem Ergebnis, dass nicht die Kontexte mit der höchsten Konzentration sozialer Benachteiligungen die Schulleistungen verringern, sondern im Gegenteil die besonders „günstigen" Kontexte, in denen gar keine oder sehr wenige Familien sozial benachteiligt sind, die Schulleistungen zusätzlich positiv beeinflussen (Helbig 2010, vgl. Ditton und Krüsken 2006). Hierbei handelt es sich um einen nichtlinearen, am oberen Ende der Verteilung stärker werdenden Kontexteffekt, der ähnlich auch von Sampson et al. (1999) in Hinblick auf das kindbezogene kollektive Sozialkapital berichtet wurde.

Einige Studien konnten die Annahme bestätigen, dass die Schulorganisation und das „Schulklima" einen eigenständigen Einfluss auf das Ausmaß des delinquenten Verhaltens der Schüler innerhalb, teils aber auch außerhalb der Schule haben (Brookmeyer et al. 2006, vgl. Fuchs und Schmalz 2010, Gottfredson et al. 2005, Payne 2008). Eine Studie zur Entwicklung von Grundschulkindern fand heraus, dass das Ausmaß an Selbstkontrolle – einem wichtigen psychologischen Prädiktor von Jugenddelinquenz – negativ von dem Fehlverhalten der anderen Schüler in der Klasse beeinflusst wird, was als ein „Ansteckungseffekt" interpretiert werden könnte (Beaver et al. 2008, vgl. Pratt et al. 2004).

Die bisherige empirische Forschung lässt sich so zusammenfassen, dass viele Studien Hinweise auf die Existenz sozialräumlicher Kontexteffekten auf Jugendliche gefunden haben, und zwar in den USA sehr viel deutlicher (und zudem methodisch besser abgesichert) als in Europa. Angesichts der wesentlich schärferen sozialen Ungleichheit, der Ghettoisierung von benachteiligten Bevölkerungsgruppen und dem niedrigeren Niveau des Wohlfahrtsstaates in den USA ist dieses Ergebnis auch nicht überraschend, sondern spricht eher für den Erfolg des stärker wohlfahrtsstaatlich orientierten europäischen Gesellschaftsmodells (vgl. Baier und Rabold 2010). Zudem zeigt sich, dass Schulen einen eigenständigen, anscheinend häufig auch wichtigeren sozialräumlichen Kontext darstellen, der nicht unter den Kontext des Wohnquartiers subsumiert werden kann. Schließlich deutet sich in einigen Studien bereits an, ohne dass sie explizit darauf ausgerichtet sind, dass nicht alle Jugendlichen, die in einem Wohnquartier leben, in gleicher Weise auf ungünstige sozialräumliche Einflüsse reagieren. Diese Erkenntnis ist fundamental und hat zu erheblichen Differenzierungen in der Erforschung sozialräumlicher Kontexteffekte geführt, die Gegenstand des folgenden Abschnittes sind.

3.3. Empirische Resultate zur Bedeutung von sozialräumlichen Kontexten für Kinder und Jugendliche – differentielle Effekte

In den letzten Jahren hat sich das Interesse der Forschung mehr und mehr zu differentiellen Wirkungen sozialräumlicher Kontexte und deren Wechselwirkungen mit individuellen Merkmalen der Bewohner verlagert. Denn es macht wenig Sinn, von einem gleichmäßigen oder „durchschnittlichen" Effekt des Kontextes auf alle Jugendliche auszugehen, wenn bereits Merkmale wie Geschlecht oder Ethnie offenbar Wechselwirkungen mit den sozialräumlichen Merkmalen eingehen. Diese Beobachtung lässt sich zu der grundlegenden Frage ausbauen, ob und warum Jugendliche mit bestimmten individuellen oder Gruppenmerkmalen unterschiedlich auf Umwelteinflüsse reagieren. Wenn viele Jugendliche trotz Aufwachsens in benachteiligten Wohnquartieren keine Anzeichen von delinquentem Verhalten zeigen und eine erfolgreiche schulische und soziale Entwicklung durchmachen, liegt es nahe, nach Schutzfaktoren zu suchen, die negative sozialräumliche Einflüsse „abpuffern" und zur Resilienz (Unempfindlichkeit) beitragen können (Elliott et al. 2006, vgl. Luthar 2003). Denn diese Erkenntnisse könnten auch für die Prävention von jugendlichem Problemverhalten in benachteiligten Wohnquartieren hilfreich sein. Andererseits formuliert die so genannte „amplification hypothesis" die Annahme, dass das gemeinsame Auftreten von individuellen und kontextuellen Benachteiligungen zu einer besonderen Verstärkung von Verhaltensrisiken führen kann (Hay et al. 2007)

Dies ist zunächst eine Herausforderung an die Theoriebildung, die meistens isoliert verfolgten Perspektiven auf individuelle Risikofaktoren einerseits und soziale Rahmenbedingungen des Verhaltens andererseits stärker miteinander zu verbinden. Das gelingt am ehesten mithilfe von integrativen Theorien, die sich bei der Erklärung abweichenden Verhaltens nicht auf einen einzigen Theorieansatz beschränken, wie z. B. die Lern- oder Kontrolltheorie, sondern verschiedene Aspekte so miteinander verknüpfen, dass deren Einflüsse und Wechselwirkungen in sinnvoller Weise abgebildet werden können (Oberwittler 2012: 827). Eine wichtige Anforderung dabei ist, die Vielzahl einzelner Einflussfaktoren so in einem Modell anzuordnen, dass proximale (nahe am Ergebnis liegende) und distale (weiter vom Ergebnis entfernt liegenden) Faktoren voneinander unterschieden und so indirekte Wirkungsmechanismen dargestellt werden können. Zum Beispiel kann die sozialstrukturelle Zusammensetzung des Wohnquartiers als ein distaler Einflussfaktor aufgefasst werden, der indirekt, durch vermittelnde Prozesse – z. B. dem Anteil delinquenter Freunde und der devianten Orientierung – auf die Delinquenz von Jugendlichen wirkt. Das „Biopsychosocial Model" der Entwicklungspsychologen Dodge und Pettit (2003) ist ein Beispiel für ein solches integratives Theoriemodell, in dessen Zentrum kognitive und emotionale Wahrnehmungsmuster stehen, die aggressives Verhalten wahrscheinlicher machen. Dodge und Pettit nehmen an, dass abweichendes Verhalten von Jugendlichen vor allem dann entsteht, wenn ungünstige individuelle Veranlagungen und ungünstige soziale Erfahrungen und Kontexteinflüsse aufeinandertreffen. Günstige individuelle Veranlagungen können sich hingegen als Schutzfaktoren gegen ungünstige Kontexteinflüsse auswirken und abweichendes Verhalten verhindern. Damit rücken Wechselwirkungen zwischen individuellen und kontextuellen Einflussfaktoren in den Mittelpunkt des Interesses, die in empirischen Studien als Interaktionseffekte modelliert werden können (Oberwittler und Gerstner im Druck).

Eine neue, speziell auf die Analyse sozialräumlicher Kontexte zugeschnittene Theorie ist die „Situational Action Theory" (SAT) von Wikström (2006, 2010, Wikström et al. 2012). Ausgehend von der Erkenntnis, dass das Wohnumfeld von Jugendlichen nicht notwendigerweise deren relevanter Verhaltenskontext ist, geht diese Theorie von den konkreten raum-zeitlichen Kontexten aus, in denen sich Jugendliche aufhalten, und in denen sie sich delinquent verhalten. Die SAT rückt den individuellen „Wahrnehmungs-Entscheidungs-Prozess" für oder gegen den Normbruch ins Zentrum und fragt nach den Wechselwirkungen zwischen den Situationen, die sich durch unterschiedliche Gelegenheiten, Provokationen und Kontrollintensitäten auszeichnen, und den individuellen Neigungen für abweichendes Verhalten, die vor allem durch moralische Überzeugungen und exekutive Funktionen geprägt werden (Wikström und Treiber 2007). Das Modell rechnet sowohl mit bedeutenden individuellen Unterschieden in den Wahrnehmungen von Situationen und Handlungsentscheidungen als auch mit Unterschieden im kriminogenen Gehalt der räumlichen „Settings", in denen sich Kriminalität als Ergebnis der Wechselwirkung von Person und Umwelt ereignet. Dieses Zusammentreffen von Personen und Settings bildet nach der SAT die unmittelbaren Ursachen von Kriminalität, während Einflüsse, die zu der Ausprägung von individuellen Verhaltenstendenzen und zur Gestaltung der Settings führen, als „causes of the causes" eine vorgelagerte und indirekte Kausalwirkung haben. Damit werden in diesem Theoriemodell Elemente von Rational Choice-Theorien und des Routine Acitivies Approach mit „klassischen" täterorientierten Erklärungsansätzen verbunden, so dass potenziell alle Einflüsse, die einerseits auf die individuellen Verhaltensdispositionen und andererseits auf die Situationen wirken, in das Erklärungsmodell „eingebaut" werden können. In empirischen Analysen von Daten der Längsschnittstudie PADS+ (einer Stichprobe von etwa 700 Jugendlichen in Peterborough/Großbritannien) bestätigten sich die theoretischen Annahmen der SAT insofern, als dass delinquentes Verhalten dann am wahrscheinlichsten ist, wenn sich Jugendliche mit delinquenten Verhaltensdispositionen an Orten aufhalten, die sowohl Gelegenheiten als auch einen Mangel an kollektiver Kontrolle aufweisen, und dass weder dieselben Jugendlichen in anderen sozialräumlichen Kontexten noch andere Jugendliche in denselben sozialräumlichen Kontexten besonders delinquent handeln (Wikström et al. 2010, 2012).

Zu den Dimensionen individueller Unterschiede zwischen Jugendlichen, die in der Forschung in Hinblick auf die Empfänglichkeit oder Resilienz gegenüber ungünstigen sozialräumlichen Einflüssen untersucht wurden, gehören Persönlichkeitsmerkmale und neuropsychologische Risikofaktoren, Geschlecht, Familie und elterliches Erziehungsverhalten sowie die (davon nicht unabhängigen) Beziehungen zu Gleichaltrigen. Im Folgenden sollen jeweils einige Forschungsergebnisse zu diesen Dimensionen knapp referiert werden.

Persönlichkeitsmerkmale und neuropsychologische Risikofaktoren: Empirische Forschungen zu Wechselwirkungen zwischen neuropsychologischen Risikofaktoren und sozialräumlichen Kontexten stecken noch in den Kinderschuhen. Gerade weil hier aus sozialwissenschaftlicher Perspektive sensible Fragen berührt und Ursachenfaktoren aus weit entfernt gelegenen Feldern miteinander in Beziehung gesetzt werden, ist eine besondere methodische Sorgfalt eine Grundvoraussetzung für valide Ergebnisse, die jedoch leider nicht immer erfüllt wird. Als Beispiel hierfür kann die Studie von Simons et al. (2011) dienen, die Wechselwirkungen zwischen genetisch bedingten Variationen in der Regulierung von Neurotransmittern (v.a. Serotonin und Dopamin) und widrigen Einflüssen des „social environment" in Hinblick auf aggressives Verhalten untersuchen. Diese Studie gehört zu dem wachsenden Forschungsgebiet der Gen-Umwelt-Interaktionen („G x E") (Caspi et al. 2002, Guo et al. 2008, Rutter und Silberg 2002). Gen-Umwelt-Interaktionen bedeuten zum Beispiel, dass es von Umwelteinflüssen abhängig ist, ob sich bestimmte genetische Dispositionen auf aggressives Verhalten auswirken oder nicht. Die Messung dieses „social environments" bei Simons et al. (2011: 893) ist jedoch nicht auf Eigenschaften des sozialräumlichen Kontextes ausgerichtet; vielmehr handelt es sich um eine zusammengefasste Skala, die so unterschiedliche Dinge wie „supportive parenting", „harsh parenting", „school involvement", „religious participation", „racial discrimination", neighbourhood victimization, und „violent peers" umfasst und damit keinesfalls als Kontextvariable interpretiert werden darf. Demgegenüber operationalisieren Beaver et al. (2012) die soziale Umwelt in ihrer Analyse der „Add Health"-Daten korrekt mit den Zensusdaten der Wohngebiete der untersuchten Jugendlichen. Ihre Analyse ergibt, dass ein genetischer Polymorphismus der Dopamin-Rezeptoren nur in den 25 % am meisten benachteiligten Wohngebieten einen signifikanten Effekt auf die Gewaltdelinquenz der Jugendlichen hat, nicht hingegen in den übrigen Wohngebieten. Dies würde bedeuten, dass ein genetisch bedingter Risikofaktor für aggressives Verhalten nur in sozialräumlichen Kontexten zum Tragen kommt, die durch konzentrierte Benachteiligungen (und in dieser Studie allerdings nicht gemessene Merkmale der sozialen Organisation wie niedriges Sozialkapital oder gewaltaffine Subkultur) gekennzeichnet sind. Andere Studien haben sich auf die Wechselwirkungen von sozialräumlichen Kontexten und niedriger Impulskontrolle konzentriert, die als ein starker Prädiktor für Delinquenz und als ein relativ stabiles Persönlichkeitsmerkmal gilt. Mit Daten der Pittsburgh Youth Study berechneten Lynam et al. (2000), dass sich eine hohe Impulsivität besonders stark in den am stärksten sozial benachteiligten Wohngebieten mit sozialem Wohnungsbau auf die Gewaltdelinquenz der männlichen Jugendlichen auswirkte. Über gleichlautende Ergebnisse berichteten Meier et al. 2008, während Beyers et al. (2001) und Wikström und Loeber (2000) im Gegenteil zu dem Schluss kamen, dass neuropsychologische Risikofaktoren vor allem bei Jugendlichen in sozial nicht benachteiligten Wohngebieten ursächlich für schwere Delinquenz sind, während in benachteiligten Wohngebieten eher soziale Faktoren als Ursachen für Delinquenz relevant sind.

Familiäre Faktoren: Familiäre Faktoren, insbesondere die Eltern-Kind-Beziehung und das elterliche Erziehungsverhalten haben unbestritten eine zentrale Bedeutung für die Genese von Jugenddelinquenz (Loeber und Farrington 1998, Schulz et al. 2011). Eine Reihe von Studien deuten darauf hin, dass ein positives Familienklima und Erziehungsverhalten als Schutz und „Puffer" gegen ungünstige sozialräumliche Kontexteinflüsse wirken können. Daraus folgt umgekehrt, dass die Existenz familiärer Risikofaktoren unter ungünstigen Kontextbedingungen zu einer Verschärfung der Delinquenz führen kann. Jugendliche aus defizitären Familien in benachteiligten Wohngebieten sind demnach als besondere Risikogruppe anzusehen. Dies ist besonders für Alleinerziehende relevant, die aus wirtschaftlichen Gründen häufig gezwungen sind, in Wohnquartieren mit den niedrigsten Mieten zu wohnen, und gleichzeitig weniger Zeit und Ressourcen zur Erziehung haben als vollständige Familien. Hay et al. (2007, vgl. Wheaton und Clarke 2003) zeigen, dass der Effekt familiärer Armut auf Jugenddelinquenz mit der Konzentration sozialer Benachteiligungen im Wohngebiet anwächst. Schonberg und Shaw (2007) kommen in einer systematischen Forschungsübersicht zu dem Ergebnis, dass in einschlägigen Studien überwiegend eine puffernde Wirkung des elterlichen Verhaltens auf die Gefährdungen des sozialräumlichen Kontextes festgestellt wurde, die allerdings in Stadtvierteln mit extremen Benachteiligungen versagt. Wenn Eltern über die Freizeitaktivitäten und -orte ihrer Kinder unterrichtet sind, hat dies besonders in benachteiligten Wohngebieten einen abschwächenden Effekt auf deren Delinquenz (Lahey et al. 2008, vgl. auch Beyers et al. 2003, Brody et al. 2001, Browning et al. 2005, Rankin und Quane 2002, vgl. bereits Reckless et al. 1957). Qualitative Studien haben gezeigt, dass viele Eltern große Anstrengungen unternehmen, ihre Kinder von den Gefahren der von Gewalt geprägten Armenghettos in den amerikanischen Großstädten fernzuhalten (Furstenberg et al. 1999, Molnar et al. 2005, Pettit 2004). Einen zentralen Punkt der bekannten ethnographischen Studie Andersons (1999) in den Armenghettos in Philadelphia bildet die Unterscheidung zwischen den „decent families" und den „street families": Während die ersteren sehr viel Wert auf familiären Zusammenhalt und die Einhaltung konventioneller Werte und Normen auch unter widrigen Umständen legen, stellen die letzteren der devianten Subkultur von Drogen und Gewalt nichts entgegen.

Geschlecht: Zu den überraschenden, aber inzwischen recht konsistenten Forschungsergebnissen gehört, das Mädchen tendenziell stärker vom Stadtviertelkontext geprägt werden als Jungen. Auswertungen der Chicagoer PHDCN-Daten zeigen, dass insbesondere die Gewaltdelinquenz von Mädchen stärker von räumlich konzentrierten Benachteiligungen beeinflusst wird als die der Jungen (Fagan und Wright 2012, Zimmerman und Messner 2010). In den am stärksten benachteiligten Wohnquartieren schließt sich die ansonsten recht große Lücke in der Gewaltneigung zwischen Mädchen und Jungen tendenziell. Ähnliche Ergebnisse werden auch aus anderen US-amerikanischen Studien berichtet (Elliott et al. 2006, Karriker-

Jaffe et al. 2009, Kling et al. 2005, Kling et al. 2007, Vazsonyi et al. 2006, Zahn und Browne 2009, vgl. Jones 2010, Ness 2004 für qualitative Studien). Einen gegenteiligen Befund in Bezug auf den Schulabbruch berichten jedoch Crowder und South (2003).

Auch die Köln/Freiburger Studie hat starke sozialräumliche Kontexteffekte auf die Gewaltneigung von einheimischen Mädchen, nicht aber von Jungen gefunden – insbesondere in Hinblick auf die Zugehörigkeit zu gewaltorientierten Cliquen –, während bei Mädchen mit Migrationshintergrund ein entgegen gerichteter Effekt zu beobachten ist (Oberwittler 2003a, 2007b). Während Mädchen aus Migrantenfamilien in den benachteiligten Stadtvierteln offenbar stärkeren familiären Kontrollen ausgesetzt sind, die ihre Gelegenheiten zu unbeaufsichtigten und riskanten Freizeitbeschäftigen begrenzen, gilt dies für einheimische Mädchen nicht. Bei ihnen scheint sich auszuwirken, dass der normative Kontext der Gleichaltrigen in den besonders benachteiligten Wohnquartieren Gewalthandlungen von Mädchen nicht stigmatisiert, wie es in den meisten anderen sozialräumlichen Kontexten der Fall ist. Damit übereinstimmend zeigte Kreager (2007) in einer Auswertung der schulischen Freundschaftsnetzwerke aus der „Add Health"-Studie, dass Gewalt von Mädchen in Schulen mit hohem generellen Gewaltniveau deren Popularität bei den Gleichaltrigen fördert, während gewalttätige Mädchen in allen übrigen Schulen weniger beliebt sind; bei Jungen fand sich dieser Interaktionseffekt zwischen Popularität und Gewaltniveau des Schulkontexts nicht.

Die deutlich stärkeren Effekte auf Mädchen im „Moving to Opportunity"-Experiment haben weitere, detaillierte Auswertungen der Forscher provoziert. Im MTO-Experiment reagierten Mädchen deutlicher als Jungen mit einer Verringerung ihrer Gewaltdelinquenz auf den Umzug von einem extrem benachteiligten Stadtviertel in ein „besseres" Wohnumfeld. Darüber hinaus nahm die Eigentumsdelinquenz der Jungen in der Experimentalgruppe sogar noch zu (Kling et al. 2005). Um diese erwartungswidrigen Folgen besser verstehen zu können, führten die Forscher qualitative Tiefeninterviews mit 86 der beteiligten Jugendlichen in Baltimore und Chicago durch (Clampet-Sundquist et al. 2011, vgl. Small und Feldman 2012). Es zeigte sich unter anderem, dass Jungen ihren Lebensstil weniger gut als Mädchen an die veränderten Erwartungen der Nachbarschaft anpassen konnten und ihre alten Freizeitgewohnheiten – vor allem das „Herumhängen" mit Freunden auf der Straße – tendenziell beibehielten, was zu einer erhöhten Sichtbarkeit für die lokale Polizei und zu einer Stigmatisierung durch die Bewohner der „besseren" Wohnquartiere führte. Außerdem argumentierten die Forscher, dass den Jungen, die mit ihren Familien im Laufe der Zeit häufig in andere, wiederum benachteiligte Wohnquartiere umgezogen sind, die zur erfolgreichen „Navigation" durch die Gefährdungen im urbanen Lebensumfeld notwendigen lokalen Kenntnisse und „Überlebensstrategien" fehlten (Clampet-Sundquist et al. 2011: 1182).

Gleichaltrige: In den vorangehenden Abschnitten wurde bereits deutlich, dass die Beziehungen zu Gleichaltrigen offenbar eine wichtige Rolle als sozialer Mechanismus der Beeinflussung Jugendlicher durch sozialräumliche Kontexte spielen. Dies war zwar ein zentraler Bestandteil der ursprünglichen Desorganisationstheorie (Shaw/McKay 1969 [1942]), wurde aber unter anderem aufgrund Ruth Kornhausers (1978) einflussreicher Kritik der Subkulturtheorien bis in die 1990er Jahre hinein unterbewertet. Seither spielen die Gleichaltrigenbeziehungen wieder eine wichtigere Rolle in der Forschung über Jugendkriminalität (Weerman 2011). Dazu hat unter anderem die „Add Health"-Studie beigetragen, die auch eine umfangreiche Netzwerkanalyse umfasst und damit vielfältige Analysemöglichkeiten bietet. Haynie et al. (2006, vgl. Dupéré et al. 2008) zeigen mit diesen Daten, dass der Effekt sozialräumlicher Benachteiligungen auf Delinquenz weitgehend durch delinquente Gleichaltrigenkontakte vermittelt wird. Mit zunehmender sozialräumlicher Benachteiligung wächst die Wahrscheinlichkeit des Kontaktes zu deviant orientierten Gleichaltrigen und sinkt die Wahrscheinlichkeit des Kontaktes zu konventionell orientierten Gleichaltrigen. Gemeinsame unbeaufsichtigte Freizeit lässt die Wahrscheinlichkeit delinquenter Handlungen in benachteiligten Wohngebieten eher ansteigen als in anderen Wohngebieten (Bernburg und Thorlindson 2007).

Entscheidend ist jedoch die Erkenntnis, dass nicht alle Jugendlichen in benachteiligten Wohngebieten selbst delinquent sind oder delinquente Freunde haben. Vielmehr haben Jugendliche trotz struktureller Beschränkungen auch in benachteiligten Stadtvierteln stets die Möglichkeit und auch die Notwendigkeit, zwischen verschiedenen „Angeboten" auszuwählen, was Gleichaltrige, Freizeitbeschäftigungen, Freizeitorte und kulturelle Handlungsmuster betrifft. Als „kulturelle Heterogenität" bezeichnet Harding (2010) diese differenzierte Sichtweise, die die Vorstellung einer überwiegend oder gar einheitlich devianten Subkultur in benachteiligten Stadtvierteln zunehmend ablöst: "Adolescent boys in poor neighborhoods do not just follow the normative prescriptions and proscriptions of their immediate peer group but rather actively navigate and manipulate multiple sources of cultural messages" (Harding 2010: 140). Diese Überlegungen (die natürlich nicht auf Jungen beschränkt sein können) decken sich mit den empirischen Befunden der Kölner/Freiburger Studie, wonach die räumliche Orientierung der Freundeskreise der Jugendlichen in allen untersuchten Stadtvierteln sehr heterogen ausfiel und klar damit im Zusammenhang stand, ob sie sich in ihrem Stadtviertel wohl fühlten oder nicht (Oberwittler 2004b). Nur ungefähr die Hälfte der befragten Jugendlichen hatte Freundeskreise, die überwiegend innerhalb des eigenen Wohnquartiers lokalisiert waren, die andere Hälfte war eher nach außen orientiert. Dies hing auch, aber bei weitem nicht nur mit der räumlichen Lage der Schule und der Verteilung der Mitschüler im Stadtgebiet zusammen. Die räumliche Auswahl der Freunde reflektiert vielmehr auch individuelle Präferenzen der Jugendlichen gegenüber den sozialräumlichen Milieus, in denen sie leben (vgl. Arum 2000). In der Auseinandersetzung der Jugendlichen mit ihrem Wohnquartier ist demnach ein Element der Wahl und der Selbstselektion enthalten, das in den sozialen Brennpunkten tendenziell zu einer Spaltung in „Anhänger" und „Gegner" des Wohnquartiers zu führen scheint. Es sind vor allem Hauptschüler, die sich eher lokal orientieren und in den sozialen Brennpunkten an der delinquenten Subkultur teilhaben. Diese Erkenntnisse sind für die Frage der Stadtvierteleffekte auf das Verhalten von Jugendlichen deswegen höchst relevant, weil sich in der Kölner/Freiburger Studie zeigte, dass der sozialräumliche Kontext des Wohnquartiers nur für Jugendliche mit lokalem Freundeskreis messbare Auswirkungen hatte, während für Jugendliche mit nicht-lokalen Freunden keinerlei Zusammenhang zwischen sozialräumlicher Benachteiligung des eigenen Wohnquartiers und delinquentem Verhalten bestand (vgl. Friedrichs 1998). Dies ist ein sehr starker Hinweis auf die Rolle der Gleichaltrigenbeziehungen als ein zentraler vermittelnder Prozess des sozialräumlichen Kontextes auf individuelles Verhalten von Jugendlichen. Hieraus ergeben sich auch methodische Probleme, denn offenbar reicht es für eine realistische Modellierung von sozialräumlichen Einflüssen nicht aus, die Wohnadresse zu kennen und die Bedingungen des Wohnquartiers zu berücksichtigen.

4.   Methodische Aspekte der Erforschung sozialräumlicher Kontexteffekte

Auf den restlichen Seiten möchte ich knapp einige zentrale methodische Probleme der Erforschung sozialräumlicher Einflüsse auf individuelles soziales Verhalten ansprechen, die jedoch so vielfältig und komplex sind, dass ihre angemessene Behandlung in einen einführenden Beitrag unmöglich ist. Die Spezialliteratur zu den methodischen Aspekten sozialräumlicher Kontexteffekte ist inzwischen recht vielfältig (Booth und Crouter 2001, Diez Roux 2004, Diez Roux und Mair 2010, Duncan und Raudenbush 1999, Duncan und Murnane 2011, Friedrichs 1998, Friedrichs et al. 2003, Leventhal und Brooks-Gunn 2000, Sampson et al. 2002, van Ham et al. 2012; vgl. auch die Beiträge von Simonson und Nonnenmacher in diesem Band).

4.1. *Kontext- oder Individualeffekte?*

Die grundlegende Fragestellung der Studien zu sozialräumlichen Kontexteffekten lautet: Haben Kontexte eine eigenständige kausale Bedeutung für das soziale Verhalten von Menschen, unabhängig von allen relevanten individuellen Einflussfaktoren? Ein Kontexteffekt durch die sozialräumliche Konzentration von sozialen Benachteiligungen (oder anderen ungünstigen kollektiven Eigenschaften des Sozialraumes) liegt nur dann vor, wenn diese Wirkungen die Summe aller individuellen Wirkungen sozialer Benachteiligungen übersteigen. Anderenfalls wäre es lediglich ein Kompositionseffekt, d. h. die soziale Zusammensetzung der Individuen in einem Kontext alleine würde bereits ausreichen, um das Ausmaß des untersuchten Problemverhaltens in diesem Kontext zu erklären (die Begriffe Kontext- und Kompositionseffekt werden jedoch teilweise synonym verwendet).

Eine solche Fragestellung lässt sich nur auf der Basis quantitativer, systematisch erhobener Daten beantworten und setzt ein geeignetes statistisches Verfahren der simultanen Schätzung individueller und kollektiver Einflüsse auf eine abhängige Variable voraus – die Mehrebenenanalyse. Das bedeutet nicht, dass qualitative und ethnographische Verfahren keine Bedeutung für die Forschung zu Nachbarschaftseffekten hätten. Insbesondere wenn es um soziale Mechanismen der Vermittlung von Kontexteffekten auf individuelles Verhalten und die Frage geht, wie Menschen ihre Lebensumwelt wahrnehmen und in ihr „navigieren", leisten qualitative Studien einen sehr wichtigen Beitrag zur Forschung, der auch von der quantitativ ausgerichteten Forschung anerkannt und aufgegriffen wird. Mittlerweile „klassische" Studien aus der jüngeren Zeit sind etwa Andersons (1999) Studie zum „Street Code" in den Armenghettos von Philadelphia und Pattillos (1999) Ethnographie der Sozialkontrolle in einem schwarzen Mittelschichtsviertel in Chicago (vgl. auch Carr 2005, Harding 2010, St. Jean 2007).

Um den eigenständigen Effekt sozialräumlicher Kontexte zu isolieren, müssen die relevanten individuellen, mit den Eigenschaften der Makro-Ebene möglicherweise konfundierten Einflussfaktoren kontrolliert werden. Dabei tritt häufig das aus der multivariaten Datenanalyse allgemein bekannte Problem der unzureichenden Kontrolle von Drittvariablen auf („unobserved heterogeneity" oder „omitted variable bias"), welches zu einem Überschätzen des Kontexteffekts führen kann (Wolff und Best 2010). Besonders heikel ist dies deswegen, weil wenig über den Prozess der (Selbst-)Selektion von Individuen in soziale Kontexte bekannt ist (Elwert und Winship im Druck). Im Falle von Kindern und Jugendlichen betrifft dies zunächst die Selektion der Eltern in Wohnquartiere (Duncan und Raudenbush 1999: 36; Leventhal und Brooks-Gunn 2000: 314). Falls bestimmte Eigenschaften der Familien, die kausal auch auf das Verhalten der Jugendlichen wirken, für die Auswahl der Wohnquartiere durch die Eltern mitverantwortlich sind, sollten diese auch im Modell berücksichtigt werden, um Scheinkorrelationen zwischen den Stadtvierteleigenschaften und dem jugendlichen Verhalten zu vermeiden. Duncan und Raudenbush (1999: 36) nennen als Beispiel die Sorge der Eltern um die Entwicklung ihrer Kinder. Wenn besorgte Eltern, die einen kontrollierenden und autoritativen Erziehungsstil haben, sozial benachteiligte Stadtviertel wegen möglicher Gefahren für ihre Kinder meiden, während andere Eltern einen eher vernachlässigenden Erziehungsstil haben und zugleich auch in benachteiligten Stadtvierteln wohnen, dann könnte der vermeintliche Stadtvierteleffekt ein Effekt des individuellen elterlichen Erziehungsstils sein, und es würde sich um einen Fall von Endogenität handeln (Duncan et al. 2004). Noch deutlicher tritt dieses Problem bei Studien zum Einfluss des Schulkontextes auf Jugendliche hervor: Insbesondere das deutsche Schulsystem ist mit dem Übergang von der Primar- zur Sekundarschule sehr selektiv, und problematische Verhaltensformen von Schülern beispielsweise in der 8. Jahrgangsstufe, die Forscher als potenzielles Ergebnis der Kontextbedingungen einer Hauptschule interpretieren wollen, könnten bereits in der 4. Jahrgangsstufe dazu geführt haben, dass diese Schüler auf eine Hauptschule und nicht auf ein Gymnasium gekommen sind. Persönlichkeitsmerkmale, die dem Problemverhalten zugrunde liegen, wären in diesem Fall dem Kontext kausal vorgelagert und sollten dann im Modell berücksichtigt werden. Harding (2003) hat jedoch gezeigt, dass die Gefahr der massiven Überschätzung von Stadtvierteleffekten auf Schulabbruch und Teenage-Schwangerschaften durch unbeobachtete Eltern-Eigenschaften zumindest unwahrscheinlich ist. Ein fortgeschrittenes technisches Verfahren der Drittvariablenkontrolle, das in den letzten Jahren dabei häufiger zum Einsatz kommt, jedoch von der Verfügbarkeit entsprechend reicher Datenbestände abhängig ist, ist das „propensity score matching" (Dehija und Wahba 2002, Sampson et al. 2008).

Es besteht umgekehrt jedoch auch die Gefahr des „Über-Kontrollierens" (over controlling) individueller Merkmale, die dazu führen kann, dass tatsächlich existente sozialräumliche Kontexteffekte nicht mehr erkannt werden (Sampson et al. 2002: 467, Wodtke et al. 2011: 714). Dies trifft dann zu, wenn individuelle Merkmale als Kontrollvariablen verwendet werden, die selbst das Ergebnis der Beeinflussung durch den Kontext sind. Zum Beispiel ist die Existenz delinquenter Freunde, ein häufig verwendeter und robuster Prädiktor von Jugenddelinquenz, möglicherweise stark beeinflusst durch das „Angebot" an Gleichaltrigen im Wohnquartier und daher eine Mediatorvariable des Einflusses des sozialen Kontextes auf das delinquente Verhalten. Diese Variable würde bereits einen Teil der Varianz erklären, die letztlich dem Kontext zuzurechnen ist, auch wenn sie als Mediatorvariable auf der individuellen und der Stadtviertelkontext auf der kollektiven Ebene des Mehrebenenmodells zu verorten ist. Ähnliches gilt für Einstellungsskalen wie deviante Normorientierungen, die sich im Laufe der Sozialisation von Kindern und Jugendlichen auch unter dem Einfluss sozialräumlicher Kontexte herausbilden. Einige Studien untersuchen sogar, inwieweit eine niedrige Selbstkontrolle, also ein individualpsychologisches Merkmal, von dem Gottfredson und Hirschi (1990) annahmen, dass es über die gesamte Lebensspanne hinweg stabil sei, als Ergebnis sozialräumlicher Kontexteinflüsse während des Kindes- und Jugendalters zu betrachten ist (Beaver et al. 2008, Teasdale und Silver 2009).

Letztlich kann es keine vollständige Trennung von Individual- und Kontexteffekten geben, denn zu einem gegebenen Zeitpunkt sind viele relevante individuelle Merkmale potenziell mit beeinflusst von vorhergegangenen sozialen Erfahrungen, die Kinder und Jugendliche in sozialräumlichen Kontexten gesammelt haben. Angesichts dieser Problematik erscheint es als sehr ratsam, die Ergebnisse von Querschnittsstudien vorsichtig zu interpretieren und eher von „potenziellen" denn von „realen" Kontexteffekten auszugehen.

4.2. Quer- oder Längschnittstudien?

In der Konsequenz ergibt sich aus dem zuvor Gesagten, dass längsschnittliche Studiendesigns für die Identifizierung von Kontexteffekten (wie für die Identifizierung von Kausalbeziehungen ganz generell) überlegen sind, insbesondere wenn es um Wohnquartiere als Entwicklungskontexte von Kindern und Jugendlichen geht. Die in der aktuellen Forschung am häufigsten verwendeten Datensätze („Add Health" und PHDCN) haben ein Längsschnittdesign, und Analyseergebnisse können dementsprechend in Hinblick auf den Einfluss sozialräumlicher Faktoren auf Veränderungen im Verhalten interpretiert werden – unter Kontrolle des jeweiligen Ausgangsniveaus. Dieser Analyseansatz kann zwar das grundlegende Problem der Abgrenzung von individuellen und kontextuellen Einflüssen nicht vollständig lösen, jedoch sind Aussagen über kausale Effekte insbesondere über kürzere Zeiträume doch stärker belastbar, als es in reinen Querschnittsstudien der Fall ist.

Darüber hinaus kann nur in längsschnittlichen Studien untersucht werden, ob sozialräumliche Kontexte eher kurzfristige oder langfristige Wirkungen auf Kinder und Jugendliche entfalten, und welche Bedeutung wechselnde räumliche Kontexte und die Kumulation verschiedener sozialräumlicher Erfahrungen haben. Einige amerikanische Studien zeigen, dass sich ungünstige sozialräumliche Bedingungen in der Kindheit vor allem langfristig negativ auf verschiedene psycho-soziale Dimensionen auswirken. Wheaton und Clarke (2003) berechneten, dass der zeitverzögerte und kumulative Effekt sozialräumlicher Benachteiligungen während der Kindheit auf psychische Belastungen im frühen Erwachsenenalter stärker ist als der gegenwärtige Effekt des Wohnquartiers (und dass dieser Kontexteffekt in Familien mit niedriger elterlicher Bildung wesentlich stärker ausgeprägt ist als in anderen Familien). Mit den Daten der „Panel Study of Income Dynamics" zeigen Wodtke et al. (2011, vgl. Jackson und Mare 2007, Timberlake 2007) ebenfalls unter Berücksichtigung von wechselnden Wohnumgebungen, dass die Wahrscheinlichkeit eines College-Abschlusses bei schwarzen Jugendlichen mit zunehmender sozialräumlicher Benachteiligung um 20 Prozentpunkte fällt (bei anderen Jugendlichen um acht Prozentpunkte). Schließlich finden Sharkey und Elwert (2011) sogar empirische Hinweise auf eine intergenerationelle Übertragung sozialräumlicher Benachteiligungen auf Schulleistungen: Wenn die Eltern vor der Geburt ihrer Kinder in benachteiligten Wohnquartieren gelebt haben, hat dies einen eigenständigen Effekt unter Kontrolle der Kontextbedingungen, in denen die Kinder leben, sowie individueller Merkmale. Insgesamt schätzen Sharkey und Elwert (2011: 1964) den Kontexteffekt der früheren und gegenwärtigen Sozialräume auf mehr als eine halbe Standardabweichung der Sprachkompetenz. Dieser sehr substantielle Effekt steht im Gegensatz zu einem nur minimalen Kontexteffekt, den Brännström und Rojas (2012) in einer der ganz wenigen vergleichbaren europäischen Studien in Schweden gefunden haben. Es ist angesichts der unterschiedlichen Gesellschaftssysteme plausibel, dass sozialräumliche Benachteiligungen in den USA wesentlich stärkere Auswirkungen haben als in Schweden (Brännström 2006).

4.3. Wohnquartiere und/oder Schulen?

In den theoretischen Überlegungen und empirischen Befunden wurde bereits deutlich, dass Schulen (oder auch Schulklassen) neben Wohnquartieren einen zweiten, sehr relevanten sozialräumlichen Kontext für die soziale Entwicklung von Kindern und Jugendlichen darstellen. Besonders bei Studien zum Bildungserfolg und zum Sozialverhalten in der Schule liegt es nahe, anstelle von Wohnquartieren den Einfluss des schulischen Kontextes zu untersuchen, wie dies Rutter (1979) in seiner bahnbrechenden Studie „Fifteen thousand hours" getan hat, und wie dies auch neuere Studien zum Bildungserfolg (Ditton und Krüsken 2006) und zur schulischen Delinquenz (Fuchs und Schmalz 2010) tun. Trotzdem verwenden viele Studien zum Bildungserfolg, insbesondere in den USA, Wohnquartiere und nicht Schulen als Kontexteinheiten (Harding et al. 2011, Sampson et al. 2008, Sharkey und Elwert 2011, Wodtke et al. 2011). Dem Wohnquartier wird damit eine Art sozialräumlicher, dem Schulkontext übergeordneter „Master-Status" zugeschrieben (auch wenn die Ausblendung des Schulkontextes lediglich einem Mangel an verfügbaren Daten geschuldet sein sollte). Dies erscheint jedoch nur insofern sinnvoll, als die kommunale Organisation der Schulen eine weitgehende räumliche Überlappung von Wohngebieten und Schulbezirken herstellt, was offenbar auch auf Island zutrifft (Bernburg und Thorlindsson 2005, 2007), jedoch bestimmt nicht auf Deutschland. Bereits in den deutschen Grundschulen übersteigt aufgrund des Schulwahlverhaltens der Eltern das Maß der ethnischen und sozialen Segregation in den Schulen das in den Wohnquartieren (Fincke und Lange 2012, Kristen 2008), und durch das in den meisten Bundesländern fortbestehende dreigliedrige Sekundarschulsystem ist die schulische Segregation im Jugendalter nochmals deutlich stärker ausgeprägt (Oberwittler 2007a), mit vieldiskutierten negativen Folgen insbesondere für die Hauptschüler (Solga und Wagner 2008).

Die theoretisch naheliegende Annahme (s.o.), dass sowohl der Wohnquartiers- als auch der Schulkontext gleichzeitig Bedeutung für Kinder und Jugendliche haben könnte, führt zu zusätzlichen methodischen Problemen, da nicht nur geeignete Daten für beide Kontexte vorliegen müssen, sondern auch die statistische Modellierung in Form von so genannten kreuzklassifizierten Mehrebenenanalysen noch komplexer wird. Die bislang noch wenigen Studien, die mithilfe dieser Methode gleichzeitige Einflüsse von Wohnquartieren und Schulen untersuchen, deuten mehrheitlich auf stärkere oder sogar ausschließliche Schulkontexteffekte hin. Dieses Ergebnis überrascht nicht, wenn es um Schulleistungen oder schulisches Verhalten geht (Brännström 2008, Goldsmith 2009, Kauppinen 2008, Leckie 2009, Rasbash et al. 2010, Sykes und Musterd 2011), zeigte sich ähnlich aber auch in Analysen außerschulischer Delinquenz. In der Kölner/Freiburger Studie war der Effekt der Konzentration sozialer Benachteiligungen auf schwere Delinquenz auf der Schulebene ca. doppelt so stark wie der simultan berücksichtigte entsprechende Effekt auf der Wohnquartiersebene (Oberwittler 2007b: 799). Jedoch stehen diese Ergebnisse insbesondere auf der Basis von Querschnittsdaten unter dem methodischen Vorbehalt der Verzerrungen durch Selektionseffekte, die den schulischen Kontext stärker betreffen als den Wohnquartierskontext. Weiterhin ungeklärt bleiben auch Fragen nach möglichen Wechselwirkungen zwischen beiden Kontexten, beispielsweise ob positive Einflüsse des Schulkontextes Gefährdungen durch den Wohnquartierskontext neutralisieren können.

4.4. Aktionsräume und Agency von Kindern und Jugendlichen

Eine besondere methodische Herausforderung, die von den wenigsten empirischen Studien adäquat gelöst oder überhaupt aufgegriffen wird, liegt in der Umsetzung der theoretisch leicht zu formulierenden Erkenntnisse, dass Wohnquartiere keine Inseln und Kinder und Jugendliche keine passiven Opfer ihrer Lebensumwelt sind. Nicht nur wenn es um die Schule geht, sondern auch in der Freizeit sind Kinder und vor allem Jugendliche in ihren Aktionsräumen nicht auf ihr eigenes Wohnquartier beschränkt. Eine der wichtigsten Ergebnisse der Kölner/Freiburger Studie war, dass viele Jugendliche einen wichtigen Teil ihrer Freizeit außerhalb ihres eigenen Wohnquartiers verbringen, verbunden mit der Auswahl ihrer Freundeskreise und ihren persönlichen Raumpräferenzen, und dass dieses Raumverhalten über die Wirkung der Sozialräume auf die Jugendlichen mitentscheidet (Oberwittler 2004b).

Kinder und Jugendliche sind den sozialräumlichen Bedingungen ihres Wohnumfeldes also nicht hilflos ausgeliefert, sondern verfügen über ein bestimmtes Maß an Agency, also individueller Entscheidungs- und Handlungsmacht (Lange 2008). Dies gilt wahrscheinlich nicht im gleichen Maße für US- oder lateinamerikanische Großstädte wie für europäische Großstädte mit ihren erheblich geringeren sozialen Ungleichheiten und besseren urbanen Infrastrukturen. Und auch wenn man die Vorstellung der jugendlichen Agency akzeptiert, stellt sich dennoch die Frage nach den individuellen und familiären Faktoren, die die Jugendlichen in unterschiedlichem Maße dazu befähigen, selbständig über ihre Aktionsräume zu bestimmen.

Die meisten Studien, insbesondere solche mit großen und national-repräsentativen Stichproben, beschränken die Messung der sozialräumlichen Bedingungen jedoch auf die Zuordnung der Wohnadressen der Befragten zu kleinräumlichen Verwaltungsbezirken und das „Zuspielen" der jeweiligen soziodemographischen Kontextdaten. Damit wird die falsche Annahme einer ausschließlichen Beeinflussung durch die eigene Wohnumgebung in unzureichende empirische Modelle überführt, die individuelle Unterschiede im Raumverhalten nicht abbilden können. Eine innovative Ausnahme im Feld der Jugenddelinquenzforschung stellt die englische „Peterborough Adolescent and Young Adult Development Study" (PADS+) dar, die für jeweils einige Tage auch die räumliche Dimension der Tagesabläufe der Befragten in detaillierten Protokollen erfasst und so ein wesentlich genaueres Bild der zeitlichen und räumlichen „Aktivititätsfelder" von Jugendlichen gewinnen kann (Wikström et al. 2010, 2012). Inzwischen werden auch GPS-gestützte Aufzeichnungen der räumlichen Mobilität von Jugendlichen für die Forschung genutzt (z. B. Wiehe et al. 2008). Dadurch ergeben sich neue Möglichkeiten zur detaillierten Analyse von räumlichem Verhalten, allerdings stellt diese Datenfülle auch neue Herausforderungen an geeignete statistische Modellierungen.

4.5. Die Messung von Kontexteigenschaften

Seit der Phase der klassischen Desorganisationstheorie ab den 1930er Jahren bis heute dienen einige soziodemographische Merkmale als zentrale Indikatoren sozialräumlicher Problemlagen. Die räumliche Konzentration sozialer Benachteiligungen wird üblicherweise gemessen, indem die Anteile von Bewohnern mit niedrigem Einkommen, von Arbeitslosen oder Empfängern von Sozialleistungen, von Bewohnern mit Migrationshintergrund oder ausländischer Staatsangehörigkeit, den Anteil von Alleinerziehenden etc. berechnet werden. Die durchschnittliche Wohndauer der Bewohner, die Bevölkerungsdichte, die Gebäudestruktur und Flächennutzungsdaten werden häufig als Indikatoren der Urbanität oder Zentralität von Wohnquartieren verwendet. In Deutschland basieren diese Daten auf den Einwohnermelde- und weiteren Registern der Kommunalverwaltungen, in anderen Ländern wie Großbritannien und den USA eher auf den Volkszählungen. In beiden Fällen handelt es sich um Vollerhebungen, also um reliable Datenquellen mit sehr geringen Messfehlern, die in vielen Großstädten kleinräumlich verfügbar sind. Sie sind daher wesentlich besser zur Messung der sozialräumlichen Kontextbedingungen geeignet als Befragungsdaten.

Geht es jedoch nicht nur um die soziodemographische Struktur, sondern auch um kollektive soziale Eigenschaften und Prozesse von Wohnquartieren, so gibt es zu Befragungsdaten kaum eine Alternative. Dass diese theoretisch schon lange interessierenden kollektiven Eigenschaften durch Befragungsdaten und innovative statistische Methoden der empirischen Analyse zugänglich gemacht wurden, stellt einen ganz wesentlichen Fortschritt in der Forschung in den letzten ca.15 Jahren dar. Raudenbush und Sampson (1999, vgl. Oberwittler 2003b) haben auf der Basis der Varianzzerlegung in der Mehrebenenanalyse ein statistisches Verfahren zur Reliabilitätsprüfung solcher Befragungsdaten auf der kollektiven Ebene entwickelt, das sie in Anlehnung an psychometrische Methoden „ecometrics" nennen. Die Intraklassenkorrelation (ICC) und der Koeffizient Lambda geben darüber Auskunft, wie übereinstimmend Befragte innerhalb eines Kontexts kollektive Merkmale dieses Kontexts bewerten. Je ähnlicher deren Einschätzungen beispielsweise zur sozialen Kohäsion im Wohnquartier oder zum Lehrer-Schüler-Verhältnis in einer Schule sind (d. h. je kleiner die Binnengruppenvarianz ist), und je mehr sich auch Wohnquartiere oder Schulen in diesen Bewertungen unterscheiden (d. h. je größer die Zwischengruppenvarianz ist), desto wahrscheinlicher ist es, dass mit den Befragungsdaten kollektive Kontextmerkmale reliabel gemessen werden. Die ICCs der Skalen zur kollektiven Wirksamkeit, zur Kriminalitätsfurcht oder zur Wahrnehmung von Unordnung in Wohnquartieren erreichen üblicherweise Werte von ca. 15 bis 25 % (Oberwittler 2003b, Pauwels et al. 2010). Mithilfe von Mehrebenenmodellen können dabei auch kontextbezogene Schätzwerte gebildet werden, die um Kompositionseffekte (z. B. aufgrund unterschiedlicher Alters- oder Bildungsstrukturen in Wohnquartieren) bereinigt sind, oder die gemäß den Prinzipien der Bayes'schen Statistik für geringe Reliabilität korrigiert werden, indem sie an den Gesamtmittelwert der Stichprobe angenähert werden (z. B. Sampson et al. 1997, vgl. Oberwittler und Wikström 2009).

Dennoch ist die Messung von Kontexteigenschaften durch Befragungsdaten nicht unproblematisch, wenn sowohl diese Kontexteigenschaften als unabhängige Variable als auch das zu erklärende Phänomen als abhängige Variable durch die Befragung derselben Personen gemessen werden. Ein Beispiel dafür ist der Einfluss der wahrgenommenen Unordnung im Wohnquartier auf die Kriminalitätsfurcht der befragten Bewohner, oder der Einfluss des wahrgenommenen Schulklimas auf das schulische Verhalten der befragten Schüler. Weniger problematisch ist die Aggregierung objektiver individueller Merkmale wie Geschlecht oder Migrationsstatus (Lüdtke et al. 2008). Zwar sind die aggregierten Befragungsdaten überindividuell, dennoch ist mit Messfehlerkorrelationen zwischen den unabhängigen und der abhängigen Variablen zu rechnen, die zu einer Überschätzung der Zusammenhänge führen können (Duncan und Raudenbush 1999, 2001). So fanden Taylor und seine Mitautoren, dass Befragte, die furchtsamer sind, auch mehr Unordnung im Wohnquartier berichten, so dass der Zusammenhang zwischen Incivilities und Kriminalitätsfurcht oft überschätzt wird (Covington and Taylor 1991, Perkins und Taylor 1996, Taylor 2001: 228). Für die Schulforschung haben Lüdtke et al. (2002) in Simulationsrechnungen gezeigt, dass Kontexteffekte, die durch Aggregieren der individuellen Antworten von Schülern gemessen werden, je nach Reliabilität dieser Messungen statistische Artefakte sind.

Eine Lösung dieses Problems liegt in unabhängigen Messungen der Kontexteigenschaften und der Zielvariablen (Duncan und Raudenbush 1999, 2001). Zum Beispiel wurden im Chicagoer Projekt PHDCN zur Messung des Verhaltens der Jugendlichen und der kollektiven Wirksamkeit der Wohnquartiere zwei getrennte Befragungen durchgeführt. Ebenso werden in der pädagogischen Forschung kollektive schulische Prozesse durch Lehrerbefragungen gemessen, die den Befragungs- oder Testdaten der Schüler zugespielt werden. Wenn es um die Messung von Unordnung in Wohnquartieren geht, sind unabhängige systematische Beobachtungen durch geschulte Personen der Erhebung innerhalb der Bewohnerbefragung vorzuziehen (Raudenbush und Sampson 1999b, vgl. Häfele in diesem Band). Oder zusätzlich zur Wohnbevölkerung können „lokale Experten" wie z. B. Geschäftsleute, Sozialarbeiter oder Polizisten zu den kollektiven Eigenschaften der Wohnquartiere befragt werden. Pauwels und Hardyns (2009) haben gezeigt, dass so mit weniger als zehn Befragten pro Raumeinheit sehr reliable Daten zu erhalten sind. Auf der statistischen Ebene könnten neue Ansätze von Mehrebenenmodellen mit latenten Variablen, analog zu herkömmlichen Strukturgleichungsmodellen, zu einer Lösung der Messfehlerproblematik beitragen (Lüdtke et al. 2008, Marsh et al. 2009, Raudenbush et al. 2003, Raudenbush und Sampson 1999a).

4.6. Statistische Modellierung von Kontexteffekten

Der Aufschwung des Forschungsfeldes sozialräumlicher Kontexteffekte auf Kinder und Jugendliche ist nicht nur mit der erneuten Popularität sozialstruktureller Fragestellungen zu erklären, sondern auch entscheidend mit der Entwicklung einer neuen statistischen Methode, der Mehrebenenanalyse, verbunden, welche die Probleme und Defizite früherer Analyseansätze erfolgreich überwinden konnte (Baumer und Arnio 2012, De Leeuw und Meijer 2008, DiPetre und Forristal 1994, Hox 2010, Hox und Roberts 2009, Langer 2004, Snijders und Bosker 2012, Raudenbush und Bryk 2002, vgl. auch Simonson in diesem Band). Die Mehrebenenanalyse erweitert die klassische Regressionsanalyse durch die Berücksichtigung der gruppierten Ordnung von Stichproben. Dadurch können Effekte eines gemeinsamen Kontextes bei simultaner Berücksichtigung individueller Einflüsse der Befragten korrekt geschätzt werden. Zum Beispiel kann der soziale Status sowohl als Individualmerkmal und gleichzeitig in Form des durchschnittlichen Sozialstatus eines Wohnquartiers als Gruppenmerkmal in ein Mehrebenenmodell aufgenommen werden. Hat der durchschnittliche Sozialstatus des Wohnquartiers einen signifikanten Effekt z. B. auf die Delinquenz der Jugendlichen unter Kontrolle des individuellen Sozialstatus der Jugendlichen, so deutet dies auf einen Kontexteffekt hin. Beispiele aus der pädagogischen Forschung zeigen, dass dasselbe Phänomen auf individueller und kollektiver Ebene sogar entgegengesetzte Wirkungen entfalten kann. So wirkt sich die individuelle schulische Leistungsfähigkeit positiv und die durchschnittliche schulische Leistungsfähigkeit in der Klasse aufgrund von Vergleichsprozessen negativ auf das schulische Selbstkonzept aus – der so genannte „big-fish-little-pond effect" (Marsh et al.2007). Bernburg et al. (2009) errechneten in analoger Weise, dass individuelle ökonomische Deprivation bei Jugendlichen vor allem dann zu Frustrationen und delinquentem Verhalten führt, wenn die anderen Jugendlichen in ihrer Umgebung nicht depriviert sind.

Die Mehrebenenanalyse berücksichtigt die hierarchische Datenstruktur von Individuen in gemeinsamen Kontexten durch eine Zerlegung der Varianz in eine individuelle Komponente (Unterschiede zwischen Befragten innerhalb ihrer Gruppen) und eine kollektive Komponente (Unterschiede zwischen den Gruppen). Gleichzeitig stellt die Mehrebenenanalyse auch sicher, dass die unterschiedlichen Stichprobengrößen der Einheiten auf den verschiedenen Ebenen bei der Berechnung der Standardfehler berücksichtigt werden. Während die Standardfehler der Koeffizienten auf der höheren Ebene in konventionellen Regressionsmodellen unterschätzt würden, vermeidet die Mehrebenenanalyse diesen Fehler durch die simultane Schätzung mehrerer Gleichungen auf der Basis der jeweils gültigen Zahl der Einheiten (z. B. 2000 Befragte in 40 Stadtvierteln).

Auch Erweiterungen auf drei oder mehr hierarchische Ebenen (z. B. Jugendliche in Familien in Stadtvierteln) sowie kreuzklassifizierte Modelle (Jugendliche in Schulen und unabhängig davon in Stadtvierteln) und weitere komplexere Gruppierungen sind möglich. Längsschnittdaten werden häufig so modelliert, dass die Erhebungszeitpunkte als unterste Ebene, die zeitkonstanten Werte der Personen als zweite und räumliche Kontexte als dritte Ebene definiert werden. Studiendesigns, in denen die räumliche Struktur der Wohnquartiere der Befragten durch die Berücksichtigung individuell unterschiedlicher Aktionsräume oder von Umzügen über längere Zeitspannen hinweg aufgebrochen wird, können dagegen nur schwerlich in Mehrebenenmodellen abgebildet werden.

Da die Mehrebenenanalyse noch recht neu ist und zumal in Deutschland noch nicht sehr häufig angewendet wird, bestehen in der Forschungspraxis vielfach Unsicherheiten hinsichtlich einer Reihe von Fragen. Dies beginnt mit dem Stichprobendesign, insbesondere mit der sinnvollen Anzahl der Gruppenkontexte. Viele traditionelle Studien zu sozialräumlichen Phänomenen sind so angelegt, dass jeweils eine relativ große Zahl von Personen in einer sehr geringen Anzahl von Wohnquartieren untersucht werden (z. B. Friedrichs und Blasius 2000, Heitmeyer et al. 2011). Unterschiede zwischen zwei oder drei Wohnquartieren können dann allerdings nur deskriptiv interpretiert werden, da diese Anzahl nicht für die Verwendung von Prädiktoren auf der Kontextebene ausreicht. Die Anforderungen der Mehrebenenanalyse an die Stichprobengröße auf der Kontextebene unterscheiden sich nämlich nicht grundsätzlich von den Anforderungen an Stichproben in der konventionellen Regressionsanalyse (Snijders und Bosker 2012: 177). Das bedeutet, dass auch 20 oder 30 Kontexte noch eine sehr geringe Anzahl darstellen, bei denen multivariate Modelle mit mehr als einem Prädiktor schnell an ihre Grenze kommen (vgl. jedoch für Länder als Kontexte Hox et al. 2012). Wesentlich besser sind Stichprobendesigns mit sehr vielen Kontexten. Hat man die Wahl zwischen 20 Kontexten mit jeweils 100 Befragten und 100 Kontexten mit jeweils 20 Befragten, so ist die zweite Alternative statistisch deutlich überlegen, da der Zugewinn an statistischer Power bei einer Zunahme von Kontexten größer ist als bei einer Zunahme von Befragten, die in der Mehrebenenanalyse über die Kontexten gepoolt werden (Murray et al. 2004: 424, Snijders und Bosker 2012: 184). Oberwittler und Wikström (2009) demonstrieren dies mit den Daten einer Bewohnerbefragung im Rahmen der PADS+-Studie, bei der die Stichprobe in 518 sehr kleinen Wohnquartieren mit durchschnittlich nur 13 Befragten organisiert ist.

Das damit im Zusammenhang stehende Problem der Größe und des Zuschnitts von Gebietseinheiten, die als Wohnquartiere definiert werden, soll hier nur gestreift werden (siehe dazu Nonnenmacher in diesem Band; vgl. Oberwittler und Wikström 2009, Robitaille et al. 2011). Die grundsätzlich richtige Annahme, dass kleinere räumliche Einheiten aufgrund ihrer größeren internen Homogenität bessere Voraussetzungen für die Identifizierung von Kontexteffekten bieten, gilt offenbar nicht absolut und könnte auch davon abhängen, wie klein- oder großflächig städtische Siedlungsstrukturen beschaffen sind und wie Bewohner diese wahrnehmen. Es kommt hinzu, dass benachbarte Wohnquartiere indirekte „Ausstrahlungs"-Effekte ausüben könnten, die als so genannte räumliche Autokorrelationen in statistische Modelle integrierbar sind (Anselin 2002, Bernasco und Elffers 2009, Ceccatto und Oberwittler 2008, O'Brien Caughy et al. 2007, Verbitsky-Savitz und Raudenbush 2009).

Eine weitere, in der Literatur zur Mehrebenenanalyse selten thematisierte Frage betrifft die Zentrierung der Variablen auf der untersten Ebene (Enders und Tofighi 2007, Paccagnella 2006, Raudenbush und Bryk 2002: 134-149). Eine Zentrierung der Prädiktoren auf der unteren Ebene um den jeweiligen Gruppenmittelwert führt zu einer grundlegend anderen Interpretation der Koeffizienten als eine Zentrierung um den Gesamt-Mittelwert aller Gruppen (grand mean). Während sich die erstere Variante zur stabileren Modellierung von Kontexteffekten auf die Varianz von individuellen Zusammenhängen (so genannte slope-as-outcome-Modelle) eignet, ist die zweite Variante angemessen, wenn es um die Effekte von Kontextbedingungen auf die durchschnittliche Ausprägung der Zielvariablen geht (so genannte random intercept-Modelle). Daher sollte die Wahl des Zentrierungsverfahrens stets dokumentiert und begründet werden.

Häufig ist Unklarheit bei der Frage anzutreffen, wie bestimmte unabhängige, auf den Kontext bezogene Variablen (z. B. die wahrgenommene soziale Kohäsion im Wohnquartier) in ein Mehrebenmodell aufgenommen werden sollten: Entweder nur auf der individuellen Ebene (L1), oder nur auf der räumlichen Kontextebene (L2), oder aber auf beiden Ebenen gleichzeitig? Eine allgemeingültige Regel dafür gibt es zwar nicht, aber grundsätzlich kann man sich an der theoretischen Verortung der Variable orientieren: Eine primär individuell wirksame Variable (wie z. B. der Bildungsstatus) sollte in jedem Fall auf der individuellen Ebene ins Modell eingeführt werden. Sie kann zusätzlich aber auch auf der kollektiven Ebene als aggregiertes Kontextmerkmal des Wohnquartiers aufgenommen werden, wenn z. B. die Hypothese getestet werden soll, dass über den Kompositionseffekt hinausgehende Kontexteffekte des durchschnittlichen Bildungsstatus bestehen. Bei kollektiv verorteten Eigenschaften (wie z. B. der sozialen Köhasion im Wohnquartier) macht eine Aufnahme ins Mehrebenenmodell auf der individuelle Ebene (L1) weniger Sinn, da die Wirkung dieser kollektiven Eigenschaft theoretisch auf der kollektiven Ebene (L2) erwartet wird, und dieser

Effekt entsprechend auf der kollektiven Ebene modelliert werden sollte. Nimmt man den Prädiktor auf beiden Ebenen ins Modell auf, erweist sich der Effekt auf L2 häufig erwartungswidrig als nicht-signifikant, was jedoch zu inhaltlich falschen Schlüssen führen kann, da die doppelte Aufnahme zu einer Art „over controlling" führen kann.

Während die Mehrebenenanalyse zu Beginn ihrer Entwicklung nur als spezialisierte Statistik-Software verfügbar war, gehört sie heute auch zum normalen Funktionsumfang von Statistik-Paketen wie SAS, SPSS und STATA und R. Jedoch werden die Spezialprogramme HLM und MLWin heute immer noch sehr häufig verwendet, daneben benutzen viele Forscher SAS und STATA, für das es auch das besonders umfangreiche und leistungsstarke Zusatzmodul GLLAMM gibt (Rabe-Hesketh und Skrondal 2012). Als Besonderheit bietet MPlus (Muthen und Muthen 2012) eine Verbindung von Mehrebenenanalysen mit Strukturgleichungsmodellen, wodurch Kontexteffekte als latente Variablen modelliert und auch Pfadanalysen auf mehreren Ebenen durchgeführt werden können.

5. Ausblick

Die Auswirkungen sozialräumlicher Konzentrationen von Armut und anderen Problemlagen auf Kriminalität sind nicht nur ein „klassisches" Thema der Kriminalsoziologie, sondern auch ein sehr lebendiges Forschungsgebiet mit hohen Wachstumsraten in den vergangenen Jahren. Die theoretische und methodische Weiterentwicklung dieses Feldes hat dazu beigetragen, dass wir heute erheblich mehr über kollektive Einflüsse des Wohnquartiers auf das delinquente Verhalten von Jugendlichen und auf die Unsicherheitswahrnehmungen der Bewohner wissen als noch vor zehn bis fünfzehn Jahren. Diese Forschung spielt sich jedoch noch ganz überwiegend außerhalb Deutschlands, nämlich in den USA und einigen europäischen Ländern wie Großbritannien und den Niederlanden ab, und bei der Übertragbarkeit der Ergebnisse sollten nationale Unterschiede in den gesellschaftlichen – insbesondere wohlfahrtsstaatlichen – Rahmenbedingungen berücksichtigt werden. Wenn sich beispielsweise die Auswirkungen von Disorder-Erscheinungen auf das Sicherheitsgefühl und das kollektive Sozialkapital in urbanen Räumen, die sich in U.S.-amerikanischen Studien gezeigt haben, grundsätzlich auch für Deutschland bestätigen lassen, so ersetzt dies nicht eigene, methodisch angemessene Forschungen, von der es in Deutschland bislang zu wenig gegeben hat. Das gilt insbesondere für Längsschnittsstudien, die in ihrer Aussagekraft über Querschnittsstudien hinausgehen.

Was sozialräumliche Kontexte als Ursache oder Verstärkungsfaktor von Jugenddelinquenz betrifft, so erscheinen ihre Wirkungen im Vergleich zu individuellen Risikofaktoren als eher schwach, zumal im Kontext europäischer Wohlfahrtsstaaten. Das bedeutet jedoch nicht, dass sie vernachlässigbar sind. Es ist nämlich auch deutlich geworden, dass die Suche nach „durchschnittlichen" Kontexteffekten wenig sinnvoll ist, sondern dass es entscheidend darauf ankommt, welche Wirkungen sozialräumliche Problemlagen auf besonders vulnerable Kinder und Jugendliche ausüben, und welche wechselseitigen Verstärkungen von individuellen und kollektiven Risiken dabei auftreten können. Um diese auf den ersten Blick schwer zu erkennenden Effekte differenziert zu erfassen, ist eine enge Verzahnung der sozialökologischen Perspektive mit anderen soziologischen und psychologischen Forschungsansätzen notwendig. Nur durch eine theoriegeleitete Forschung, die sich bemüht, die sozialen Mechanismen der Wirkung sozialstruktureller Benachteiligungen auf Einstellungen und Verhalten von Jugendlichen aufzuklären, kann sich dieses Forschungsfeld produktiv weiter entwickeln. Dabei spielen methodische Innovationen wie die Mehrebenenanalyse, aber auch die Kombination unterschiedlicher und teils neuer Erhebungsverfahren wie die Messung von Aktionsräumen und Netzwerkanalysen eine wichtige Rolle. Während sich bei der Analyse der Problemlagen zumindest in Ansätzen ein gesichertes Wissen abzeichnet, gilt dies für die Frage, welche Interventionen gegen negative Verstärkungseffekten durch sozialräumliche Benachteiligungen sinnvoll und möglich sind, keinesfalls. Experimentelle Interventionsstudien sind in diesem Bereich extrem selten und haben unerwartete und widersprüchliche Ergebnisse erbracht. Bei dem umfangreichen und teuren städtebaulichen Programm „Soziale Stadt" wurde auf eine aussagekräftige Wirkungsevaluation verzichtet. Auch die Wirkungen der aufwändigsten staatlichen Intervention in das Leben von Kindern und Jugendlichen, der Schule, auf die Folgen sozialräumlicher Benachteiligungen, ist bislang unzureichend erforscht.

Literaturverzeichnis

Agnew, R., 1999. A general strain theory of community differences in crime rates. *Journal of Research in Crime and Delinquency, 36,* 123-155.

Akers, R.L., Jensen, G.F., 2006. The empirical status of social learning theory of crime and deviance: the past, present, and future. In: Cullen F.T., Wright J.P., Blevins K.R. (Eds.), *Taking stock. The status of criminological theory.* Roxbury: Transaction Publishers, 37-76.

Anderson, E., 1999. *Code of the street: decency, violence, and the moral life of the inner city.* New York: W. W. Norton.

Andrews, R., 2009. Civic engagement, ethnic heterogeneity, and social capital in urban areas: evidence from England. *Urban Affairs Review, 44,* 428-440.

Anselin, L., 2002. Spatial effects and ecological inference. *Political Analysis, 10,* 276-297.

Arum, R., 2000. Schools and communities: ecological and institutional dimensions. *Annual Review of Sociology, 26,* 395-418.

Baier, D., Rabold, S., 2009. Jugendgewalt in segregierten Stadtteilen. *Deutsche Zeitschrift für Kommunalwissenschaften, 2,* 35-49.

Baumer, E.P., Arnio, A.N., 2012. Multi-level modeling and criminological inquiry. In: Gadd, D., Karstedt, S., Messner, S. (Eds.), *The Sage handbook of criminological research methods.* Los Angeles: Sage, 97-111.

Baur, C., Häußermann, H., 2009. Ethnische Segregation in deutschen Schulen. *Leviathan, 37,* 353-366.

Beaver, K.M., Wright, J.P., Maume, M.O., 2008. The effect of school classroom characteristics on low self-control: A multilevel analysis. *Journal of Criminal Justice, 36,* 174-181.

Beaver, K.M., Gibson, C.L., DeLisi, M., Vaughn, M.G., Wright, J.P., 2012. The interaction between neighborhood disadvantage and genetic factors in the prediction of antisocial outcomes. *Youth Violence and Juvenile Justice, 10,* 25-40.

Belina, B., Wehrheim, J., 2011. "Gefahrengebiete" - Durch die Abstraktion vom Sozialen zur Reproduktion gesellschaftlicher Strukturen. In: Oberwittler, D., Behr, R. (Hg.), *Polizei und Polizieren in multiethnischen Gesellschaften*. Freiburg: Centaurus, 207-230.

Bellair, P.E., 1997. Social interaction and community crime: Examining the importance of neighbor networks. *Criminology, 35*, 677-703.

Bellair, P.E., 2000. Informal surveillance and street crime: a complex relationship. *Criminology, 38*, 137-169.

Bellair, P.E., Browning, C.R., 2010. Contemporary disorganization research: an assessment and further test of the systemic model of neighborhood crime. *Journal of Research in Crime and Delinquency, 47*, 496-521.

Bellair, P.E., McNulty, T.L., 2005. Beyond the bell curve: community disadvantage and the explanation of blackwhite differences in adolescent violence. *Criminology, 43*, 1135-1167.

Bernasco, W., 2010. Modeling micro-level crime location choice: application of the discrete choice framework to crime at places. *Journal of Quantitative Criminology, 26*, 113-138.

Bernasco, W., Elffers, H., 2009. Statistical analysis of spatial crime Data. In: Piquero A.R., Weisburd D. (Eds.), *Handbook of quantitative criminology*. New York: Springer.

Bernburg, J.G., Thorlindsson, T., 2005. Violent values, conduct norms, and youth aggression: a multilevel study in Iceland. *Sociological Quarterly, 46*, 457-478.

Bernburg, J.G., Thorlindsson, T., 2007. Community structure and adolescent delinquency in Iceland: A contextual analysis. *Criminology, 45*, 415-444.

Bernburg, J.G., Thorlindsson, T., Sigfusdottir, I.D., 2009. Relative deprivation and adolescent outcomes in iceland: a multilevel test. *Social Forces, 87*, 1223-1250.

Beyers, J.M., Bates, J.E., Pettit, G.S., Dodge, K.A., 2003. Neighborhood structure, parenting processes, and the development of youths externalizing behaviors: a multilevel analysis. *American Journal of Community Psychology, 31*, 35-53.

Bingenheimer, J.B., Brennan, R.T., Earls, F.J., 2005. Firearm violence exposure and serious violent behavior. *Science, 308*, 1323-1326.

Booth, A., Crouter, A.C. (Eds.), 2001. *Does it take a village? Community effects on children, adolescents, and families*. Mahwah, NJ: Erlbaum.

Bottoms, A.E., 2007. Place, space, crime and disorder. In: Maguire, M., Morgan, R., Reiner, R. (Eds.), *The Oxford handbook of criminology* (4. A.). Oxford: Oxford University Press, 528-574.

Bottoms, A.E., 2012. Developing socio-spatial criminology. In: Maguire M., Morgan R., Reiner R. (Eds.), *The oxford handbook of criminology* (5. A.). Oxford: Oxford University Press, 450-488.

Boudon, R., 1998. Social mechanisms without black boxes. In: Hedström, P., Swedberg, R. (Eds.), *Social mechanisms. An analytical approach to social theory*. Cambridge: Cambridge University Press, 172-203.

Bowers, K.J., Johnson, S.D., 2005. Domestic burglary repeats and space time clusters the dimensions of risk. *European Journal of Criminology, 2*, 67-92.

Bradshaw, C., Sawyer, A.L., O'Brennan, L.M., 2009. A social disorganization perspective on bullying-related attitudes and behaviors: the influence of school context. *American Journal of Community Psychology, 43*, 204-220.

Brännström, L., 2004. Poor places, poor prospects? Counterfactual models of neighbourhood effects on social exclusion in Stockholm, Sweden. *Urban Studies, 41*, 2515-2537.

Brännström, L., 2006. *Phantom of the neighbourhood. Longitudinal studies on area-based conditions and individual outcomes*. Stockholm: Stockholm University.

Brännström, L., 2008. Making their mark: The effects of neighbourhood and upper secondary school on educational achievement. *European Sociological Review, 24*, 463-478.

Brännström, L., Rojas, Y., 2012. Rethinking the long-term consequences of growing up in a disadvantaged neighbourhood: lessons from sweden. *Housing Studies, 27*, 729-747.

Braga, A.A., 2005. Hot spots policing and crime prevention: A systematic review of randomized controlled trials. *Journal of Experimental Criminology, 1*, 317-342.

Brantingham, P.J., Brantingham, P.L., 2008. Crime pattern theory. In: Wortley, R., Mazerolle, L. (Eds.), *Environmental Criminology and Crime Analysis*. Cullompton: Willan, 78-93.

Brody, G.H., Ge, X., Conger, R.D., Gibbons, F.X., McBride Murry, V., Gerrard, M., Simons, R.L., 2001. The influence of neighborhood disadvantage, collective socialization, and parenting on African American children's affiliation with deviant Peers. *Child Development, 72,* 1231-1246.

Bronfenbrenner, U., 1979. *The ecology of human development.* Cambridge/Mass.: Harvard University Press.

Brookmeyer, K.A., Fanti, K.A., Henrich, C.C., 2006. Schools, parents, and youth violence: A multilevel, ecological analysis. *Journal of Clinical Child and Adolescent Psychology, 35,* 504-514.

Browning, C.R., Feinberg, S.L., Dietz, R.D., 2004. The paradox of social organization: Networks, collective efficacy, and violent crime in neighborhoods. *Social Forces, 83,* 503-534.

Browning, C.R., Leventhal, T., Brooks-Gunn, J., 2005. Sexual initiation in early adolescence: The nexus of parental and community control. *American Sociological Review, 70,* 758-778.

Browning, C.R., Burrington, L.A., Leventhal, T., Brooks-Gunn, J., 2008. Neighborhood structural inequality, collective efficacy, and sexual risk behavior among urban youth. *Journal of Health and Social Behavior, 49,* 269-285.

Brunton-Smith, I., 2011. Untangling the relationship between fear of crime and perceptions of disorder. evidence from a longitudinal study of young people in England and Wales. *British Journal of Criminology, 51,* 885-899.

Brunton-Smith, I., Sturgis, P., 2011. Do neighborhoods generate fear of crime? An empirical test using the british crime survey. *Criminology, 49,* 331-369.

Burchfield, K.B., 2009. Attachment as a source of informal social control in urban neighborhoods. *Journal of Criminal Justice, 37,* 45-54.

Bursik, R.J.J., Grasmick, H.G., 1993. *Neighborhoods and crime: the dimensions of effective community control.* New York: Lexington Books.

Bursik, R.J.J., 1999. The informal control of crime through neighborhood networks. *Sociological Focus, 32,* 85-97.

Carr, P., 2003. The new parochialism: The implications of the beltway case for arguments concerning informal social control. *American Journal of Sociology, 108,* 1249-1291.

Carr, P.J., 2005. *Clean streets: Crime, disorder, and social control in a Chicago neighborhood.* New York: New York University Press.

Caspi, A., McClay, J., Moffitt, T.E., Mill, J., Craig, I.W., Taylor, A., Poulton, R., 2002. The role of genotype in the cycle of violence in maltreated children. *Science, 297,* 851-854.

Ceccato, V., Oberwittler, D., 2008. Comparing spatial patterns of robbery: Evidence from a western and an eastern European city. *Cities, 25,* 185-196.

Clampet-Lundquist, S., Edin, K., Kling, J.R., Duncan, G.J., 2011. Moving teenagers out of high-risk neighborhoods: How girls fare better than boys. *American Journal of Sociology, 116,* 1154-1189.

Clark, J.P., Wenninger, E.P., 1962. Socio-economic class and area as correlates of illegal behaviour among juveniles. *American Sociological Review, 27,* 826-834.

Clarke, R.V., 2009. Situational crime prevention: Theoretical background and current practice. In: Krohn, M.D., Lizotte, A.J., Hall, G.P. (Eds.), *Handbook on crime and deviance. Dordrecht*: Springer, 259-276.

Coleman, J., 1988. Social capital in the creation of human capital. *American Journal of Sociology, 94,* 95-120.

Coleman, J.S., 1961. Community disorganization. In: Merton, R.K., Nisbet, R.A. (Eds.), *Contemporary social problems. An introduction to the sociology of deviant behavior and social disorganization.* New York: Harcourt, Brace & World, 553-604.

Cornish, D.A., Clarke, R.V. (Eds.), 1986. *The Reasoning criminal: rational choice perspectives on offending.* New York: Springer.

Covington, J., Taylor, R.B., 1991. Fear of crime in urban residential neighborhoods: Implications of between and within-neighborhood sources for current models. *The Sociological Quarterly, 32,* 231-249.

Crane, J., 1991. The epidemic theory of ghettos and neighborhood effects on dropping out and teenage childbearing. *American Journal of Sociology, 96,* 1226-1259.

Crowder, K.D., South, S.J., 2003. Neighborhood distress and school dropout: The variable significance of community context. *Social Science Research, 32,* 659-698.

Cullen, J.B., Levitt, S.D., 1999. Crime, urban flight, and the consequences for cities. *The Review of Economics & Statistics, 81,* 159-169.

De Coster, S., Heimer, K., Wittrock, S.M., 2006. Neighborhood disadvantage, social capital, street context, and youth crime. *Sociological Quarterly, 47,* 723-753.

de Leeuw, J., Meijer, E. (Eds.), 2008. *Handbook of multilevel analysis*. New York: Springer.

Dehejia, R.H., Wahba, S., 2002. Ppropensity score-matching methods for nonexperimental causal studies. *The Review of Economics & Statistics, 84*, 151-161.

DeLuca, S., Dayton, E., 2009. Switching social contexts: the effects of housing mobility and school choice programs on youth outcomes. *Annual Review of Sociology, 35*, 457-491.

Diez Roux, A.V., 2004. Estimating neighborhood health effects: The challenges of causal inference in a complex world. *Social Science & Medicine, 58*, 1953-1960.

Diez Roux, A.V., Mair, C., 2010. Neighborhoods and health. *Annals of the New York Academy of Sciences, 1186*, 125-145.

DiPrete, T.A., Forristal, J.D., 1994. Multilevel models: Methods and substance. *Annual Review of Sociology, 20*, 331-357.

Ditton, H., Krüsken, J., 2006. Sozialer Kontext und schulische Leistungen - Zur Bildungsrelevanz segregierter Armut. *Zeitschrift für Soziologie der Erziehung und Sozialisation, 26*, 135-157.

Ditton, H., 2009. Familie und Schule - eine Bestandsaufnahme der bildungssoziologischen Schuleffektsforschung von James S. Coleman bis heute. In: Becker, R. (Hg.), *Lehrbuch der Bildungssoziologie*. Wiesbaden: VS Verlag für Sozialwissenschaften, 239-258.

Dodge, K.A., Pettit, G.S., 2003. A Biopsychosocial model of the development of chronic conduct problems in adolescence. *Developmental Psychology, 39*, 349-371.

Duncan, G.J., Raudenbush, S.W., 1999. Assessing the effect of context in studies of child and youth development. *Educational Psychologist, 34*, 29-41.

Duncan, G.J., Raudenbush, S.W., 2001. Neighborhoods and adolescent development: How can we determine the links? In: Booth, A., Crouter, A.C. (Eds.), *Does it Take a Village? Community Effects on Children, Adolescents, and Families*. Mahwah, NJ: Erlbaum, 105-136.

Duncan, G.J., Magnuson, K.A., Ludwig, J., 2004. The endogeneity problem in developmental studies. *Research in Human Development, 1*, 59-80.

Duncan, G.J., Murnane, R. (Eds.), 2011. *Whither opportunity? Rising inequality, schools, and children's life chances*. New York: Russell Sage Foundation.

Dupéré, V., Lacourse, É., Willms, D., Leventhal, T., Tremblay, R.E., 2008. Neighborhood poverty and early transition to sexual activity in young adolescents: A developmental ecological approach. *Child Development, 79*, 1463-1476.

Eifler, S., Thume, D., Schnell, R., 2009. Unterschiede zwischen subjektiven und objektiven Messungen von Zeichen öffentlicher Unordnung ("Signs of incivility"). In: Weichbold, M., Bacher, J., Wolf, C. (Hg.), *Umfrageforschung. Herausforderungen und Grenzen*. Wiesbaden: VS Verlag für Sozialwissenschaften, 415-442.

Eisner, M., 1997. *Das Ende der zivilisierten Stadt? Die Auswirkungen von Modernisierung und urbaner Krise auf Gewaltdelinquenz*. Frankfurt am Main: Campus.

Elliott, D.S., Menard, S., Rankin, B.H., Wilson, W.J., Huizinga, D., 2006. *Good kids from bad neighborhoods. Successful development in social context*. Cambridge: Cambridge University Press.

Elwert, F., Winship, C. im Druck. Endogenous selection bias. *Annual Review of Sociology*.

Enders, C.K., Tofighi, D., 2007. Centering predictor variables in cross-sectional multilevel models: A new look at an old issue. *Psychological Methods, 12*, 121-138.

Esser, H., 1996. *Soziologie. Allgemeine Grundlagen*. Frankfurt am Main: Campus.

Fagan, A.A., Wright, E.M., 2012. The effects of neighborhood context on youth violence and delinquency. Does gender matter? *Youth Violence and Juvenile Justice, 10*, 64-82.

Farrall, S., Jackson, J., Gray, E., 2009. *Social order and the fear of crime in contemporary times*. Oxford: Oxford University Press.

Farwick, A., 2012. Segregation. In: Eckardt, F. (Hg.), *Handbuch Stadtsoziologie*. Wiesbaden: Springer VS, 381-419.

Fauth, R. C., Roth Jodie L., Brooks-Gunn, J., 2007. Does the neighborhood context alter the link between youth's after-school time activities and developmental outcomes? A multilevel analysis. *Developmental Psychology, 43*, 760-777.

Fincke, G., Lange, S., 2012. *Segregation an Grundschulen: Der Einfluss der elterlichen Schulwahl Sachverständigenrat deutscher Stiftungen für Integration und Migration.* (Internet-Publikation, www.svr-migration.de/content, abgerufen am 4.3.2013).

Frehsee, D., 1979. *Strukturbedingungen urbaner Kriminalität: Eine Kriminalgeographie der Stadt Kiel unter besonderer Berücksichtigung der Jugendkriminalität.* Göttingen : Otto Schwarz.

Friedrichs, J., 1988. Makro- und Mikrosoziologische Theorien der Segregation. In: Friedrichs, J. (Hg.), *Soziologische Stadtforschung.* Opladen: Westdeutscher Verlag, 56-77.

Friedrichs, J., 1997. Normenpluralität und abweichendes Verhalten: Eine theoretische und empirische Analyse. In: Heitmeyer, W. (Hg.), *Was treibt die Gesellschaft auseinander?* Frankfurt am Main: Suhrkamp, 473-505.

Friedrichs, J., 1998. Do poor neighborhoods make their residents poorer? Context effects of poverty neighborhoods on residents. In: Andreß, H.-J. (Ed.), *Empirical poverty research in a comparative perspective.* Aldershot: Ashgate, 77-98.

Friedrichs, J., Blasius, J., 2000. *Leben in benachteiligten Wohngebieten.* Opladen: Leske + Budrich.

Friedrichs, J., Galster, G., Musterd, S., 2003. Neighbourhood effects on social opportunities: The european and american research and policy context. *Housing Studies, 18,* 797-806.

Friedrichs, J., Oberwittler, D., 2007. Soziales Kapital in Wohngebieten. In: Franzen, A., Freitag, M. (Hg.), *Sozialkapital.* Wiesbaden: VS Verlag für Sozialwissenschaften, 450-486.

Fuchs, M., Schmalz, S., 2010. Gewalt an Schulen - eine Mehrebenenanalyse zum Einfluss von Sozialisationsbedingungen und Klassenkomposition. *Zeitschrift für Soziologie der Erziehung und Sozialisation, 30,* 134-148.

Furstenberg, F.F.J., Cook, T.D., Eccles, J., Elder, G.H.J., Sameroff, A., 1999. *Managing to make it. urban families and adolescent success.* Chicago: University of Chicago Press.

Garcia, R.M., Taylor, R.B., Lawton, B.A., 2007. Impacts of violent crime and neighborhood structure on trusting your neighbors. *Justice Quarterly, 24,* 679-704.

Gau, J.M., Pratt, T.C., 2008. Broken windows or window dressing? Citizens (in)ability to tell the difference between disorder and crime. *Criminology & Public Policy, 7,* 163-194.

Gault, M., Silver, E., 2008. Spuriousness or mediation? Broken windows according to Sampson and Raudenbush (1999). *Journal of Criminal Justice, 36,* 240-243.

Gibson, C.L., Zhao, J., Lovrich, N.P., Gaffney, M.J., 2002. Social integration, individual perceptions of collective efficacy, and fear of crime in three cities. *Justice Quarterly, 19,* 537-564.

Goldsmith, P.R., 2009. Schools or neighborhoods or both? Race and ethnic segregation and educational attainment. *Social Forces, 87,* 1913-1942.

Gottfredson, G.D., Gottfredson, D.C., Payne, A.A., Gottfredson, N.C., 2005. School climate predictors of school disorder: results from a national study of delinquency prevention in schools. *Journal of Research in Crime and Delinquency, 42,* 412-444.

Gottfredson, M.R., Hirschi, T., 1990. *General Theory of Crime.* Stanford: Stanford University Press.

Goudriaan, H., Wittebrood, K., Nieuwbeerta, P., 2006. Neighborhood characteristics and reporting crime. Effects of social cohesion, confidence in police effectiveness ans socio-economic disadvantage. *British Journal of Criminology, 46,* 719-742.

Granovetter, M., 1973. The strength of weak ties. *American Journal of Sociology, 78,* 1360-1380.

Greve, J., Schnabel, A., Schützeichel, R. (Hg.), 2008. *Das Mikro-Makro-Modell der soziologischen Erklärung.* Wiesbaden: VS Verlag für Sozialwissenschaften.

Guo, G., Roettger, M.E., Cai, T., 2008. The integration of genetic propensities into social-control models of delinquency and violence among male youths. *American Sociological Review, 73,* 543-568.

Häußermann, H., 2008. Wohnen und Quartier: Ursachen sozialräumlicher Segregation. In: Huster, E.-U., Boekh, J., Mogge-Grotjahn, H. (Hg.), *Handbuch Armut und soziale Ausgrenzung.* Wiesbaden: VS Verlag für Sozialwissenschaften, 335-349.

Harding, D.J., 2003. Counterfactual models of neighborhood effects: The effect of neighborhood poverty on dropping out and teenage pregnancy. *American Journal of Sociology, 109,* 676-719.

Harding, D.J., 2007. Cultural context, sexual behavior, and romantic relationships in disadvantaged neighborhoods. *American Sociological Review, 72,* 341-364.

Harding, D.J., 2008. Neighborhood violence and adolescent friendships. *The International Journal of Conflict and Violence, 2,* 28-55.

Harding, D.J., 2009. Violence, older peers, and the socialization of adolescent boys in disadvantaged neighborhoods. *American Sociological Review, 74*, 445-464.

Harding, D.J., 2009. Collateral consequences of violence in disadvantaged neighborhoods. *Social Forces, 88*, 757-784.

Harding, D.J., 2010. *Living the drama. Community, conflict, and culture among inner-city boys*. Chicago: Chicago University Press.

Harding, D.J., Gennetian, L., Winship, C., Sanbonmatsu, L., Kling, J.R., 2011. Unpacking neighborhood influences on education outcomes: Setting the stage for future research. In: Duncan, G.J., Murnane, R. (Eds.), *Whither opportunity? Rising inequality, schools, and children's life chances*. New York: Russell Sage Foundation, 277-298.

Harris, K.M., Duncan, G.J., Boisjoly, J., 2002. Evaluating the role of "nothing to lose" attitudes on risky behavior in adolescence. *Social Forces, 80*, 1005-1039.

Hay, C., Fortson, E.N., Hollist, D.R., Altheimer, I., Schaible, L.M., 2007. Compounded risk: The implications for delinquency of coming from a poor family that lives in a poor community. *Journal of Youth and Adolescence, 36*, 593-605.

Haynie, D.L., Osgood, D.W., 2005. Reconsidering peers and delinquency: How do peers matter? *Social Forces, 84*, 1-34.

Haynie, D.L., Silver, E., Teasdale, B., 2006. Neighborhood characteristics, peer networks, and adolescent violence. *Journal of Quantitative Criminology, 22*, 147-169.

Hedström, P., Swedberg, R., 1998. Social mechanisms: An introductory essay. In: Hedström, P., Swedberg, R. (Eds.), *Social mechanisms. An analytical approach to social theory*. Cambridge: Cambridge University Press, 1-32.

Heitmeyer, W., Thome, H., Kock, S., Marth, J., Thöle, U., Schroth, A., van de Wetering, D. (Hg.), 2011. *Gewalt in öffentlichen Räumen. Zum Einfluss von Bevölkerungs- und Siedlungsstrukturen in städtischen Wohnquartieren*. Wiesbaden: VS Verlag für Sozialwissenschaften.

Helbig, M., 2010. Neighborhood does matter! Soziostrukturelle Nachbarschaftscharakteristika und Bildungserfolg. Kölner *Zeitschrift für Soziologie und Sozialpsychologie, 62*, 655-679.

Hipp, J.R., Perrin, A., 2006. Nested loyalties: Local networks' effects on neighbourhood and community cohesion. *Urban Studies, 43*, 2503-2535.

Hirschi, T., 1969. *Causes of delinquency*. Berkeley: University of California Press.

Hirtenlehner, H., 2006. Kriminalitätsfurcht - Ausdruck generalisierter Ängste oder schwindener Gewissheiten? *Kölner Zeitschrift für Soziologie und Sozialpsychologie, 58*, 307-331.

Hirtenlehner, H., 2008. Disorder, social anxieties and fear of crime. Exploring the relationship between incivilities and fear of crime with a special focus on generalized insecurities. In: Kury, H. (Ed.), *Fear of crime - punitivity. new developments in theory and research*. Bochum: Universitätsverlag Brockmeyer, 127-158.

Holm, A., 2010. Gentrifizierung und Kultur: Zur Logik kulturell vermittelter Aufwertungsprozesse. In: Hannemann, C., Glasauer, H., Pohlan, J., Pott, A., Kirchberg, V. (Hg.), *Jahrbuch StadtRegion 2009/2010. Schwerpunkt: Stadtkultur und Kreativität*. Opladen: Verlag Barbara Budrich, 64-82.

Holm, A., 2012. Gentrification. In: Eckardt, F. (Hg.), *Handbuch Stadtsoziologie*. Wiesbaden: Springer VS, 661-687.

Hox, J., 2010. *Multilevel analysis. Techniques and applications* (2. A.). New York: Routledge.

Hox, J., Roberts, J.K. (Eds.), 2011. *The handbook of advanced multilevel analysis*. New York: Routledge.

Hox, J., van de Schoot, R., Matthijsse, S., 2012. How few countries will do? Comparative survey analysis from a Bayesian perspective. *Survey Research Methods, 6*, 87-93.

Hummelsheim, D., Hirtenlehner, H., Jackson, J., Oberwittler, D., 2011. Social insecurities and fear of crime: A cross-national study on the impact of welfare state policies on crime-related anxieties. *European Sociological Review, 27*, 327-345.

Hurrelmann, K., 1983. Das Modell des produktiv realitätsverarbeitenden Subjekts in der Sozialisationsforschung. *Zeitschrift für Sozialisationsforschung und Erziehungssoziologie, 3*, 91-104.

Ingoldsby, E.M., Shaw, D.E., Winslow, E., Schonberg, M.A., Gilliom, M., Criss, M.M., 2006. Neighborhood disadvantage, parent-child conflict, neighborhood peer relationships, and early antisocial behavior problem trajectories. *Journal of Abnormal Child Psychology, 34*, 303-319.

Innes, M., 2004. Signal crimes and signal disorders: Notes on deviance as communicative action. *British Journal of Sociology, 55*, 335-355.

Jackson, J., 2004. Experience and expression. Social and cultural significance in the fear of crime. *British Journal of Criminology, 44*, 946-966.

Jackson, M.I., Mare, R.D., 2007. Cross-Sectional and longitudinal measurements of neighbourhood experience and their effects on children. *Social Science Research, 36*, 590-610.

Jones, N., 2010. *Between good and ghetto: African American girls and inner-city violence.* New Brunswick: Rutgers University Press.

Karriker-Jaffe, K.J., Foshee, V.A., Ennett, S.T., Suchindran, C., 2009. Sex differences in the effects of neighborhood socioeconomic disadvantage and social organization on rural adolescents aggression trajectories. *American Journal of Community Psychology, 43*, 189-203.

Kasarda, J., Janowitz, M., 1974. Community attachment in mass society. *American Sociological Review, 39*, 328-339.

Kauppinen, T.M., 2008. Schools as mediators of neighbourhood effects on choice between vocational and academic tracks of secondary education in helsinki Helsinki. *European Sociological Review, 24*, 379-391.

Kirk, D.S., 2008. The neighborhood context of racial and ethnic disparities in arrest. *Demography, 45*, 55-77.

Kirk, D.S., 2009. Unraveling the contextual effects on student suspension and juvenile arrest: the independent and interdependent influences of school, neighborhood, and family social controls. *Criminology, 47*, 479-520.

Kirk, D.S., Laub, J.H., 2010. Neighborhood change and crime in the modern metropolis. In: Tonry, M. (Ed.), *Crime and Justice. A Review of Research.* Chicago: Chicago University Press, 441-502.

Kirk, D.S., Matsuda, M., 2011. Legal cynicism, collective efficacy, and the ecology of arrest. *Criminology, 49*, 443-472.

Kivivuori, J., 2011. *Discovery of hidden crime. self-report delinquency surveys in criminal policy context.* Oxford: Oxford University Press.

Klein, M.W., Weerman, F.M., Thornberry, T.P., 2006. Street gang violence in Europe. *European Journal of Criminology, 3*, 413-437.

Klein, M.W., Maxson, C.L., 2006. *Street gang patterns and policies.* Oxford: Oxford University Press.

Kling, J.R., Ludwig, J., Katz, L., 2005. Neighborhood effects on crime for female and male youth: Evidence from a randomized housing voucher experiment. *Quarterly Journal of Economics, 120*, 87-130.

Kling, J.R., Liebman, J.B., Katz, L.F., 2007. Experimental analysis of neighborhood effects. *Econometrica, 75*, 83-119.

Kornhauser, R.R., 1978. *Social sources of delinquency: An appraisal of analytic models.* Chicago:

Kreager, D.A., 2007. When it's good to be "bad": Violence and adolescent peer acceptance. *Criminology, 45*, 893-923.

Kristen, C., 2008. Primary school choice and ethnic school segregation in German elementary schools. *European Sociological Review, 24*, 495-510.

Krohn, M.D., Thornberry, T.P., Gibson, C.L., Baldwin, J.M., 2010. The development and impact of self-report measures of crime and delinquency. *Journal of Quantitative Criminology, 26*, 509-525.

Kubrin, C.E., 2009. Social disorganization theory: Then, now and in the future. In: Krohn, M.D., Lizotte, A.J., Hall, G.P. (Eds.), *Handbook on Crime and Deviance.* Dordrecht et al.: Springer, 225-240.

Kunadt, S., 2011. *Sozialer Raum und Jugendkriminalität. Zum Einfluss der Wohnumgebung auf delinquentes Handeln, eine empirische Untersuchung in Duisburg.* Münster: Waxmann.

Lahey, B.B., Van Hulle, C.A., Onofrio, B.M., Lee Rodgers, J., Waldman, I.D., 2008. Is parental knowledge of their adolescent offspring's whereabouts and peer associations spuriously associated with offspring delinquency? *Journal of Abnormal Child Psychology, 36*, 807-823.

Lange, A., 2008. Agency - eine Perspektive für die Jugendforschung. In: Homfeldt, H.G., Schröer, W., Schweppe, C. (Hg.), *Vom Adressaten zum Akteur. Soziale Arbeit und Agency.* Opladen: Verlag Barbara Budrich, 155-179.

Langer, W., 2004. *Mehrebenenanalyse. Eine Einführung in Forschung und Praxis.* Wiesbaden: VS Verlag für Sozialwissenschaften.

Laurence, J., 2011. The effect of ethnic diversity and community disadvantage on social cohesion: a multi-level analysis of social capital and interethnic relations in UK communities. *European Sociological Review, 27*, 70-89.

Leckie, G., 2009. The complexity of school and neighbourhood effects and movements of pupils on school differences in models of educational achievement. *Journal of the Royal Statistical Society: Series A, 172*, 537-554.

Leventhal, T., Brooks-Gunn, J., 2000. The neighborhoods they live in: The effects of neighborhood residence on child and adolescent outcomes. *Psychological Bulletin, 126*, 309-337.

Lo, C.C., Kim, Y.S., Allen, T.M., Allen, A.N., Minugh, P.A., Lomuto, N., 2011. The impact of school environment and grade level on student delinquency: A multilevel modeling approach. *Crime & Delinquency, 57*, 622-657.

Loeber, R., Farrington, D.P. (Eds.), 1998. *Serious and violent juvenile offenders: Risk factors and successful interventions.* Thousand Oaks, CA: Sage.

Ludwig, J., Liebman, J.B., Kling, J.R., Duncan, G.J., Katz, L.F., Kessler, R.C., Sanbonmatsu, L., 2008. What can we learn about neighborhood effects from the moving to opportunity experiment? *American Journal of Sociology, 114*, 144-188.

Lüdemann, C., 2006. Soziales Kapital und soziale Kontrolle. Zu den Determinanten sozialer Kontrolle in Nachbarschaften. *Kriminalistik, 60*, 177-182.

Lüdemann, C., 2006. Kriminalitätsfurcht im urbanen Raum. Eine Mehrebenenanalyse zu individuellen und sozialräumlichen Determinanten von Kriminalitätsfurcht im städtischen Raum. *Kölner Zeitschrift für Soziologie und Sozialpsychologie, 58*, 285-306.

Lüdtke, O., Robitzsch, A., Köller, O., 2002. Statistische Artefakte bei Kontexteffekten in der pädagogisch-psychologischen Forschung. *Zeitschrift für Pädagogische Psychologie, 16*, 217-231.

Lüdtke, O., Marsh, H.W., Robitzsch, A., Trautwein, U., Asparouhov, T., Muthén, B., 2008. The multilevel latent covariate model: A new, more reliable approach to group-level effects in contextual studies. *Psychological Methods, 13*, 203-229.

Lupton, R., Kneale, D., 2012. Theorising and measuring place in neighbourhood effects research: The example of teenage parenthood in England. In: van Ham, M., Manley, D., Bailey, N., Simpson, L., Maclennan ,D. (Eds.), *Neighbourhood Effects Research: New Perspectives.* Dordrecht; et al.: Springer, 121-145.

Luthar, S.S. (Ed.), 2003. *Resilience and vulnerability. adaption in the context of childhood adversities.* Cambridge: Cambridge University Press.

Lynam, D.R., Caspi, A., Moffitt, T.E., Wikström, P.-O.H., Loeber, R., Novak, S., 2000. The interaction between impulsivity and neighborhood context on offending: The effects of impulsivity are stronger in poorer neighborhoods. *Journal of Abnormal Psychology, 109*, 563-574.

Magnusson, D., Stattin, H., 2006. The person in the environment: towards a general model for scientific inquiry. In: Damon, W., Lerner, R.M. (Eds.), *Handbook of child psychology, volume 1: Theoretical models of human development* (6. A.). New York: Wiley, 400-464.

Maimon, D., Browning, C.R., 2010. Unstructured socializing, collective efficacy, and violent behavior among urban youth. *Criminology, 48*, 443-474.

Maimon, D., Browning, C.R., 2012. Underage drinking, alcohol sales and collective efficacy: Informal control and opportunity in the study of alcohol use. *Social Science Research, 41*, 977-990.

Markowitz, F.E., Bellair, P.E., Liska, A.E., Liu, J., 2001. Extending social disorganization theory: Modeling the relationships between cohesion, disorder, and fear. *Criminology, 39*, 293-319.

Marsh, H.W., Trautwein, U., Lüdtke, O., Baumert, J., Köller, O., 2007. The big-fish-little-pond effect: persistent negative effects of selective high schools on self-concept after graduation. *American Educational Research Journal, 44*, 631-669.

Marsh, H.W., Lüdtke, O., Robitzsch, A., Trautwein, U., Asparouhov, T., Muthén, B., Nagengast, B., 2009. Doubly-latent models of school contextual effects: Integrating multilevel and structural equation approaches to control measurement and sampling error multivariate behavioral research. *Multivariate Behavioral Research, 44*, 764-802.

Massey, D.S., 1996. The age of extremes: Concentrated affluence and poverty in the twenty-first century. *Demography, 33*, 395-412.

Mazerolle, L.G., Wickes, R., McBroom, J., 2010. Community variations in violence: The role of social ties and collective efficacy in comparative context. *Journal of Research in Crime and Delinquency, 47*, 3-30.

McNulty, T.L., Bellair, P.E., 2003. Explaining racial and ethnic differences in serious adolescent violent behavior. *Criminology, 41*, 709-748.

Meier, M.H., Slutske, W.S., Arndt, S., Cadoret, R.J., 2008. Impulsive and callous traits are more strongly associated with delinquent behavior in higher risk neighborhoods among boys and girls. *Journal of Abnormal Psychology, 117*, 377-385.

Molnar, B.E., Cerda, M., Roberts, A.L., Buka, S.L., 2008. Effects of neighborhood resources on aggressive and delinquent behaviors among urban youths. *American Journal of Public Health, 98*, 1086-1093.

Morenoff, J.D., Sampson, R.J., 1997. Violent crime and the spatial dynamics of neighborhood transition: Chicago, 1970-1990. *Social Forces, 76*, 31-64.

Murray, D.M., Varnell, S.P., Blitstein, J.L., 2004. Design and analysis of group-randomized trials: A review of recent methodological developments. *American Journal of Public Health, 94*, 423.

Muthén, L., Muthén, B., 2012. Mplus *user's guide. seventh edition*. Los Angeles: Muthén & Muthén.

Ness, C.N., 2004. Why girls fight. Female youth violence in the inner city. *Annales of the American Academy of Political and Social Science, 595*, 32-48.

Nieuwbeerta, P., McCall, P.L., Elffers, H., Wittebrood, K., 2008. Neighborhood characteristics and individual homicide risks effects of social cohesion, confidence in the police, and socioeconomic disadvantage. *Homicide Studies, 12*, 90-116.

Oberwittler, D., 2003a. Geschlecht, Ethnizität und sozialräumliche Benachteiligung - überraschende Interaktionen bei sozialen Bedingungsfaktoren von Gewalt und schwerer Eigentumsdelinquenz von Jugendlichen. In: Lamnek, S., Boatca, M. (Hg.), *Geschlecht - Gewalt - Gesellschaft*. Opladen: Leske + Budrich, 269-294.

Oberwittler, D., 2003b. Die Messung und Qualitätskontrolle kontextbezogener Befragungsdaten mithilfe der Mehrebenenanalyse - am Beispiel des Sozialkapitals von Stadtvierteln. *ZA-Informationen, 53*, 11-41.

Oberwittler, D., 2004a. A multilevel analysis of neighbourhood contextual effects on serious juvenile offending. the role of subcultural values and social disorganization. *European Journal of Criminology, 1*, 201-235.

Oberwittler, D., 2004b. Stadtstruktur, Freundeskreise und Delinquenz. Eine Mehrebenenanalyse zu sozialökologischen Kontexteffekten auf schwere Jugenddelinquenz. In: Oberwittler, D., Karstedt, S. (Hg.), *Soziologie der Kriminalität*. Wiesbaden: VS Verlag für Sozialwissenschaften, 135-170.

Oberwittler, D., 2007a. *The effects of ethnic and social segregation on children and adolescents: Recent research and results from a German multilevel study* (Discussion Paper Nr SP IV 2007-603). Berlin: Wissenschaftszentrum Berlin für Sozialforschung, Arbeitsstelle Interkulturelle Konflikte und gesellschaftliche Integration.

Oberwittler, D., 2007b. The effects of neighbourhood poverty on adolescent problem behaviours: A multi-level analysis differentiated by gender and ethnicity. *Housing Studies, 22*, 781-803.

Oberwittler, D., 2008. Armut macht Angst. Ansätze einer sozialökologischen Interpretation der Kriminalitätsfurcht. In: Groenemeyer, A., Wieseler, S. (Hg.), *Soziologie sozialer Probleme und sozialer Kontrolle. Realitäten, Repräsentationen und Politik. Festschrift für Günter Albrecht*. Wiesbaden: VS Verlag für Sozialwissenschaften, 215-230.

Oberwittler, D., 2012. Delinquenz und Kriminalität als soziales Problem. In: Albrecht, G., Groenemeyer, A. (Hg.), *Handbuch Soziale Probleme* (2.A.). Wiesbaden: Springer VS, 772-860.

Oberwittler, D., Gerstner, D., im Druck. Die Modellierung von Interaktionseffekten in Erklärungsmodellen selbstberichteter Delinquenz - Ein empirischer Vergleich von linearer OLS-Regression und negativer Binomialregression anhand der Wechselwirkungen von Risikoorientierungen und Scham. In: Eifer, S., Pollich, D. (Hg.), *Empirische Forschung über Kriminalität. Perspektiven und Herausforderungen*. Wiesbaden: Springer VS.

Oberwittler, D., Wikström, P.-O.H., 2009. Why small is better: Advancing the study of the role of behavioral contexts in crime causation. In: Weisburd, D., Bernasco, W., Bruinsma, G. (Hg.), *Putting Crime in its Place. Units of Analysis in Geographic Criminology*. New York: Springer, 35-59.

Oberwittler, D., Wikström, P.-O.H., 2011. *Ethnic mix and collective social capital in urban England. A quantitative case study of Peterborough on a small area level*. Präsentation bei der Konferenz "Diversity and Contact", Max Planck Institute for the Study of Religious and Ethnic Diversity, Göttingen, 29 April 2011.

O'Brien Caughy, M., Hayslett-McCall, K.L., O'Campo, P.J., 2007. No neighborhood is an island: Incorporating distal neighborhood effects into multilevel studies of child developmental competence. *Health & Place, 13*, 788-798.

Paccagnella, O., 2006. Centering or not centering in multilevel models? The role of the group mean and the assessment of group effects. *Evaluation Review, 30*, 66-85.

Patchin, J.W., Huebner, B.M., McCluskey, J.D., Varano, S.P., Bynum, T.S., 2006. Exposure to community violence and childhood delinquency. *Crime & Delinquency, 52*, 307-332.

Pattillo-McCoy, M., 1999. *Black picket fences: Privilege and peril among the black middle class.* Chicago: Chicago University Press.

Pauwels, L., 2007. *Buurtinvloeden en jeugddelinquentie. Een toets van de Sociale Desorganisatietheorie.* Den Haag: Boom Juridische Uitgevers.

Pauwels, L., Hardyns, W., 2009. Measuring community (dis)organizational processes through key informant analysis. *European Journal of Criminology, 6*, 401-417.

Pauwels, L., Hardyns, W., van der Velde, M., 2010. *Social disorganisation, offending, fear and victimisation. Findings from Belgian studies on the urban context of crime.* Den Haag: BJu Legal Publishers.

Payne, A.A., Gottfredson, D.C., Gottfredson, G.D., 2003. Schools as communities: The relationships among communal school organization, student bonding, and school disorder. *Criminology, 41*, 749-777.

Payne, A.A., 2008. A multilevel analysis of the relationships among communal school organization, student bonding, and delinquency. *Journal of Research in Crime and Delinquency, 45*, 429-455.

Perkins, D.D., Taylor, R.B., 1996. Ecological assessments of community disorder - their relationship to fear of crime and theoretical implications. *American Journal of Community Psychology, 24*, 63-107.

Pettit, B., 2004. Moving and children's social connections: Neighborhood context and the consequences of moving for low-income families. *Sociological Forum, 19*, 285-311.

Pitts, J., 2008. *Reluctant gangsters: The changing face of youth crime.* Cullompton: Willan.

Portes, A., Vickstrom, E., 2011. Diversity, social capital, and cohesion. *Annual Review of Sociology, 37*, 461-479.

Pratt, T.C., Turner, M.G., Piquero, A.R., 2004. Parental socialization and community context: A longitudinal analysis of the structural sources of low self control. *Journal of Research in Crime and Delinquency, 41*, 219-243.

Pratt, T.C., Cullen, F.T., 2005. Assessing macro-level predictors and theories of crime: A meta-analysis. In: Tonry, M. (Ed.), *Crime and Justice. An Annual Review of Research. Vol. 32.* Chicago: Chicago University Press, 373-450.

Putnam, R.D., 2007. E pluribus unum: Diversity and community in the twenty-first century. *Scandinavian Political Studies, 30*, 137-174.

Rabe-Hesketh, S., Skrondal, A., 2012. *Multilevel and longitudinal modeling using STATA (3. A.).* College Station, TX: Stata Press.

Rankin, B.H., Quane, J.M., 2002. Social contexts and urban adolescent outcomes: The interrelated effects of neighborhoods, families, and peers on african-american youth. *Social Problems, 49*, 79-100.

Rasbash, J., Leckie, G., Pillinger, R., Jenkins, J., 2010. Children's educational progress: Partitioning family, school and area effects. *Journal of the Royal Statistical Society: Series A, 173*, 657-682.

Raudenbush, S., Bryk, A., 2002. *Hierarchical linear models: Applications and data analysis methods (2.A.).* Thousand Oaks, CA: Sage.

Raudenbush, S.W., Sampson, R.J., 1999. Ecometrics: Toward a science of assessing ecological settings, with appliance to the systematic social observation of neighborhoods. *Sociological Methodology, 29*, 1-41.

Raudenbush, S.W., Sampson, R.J., 1999. Assessing direct and indirect effects in multilevel designs with latent variables. *Sociological Methods & Research, 28*, 123-153.

Raudenbush, S.W., Johnson, C., Sampson, R.J., 2003. A multivariate, multilevel Rasch model for self-reported criminal behavior. *Sociological Methodology, 33*, 169-211.

Reckless, W.C., Dinitz, S., Murray, E., 1957. The 'good' boy in a high delinquency area. *The Journal of Criminal Law, Criminology, and Police Science, 48*, 18-25.

Reijneveld, S.A., Brugman, E., Verhulst, F.C., Verloove-Vanhorick, P., 2005. Area deprivation and child psychosocial problems. A national cross-sectional study among school-aged children. *Social Psychiatry and Psychiatric Epidemiology, 40*, 18-23.

Robinson, J.B., Lawton, B.A., Taylor, R.B., Perkins, D.D., 2003. Multilevel longitudinal impacts of incivilities: Fear of crime, expected safety, and block satisfaction. *Journal of Quantitative Criminology, 19*, 237-274.

Robitaille, É., Séguin, A.-M., Lacourse, É., Vitaro, F., Tremblay, R.E., 2011. Désavantage socioéconomique du quartier et comportements antisociaux des adolescents: Quelle est l'échelle spatiale la plus probante? *Canadian Journal of Behavioural Science/Revue canadienne des sciences du comportement, 43*, 78-88.

Ross, C., Jang, S.J., 1999. Neighborhood disorder, fear, and mistrust: The buffering role of social ties with neighbors. *American Journal of Community Psychology, 28,* 401-420.

Rovers, B., 1997. *De Buurt een Broeinest? Een onderzoek naar de invloed van woonomgeving op jeugdcriminaliteit.* Nijmegen: Ars Aequi Libri.

Rutter, M., 1979. *Fifteen thousand hours: secondary schools and their effects on children.* London: Open Books.

Rutter, M., Silberg, J., 2002. Gene-environment interplay in relation to emotional and behavioral disturbance. *Annual Review of Psychology, 53,* 463-490.

Sampson, R.J., 2004. Networks and neighbourhoods. the implications of connectivity for thinking about crime in the modern city. In: McCarthy, H., Miller, P., Skidmore, P. (Eds.), *Network logic. Who governs in an interconnected world?* London: Demos, 157-166.

Sampson, R.J., 2006. How does community context matter? Social mechanisms and the explanation of crime rates. In: Wikström, P.-O.H., Sampson, R.J. (Eds.), *Crime and its explanation: Contexts, mechanisms and development.* Cambridge: Cambridge University Press, 31-60.

Sampson, R.J., 2009. Disparity and diversity in the contemporary city: Social (dis)order revisited. *British Journal of Sociology, 60,* 1-31.

Sampson, R.J., Morenoff, J.D., Earls, F., 1999. Beyond social capital: Spatial dynamics of collective efficacy for children. *American Sociological Review, 64,* 633-660.

Sampson, R.J., Morenoff, J.D., Gannon-Rowley, T., 2002. Assessing "neighborhood effects": Social processes and new directions in research. *Annual Review of Sociology, 28,* 443-478.

Sampson, R.J., Morenoff, J.D., Raudenbush, S.W., 2005. Social anatomy of racial and ethnic disparities in violence. *American Journal of Public Health, 95,* 224-232.

Sampson, R.J., Raudenbush, S.W., Earls, F.J., 1997. Neighborhoods and violent crime: A multilevel study of collective efficacy. *Science, 277,* 918-924.

Sampson, R.J., Raudenbush, S.W., 1999. Systematic social observation of public spaces: A new look at disorder in urban neighborhoods. *American Journal of Sociology, 105,* 603-651.

Sampson, R.J., Sharkey, P., Raudenbush, S.W., 2008. Durable effects of concentrated disadvantage on verbal ability among African-American children. *Proceedings of the National Academy of Sciences, 105,* 845-852.

Sampson, R.J., Wikström, P.-O.H., 2008. *The social order of violence in Chicago and Stockholm neighborhoods: A comparative inquiry.* Cambridge: Cambridge University Press.

Schonberg, M.A., Shaw, D.S., 2007. Do the predictors of child conduct problems vary by high- and low-levels of socioeconomic and neighborhood risk? *Clinical Child and Family Psychology, 10,* 101-136.

Schulz, S., Eifler, S., Baier, D., 2011. Wer Wind sät, wird Sturm ernten. Die Transmission von Gewalt im empirischen Theorienvergleich. *Kölner Zeitschrift für Soziologie und Sozialpsychologie, 63,* 111-145.

Sharkey, P., Elwert, F., 2011. The legacy of disadvantage: Multigenerational neighborhood effects on cognitive ability. *American Journal of Sociology, 116,* 1934-1984.

Shaw, C., McKay, H.D., 1969 [1942]. *Juvenile delinquency and urban areas.* Chicago: Chicago University Press.

Sherman, L.W., Gartin, P.R., Buerger, M.E., 1989. Hot spots of predatory crime: Routine activities and the criminology of place. *Criminology, 27,* 27-55.

Silver, E., Miller, L.L., 2004. Sources of informal social control in chicago neighborhoods. *Criminology, 42,* 551-583.

Simons, R.L., Kit Lei, M., Beach, S.R.H., Brody, G.H., Philibert, R.A., Gibbons, F.X., 2011. Social environment, genes, and aggression: Evidence supporting the differential susceptibility perspective. *American Sociological Review, 76,* 883-912.

Skogan, W.G., 1990. *Disorder and decline. Crime and the spiral of decay in American neighborhoods.* New York: Free Press.

Skogan, W.G., 2008. *Broken windows: Why - and how - we should take them seriously?*

Small, M.L., Feldman, J., 2012. Ethnographic evidence, heterogeneity, and neighbourhood effects after moving to opportunity. In: van Ham, M., Manley, D., Bailey, N., Simpson, L., Maclennan, D. (Eds.), *Neighbourhood effects research: New perspectives.* Dordrecht; et al.: Springer, 57-77.

Snijders, T.A.B., Bosker, R.J., 2012. *Multilevel analysis. an introduction to basic and advanced multilevel analysis* (2. A.). London: Sage.

Sobel, M.E., 1995. Causal inference in the social and behavioral sciences. In: Arminger, G., Clogg, C.C., Sobel, M.E. (Eds.), *Handbook of statistical modeling for the social and behavioral sciences*. New York: Plenum Press, 1-38.

Solga, H., Wagner, S., 2008. Die Zurückgelassenen - Die soziale Verarmung der Lernumwelt von Hauptschülern und Hauptschülerinnen. In: Becker, R., Lauterbach, W. (Hg.), *Bildung als Privileg? Ursachen von Bildungsungleichheit aus soziologischer Sicht* (3. A.). Wiesbaden: VS Verlag für Sozialwissenschaften, 189-217.

South, S.J., Messner, S.F., 2000. Crime and demography: Multiple linkages, reciprocal relations. *Annual Review of Sociology, 26*, 83-106.

St. Jean, P.K., 2007. *Pockets of crime: Broken windows, collective efficacy, and the criminal point of view*. Chicago: Chicago University Press.

Steenbeek, W., Hipp, J.R., 2011. A longitudinal test of social disorganization theory: Feedback effects among cohesion, social control, and disorder. *Criminology, 49*, 833-870.

Stewart, E.A., Simons, R.L., 2010. Race, code of the street, and violent delinquency: A multilevel investigation of neighborhood street culture and individual norms of violence. *Criminology, 48*, 569-605.

Stolle, D., Soroka, S., Johnston, R., 2008. When does diversity erode trust? Neighborhood diversity, interpersonal trust and the mediating effect of social interactions. *Political Studies, 56*, 57-75.

Sutherland, E.H., Cressey, D.R., 1960. *Principles of Criminology* (6. A.). Chicago; Philadelphia; New York: J. B. Lippincott.

Sykes, B., Musterd, S., 2011. Examining neighbourhood and school effects simultaneously: What does the Dutch evidence show? *Urban Studies, 48*, 1307-1331.

Taylor, R.B., 2001. *Breaking away from broken windows: Baltimore neighborhoods and the nationwide fight against crime, grime, fear, and decline*. Boulder, CO: Westview Press.

Taylor, R.B., 2010. Communities, crime, and reactions to crime multilevel models: Accomplishments and meta-challenges. *Journal of Quantitative Criminology, 26*, 455-466.

Taylor, R.B., Harris, P.W., Jones, P.R., Garcia, R.M., McCord, E.S., 2011. Ecological origins of shared perceptions of troublesome teen groups: Implications for the basic systemic model of crime, the incivilities thesis, and political economy. *Journal of Research in Crime and Delinquency, 48*, 298-324.

Teasdale, B., Silver, E., 2009. Neighborhoods and self-control: Toward an expanded view of socialization. *Social Problems, 56*, 205-222.

Thome, H., 2002. Kriminalität im Deutschen Kaiserreich, 1883-1914. Eine sozialökologische Analyse. *Geschichte und Gesellschaft, 28*, 519-553.

Thornberry, T.P., Krohn, M.D., Lizotte, A.J., Smith, C.A., Tobin, K., 2003. *Gangs and delinquency in developmental perspective*. Cambridge: Cambridge University Press.

Timberlake, J.M., 2007. Racial and ethnic inequality in the duration of children's exposure to neighborhood poverty and affluence. *Social Problems, 54*, 319-342.

Tita, G.E., Petras, T.L., Greenbaum, R.T., 2006. Crime and residential choice: A neighborhood level analysis of the impact of crime on housing prices. *Journal of Quantitative Criminology, 22*, 299-317.

van Ham, M., Manley, D., Bailey, N., Simpson, L., Maclennan, D. (Eds.), 2012. *Neighbourhood effects research: new perspectives*. Dordrecht; et al.: Springer.

Vazsonyi, A.T., Cleveland, H.H., Wiebe, R.P., 2006. Does the effect of impulsivity on delinquency vary by level of neighborhood disadvantage? *Criminal Justice and Behavior, 33*, 511-541.

Verbitsky-Savitz, N., Raudenbush, S.W., 2009. Exploiting spatial dependence to improve measurement of neighborhood social processes. *Sociological Methodology, 39*, 151-183.

Warner, B.D., Wilcox Rountree, P., 1997. Local social ties in a community and crime model: Questioning the systemic nature of informal social control. *Social Problems, 44*, 520-536.

Warr, M., 2002. *Companions in crime: The social aspects of criminal conduct*. Cambridge: Cambridge University Press.

Weerman, F.M., 2011. Delinquent peers in context: A longitudinal network analysis of selection and influence effects. *Criminology, 49*, 253-286.

Wheaton, B., Clarke, P., 2003. Space meets time: Integrating temporal and contextual influences on mental health in early adulthood. *American Sociological Review, 68*, 680-706.

Wiehe, S., Carroll, A., Liu, G., Haberkorn, K., Hoch, S., Wilson, J., Fortenberry, J.D., 2008. Using GPS-enabled cell phones to track the travel patterns of adolescents. *International Journal of Health Geographics, 7*, 22.

Wikström, P.-O.H., 2006. Individuals, settings, and acts of crime. Situational mechanisms and the explanation of crime. In: Wikström, P.-O.H., Sampson, R.J. (Eds..), *Crime and its explanation: Contexts, mechanisms and development.* Cambridge: Cambridge University Press, 61-107.

Wikström, P.-O.H., 2007. The social ecology of crime. The role of the environment in crime causation. In: Schneider H.J. (Hg.), *Internationales Handbuch der Kriminologie, Bd. 1: Grundlagen der Kriminologie.* Berlin: de Gruyter, 333-357.

Wikström, P.-O.H., 2010. Situational action theory. In: Cullen, F.T., Wilcox, P. (Eds.), *Encyclopedia of criminological theory.* Thousand Oaks, CA: Sage, 1000-1008.

Wikström, P.-O.H., Butterworth, D., 2006. *Adolescent crime: Individual differences and lifestyle risks.* Cullompton: Willan.

Wikström, P.-O.H., Ceccato, V., Hardie, B., Treiber, K., 2010. Activity fields and the dynamics of crime. advancing knowledge about the role of the environment in crime causation. *Journal of Quantitative Criminology, 26*, 55-86.

Wikström, P.-O.H., Loeber, R., 2000. Do disadvantaged neighborhoods cause well-adjusted children to become adolescent delinquents? *Criminology, 38*, 1109-1142.

Wikström, P.-O.H., Oberwittler, D., Treiber, K., Hardie, B., 2012. *Breaking rules. The social and situational dynamics of young people's urban crime.* Oxford: Oxford University Press.

Wikström, P.-O.H., Sampson, R.J., 2003. Social mechanisms of community influences on crime and pathways in criminality. In: Lahey, B.B., Moffitt, T.E., Caspi, A. (Eds.), *The causes of conduct disorder and serious juvenile delinquency.* New York: Guilford Press, 118-148.

Wilson, J.Q., Kelling, G.E., 1982. Fixing broken windows: the police and neighborhood safety. *Atlantic Monthly,* March, 29-38.

Wilson, W.J., 1987. *The truly disadvantaged: The inner city, the underclass, and public policy.* Chicago: Chicago University Press.

Wilson, W.J., 1997. *When work disappears: The world of the new urban poor.* New York: Knopf.

Wodtke, G.T., Harding, D.J., Elwert, F., 2011. Neighborhood effects in temporal perspective: The impact of long-term exposure to concentrated disadvantage on high school graduation. *American Sociological Review, 76*, 713-736.

Wolf, C., Best, H., 2010. Lineare Regressionsanalyse. In: Wolf, C., Best, H. (Hg.), *Handbuch der sozialwissenschaftlichen Datenanalyse.* Wiesbaden: VS Verlag für Sozialwissenschaften, 607-638.

Wyant, B.R., 2008. Multilevel impacts of perceived incivilities and perceptions of crime risk on fear of crime isolating endogenous impacts. *Journal of Research in Crime and Delinquency, 45*, 39-64.

Xu, Y., Fiedler, M.L., Flaming, K.H., 2005. Discovering the impact of community policing: The broken windows thesis, collective efficacy, and citizen's judgement. *Journal of Research in Crime and Delinquency, 42*, 147-186.

Zahn, M.A., Browne, A., 2009. Gender differences in neighrborhood effects and delinquency. In: Zahn, M.A. (Ed.), *The delinquent girl.* Philadelphia: Temple University Press, 164-181.

Zimmerman, G.M., Messner, S.F., 2010. Neighborhood context and the gender gap in adolescent violent crime. *American Sociological Review, 75*, 958-980.

Anhang

Tabelle 1A: Übersicht über Studien zu sozialräumlichen Kontexteffekten auf Jugenddelinquenz

Autoren	Stichprobe, Analyseverfahren	Abhängige (AV) und unabhängige oder vermittelnde Variablen (UV)	Ergebnisse
National Longitudinal Study of Adolescent Health (Add Health); National-repräsentative, geschichtete Stichprobe (N=ca. 90000 im Querschnitt), N=ca. 20000 Schüler/-innen der Stufen 7 bis 12 in N=144 Schulen im Längsschnitt (erste Welle 1994/95, bis heute vier Wellen, zuletzt 2007/08 mit N=ca. 15000);			
Bellair und McNulty 2005, McNulty und Bellar 2003	Wellen 1 und 2, N=10131 Befragte gruppiert in *census tracts*; Längsschnittdesign; nichtlineare Regression (korrigierte Standardfehler, keine Mehrebenenanalyse)	AV: Schwere Gewaltdelinquenz UV: konzentrierte Armut, Sprachkompetenz, Schulerfolg	L1: Schulleistungen vermitteln familiäre Einflüsse auf Delinquenz; L2: konzentrierte Armut → höhere Gewaltneigung (OR=2,3); erklärt die höhere Gewaltneigung von schwarzen im Vergleich zu weißen Jugendlichen.
De Coster et al. 2006	Wellen 1 und 2, N=11207 Befragte gruppiert in *census tracts*; Längsschnittdesign; nichtlineare Mehrebenenanalyse	AV: Schwere Gewaltdelinquenz UV: konzentrierte Armut, delinquente Freunde, beobachtete Gewalt (*, criminogenic street context'*)	L2: konzentrierte Armut → höhere Gewaltbelastung (OR=1,5), vollständig vermittelt (L1) durch delinquente Freunde und beobachtete Gewalt
Brookmeyer et al. 2006	Wellen 1 und 2, N 6397 Befragte gruppiert in 125 Schulen; Längsschnittdesign; lineare Mehrebenenanalyse	AV: Gewaltdelinquenz UV: Gewaltexposition; Bindungen zu Eltern und Schule; kollektive Schuleigenschaften (Schulklima)	L2: Gewaltexposition → höhere Gewaltneigung L1-Interaktion: Bindungen zu Eltern und zur Schule moderieren den Effekt der Gewaltexposition auf eigene Gewalt L2: Kleinere Schulen und Schulen mit schlechterem Schulklima → höhere Gewaltneigung
Harding 2008	Welle 1, N=ca. 3100 Befragte mit Freundesnetzwerk gruppiert in 795 *census tracts* in 80 Schulen; Querschnittsdesign; nichtlineare Mehrebenenanalyse	AV: Anzahl und Enge von Freundschaften, Freunde außerhalb der Schule UV: konzentriere Armut, beobachtete Gewalt im Stadtviertel	L2: konzentrierte Armut, Gewalt im Stadtviertel: → kein Einfluss auf Größe und Dichte von Freundschaftsnetzwerken → (nur bei Jungen) mehr außerschulische Freunde, insb. bei eigener Gewaltdelinquenz
Harding 2009a	Wellen 1 bis 3; N=ca 20000 Befragte gruppiert in ca. 2300 *census tracts*; Längsschnittdesign; logistische Mehrebenenanalyse	AV: Schulabbruch; Teenage-Elternschaft UV: konzentriere Armut, beobachtete Gewalt im Stadtviertel	L2: Konzentrierte Armut (vermittelt durch Gewalt im Stadtviertel) → Schulabbruch bei männlichen Befragten (OR=1,15) → Teenage-Elternschaft bei männlichen und weiblichen (OR=1,19) Befragten

Autoren	Stichprobe, Analyseverfahren	Abhängige (AV) und unabhängige oder vermittelnde Variablen (UV)	Ergebnisse
Haynie et al. 2006	Wellen 1 und 2 ; N=12747 Befragte in ca. 1800 *census tracts*; Netzwerkanalyse, Längsschnittdesign; logistische Mehrebenenanalyse	AV: Schwere Gewaltdelinquenz UV: Gewaltneigung; Schulorientierung in Freundesnetzwerken	L2 konzentrierte Armut, vermittelt durch Gewaltneigung (+) und Schulorientierung der Freunde (-) → höhere Gewaltneigung (OR 1,09)
Kreager 2007	Welle 1; N=51268 Befragte gruppiert in 129 Schulen; Querschnittsdesign; nicht-lineare Mehrebenenanalyse; für einige Analysen Wellen 1 und 2; N=1100 Befragte in einer Schule; Längsschnittdesign	AV: Popularität in Freundesnetzwerken UV: kollektive Schulmerkmale (gemittelte Gewaltneigung der Schüler)	Querschnittsanalyse: L1: Gewaltneigung → geringere Popularität L1: Gewaltneigung → höhere Popularität nur für Schüler mit schlechten Leistungen L1: Alkoholkonsum → höhere Popularität Alkoholkonsum L1/L2-Interaktion: Gewaltneigung bei Mädchen → höhere Popularität nur in Schulen mit sehr hohem Gewaltniveau
Vazsonyi et al. 2006	Wellen 1 und 2; N=19845 Befragte gruppiert in Schulen; lineare Mehrebenenanalyse; Aufteilung in Stadtviertel-Dezile (nach konzentierter Armut), ANOVA	AV: Gewaltdelinquenz; Impulsivität UV: konzentrierte Armut	L2: konzentrierte Armut → weniger Impulsivität L2: konzentrierte Armut → höhere Gewaltneigung, stärkerer Effekt bei Mädchen L1/L2-Interaktion: nur bei Mädchen schwache Interaktion zwischen Impulsivität und konzentrierter Armut
Project on Human Development in Chicago Neighborhoods (PHDCN); geschichtete Zufallsstichprobe (N=6228) von sieben Alterskohorten (0, 3, 6, 9, 12, 15, und 18 Jahre); 3 Wellen (1994-97, 1997-99, 2000-2001) in 80 Stadtvierteln (*neighborhood cluster*)			
Browning et al. 2008	Wellen 1 und 2; Kohorten 9 und 12 Jahre, N=768 Kinder gruppiert in 80 Stadtvierteln, Längsschnittdesign, nichtlineare Mehrebenenanalyse	AV: Anzahl Sexualpartner UV: konzentrierte Armut, kollektive Wirksamkeit	L2: kollektive Wirksamkeit → geringe Wahrscheinlichkeit multipler Sexualpartner
Maimon und Browning 2010	Wellen 1 bis 3; Kohorten 9 und 12 Jahr, N=842 Kinder gruppiert in 80 Stadtvierteln, Längsschnittdesign; nichtlineare Mehrebenenanalyse	AV: ,action-orientierter' Freizeitstil; Gewaltdelinquenz UV: konzentrierte Armut, Migrantenanteil; kollektive Wirksamkeit (L2); Familienbindung, delinquente Peers (L1)	L2: kollektive Wirksamkeit → stärkerer ,action-orientierter' Freizeitstil L2: Migrantenanteil → niedrigere Gewaltneigung L1/L2-Interaktion: kollektive Wirksamkeit moderiert den Effekt des ,action-orientierten' Freizeitstils auf Gewalt (stärkerer Effekt in Stadtvierteln mit niedriger kollektiver Wirksamkeit)

Autoren	Stichprobe, Analyseverfahren	Abhängige (AV) und unabhängige oder vermittelnde Variablen (UV)	Ergebnisse
Browning et al. 2005	Wellen 1 und 2; Kohorten 12 und 15 Jahre, N=907 Jugendliche gruppiert in 80 Stadtvierteln, Längsschnittdesign; nichtlineare Mehrebenenanalyse	AV: Alter beim ersten Sexualkontakt UV: konzentrierte Armut, Migrantenanteil; kollektive Wirksamkeit (L2); Familienbindung, Elternkontrolle (L1)	L1/L2-Interaktion: kollektive Wirksamkeit → höheres Alter nur bei gleichzeitig niedriger Elternkontrolle
Fagan und Wright 2012	Welle 1; Kohorten 9, 12, 15 Jahre, N=2344 Jugendliche gruppiert in 80 Stadtvierteln; Querschnittsdesign; nichtlineare Mehrebenenanalyse	AV: (Gewalt-)delinquenz UV: konzentrierte Armut, kollektive Wirksamkeit	L2: kollektive Wirksamkeit → höhere Gewaltneigung bei Mädchen, sonst keine Kontexteffekte (unter Kontrolle von delinquenten Freunden)
Bingenheimer et al. 2005	Wellen 1 bis 3, Kohorten 12 und 15 Jahre; N=1239 (Welle 2) bzw. 984 Jugendliche (Welle 3) in 78 Stadtvierteln; Längsschnittdesign; *propensity score matching* mit 37 Kovariaten	AV: schwere Gewaltdelinqenz UV: beobachtete Gewalt mit Schusswaffen	L1: Beobachtung von Gewalt mit Schusswaffen → höhere Gewaltneigung (OR 2,4)
Kirk 2008	Welle 1; Kohorten 12, 15, 18 Jahre, N=1787, gruppiert in 80 Stadtvierteln; Wachstumskurven, Mehrebenenanalyse	AV: polizeiliche Registrierung UV: Ethnie, konzentrierte Armut, kollektive Wirksamkeit, Devianztoleranz	L2: Stadtviertelkontext → erklärt 10 % der höheren Wahrscheinlichkeit einer polizeilichen Registrierung von Schwarzen vs. Weißen
Kirk und Matsuda 2011	Wellen 1 bis 3, Kohorten 15 und 18 Jahre; N=1071 (Welle 2) bzw. 984 (Welle 3) gruppiert in 78 Stadtvierteln; Querschnittsdesign; nichtlineare Mehrebenenanalyse	AV: polizeiliche Registrierung UV: Ethnie, konzentrierte Armut, kollektive Wirksamkeit, *legal cynicism*	L2: Anteil Schwarzer → geringe Wahrscheinlichkeit der polizeilichen Registrierung L1/L2-Interaktion: *legal cynicism* (L2) moderiert die Wahrscheinlichkeit der poliz. Registrierung für Delinquente (geringer in Stadtvierteln mit sehr hohem *legal cynicism*)
Sampson et al. 2005	Wellen 1 bis 3, Kohorten 9, 12, 15, und 18 Jahre; N=2955 gruppiert in 180 Stadtvierteln (*census tracts*); Längsschnittsdesign; nichtlineare Mehrebenenanalyse	AV: Gewaltdelinquenz UV: Armut, soziale/ethnische Segregation, frühere Gewaltkriminalität im Stadtviertel	L2: Anteil höhere Berufe (-), frühere Gewaltkriminalität (+) → höhere Neigung zu Gewaltdelinquenz; Kontext erklärt 60 % der Höherbelastung von Jugendlichen afro-amerikanischer vs. europäischer Abstammung

Autoren	Stichprobe, Analyseverfahren	Abhängige (AV) und unabhängige oder vermittelnde Variablen (UV)	Ergebnisse
Sampson et al. 2008	Wellen 1 bis 3; Kohorten 6, 9, 12 Jahre, N=772 Schwarze; Längsschnittdesign, *propensity score matching*; Mehrebenenanalyse	AV: Sprachkompetenz UV: konzentrierte Armut	L2: konzentrierte Armut → 0,25 SD geringe Sprachkompetenz im Zeitverlauf (und kumulativ)
Moving to Opportunity (MTO); randomisiertes Experiment (Umzug in nicht-arme Stadtviertel) in vier US-Städten; 1994-97, durchschnittl. 5,7 Jahre follow-up; N=1807 Jugendiche			
Kling et al. 2005	N=1807 Jugendliche, experimentelles Längsschnittdesign	AV: Delinqenz (poliz. Registrierungen)	L2: Umzug → für Mädchen ca. 30 % Rückgang der Delinquenz); für Jungen kein Rückgang bei Gewaltdelinquenz, ca. 30 % Anstieg Eigentumsdelinquenz
Clampet-Lundquist et al.2011	N=34 Umzugs-Gruppe, N=52 Vergleichsgruppe, halb-standardisierte, qualitative Interviews	Entwicklung der allgemeinen Lebensituation und des delinquenten Verhaltens nach dem Umzug aus einem sehr armen Wohnquartier in ein Mittelschichtsquartier; Freizeitverhalten und Beziehung zu Gleichaltrigen	Mädchen profitieren stärker von dem Umzug, weil sie weniger exponiert (in der Öffentlichkeit) leben als Jungen, und Jungen spezielle Fähigkeiten brauchen, sicher durch sozialräumlich verortete Risiken zu navigieren. Aufgrund ihrer zuvor erworbenen Verhaltensorientierungen fallen sie im Mittelschichtsquartier stärker als abweichend auf.
Weitere U.S.-amerikanische Studien			
Rankin und Quane 2002	*„Youth Achievement and the Structure of Inner City Communities"*-Studie, Chicago,N= 636 afroamerikanische Jugendliche und deren Eltern, gruppiert in 59 *census tracts* mit hoher soz. Benachteiligung; Querschnittsdesign; lineare Mehrebenenanalyse	AV: prosoziales Verhalten; Problemverhalten UV: konzentrierte Armut, kollektive Wirksamkeit, elterliche Kontrolle	L2/L1-Interaktion: Kollektive Wirksamkeit → nur wenn elterliche Kontrolle schwach ist, geringe Neigung zu Problemverhalten; bei starker elterlicher Kontrolle kein Effekt des Stadtviertelkontextes
Stewart und Simons 2010	*"Family and Community Health Study"*, N=763 afro-amerikanische Jugendliche, 12 bis 15 Jahre, gruppiert in 71 *census tracts* in Georgia und Iowa, 2 Wellen; Längsschnittdesign; lineare Mehrebenenanalyse	AV: Gewaltdelinquenz UV. Konzentrierte Armut, Homizidrate, *„street culture"*,	L2: Konzentrierte Armut, Homizidrate und *„street culture"* → höhere Neigung zu Gewaltdelinquenz L1/L2-Interaktion: *„street culture"* im Kontext verstärkt den Effekt der individuellen Zustimmung zur *street culture* auf Gewalt

Autoren	Stichprobe, Analyseverfahren	Abhängige (AV) und unabhängige oder vermittelnde Variablen (UV)	Ergebnisse
Europäische Studien			
Helbig 2010	ELEMENT-Studie Berlin, N=3169 Kinder gruppiert in N=71 Grundschulen (gleichgesetzt mit Verkehrszellen/Stadtvierteln), 2 Wellen (4., 6. Stufe), Längsschnittdesign, lineare Mehrebenenanalyse,	AV: Sprach-, Mathematikkompetenz UV: konzentrierte Armut, Migrantenanteil	L2: Abwesenheit von konzentrierter Armut → höhere Sprach-/Mathekompetenz (nichtlinearer Effekt, am stärksten in Kontexten mit geringster Konzentration) L2 Migrantenanteil → schwacher Effekt auf Sprach-, kein Effekt auf Mathekompetenz
Bernburg und Thorlindsson 2007	Island (Vollerhebung), N=6458 Jugendliche 15-16 Jahre, gruppiert in N=68 Schulen (gleichgesetzt mit Stadtvierteln/Gemeinden), Querschnittsdesign, Mehrebenenanalyse	AV: Delinqenz UV: Instabilität des Stadtviertels (Anteil unvollständiger Familien, residentielle Mobilität)	L2: Instabilität → höhere Delinquenzneigung L1/L2-Interaktion: Instabilität → verstärkt den Effekt von ‚action‘-orientierter Freizeitstil auf Delinquenz
Brännström 2008	Schweden, 26384 Jugendliche gruppiert in 389 Schulen und 2309 Stadtvierteln; Querschnittsdesign, kreuzklassifizierte lineare Mehrebenenmodelle,	AV: Schulleistungen UV: konzentrierte Armut; ethnische Segregation	L2: Schuleffekte wesentlich stärker als Stadtvierteleffekte; konzentrierte Armut → schlechtere Schulleistungen L1/L2-Interaktionen: individueller Migrationshintergrund in Schulen mit hohem Migrantenanteil → höhere Schulleistungen individueller Migrationshintergrund in Stadtvierteln mit konzentrierter Armut → niedrigere Schulleistungen
Pauwels 2007	N=2485 Jugendliche gruppiert in N=42 Stadtvierteln; Querschnittsdesign, lineare Mehrebenenanalyse	AV: Delinquenz UV: konzentrierte Armut	L2 konzentrierte Armut → keine höhere Delinquenzneigung
Wikström und Butterworth 2006	N=1957 Jugendliche gruppiert in N=286 Stadtvierteln (*enumeration districts*); Querschnittsdesign; OLS und logistische Regression	AV: Delinquenz UV: konzentrierte Armut	L2: konzentrierte Armut → keine höhere Delinquenzneigung insgesamt, aber höhere Delinquenz im eigenen Wohngebiet
Reijneveld et al. 2005	Niederlande, N=4480 Kinder (4-16 Jahre), Elternbericht und professionelle Diagnostik; Querschnittsdesign; logistische kreuzklassifizierte Mehrebenenmodelle	AV: externalisierende Verhaltensprobleme UV: konzentrierte Armut	L2: konzentrierte Armut → höhere Neigung zu Verhaltensproblemen (OR 1,69)

Autoren	Stichprobe, Analyseverfahren	Abhängige (AV) und unabhängige oder vermittelnde Variablen (UV)	Ergebnisse
Oberwittler 2004b	Köln, Freiburg, N=1586 deutsche Jugendliche (13-16 Jahre) mit lokalen Freunden in N=55 Stadtvierteln, Querschnittsdesign; nichtlineare Mehrebenenmodelle	AV: schwere Delinquenz UV: konzentrierte Armut	L2: konzentrierte Armut → höhere Delinquenzneigung (OR=1,98 für deutsche Jugendliche mit lokalem Freundeskreis), kein Effekt für Jugendliche mit Migrationshintergrund und Jugendliche ohne lokalen Freundeskreis
Oberwittler 2007b	Köln, Freiburg, N=2466 weibliche Jugendliche (13-16 Jahre) in N=61 Stadtvierteln, Querschnittsdesign; nichtlineare Mehrebenenmodelle	AV: Mitgliedschaft in gewaltorientierter Clique UV: konzentrierte Armut, Migrationsstatus (L1)	L1/L2 Interaktion: konzentrierte Armut → höhere Wahrscheinlichkeit der Mitgliedschaft für einheimische Mädchen, → niedrigere Wahrscheinlichkeit für Mädchen mit Migrationshintergrund

L1: individueller Effekt; L2: Effekt der Kontextebene; L1/L2 Interaktion zwischen individuellen Merkmalen und Kontextebene; OR = Odds Ratio

Neighborhood Effects on Crime. Evidence from America's Moving to Opportunity Experiment

Julia Burdick-Will, Jens Ludwig

1. Introduction

Crime rates vary dramatically across neighborhoods within the United States. Consider, for example, that in Chicago over half of all crime occurred in just 18 of the city's 77 designed Community Areas. Figure 1 shows that the geographic concentration of violent crime in the city is even more striking: More than half of all violent crimes recorded by the Chicago Police Department in 2007 took place in just 12 community areas, with the highest crime neighborhoods in Chicago, Austin and West Englewood, experiencing more than 5 % of the total violent crime in the city. In Austin alone, a neighborhood on the West Side of Chicago that is home to around 117,000 people, of whom around 90 percent are African-American, there were fully 35 murders in 2007 along with 100 criminal sexual assaults, 1,013 robberies, 380 aggravated assaults, and 696 cases of aggravated battery (Chicago Police Department 2008).

Figure 1: Violent Crime Rates by Chicago Community Areas, 2007

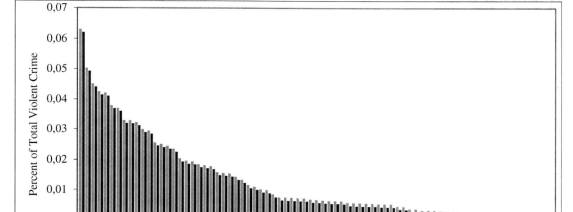

The dramatic variation across neighborhoods in crime rates has led to a great deal of scientific and policy interest in whether something about the neighborhood physical or social environment might itself contribute causally to criminal behavior. Dating back at least to the 1940s with the work of the University of Chicago sociologists Clifford Shaw and Henry McKay, social scientists have developed a number of candidate explanations for why there might be "neighborhood effects" on crime, including the possibility that ethnic heterogeneity, residential instability and poverty lead to the breakdown of the dense social and family ties that socialize youth and encouraged them to avoid trouble.

A large body of non-experimental evidence suggests that youth and adults are more likely to engage in crime when they live in poor, racially segregated or highly socially disordered neighborhoods even after some statistical adjustment is made for the individual's own socio-demographic characteristics and other risk factors. In fact, in a recent review of the larger "neighborhood effects" literature by Sampson et al. (2002), the authors conclude that "the strongest evidence [currently available] links neighborhood processes to crime" (458).

Yet the key concern with the available non-experimental literature on neighborhood effects stems from the fact that most families have at least some degree of choice over where they live and with whom they associate. As a result, there necessarily remains some concern about the degree to which non-experimental studies are able to isolate the causal effects of neighborhood environments themselves on criminal behavior from whatever hard-to-measure individual or family attributes may be associated with residential selection.

Numerous studies dating back to LaLonde (1986) have used data from randomized experiments to empirically examine the degree to which different non-experimental estimators and comparison groups are able to replicate the unbiased experimental impact estimate. While regression discontinuity estimators typically seem capable of generating unbiased estimates, most of the non-experimental estimation approaches that are common in the neighborhood effects literature, including standard linear regression approaches (even in cases with rich covariates available, including lagged dependent variables), difference-in-difference estimators, propensity score matching methods, and Heckman-style control function approaches, seem to fare poorly overall (for a recent summary of this literature see, for example, Cook et al. 2008). Data from the one randomized residential mobility experiment that has been carried out in America, the U.S. Department of Housing and Urban Development's Moving to Opportunity (MTO) demonstration, also provides some empirical reason for concern about potential bias with the non-experimental literature.

MTO was a randomized control experiment in which eligible residents of public housing in five American cities were randomly assigned to receive private housing vouchers that would allow them to leave their high poverty neighborhoods. Further restrictions were applied to some of the vouchers to ensure that they were only used in low poverty neighborhoods. The families in each random assignment group were then followed for five to seven years after they were given vouchers in order to test the impact of these moves. Evidence from these follow-ups indicate that there were surprising gender differences in the response to the experimental vouchers. Overall arrest rates, as well as violent crime arrests and property crime arrests, are lower for female young adults who received experimental vouchers than those in the control group. However, there were no significant reductions in male arrest rates, and property crime rates are actually higher in the experimental group that the control.

The purpose of the present chapter is to discuss the results of the MTO randomized experiment and their implications for neighborhood effects on crime in general, and for the design of specific public policies that target crime prevention or may inadvertently have implications for criminal behavior. Our chapter does not discuss either the previous theoretical or empirical literatures about neighborhood effects on crime because these are the topics of extensive discussion in other chapters in the volume. The next section describes the MTO experiment, Section III presents the main MTO findings, Section IV discusses the source of the gender difference on crime, Section V discusses what we know about the ability of non-experimental estimation approaches to reproduce the main experimental findings, Section VI discusses the results of a "natural experiment" that essentially replicates the MTO experiment in Chicago, and Section VII discusses the implications of these results for theory and public policy.

2. The Moving to Opportunity experiment

Regardless of the number of controls or the quality of the statistical analysis, observational studies must always rely on the assumption that there are no unobserved differences between those who were exposed to violent or disadvantaged neighborhoods and those who were not. To learn more about causal neighborhood effects on behavior the U.S. federal government decided to fund a large-scale randomized housing-mobility experiment, known as Moving to Opportunity (MTO). The MTO experiment was designed to test the impact of moving families living in public housing projects in the most disadvantaged neighborhoods in American cities into neighborhoods with much lower poverty rates using private housing vouchers.

By design, eligibility was limited to families living at baseline in public housing, which are housing units that are operated by local government housing authorities. In 1994 HUD began randomly assigning eligible low-income families with young children who volunteered to participate in MTO into three different groups: experimental, Section 8, and control. The *experimental group* was offered a housing voucher[1] that could only be used in

---

[1] Olsen (2003: 365-441) provides an excellent review of the housing voucher program, which provides families with a subsidy to live in private-market housing. The maximum voucher subsidy is determined by the Fair Market Rent (FMR), which is a function of family size, the gender mix of adults and children in the home, and the local rent distribution. For a family of four, the FMR is between 40 and 50 percent of the local metropolitan area private-market rent distribution. For example, the FMR for a two-bedroom apartment in the Chicago area was equal to $699 in 1994, $732 in 1997, and $762 in 2000. Families are expected to pay 30 percent of their income (adjusted by family size, childcare expenses and medical expenses) towards their rent. Note that in the United States, housing assistance is not an entitlement, so housing voucher (and other housing) programs usually have long wait lists. Olsen (2003) estimates that only around 28 percent of income-eligible families in the U.S. receive any housing assistance.

neighborhoods where the poverty rate was 10 percent or less according to the 1990 census. This group was also given counseling to help locate an appropriate unit and neighborhood. Families assigned to the *"Section 8" housing group* were offered standard housing vouchers that could be used for any unit that met basic standards, but were not restricted geographically. Lastly, the *control group* did not receive any special MTO funding, but could receive any of the regularly available social services for which they would have been eligible regardless of the experiment.

In total, 4600 families signed up between 1994 and 1997 to be randomly assigned to one of the three groups. Tables 1A and 2A in the appendix describe the characteristics of the adults who were assigned to the three different groups. The participants were approximately two-thirds African-American, and one-third Hispanic. However, in two of the sites, Chicago and Baltimore, the participating families were overwhelmingly African-American. Participants in all sites were also largely made up of female-headed households (Kling et al. 2005). Only one quarter of the heads of household were working at the time of randomization and three quarters were receiving government financial assistance through the Aid to Families with Dependent Children program. Less than half (approximately 40 percent) of the household heads had completed high school and 20 percent had received a high school diploma through a general equivalency test. Approximately one quarter of the household heads has been arrested at some point before randomization. About half of the adults who signed up for the program felt unsafe in their current neighborhoods at night, and around 40 percent reported living with someone who had been victimized in the last six months. Three quarters of the respondents reported a desire to get away from drugs and gangs and half reported that they wished to find better schools for their children as their primary or secondary reason for moving (Kling et al. 2007: 110-2).

The young adults in the program are described in Tables 1A and 3A in the appendix. About 20 percent of the males had been suspended from school at some point before randomization (Kling et al. 2007: 113). There are also gender differences in pre-randomization arrest rates. Around five percent of the girls in the sample had arrest records, compared to closer to fifteen percent of the boys (Ludwig and Kling 2007: 496).

Assignment to the experimental group had a significant impact on the participants' neighborhood characteristics. Table 1 describes the mobility outcomes for each group. The mobility outcomes did not vary substantially by either gender or age. Since the goal of the program was to move families to lower poverty neighborhoods, it makes sense that the largest changes are found in the census tract poverty rates. Respondents in the experimental group are more than three times as likely to live in a census tract with less than 20 percent poverty than those in the control group. The changes in percent minority, however, are significant, but rather small, which indicates that, on average, families were moving to lower poverty areas that were still highly segregated racially. The experimental vouchers also appear to have a greater impact on neighborhood violent crime rates than property crime rates (Ludwig and Kling 2007: 497).

Table 1: Mobility Outcomes by Mobility Treatment Group, Age Group, and Sex

	Females			Males		
	Experimental	Section 8	Control	Experimental	Section 8	Control
Adults:						
Tract poverty rate	.326*	.351*	.439	.329*	.339*	.417
0 % - 20 %	.363*	.212*	.110	.333*	.235*	.121
21 % - 40 %	.266	.409*	.292	.261	.407	.320
Over 40 %	.371*	.379*	.598	.406*	.359*	.559
% Tract black	.532*	.537*	.566	.389	.454	.402
% Tract minority	.816*	.868*	.890	.833*	.887	.883
Beat violent crime rate	224.3*	228.3*	264.0	171.9	185.0	194.4
Beat property crime rate	520.2*	522.9*	561.2	403.7	465.6	440.6
Youth:						
Tract poverty rate	.335*	.356*	.444	.338*	.358*	.448
0 % - 20 %	.329*	.215*	.104	.330*	.208*	.098
21 % - 40 %	.290	.399*	.290	.274	.403*	.282
60 % and Over	.382*	.386*	.606	.396*	.390*	.620
% Tract black	.536	.527	.555	.524	.531	.542
% Tract minority	.831*	.880	.899	.831*	.875*	.903
Beat violent crime rate	223.2*	228.2*	260.1	225.4*	231.0*	260.3
Beat property crime rate	531.9	518.2	574.9	535.4	540.6	547

Tract data are based on duration-weighted averages of tract characteristics, interpolating between and extrapolating from 1990 and 2000 censuses. Police beat rates are crimes per 10,000 residents in the beat.
* $p < 0.05$ on experimental versus control or Section 8 versus control difference
originally published in Ludwig and Kling (2007: 497)

3. MTO Effects on Crime

Early results from the MTO experiment measured 2-3 years after baseline seemed to be quite consistent with the predictions of the existing theoretical and non-experimental empirical literature. Analysis of the effect of the experimental voucher in Baltimore, one to two years after random assignment, showed significant declines in arrests for teenagers.[2]

Follow-up data measured around 5 years after baseline for MTO families in all 5 demonstration sites reveal a more complicated picture. What is clear is that parents and children are safer, and victimization rates seem to decline. Around 69 percent of the experimental group families report feeling safe in their neighborhoods at night, compared to just

---

[2] More specifically, in Baltimore, on average there were 3 arrests per 100 teens in the control group. The intent to treated (ITT) effect, controlling for pre-voucher arrests and calendar quarter dummies, was estimated to be 1.6 fewer arrests per 100 teens per quarter in the experimental group. There were no statistically significant reductions in the incidence of any other crimes, or for all crimes in general (Ludwig et al. 2001). Early results of the MTO experiment in Boston support these findings with reductions in general behavior problems for teens in the experimental group compared to the control group (Katz et al. 2001).

55 percent of the control group. Around 17 percent of the experimental group households had someone victimized by a crime in the 6 months prior to the follow-up surveys, a large proportional change compared to the 21 percent victimization rate among control group households (Kling et al. 2005: 88; Orr et al. 2003).

The impacts of MTO moves on behavior 5 years after baseline are complicated. When we look at male and female youth pooled together, we see statistically significant declines in violent crime arrests (ITT estimate of -0.61), but not for arrests for other types of offenses (Kling et al. 2005: 98). Table 2 make clear that this impact on violent crime seems to occur among both male and female youth, with ITT impacts that are large for both genders as a share of the relevant control means (-.077 for females compared to a control mean of .241, and -.045 for males relative to a control mean of .537). But MTO impacts on arrests for other offenses, and for other types of behavioral measures more generally, vary greatly by gender. In general female behavior becomes more pro-social after moving through MTO. Females in the experimental group, ages 15 to 25 by the end of 2001, show 0.057 fewer property arrests, and 0.225 fewer total lifetime arrests than those in the control group. Younger experimental females, ages 15 to 20 by 2001, also have 0.186 fewer total arrests than the control group. These results do not seem to be as strong for the females in the section 8 group. Only violent crime rates are significantly different for this group. Males, on the other hand, appear to become less pro-social after MTO relative to the control group, at least on some measures – for instance, the property arrest rate for experimental boys is .15 arrests per year higher, compared to a control mean of .474. This does not seem to be due just to differences in policing practices in low poverty areas, since we also see some increase in the behavior problem index that is self reported (ITT of .064, compared to a control mean of .343).

How do we reconcile these 5 year impacts using data from all 5 sites with those from the 2-3 year follow up of MTO families in Baltimore? Kling et al. (2005) estimate the effect of the experimental vouchers on annual arrests one to two years after random assignment and three to four years after random assignment separately. Table 4A in the appendix shows that they find significant decreases in annual violent arrests during the first two years males. Males assigned to the experimental group are arrested 0.025 fewer times during the first two years after randomization, than those in the control group. However, in the period three to four years after randomization there are only 0.01 fewer violent arrests for males in the experimental group. There is not enough power to reject the null hypothesis that the difference in violent arrests three to four years after randomization is zero. The increase in property arrests also appears to occur three to four years after randomization. Males in the experimental group are arrested for property crimes 0.0374 more times than those in the control group during this period. Interestingly, the results by year since random assignment do not appear to vary much for females. This indicates that the differences between the earlier site specific results of MTO are more likely due to changes in the treatment effect over time than differences between the effects in different cities (Kling et al. 2005).

Table 2: MTO Effects on Arrests, Delinquency and Problem Behavior by Gender

	Females		Males		Male - Female
	Control Mean	**ITT**	**Control Mean**	**ITT**	**ITT**
A. Exp-control, ages 15 - 25 (n = 4475)					
lifetime violent arrests	0.241	-.077*	0.537	-.045	.031
lifetime property arrests	0.164	-.057*	0.474	.150*	.207*
lifetime drug arrests	0.087	-.060	0.597	.047	.106
lifetime other arrests	0.119	-.032	0.413	.009	.040
lifetime total arrests	0.611	-.225*	0.021	.160	.385*
B. Exp-control, ages 15 - 20					
lifetime total arrests (n = 3079)	0.531	-.186*	0.382	.279	.465*
Ever arrested (n = 3079)	0.245	-.029	0.390	.053	.082*
Ever arrested [SR] (n = 1790)	0.126	-.015	0.289	.013	.028
Delinquency index [SR] (n = 1790)	0.070	-.008	0.136	.002	.009
Behavior prob index [SR] (n = 1790)	0.340	-.019	0.343	.064*	.082*
C. Sec8-control, ages 15 - 25 (n = 4475)					
lifetime violent arrests	0.241	-.079*	0.537	.024	.103
lifetime property arrests	0.164	.031	0.474	.072	.041
lifetime drug arrests	0.087	.019	0.597	-.055	.075
lifetime other arrests	0.119	.018	0.413	.036	.018
lifetime total arrests	0.611	-.012	0.021	.076	.087
D. Sec8-control, ages 15 - 20					
lifetime total arrests (n = 3079)	0.531	-.139	0.382	.258	.396*
Ever arrested (n = 3079)	0.245	-.059*	0.390	.047	.106*
Ever arrested [SR] (n = 1790)	0.126	-.012	0.289	.026	.038
Delinquency index [SR] (n = 1790)	0.070	-.005	0.136	.013	.018
Behavior prob index [SR] (n = 1790)	0.340	-.009	0.343	.031	.039

SR = self-report. IIT = Intent-to-Treat. * p- value < 0.05, originally published in Kling et al. (2005: 100)

4. Causes of the gender difference in offending responses to MTO mobility

Kling et al. (2005) also explore some of the explanations for these gender gaps. They are able to rule out gender differences in mobility patterns by showing that a qualitatively similar pattern of increased property arrests in the experimental group occurs when the sample is limited to male and female pairs of siblings in the same household.

Another possible explanation for the gender differences in arrest rates could be differences in discrimination against minority males and females. Arrest rates for males could be higher than for females either if they were unfairly targeted for arrest in their new neighborhoods or if increased perceptions of discrimination led to increased anti-social behavior. However, a post-randomization survey shows no gender differences in the perception of discrimination by male and females in the experimental group. Furthermore, the experimental group families relocated to areas that only somewhat more racially mixed than their previous neighborhoods, which is unlikely in increase their overall experience with racial discrimination (Kling et al. 2005).

On the other hand, the moves did increase the experimental groups contact with affluent and "high-status" neighbors (which makes sense given the requirement to move to non-poor census tracts). The MTO survey does not provide direct information about actual or perceived social class discrimination and males and females do not appear to be differentially unsatisfied with their new neighborhoods. However, there is some ethnographic evidence of cultural clashes along class lines in economically mixed, but predominantly black neighborhoods in Chicago. In particular, poor and middle class residents fought over the use of public space because many middle class residents were afraid of a slippery slope between loitering and violence (Pattillo 2007). Interviews with youth participants in MTO in Chicago and Baltimore support this hypothesis that male youth may have been clashing culturally with affluent neighbors more often than do female youth. Males in the experimental group were far more likely to feel harassed by the police than either boys in the control group or girls in any group. Descriptions of this harassment echoes Patillo's findings, and was most frequently attributed to conflicts with neighbors over the use of public space, which the boys saw as just hanging out, but neighbors described as loitering (Clampet-Lundquist et al. 2006: 23). Therefore, while there is not much evidence for or against social class discrimination in the Kling et al. analysis, the possible role of social class discrimination in new neighborhoods should not be completely discounted.

Gender differences in adaptation to new settings more generally seems like the most plausible explanation for the gender difference in MTO impacts on behavior, although again it is important to emphasize that the data available to directly test this hypothesis are limited. It is possible that male youth in the MTO mover groups increase their property offending because of a "comparative advantage in exploiting the set of theft opportunities" (Kling et al. 2005: 114) that these youth enjoy in their new neighborhoods. Given that experimental movers on average attended schools with higher test scores than they did pre-randomization, but did not experience increases in test scores (Sanbonmatsu et al. 2006), it is likely that these youths suddenly found themselves lower in the distribution of academic ability relative to their new peers. At the same time, coming from high crime neighborhoods they might also be relatively advantaged compared to those same new peers when it comes to levels of criminal activity.

Kling et al. (2005) argue, further, that boys would be more prone to this comparative advantage than girls for a variety of reasons. First, male youth in the experimental group had substantially lower test scores than the girls in the sample, and would therefore be even more disadvantaged in an academic setting. Second, the males in the MTO study were subject to much lower levels of supervision than their female counterparts, allowing for more opportunities to commit crimes. Third, adolescent males, in general, are more likely to be risk-taking than females at the same age, and therefore may be more willing to become criminally entrepreneurial. Fourth, gender differences in population-wide propensities towards criminal activity, may give male youth more opportunities to recruit peers who are willing to engage in criminal activity with them. The availability of these confederates has been shown in other work to be a particularly important predictor of youth criminal activity (Kling et al. 2005: 115).

Lastly, another gender difference not cited in Kling et al. (2005), but evident in interviews with participants, are differences in the peer networks of experimental youth. Girls in the study tended to make more friends in their newer school, whereas experimental youth tended to continue to cite pre-move friends from elementary or middle school as their closest ties (Clampet-Lundquist et al. 2006). These close ties to the old neighborhood could provide extra resources, in terms of knowledge or willing confederates, for criminal activity in their new target-rich neighborhoods. However whether these MTO gender differences in peer affiliations are a cause or an effect of the gender difference in MTO's impact on criminal behavior is not clear.

To learn more about the mechanisms behind the MTO effects on violent crime, Ludwig and Kling (2007) use city by treatment group interactions to measure the effect of neighborhood violence, poverty and concentration of minority residents on the size of the treatment effect. Ludwig and Kling apply an instrumental variables (IV) analysis to the MTO data that still tries to capitalize as much as possible on the key strength of MTO's randomized experimental design. The analysis exploits the fact that random assignment to the two MTO groups produced different types of neighborhood changes across the five MTO sites. This enables us to use site by treatment interactions as "instrumental variables" for specific neighborhood attributes in our analysis to examine how differences by MTO site and group in treatment effects on specific neighborhood attributes relate to site by group differences in MTO effects on individual arrest outcomes. Put differently, the concern with previous non-experimental studies is that people may be self selecting into neighborhoods on the basis of unobserved measures that are associated with criminal outcomes as well as residential sorting. The Ludwig and Kling IV study overcomes this problem by essentially only using the variation across MTO study subjects in neighborhood attributes that can be explained by differences in average neighborhood conditions across MTO sites and groups. For example, assignment to the experimental, rather than control group has an unusually large effect in reducing neighborhood violent crime rates for participants in the Chicago MTO site. If local crime rates are the most important mechanism through which neighborhood environments influence criminal behavior by individual neighborhood residents, we would expect the experimental-control difference in violent crime arrests of MTO participants to also be larger (more negative) in Chicago than at the other MTO sites.

Table 3 compares the results of these instrumental variables with ordinary least squares regressions. Ludwig and Kling (2007) run a series of models using interactions of MTO demonstration site and treatment group assignment as instrumental variables (IV) for specific census tract or neighborhood characteristics. Specifically, they estimate the impact of different violent crime rates, tract share minority and tract share living in poverty on violent crime arrests.

Table 3: Experimental and Non-Experimental Estimates of Neighborhood Characteristics on Arrest Rates (MTO)

	OLS			IV		
	None			E/S*Site		
	Full Sample	Female	Male	Full Sample	Female	Male
Beat violent crime rate:						
Violent crime only	0.017	-0.002	0.075[+]	-0.016	-0.031	0.046
	(0.017)	(0.024)	(0.039)	(0.070)	(0.077)	(0.070)
Violent crime ǀ tract share minority	0.01	-0.018	0.074[+]	-0.137	-0.173[+]	-0.054
	(0.018)	(0.025)	(0.041)	(0.095)	(0.100)	(0.091)
Violent crime ǀ tract share poverty	0.015	-0.001	0.080[+]	-0.111	-0.267*	-0.078
	(0.020)	(0.026)	(0.046)	(0.124)	(0.131)	(0.114)
Violent crime ǀ tract share poverty and tract share minority	0.013	-0.005	0.078[+]	-0.118	-0.285*	-0.109
	-0.02	(0.026)	(0.046)	(0.125)	(0.136)	(0.117)
Tract percentage minority:						
Minority only	0.016*	0.027[+]	0.017	0.067*	0.114*	0.006
	(0.008)	(0.015)	(0.025)	(0.033)	(0.036)	(0.057)
Minority ǀ tract share poverty	0.016	0.042*	0.009	0.115*	0.108*	0.002
	(0.010)	(0.019)	(0.030)	(0.051)	(0.053)	(0.084)
Minority ǀ beat violent crime rate	0.012	0.029[+]	-0.002	0.110*	0.163*	0.015
	(0.009)	(0.016)	(0.026)	(0.046)	(0.045)	(0.068)
Minority ǀ beat violent crime rate and tract share poverty	0.014	0.040*	0.002	0.115*	0.070	0.007
	(0.010)	(0.019)	(0.031)	(0.053)	(0.058)	(0.088)
Tract share poverty:						
Poverty only	0.007	-0.006	0.020	0.008	0.082*	-0.012
	(0.008)	(0.015)	(0.026)	(0.020)	(0.031)	(0.050)
Poverty ǀ tract share minority	-0.002	-0.031	0.016	-0.041	0.034	0.034
	(0.010)	(0.020)	(0.032)	(0.030)	(0.048)	(0.073)
Poverty ǀ beat violent crime rate	0.002	-0.005	-0.010	0.037	0.174*	-0.032
	(0.010)	(0.016)	(0.032)	(0.034)	(0.045)	(0.062)
Poverty ǀ beat violent crime rate and tract share minority	-0.004	-0.028	-0.009	-0.009	0.156*	0.014
	(0.011)	(0.020)	(0.037)	(0.039)	(0.068)	(0.086)

Values presented are coefficients (standard errors) from a separate two-stage least squares estimation with rows describing the components of W. For example, in the first row, W contains only neighborhood violent crime rate; in the second row, W contains neighborhood violent crime rate controlling for tract share minority, and the coefficient reported for violent crime rate. Endogenous variables are expressed in standard deviation units relative to the standard deviation in the control group for that variable. The control group standard deviations are 17 % for tract share minority, 14 % for tract share poverty, 185 % for beat violent crime rate, and 525 % for beat property crime rate.
[+] $p < 0.10$, * $p < 0.05$, originally published in Ludwig and Kling (2007: 501, 505)

Ludwig and Kling find no evidence for the epidemic model of violent crime in which large changes in neighborhood violence should accompany the largest declines in violent arrests. Nor do they find evidence that changes in the concentration of poverty predicts larger declines in violent crime. The models using violent crime or poverty as the instrumental variable do not show consistently significant declines in violent arrest rates. Instead, they find that the largest treatment effects are evident in the cities in which the MTO experimental group experienced the largest changes in percent minority. For the full sample (males and females, adults as well as youth), reductions in tract percent minority, even after controlling for violent crime rate and poverty, are associated with reductions in arrest rates. In other words, for every one standard deviation decrease in percent minority (equivalent to a change from 90 to 73 percent minority) violent arrest rates are expected in decrease by 0.067 (about one third of the control mean). This estimate increases to 0.115 violent arrests after controlling for the poverty and violent crime rates. When youth in the sample are analyzed separately by gender, the results are only statistically significant for females, but the gender-specific estimates are too imprecisely estimated to draw any strong conclusions (Ludwig and Kling 2007: 508). Based on the post-move survey of MTO participants Ludwig and Kling hypothesize that this is due to the increased presence of drug markets, and the violence that accompanies them, in neighborhoods with a high concentration of minorities. In fact, the interaction between high drug use or selling and percent minority in a neighborhood significantly predicts a substantial increase in young male violent arrests (Ludwig and Kling 2007: 511).

5. Can non-experimental estimates replicate experimental results?

The MTO data not only provide an estimate of the effect of offering housing vouchers to families living in poverty, but they also provide an opportunity to compare experimental estimates with the estimates generated with non-experimental methods. It is generally assumed that the selection bias that might come from non-experimental estimates would lead to an over-estimate of the effect of neighborhoods on crime. In other words, the assumption has been that people who are less prone towards crime would be the ones who are most likely to select into lower-crime, lower-poverty, more racially integrated neighborhoods. But this assumption might be too simplistic.

We can learn more about the selection process into different neighborhoods, at least within the MTO sample, by first using data just from the experimental group and running an ordinary least squares regression of different tract characteristics on outcomes, which is identified using only non-experimental variation in neighborhood environments. These OLS estimates can be compared to our instrumental variables (IV) estimates to learn more about the nature of the selection process.

Table 3 shows, for instance, that the OLS regression of share tract minority against violent crime arrests for the full sample is equal to +.016 (se=.008, p<.05) – that is, violent crime arrest rates are higher in more heavily minority neighborhoods. By way of comparison the IV estimate is also positive, but larger in magnitude, +.067 (se=.033, p<.05). OLS understates the protective effects on violent behavior from living in a relatively more racially mixed neighborhood, even after conditioning on a fairly rich set of baseline covariates that include family socio-demographic characteristics and even pre-baseline arrests (i.e. lagged values of the dependent variables). It must be the case that the unobservable variables associated with the propensity to select into more racially mixed neighborhoods are also associated with an *increased* propensity towards violence if the OLS estimate is smaller in absolute value than the IV estimate. Other analyses with the MTO data suggest that the selection process might even vary by outcome domain and family members, in which families predisposed towards better outcomes for female adults and youth are more likely to select to move into less disadvantaged areas, but so are those families that have teenage sons who are more predisposed towards anti-social behavior (Kling et al. 2007).

Propensity score and difference-in-difference analyses fare not much better than the OLS estimates with or without lagged dependant variables in the set of control variables. Our MTO "within-study comparison" would seem to meet many of the criteria laid out by Cook et al. (2008) for the conditions under which non-experimental estimates should be most likely to reproduce experimental findings, in the sense that we have local comparison groups, of socio-demographically similar families, and a rich set of controls that include lagged values of the key outcomes of interest together with survey questions designed clearly to capture the process through which families select the "treatment" of interest (in the case of MTO questions about why families signed up for the program, what their attitudes are towards different types of neighborhoods, and even their prior experiences living in different types of neighborhoods). While the set of covariates are fairly rich in MTO compared to many studies in this literature, it is in principle possible that controlling for even more covariates as in the PHDCN analyses of Bingenheimer et al. (2005), could potentially do a better job of addressing selection bias, although to date we know little on this question.

6.   A Chicago replication

Social policy should never be decided on the basis of a single study. For that reason and others, we are fortunate that a "natural experiment" that occurred in Chicago provides an opportunity to replicate the MTO design and compare the results.

In 1997, for the first time in about twelve years, the Chicago Housing Authority (CHA) through a local firm, CHAC, Inc., opened the city's housing voucher waiting list. Far more families applied than there were vouchers available, so CHAC randomly assigned the 82,607 eligible families to the voucher program wait list. This lottery number provides exogenous variation in voucher receipt, so we can compare average outcomes essentially of families who are randomly assigned "good" versus "bad" lottery numbers. By focusing on families who were living in public housing when they applied for a voucher, we can basical-ly replicate the MTO results, at least in Chicago.

Table 4: Effects of Housing Vouchers on Arrest (CHAC):

	Control Mean	ITT
Youth 12 - 18		
Violent crime arrests	0.017	-0.004*
Property crime arrests	0.007	-0.001
Drug crime arrests	0.024	-0.002
Other crime arrests	0.031	-0.004
Total arrests	0.079	-0.011
Male youth 12 - 18		
Violent crime arrests	0.026	-0.006[+]
Property crime arrests	0.009	-0.002
Drug crime arrests	0.047	-0.006
Other crime arrests	0.058	-0.007
Total arrests	0.140	-0.021
Female youth 12 - 18		
Violent crime arrests	0.008	-0.002
Property crime arrests	0.005	0.000
Drug crime arrests	0.003	0.000
Other crime arrests	0.007	-0.001
Total arrests	0.024	-0.002

The unit of observation is person-year-quarter. The sample is limited to households with lottery numbers above 35,000 or below 18,103. CM = Control Mean, ITT = Intent-to-Treat. Robust standard errors clustered at household
[+] $p < 0.10$, * $p < 0.05$, originally published in Ludwig et al. (2007: 35)

As with the Chicago MTO sample, families in the CHAC program are almost all African-American female-headed households. Using social service records, Ludwig et al (2007) matched the household heads on the CHAC housing application to their children's names and then matched those names to administrative data from the Illinois State Police from 1995 to 2005 (Ludwig et al. 2007). Table 5A in the appendix provides more detailed de-scriptive statistics for the CHAC experimental groups.

Analysis of the CHAC data (Table 4) shows that youth aged 12 to 18 in 1997 appear to have 0.004 fewer violent crime arrests per quarter than those who did not receive a voucher, which is a substantial, and statistically significant reduction from the control average of 0.017 arrests per quarter. However, none of the other types of crime appear to be reduced by the voucher offer. When the results are divided by gender, none of the results for females are statistically significant, but for males, the violent crime reductions remain significant at 0.006 fewer arrests per quarter. Changes in property crime arrests for either gender are never statistically significant from zero (Ludwig et al. 2007).

One extra benefit of the CHAC study is its ability to at least partially rule out one of the possible mechanisms through which neighborhoods might affect criminal activity. Along with the youth in the program, Ludwig et al (2007) also analyze the effect of voucher receipt on the younger household heads in the sample, ages 18-30. They find substantial and significant reductions in violent crime associated with voucher receipt that mirror those of the youth participants. This suggests that the behavioral mechanisms driving these results must be something that is not unique to teenagers, such as the quality of local schools or parental supervision, which would not pertain to adults (Ludwig et al. 2007).

7. Conclusions

Both the MTO and the CHAC experimental data suggest that living in a more disadvantaged neighborhood increases an individual's risk of involvement with violent criminal behavior. Instrumental variable analysis using MTO data suggests that violent crime arrests are more strongly associated with areas with a high proportion of minority residents than with violent crime rates or the proportion of residents living in poverty. This may be due to the increased use and sale of drugs, and the violence that accompanies them, in areas with high concentration of minorities. The MTO data also provide some suggestive evidence that the effect of moving people to lower poverty areas among boys might generate at least some partially offsetting effect, in the form of higher property crime offending. Gender differences in arrest rates and the increase in property offending by males are most plausibly explained by gender differences in adaptation to a new neighborhood. Specifically, in more affluent neighborhoods, boys may find themselves with a comparative advantage and more opportunities to commit theft. Even if the findings on property crimes from the MTO experiment prove to be generalizable to a larger portion of the urban population living in poor neighborhoods, the overall results of these experiments suggest that there is on balance a decline in the amount of social harm from criminal behavior among the youth who move. Using the social costs of different crimes calculated in Miller et al. (1996), Kling et al. (2005) estimate the overall social savings from the changes in crime rates induced by the MTO experimental moves. MTO moves reduce the social costs of criminal behavior by youth in the program by 15 to 33 percent of the control mean social costs. Most of the effect of the program is associated with the quarters in the early years of the program. While none of these estimates are statistically significant, the estimates do suggest that even if moving youth out of high crime areas were to lead to small increases in property crime arrests, the reductions in violent crime could be worth the trade off (Kling et al. 2005: 87-130).

However, does this reduction in social cost justify the scaling up of programs like MTO and helping many more families move out of highly disadvantaged neighborhoods? Unfortunately, experimental studies like MTO and CHAC do not provide any answer to that question. To do so, we would need to know something about the effect these new arrivals had on the crime rates on both their origin and destination neighborhoods. Unfortunately, these studies were designed only to follow the individual outcomes of the youth who participated in the experiment. Answering this sort of "general equilibrium" question seems to us to be one of the highest priorities for researchers studying the topic of neighborhood influences on criminal behavior.

References

Bingenheimer, J. B., Brennan, R. T., Earls, F. J., 2005. Firearm violence exposure and serious violent behavior. *Science,* 308, 1323.

Chicago Police Department, 2008. *2007 annual report: A year in review.* Chicago.

Clampet-Lundquist, S., Edin, K., Kling, J. R., Duncan, G. J., 2006. Moving at risk teenagers out of high risk neighborhoods: why girls fare better than boys. Working *Paper, Princeton University Industrial Relations Sections.*

Cook, T. D., Shadish, W. R., Wong, V. C., 2008. Three conditions under which experiments and observational studies produce comparable causal estimates: New findings from within-study comparisons. *Journal of Policy Analysis and Management*, 27, 724-750.

Katz, L. F., Kling, J. R., Liebman, J. B., 2001. Moving to opportunity in boston: Early results of a randomized mobility experiment. *Quarterly Journal of Economics*, 116,: 607-54.

Kling, J. R., Ludwig, J., Katz, L. F., 2005. Neighborhood effects on crime for female and male youth: Evidence from a randomized housing voucher experiment. *Quarterly Journal of Economics,* 120, 87-130.

Kling, J. R., Liebman, J. B., Katz, L. F., 2007. Experimental analysis of neighborhood effects. *Econometrica,* 75, 83-119.

Ludwig, J., Jacob, B., Duncan, G. J., Rosenbaum, J., Johnson, M., 2007. Neighborhood effects on crime: Evidence from a randomized housing-voucher lottery. *Unpublished Manuscript.*

Ludwig, J., Duncan, G. J., Hirschfield, P., 2001. Urban poverty and juvenile crime: Evidence from a randomized housing-mobility experiment. *Quarterly Journal of Economics,* 116, 655-80.

Ludwig, J., Kling, J. R., 2007. Is crime contagious? *The Journal of Law & Economics,* 50, 491.

Olsen, E., 2003. Housing programs for low-income households. in moffitt, R. means-tested transfer programs in the united states. In: Moffitt, R. (Ed.), *Means-tested transfer programs in the united states. A national bureau of economic research conference report.* Chicago: University of Chicago Press, 365-441.

Orr, L. L., 2003. *Moving to opportunity interim impacts evaluation.* Washington, DC: U.S. Dept. of Housing and Urban Development, Office of Policy Development and Research.

Pattillo, M. E., 2007. *Black on the block : The politics of race and class in the city.* Chicago: University of Chicago Press.

Sampson, R. J., Morenoff, J. D., Gannon-Rowley, T., 2002. Assessing "neighborhood effects": Social processes and new directions in research. *Annual Review of Sociology*, 28, 443-78.

Sanbonmatsu, L., Kling, J. R., Duncan, G. J., Brooks-Gunn, J., 2006: Neighborhoods and academic achievement: results from the moving to opportunity expreiment. *Working Paper Series.*

Appendix

Table 1A: Baseline Descriptive Statistics for Moving to Opportunity (MTO) Adult and Youth Samples

	Females			Males		
	Experimental	Section 8	Control	Experimental	Section 8	Control
Adults:						
Black	0.650	0.646	0.657	0.359	0.364	0.386
Hispanic	0.294	0.297	0.298	0.505	0.494	0.487
MTO site:						
Baltimore	0.150	0.162	0.147	0.039	0.071	0.051
Boston	0.229	0.223	0.221	0.211	0.192	0.287
Chicago	0.209	0.209	0.210	0.149	0.128	0.131
Los Angeles	0.155	0.149	0.158	0.304	0.351	0.345
New York City	0.257	0.257	0.264	0.297*	0.259	0.185
HH on AFDC at baseline	0.739	0.752	0.756	0.579	0.586	0.491
Moved because:						
Drugs and/or crime	0.767	0.755	0.783	0.739	0.755	0.764
Schools	0.468	0.521*	0.465	0.469	0.577	0.489
Age at end of 2001	39.0	39.4	39.1	43.0	43.4	44.8
Any before RA arrest	0.258	0.231	0.260	0.375	0.423	0.354
Missing arrest data	0.038	0.054	0.035	0.056	0.048	0.057
N	1,483	1,013	1,102	224	153	166
Youth:						
Black	0.647	0.606	0.640	0.609	0.605	0.612
Hispanic	0.296	0.318	0.304	0.329	0.333	0.339
MTO site:						
Baltimore	0.168	0.138	0.140	0.151	0.154	0.139
Boston	0.187	0.192	0.216	0.166	0.200	0.189
Chicago	0.210	0.215	0.203	0.220	0.209	0.205
Los Angeles	0.165	0.185	0.199	0.195	0.189	0.196
New York City	0.270	0.271	0.242	0.269	0.248	0.270
HH on AFDC at baseline	0.732	0.744	0.749	0.743	0.706	0.727
Moved because:						
Drugs and/or crime	0.807	0.732	0.782	0.780	0.760	0.791
Schools	0.460	0.524	0.483	0.511	0.549	0.505
Age at end of 2001	19.1	18.9	18.9	19.0	18.9	19.0
Any before RA arrest	0.062	0.041	0.048	0.147	0.122	0.131
Missing arrest data	0.057	0.048	0.055	0.059	0.063	0.061
N	966	651	716	988	691	739

HH = Household Head, RA = Random Assignment.
* p < 0.05 on experimental versus control or Section 8 versus control difference
originally published in Ludwig and Kling (2007: 496)

Table 2A: MTO Adult Baseline Characteristics

	Experim.	Section 8	Control
Demographics:			
Age in years (as of December 2001)	39.7	40.1	39.6
Male	0.01	0.02	0.02
Baltimore site	0.15	0.15	0.15
Boston site	0.22	0.22	0.21
Chicago site	0.23	0.23	0.22
Los Angeles site	0.16	0.15	0.16
New York site	0.25	0.25	0.25
African–American	0.67	0.66	0.66
Other race	0.26	0.26	0.27
Hispanic ethnicity, any race	0.29	0.30	0.29
Never married	0.62	0.62	0.62
Teen parent	0.25	0.26	0.24
Economic and education:			
Working	0.29	0.25	0.25
On Aid to Families with Dependent Children	0.74	0.75	0.75
In school	0.16	0.16	0.16
High school diploma	0.41	0.41	0.38
General equivalency diploma	0.18	0.19	0.21
Household:			
Had car	0.17	0.16	0.15
Household member with disability	0.16	0.17	0.16
Household member victimized by crime during past 6 months	0.42	0.43	0.41
No teen children	0.59	0.61	0.62
Household of size 2	0.23	0.21	0.2
Household of size 3	0.30	0.31	0.32
Household of size 4	0.23	0.23	0.22
Neighborhood and housing:			
Lived in neighborhood 5 or more years	0.61	0.63	0.62
Moved more than 3 times in past 5 years	0.08*	0.09	0.11
Very dissatisfied with neighborhood	0.46	0.47	0.46
Streets very unsafe at night	0.48	0.49	0.49
Chats with neighbors at least once a week	0.52	0.50	0.55
Respondent very likely to tell neighbor if saw neighbor's child getting into trouble	0.53	0.55	0.56
No family living in neighborhood	0.65	0.62	0.65
No friends living in neighborhood	0.40	0.38	0.41
Very sure would find an apartment in another part of city	0.45	0.48	0.45
To get away from gangs or drugs was primary or secondary reason for moving	0.77	0.75	0.78
Better schools was primary or secondary reason for moving	0.47	0.52	0.48
Had applied for Section 8 voucher before	0.41	0.39*	0.45
N	1,453	993	1,080

* $p < 0.05$ on experimental versus control or Section 8 versus control difference; originally published in Kling et al. (2007: 110-2)

Table 3A: MTO Youth Baseline Characteristics:

	Females			Males		
	Experimental	**Section 8**	**Control**	**Experimental**	**Section 8**	**Control**
African–American	0.68	0.64	0.67	0.64	0.65	0.59
Special class for gifted students or did advanced work	0.15	0.17	0.17	0.17*	0.15*	0.27
Special school, class, or help for learning problem in past 2 years	0.13	0.13	0.12	0.29	0.25	0.3
Special school, class, or help for behavioral or emotional problems in past 2 years	0.07	0.08	0.05	0.18	0.17	0.11
Problems that made it difficult to get to school and/or to play active games	0.03	0.06	0.06	0.11*	0.08	0.05
Problems that required special medicine and/or equipment	0.05	0.07	0.05	0.13	0.14	0.09
School asked to talk about problems child having with schoolwork or behavior in past 2 years	0.19	0.23	0.19	0.41	0.37	0.33
Suspended or expelled from school in past 2 years	0.09	0.1	0.07	0.23	0.2	0.15

Baseline data were collected at random assignment, during 1994–1997. Surveys were completed in experimental, Section 8, and control groups with 749, 510, and 548 respondents, respectively, ages 15–20 on 12/31/2001 for a total sample size of 1,807.
*$p < 0.05$ on experimental versus control or Section 8 versus control difference
originally published in in Kling et al. (2007: 113)

Table 4A: Effects on Annual Arrests By Year Since Random Assignment, Ages 15-20 (MTO)

	Females			Males			Male-Female	
	Control Mean	Experimental - Control	Section 8 - Control	Control Mean	Experimental - Control	Section 8 - Control	Experimental - Control	Section 8 - Control
A. Violent arrests								
1 - 2 years since RA	0.0282	-0.0091	-0.0109	0.0725	-.0248*	-0.0099	-0.0156	0.0011
		(0.007)	(0.008)		(0.012)	(0.013)	(0.014)	(0.015)
3 - 4 years since RA	0.0375	-0.0071	-0.0048	0.073	-0.0099	0.011	-0.0028	0.0157
		(0.008)	(0.009)		(0.012)	(0.015)	(0.014)	(0.016)
1 - 4 years since RA	0.0332	-0.008	-0.0077	0.0728	-0.0168	0.0012	-0.0088	0.0089
		(0.006)	-(0.007)		-(0.010)	-(0.011)	-(0.011)	-(0.013)
B. Property arrests								
1 - 2 years since RA	0.0225	-0.012	0.0019	0.0614	-0.0107	-0.0062	0.0013	-0.0081
		(0.006)	(0.009)		(0.012)	(0.013)	(0.013)	(0.014)
3 - 4 years since RA	0.0299	-0.0135	0.0016	0.0707	.0374*	0.0134	.0509*	0.0118
		(0.008)	(0.010)		(0.014)	(0.014)	(0.015)	(0.017)
1 - 4 years since RA	0.0265	-.0132*	0.0015	0.0664	0.0149	0.0042	.0281*	0.0027
		(0.005)	(0.008)		(0.010)	(0.010)	(0.011)	(0.012)
C. Total arrests								
1 - 2 years since RA	0.0707	-.0311*	-0.0068	0.2296	-0.0262	0.0003	0.005	0.0071
		(0.013)	(0.015)		(0.026)	(0.028)	(0.028)	(0.030)
3 - 4 years since RA	0.1025	-0.0295	0.0147	0.3018	0.0479	0.0188	.0775*	0.0041
		(0.017)	(0.020)		(0.035)	(0.036)	(0.038)	(0.040)
1 - 4 years since RA	0.0877	-.0308*	0.0044	0.2681	0.0133	0.0101	0.0441	0.0057
		(0.012)	(0.015)		(0.026)	(0.026)	(0.027)	(0.029)

RA = Date of random assignment. * p- value < 0.05. Sample size is 2252 females and 2221 males; originally published in Kling et al. (2005: 104)

Table 5A: CHAC Baseline Characteristics:

	Household Heads		Household Heads 18-30		Youth	
	Treatment	Control	Treatment	Control	Treatment	Control
Individual Characteristics at Baseline						
African-American	0.947	0.947	0.968	0.966	0.967	0.964
White	0.024	0.024	0.005	0.004	0.015	0.006
Hispanic	0.009	0.013	0.007	0.014	0.005	0.016
Male	0.117	0.095	0.060	0.054	0.449	0.472
Age 12 - 16	0	0	0	0	0.717	0.748
Age 17 - 18	0.010	0.012	0.023	0.026	0.283	0.252
Age 19 - 24	0.182	0.185	0.429	0.434	0	0
Age 25 - 30	0.232	0.230	0.547	0.540	0	0
# Children in HH	2.012	2.063	2.292	2.257	3.091	3.169
HH head married	0.070	0.085	0.051	0.060	0.068	0.068
Chicago residence	0.996	0.989	0.997	0.986	0.997	0.993
Baseline Neighborhood Characteristics						
Census tract poverty rate	0.570	0.569	0.609	0.592	0.582	0.599
Census tract poverty rate below 20 percent	0.039	0.044	0.026	0.028	0.020	0.026
Census tract share black	0.857	0.846	0.893	0.873	0.877	0.877
Collective efficacy	3.597	3.568	3.579	3.538	3.588	3.558
Violent crime rate	87.994	91.393	89.997	94.488	91.156	98.201
Property crime rate	295.41	301.947	283.542	302.57	296.382	302.906
Criminal Activity in 1996 (avg # arrests per quarter)						
All crimes	0.021	0.02	0.028	0.026	0.015	0.012
Violent crimes	0.007	0.007	0.008	0.009	0.006	0.003
Property crimes	0.006	0.005	0.008	0.006	0.001	0.002
Drug crimes	0.003	0.003	0.006	0.004	0.005	0.005
Other crimes	0.005	0.005	0.005	0.007	0.003	0.002
Sample size (N)	1,721	4,455	729	1,899	795	2,110

Unit of observation is person. Youth sample consists of those 12-18 at baseline. Treatment group is defined as follows: public housing family with a lottery number from 1 to 18,103 and offered a voucher by May 1, 2003. Control group includes public housing families with lottery numbers from 35,000 to 82,602 and were never offered a voucher during the study period. The sample is limited to households with lottery numbers above 35,000 or below 18,103; originally published in Ludwig et al. (2007: 32)

Adolescent offending and disadvantage in urban neighbourhoods and schools. A cross-classified multilevel analysis

Lieven Pauwels

1. Introduction

The idea that the characteristics of a context, i.e., collective structures, influence the behaviour and attitudes of individuals through processes of socialisation is rooted deep in classical sociological writing (Parsons 1937). From a historical point of view, criminologists have paid most attention to the ways in which neighbourhoods as collective structures can influence socialisation and offending (Oberwittler 2004, Peeples and Loeber 1994, Rovers 1997, Tolan et al. 2003). From a social disorganisation/collective efficacy perspective (Sampson 1997), the emphasis is placed on the social trust and informal control within neighbourhoods which restrain an individual from offending. In addition to the neighbourhoods in which adolescents live, school is a very important collective structure in their lives. In addition the importance of the school context for offending behaviour was acknowledged a long time ago (Lindström 1995, Gottfredson 2001, Sapouna 2010, Parcel et al. 2010). Indeed, just like areas of residence, schools vary greatly with regard to pupil composition and offending behaviour. As schools are settings that play an important role in providing prosocial socialisation, and as adolescents spend a large part of their free time and share ideas with their peers at school, the question of the importance of differential school composition (i.e., school social structure) with regard to offending is of equally interest. Criminologists have debated the negative consequences of school level concentrations of economically disadvantaged adolescents together with collective and subcultural values with regard to offending (Bernburg and Thorlindsson 2005, Boxford 2006, Bruinsma 1992). Unfortunately, research on the school context of offending developed separately from research on the neighbourhood context of offending, despite the fact that some scholars have criticised this bifurcation (Bronfenbrenner 1979, Martens 1993). As illustrated in Figure 1, ecological disadvantage may affect adolescent offending indirectly through its impact on mechanisms that are directly related to offending.

Figure 1: Hypothesised effects of ecological structures on serious offending

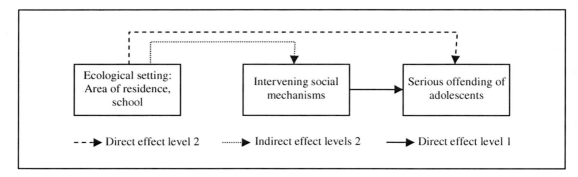

In this study, we try to fill this gap and examine simultaneously whether and how both neighbourhood-level and school-level disadvantage affect adolescent offending. Scholars have extended the social disorganisation perspective to the school level (e.g., Gottfredson 2001) but in general failed to take simultaneously into account the effects of both ecological settings. Intuitively, based on common sense, and for theoretical reasons, observed neighbourhood- and school-level differences in offending are believed to be mediated by individual characteristics such as parental monitoring, the adolescent's attachment to his or her school and parents, the propensity to offend and situational characteristics, such as the daily routines and lifestyles of adolescents. Using cross-nested multilevel models, we simultaneously evaluate the independent effects of both neighbourhood- and school-level disadvantage on individual differences in serious offending. One common criticism of multilevel studies is that many of them lack a theoretical background (Gottfredson 2001). Therefore, the situational action theory of crime causation (SAT, see Wikström 2004, 2005, 2010) is explicitly used as a theoretical framework with which to study the effects of neighbourhood- and school-level disadvantage on serious offending. This recently-developed theory stresses the role of individual and contextual characteristics in shaping adolescent offending. SAT provides mechanisms that may explain why adolescents who live in disadvantaged areas or go to disadvantaged schools exhibit higher levels of offending than adolescents who do not live in disadvantaged neighbourhoods or go to disadvantaged schools. Survey data from 2486 (effective sample size) young adolescents who both lived and went to school in Antwerp, Belgium's second largest city and the largest city in the Flemish part of Belgium, were used to simultaneously assess the effects of neighbourhood- and school-level disadvantage on offending. The ultimate goal of the present inquiry is to simultaneously establish the nature of neighbourhood and school variation in serious offending by studying the effect of disadvantage at the neighbourhood and school levels and by evaluating the mediating effects of mechanisms derived from SAT.

2. The importance of cross-classified multilevel modelling

Multilevel modelling is concerned with distinguishing true contextual effects from compositional effects. The effect of a variable at the higher level, independently from the composition, is called the true contextual effect. In a basic two-level hierarchical structure, adolescents may be classified hierarchically by their area of residence or by school. Most previous multilevel studies of offending have focused on only one ecological setting (Rovers 1997, Bernburg and Thorlindsson 2004, 2005, 2007). In the present study, adolescents are grouped along more than one dimension. Adolescents are nested in schools and also in the neighbourhood where they live (see Figure 2).

Figure 2: Cross-classification of adolescents in neighbourhoods and schools

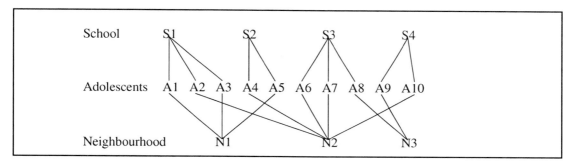

Identifying contextual effects in such cases is more complex as they may arise from two crosscutting hierarchies, i.e., neighbourhoods and schools. This is particularly important if there is a degree of association between the area in which the student lives and the school which he or she attends. If we did not recognise that there are some area effects in addition to school effects which have an impact on adolescent outcomes, we would be dealing with what is often called an "underspecified model". Adolescents take part in several contexts simultaneously, and thus it is rather unclear which setting leaves the strongest mark on them.[1] For example, a study by Brännström (2007) revealed that neighbourhood effects operate through the school context. Thus, failure to account for a "competing ecological

---

[1] Some adolescents live in different areas, but attend the same school, while others live in the same area, but attend different schools. Finally, some adolescents attend schools in their area of residence. It can be hypothesised that these different ecological combinations can have different consequences regarding offending. If we assume that one adolescent lives in a problem area, but attends a school that has a highly pro-social climate, would that combination lead to a more favourable outcome than living in a neighbourhood with a highly favourable social climate and attending a school with an unfavourable social climate? This is, however, not the main issue of the current study. The main argument stated above is that different settings may leave their marks on individuals. Thus, we want to know which setting has the potential to leave the strongest traces on adolescent offending. The main goal of this contribution is to establish the nature of ecological variation in serious offending by comparing two ecological settings that have previously been identified as important settings with consequences for adolescent offending.

setting" might lead to misleading results. In short, one might overestimate the effect of neighbourhood disadvantage. The key question is therefore: *Which ecological setting leaves the strongest mark on adolescent offending?* Is it the residential neighbourhood or the school?

Therefore, we propose that there is inadequate control in a neighbourhood-based contextual model for the important and possibly confounding effects of other ecological settings. The same applies for school-based contextual models that do not take neighbourhoods into account. This is exactly what Oberwittler (2007) has already empirically shown. We argue that neighbourhood studies of offending should not ignore schools as competing ecological settings, because young adolescents spend a substantial amount of their time in both settings. In the case of school sampling, schools should be included because the school clustering of adolescents may cause flaws in standard errors if this additional clustering is not taken into account.

The cross-classified (or cross-nested) multilevel model which is used in the present study decomposes the total variance in offending into between-school, between-neighbourhood and between-individual variance in offending. Neighbourhood-level characteristics can be used to explain the unique neighbourhood-level variance in offending, independently from the demographic characteristics that make up a neighbourhood, while school-level characteristics can be used to explain the unique school-level variance in offending, independently from the demographic characteristics that make up schools. This model can also test whether or not the effects of one setting vary by another setting.

The intra-neighbourhood component is the intraclass coefficient that refers to adolescents who live in the same area but attend different schools, and therefore provides information about neighbourhood-level variance that is free from school-level variance. This coefficient is statistically identical to the intraclass coefficient in a hierarchical model containing only respondents who live in the same area but attend different schools. The intra-school component refers to adolescents who attend the same school but live in different areas, and therefore provides information about school-level variance that is free from neighbourhood-level variance. This coefficient is statistically identical to the intraclass coefficient in a hierarchical model containing only respondents who attend the same school but live in different areas.

The intra-cell coefficient is the intraclass coefficient at the "cell level". This coefficient is identical to the intraclass coefficient of a hierarchical model based exclusively on adolescents who attend a school within their residential area. These adolescents are expected to be more alike than the others because they share more than one ecological setting. By unfolding the total variance in a cross-classified design, one can simultaneously estimate similarities between adolescents based on different school-neighbourhood combinations (Goldstein 1994). In fact, a cross-nested multilevel model is based on all observed neighbourhood-school combinations. An empty non-hierarchical multilevel model in its simplest form can therefore be written as follows:

$$y_{i\,(school\,1,\,neighbourhood\,k)} = X\beta_i + u_{school(i)} + u_{neighbourhood(i)} + u_{adolescent(i)}$$

where y_i is the dependent variable, the frequency of offending of an individual attending one particular school and living in a particular neighbourhood in a given reference period. $X\beta_i$ reflects the fixed part of the model and consists of a set of school, neighbourhood and individual characteristics that need to be estimated, while the *u-terms* reflect the residual error terms for school-, neighbourhood- and individual-level variance. Neighbourhood- and school-level random effects can be explained by neighbourhood-level and school-level variables respectively. Independent of the possibility of evaluating the impact of partially overlapping settings, an additional advantage of this technique is that it calculates standard errors that fit this clustered data structure (Goldstein 1995). It is also important to note that the data do not need to be balanced over neighbourhoods and schools. Multilevel models can handle imbalance at several levels. Therefore, if some higher-level units contain only very few observations, while other higher-level units contain many observations, multilevel models will make maximum use of the information available.

Non-hierarchical multilevel models have been applied very few times in the history of sociology (Brännström 2007, Kauppinen 2008, Goldstein 1994, Goldstein and Sammons 1997, Rasbah and Goldstein 1994), and are not commonly applied within the field of criminology. A previous study by Oberwittler (2007) is the only study on offending we have found to date that simultaneously assessed the neighbourhood and school contexts of offending. Oberwittler (2007) found evidence for the existence of contextual effects of both settings on the frequency of serious offending. His findings have relevant implications for neighbourhood studies: His inquiry revealed that neighbourhood-level variance can be overestimated because part of the observed neighbourhood-level variance is actually due to unmeasured school-level variance. A one-dimensional contextual approach can therefore overestimate a contextual effect.

3. SAT as a framework to study contextual effects of neighbourhoods and schools

SAT aims to provide a true ecological perspective for the analysis and study of moral action and crime. It is a general theory that seeks to integrate personal and environmental explanatory perspectives within its framework. The theory is specifically designed to address the role of the interaction between people and their social environments in crime causation. This action-based theory offers a useful analytical and conceptual framework for studying the mechanisms of crime causation at different levels. Within that framework, offending is considered to be a special case of "moral rule breaking", i.e., the breaching of the moral rules represented in criminal laws. The concept of action refers to the actual breaking of criminal laws. SAT stresses the role of the propensity to offend and exposure to criminogenic moral settings as key mechanisms in the understanding of adolescent offending. The concept of propensity refers to the probability that someone will act in a specific way when exposed to particular environmental conditions. The propensity to offend refers to a tendency to see crime as an alternative.[2] People vary in terms of their level of propensity, meaning that different people react in different ways to the same setting (environmental conditions). People not only vary in their crime propensity, but also in their exposure to different kinds of settings, some of which are more criminogenic than others. People act in response to settings (environmental conditions). According to SAT, whether or not a setting is criminogenic depends on the moral context (relevant moral rules and their enforcement) in which a person encounters opportunities and frictions to which one possible response is a criminal action (Wikström 2010).

Criminogenic settings are external influences within which situations can occur that make offending possible. Such settings can provide moral contexts and deal with the presence of temptation and provocation. The behavioural setting or social milieu in which adolescents spend their time is referred to as the adolescents' activity field. The influence of an individual's exposure to criminogenic settings is assumed to be dependent upon the individual's propensity to offend. SAT does not propose a simple additive model of propensity and exposure, but hypothesises that propensity and exposure interact to determine a person's involvement in crime. Specific combinations of propensity and exposure are likely to produce specific outcomes in terms of a person's engagement in criminal acts. In brief, SAT proposes that the convergence of a person's propensity and exposure initiates a perception-choice process that may lead to offending.[3] Within the framework of the SAT of crime causation, demographic background variables are considered to be the background of action, and therefore not of causal importance because these variables cannot bring about an effect.[4] Background variables are important control variables which are used to determine the nature of the relationship between contextual characteristics and individual-level outcomes, and are therefore included in the analyses.

SAT provides us with an extremely interesting framework for elaborating on the study of the effects of disadvantage at the school and neighbourhood levels: We propose that external structural conditions in neighbourhoods and schools may be considered as additional causes of the causes of offending, i.e., their effects may be mediated by the propensity to offend and exposure to criminogenic settings. SAT argues that the characteristics derived from (early) control theories (e.g., Hirschi 1969) and especially school commitment and

---

[2] A number of scholars have found empirical evidence that measures of propensity such as low self-control (e.g., Grasmick et al. 1993, Turner and Piquero 2002, Vazsonyi et al. 2001) and antisocial values or attitudes which are conducive to the violation of laws (e.g. Chapple et al. 2005, Hirschi 1969) are strongly related to offending.

[3] Scholars have found empirical evidence that exposure to criminogenic moral settings, such as spending time with delinquent peers, high frequencies of alcohol consumption, spending less time at home and spending most of one's free time in unstructured and unsupervised activities, are consistently related to offending (e.g., Agnew and Peterson 1989, Bernburg and Thorlindsson 2001, Mahoney and Stattin 2000, Novak and Crawford 2010, Osgood et al. 1996, Osgood and Anderson 2004).

[4] Thus, in line with Wikström (2010), we recognise that differences between groups (e.g., people of the same age or sex) exist. It is even possible to explain the observed differences between such groups, but therefore one should not interpret the relationships between background variables such as age, sex and immigrant background as causes of offending. It is hard to see how being male is related to offending, unless one identifies and then measures a cause, and not the background variable that is assumed to be related to offending.

parental monitoring are examples of the causes of the causes of offending. The propensity to offend and exposure to criminogenic settings are considered to be the foreground of action. The intersection between crime propensity and exposure to criminogenic settings leads to situations in which the commitment of criminal acts may be seen as an alternative, and decisions to actually commit crimes are taken. In this contribution, we elaborate on SAT in order to study the effect of neighbourhood- and school-level disadvantage on adolescent offending. In contrast to early sociological theories of offending, SAT does not emphasise the role of the structural characteristics of the residential neighbourhood and the school as primary settings, but instead stresses the role of exposure to all kinds of micro-settings which provide situational triggers to offend.

4.   Descriptive research questions and hypotheses

The present study addresses the issue of neighbourhoods and schools on serious offending through a number of descriptive research questions and propositions derived from SAT. Three exploratory research questions are posed in order to assess the partial ecological overlap between adolescents' neighbourhood of residence and school. If adolescents' neighbourhood of residence and school are two partially overlapping settings, then this diversity will be reflected in our sample. Potential overlap may confound the outcomes of neighbourhood contextual studies.

The first exploratory research question is therefore: *To what extent do ecological settings overlap?* In other words: Are adolescents in Antwerp attending classes in schools that are situated in their own neighbourhoods? Nowadays, pupils are highly mobile and their lives are not necessarily restricted to their area of residence. Adolescents are exposed to many settings.

The second exploratory research question is: *To what extent does attending a school in one's own neighbourhood co-vary with neighbourhood disadvantage?* This question is important because it might explain differences in mobility. It may be that adolescents who live in poor areas predominantly attend schools within their areas of residence.

The third exploratory research question is: *To what extent is the neighbourhood context of disadvantage reflected in the school context of disadvantage?* This question will provide insight into the reproduction of urban segregation from one context in another. If a certain degree of overlap is found, then it will be necessary to make a clear distinction between settings when answering the question so as to show which setting leaves the strongest mark on adolescents.

From our extended cross-level version of SAT we derived seven propositions:

(1)   The total variance in offending between individuals can be decomposed into neighbourhood-level, school-level and individual-level variance. Proposition 1 will be affirmed if a cross-level study on the effects of disadvantage at the school level and at the neighbourhood level is meaningful.

(2) Neighbourhood-level disadvantage is positively related to neighbourhood differences in serious offending, while school-level disadvantage is positively related to school-level differences in serious offending. Proposition 2 is highly suggestive of the existence of contextual effects. However, we must take compositional effects into account in order to understand the nature of the relationship.

(3a) Unique neighbourhood-level variance that is not accounted for by the demographic composition of neighbourhoods is positively related to neighbourhood-level disadvantage.

(3b) Unique school-level variance that is not accounted for by the demographic composition of schools is positively related to school-level disadvantage. In these propositions, we test whether or not the ecological concentration of poor people in urban neighbourhoods and schools has a negative effect on offending, taking into account the demographic composition of the neighbourhood and the school. These hypotheses are a crucial test in the cross-level test of SAT.

(4) The positive effects of school-level disadvantage and neighbourhood-level disadvantage are partially mediated by the protective effects of school commitment and parental monitoring. Proposition 4 is derived from SAT, which argues that informal controls are the causes of the causes of offending. These informal controls have negative effects on offending.

(5) The positive ecological effects of disadvantage and the protective effects of parental monitoring and school attachment are further mediated by the propensity to offend. The propensity to offend has a strong direct effect on offending. This proposition is directly derived from SAT, which argues that propensity is a key direct mechanism that explains individual differences in offending.

(6) The aforementioned effects are further mediated by exposure to criminogenic moral settings. This proposition is also derived directly from SAT, which argues that exposure to criminogenic moral settings is a key mechanism that explains individual differences in offending.

(7) The strength of the impact of exposure to criminogenic moral settings depends mainly on the individual's propensity to offend. This is a key issue which is addressed in SAT. Adolescents who have a low propensity to offend are hardly affected by exposure to criminogenic moral settings, but exposure has a greater effect on those with a higher level of propensity. The theoretical model derived from SAT is presented in Figure 3. The indirect effect of ecological disadvantage is tested by examining the direct effect of ecological disadvantage on offending, and by interpreting what happens when intervening mechanisms are entered into the regression equations.

Figure 3: Theoretical model derived from SAT

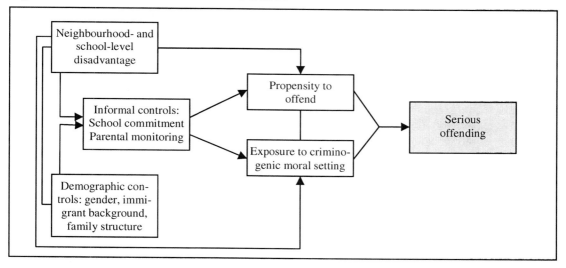

5. Data

The present study used data from the Antwerp Youth Survey, a large-scale cross-sectional self-report survey in Antwerp, one of the major cities in Belgium.[5] The data were collected from pupils who were in the first cycle of the Belgian secondary educational system between January 2005 and June 2005.[6] The self-report study was conducted amongst 2486

[5] Antwerp's population totalled 470,044 persons as of January 2006. On average, there are 2420 inhabitants per square kilometre. In terms of the nationality of Antwerp's population, 13.3 % of its inhabitants are registered as foreigners in the population register. The main nationalities are Moroccan, Dutch and Turkish. Otherwise, foreign nationals typically come from other EU Member States, or from the former Yugoslavia, Russia, the Congo, China and India. However, these percentages do not fully reflect the ethnic diversity of the city, as a large number of inhabitants of foreign origin have taken Belgian nationality in the past few decades. Overall, the number of inhabitants with a migratory background – that is, foreign nationals or Belgian nationals born with a foreign nationality – represents 26.6 % of Antwerp's population. This percentage has been rising since 2000. Among them, persons of Moroccan origin constitute the largest group, followed by those of Dutch, Turkish, Polish, former Yugoslavian, Indian, Congolese, Jewish, Russian and West European origins. In total, 18.4 % of the inhabitants with a migratory background are from non-EU countries. Antwerp was chosen as the setting for the present study because of its high level of neighbourhood segregation within the Flemish context. Although Antwerp has the highest level of neighbourhood segregation with regard to unemployment and immigrant concentration in the Flemish context, this level cannot be compared to levels of segregation that have been observed in U.S. cities such as Chicago. For more details, see Gsir (2009).

[6] In Belgium, secondary education is provided for adolescents aged 12 to 18 and consists of six years, divided into three grades ("educational cycles") of two years each. The first grade (two years: type A or B) offers a range of general subjects. People enter the secondary school system after six years of education in an elementary school. These students are, on average, 13 years old when they enter the "first educational cycle" and 14 when they leave it.

young adolescents who were cross-nested in 23 schools and 42 neighbourhoods in Antwerp. This study was originally used to test social disorganisation theory (Pauwels 2007, Pauwels et al. 2010). The respondents lived in the city of Antwerp and went to school in Antwerp. The average number of adolescents was 59.19 per neighbourhood and 108.08 per school. 30 % of all schools in Antwerp that provide education in the first cycle of the Belgian secondary educational system agreed to participate in the study. The questionnaires were distributed by the principal investigator of the present study and fellow researchers at Ghent University. The level of noncooperation of the Antwerp students was 7.5 %. The Antwerp sample consisted of 49.4 % boys and 50.6 % girls. Almost half of the respondents had a fully native background (both parents of Belgian descent), 10 % had one parent with an immigrant background, while 45.5 % of the respondents had two parents with an immigrant background. The overrepresentation of immigrants is due to a higher level of participation of schools in inner city areas. Almost 75 % of the respondents were aged 12-14 years old, while 26.2 % were aged 15-17 years old. In total, 15 % of the respondents lived in a single-parent/guardian family and 85 % of the respondents lived with two parents or guardians. The questionnaires were handed out together with envelopes that could be sealed. The final result is a cluster sample at two non-hierarchically structured levels of analysis (individuals cross-nested in schools and neighbourhoods). Despite these restrictions, it is still possible to evaluate the extent to which this sample can be thought of as being representative, at least at the neighbourhood level (Oberwittler 2004).[7] A comparison between aggregate survey-based demographics and aggregate census-tract data revealed rather high correlations between both types of variable. The neighbourhood-level correlation between the percentage of adolescents with at least one parent with an immigrant background (outside the EU anno 2007) and the percentage of inhabitants from Morocco and Turkey (census data-based indicator if inhabitants with a non-European background) was .818, and the neighbourhood-level correlation between the neighbourhood-level concentration of family disadvantage (survey-based information) and a measure of neighbourhood disadvantage (administrative data) was .581. Both correlations were statistically significant (p<.05). The administrative data refer to the year 2003. Univariate sample descriptive statistics can be found in Table 1A in the appendix.

6. Measures[8]

Self-reported serious offending is an index consisting of three items (self-reported burglary, theft of goods worth more than five euro, buying stolen goods) that were considered to be

---

[7] At the school level, this can be done by comparing survey information with official registrations from school inscriptions. We did not do this, because we promised full confidentiality.
[8] For a full description of the items and additional factor loadings, see Table 2A in the appendix.

the most serious offences in the questionnaire, given the age of the respondents. The alpha was .644.[9]

Sex was coded as zero for girls and one for boys. Immigrant background was coded as zero when both parents were non-immigrant and one if at least one parent was born abroad. One-parent family was coded as zero if the respondent was living with two parents and one if the respondent was living in a single-parent family. Household disadvantage is a dummy variable that refers to economic problems within the adolescent's household.[10] Attachment to school is an additive index and was measured using three items (Alpha: .652). This scale was adapted from Brutsaert (2001). Parental monitoring was measured using five items (Alpha: .709). Propensity to offend was measured using four items that were derived from the Sampson and Bartush (1998) "legal cynicism" scale. The items measure attitudes which are favourable towards law-breaking, and their alpha is .778. Exposure to criminogenic settings was measured as a combined index that measures: (a) how often adolescents hang out in unsupervised settings such as public car parks, street corners and the city centre; (b) a peer delinquency scale (alpha: .719); and (c) how frequently they report getting drunk during weekends. The result was a combined risk score. These separate constructs measure different aspects of exposure to criminogenic moral settings and were created following the methodology outlined by Wikström and Loeber (2000). Exposure to criminogenic moral settings was created in precisely the same way as in the Peterborough study of young adolescents that we used as a key reference (Wikström and Butterworth 2006).[11] Neighbourhood disadvantage is the result of a confirmatory factor analysis based on the percentage of unemployed people in the neighborhood, the percentage of people on social welfare and the percentage of children born into poor families.[12] School disadvantage is measured by the percentage of adolescents living in a disadvantaged family (see above). This characteristic is the school-level aggregate of the aforementioned background variable.

---

[9] The alpha is rather low, but this is due to the fact that only three items were used. The nine-item delinquency scale used in the original study generated an alpha of 0.81. It is known that alpha values are affected by the number of items. More serious offences are committed less often by adolescents. It should also be noted that behavioural scales are different from attitudinal scales.

[10] An adolescent was seen as "belonging to a disadvantaged household" when no car was reported and when the respondent had heard his or her parent(s) say that "there was sometimes or often no money to buy essential things." As one can question the validity of each indicator separately, we conjunctively combined both indicators in order to be more strict. This measure has some restrictions. It may not be sufficient as a control for the compositional effects of disadvantage at the individual level. Nevertheless, we would highlight the fact that the ecological correlation of that measure with an official measure was sufficiently high.

[11] The separate dimensions were trichotomised (risk end of the distribution: > 1 standard deviation above the mean score, balanced between -1 standard deviation and +1 standard deviation, and the protective end of the distribution: < -1 standard deviation from the mean score).

[12] The factor loadings are .972, .973 and .834 respectively. The fit indices indicated a good model fit (RMSEA < 0.05 and AGFI > 0.96).

7. Descriptive results

In this section, all of the descriptive research questions are answered. First, we tried to gain insight in the possible overlap between adolescents' residential neighbourhood and school context. The question "To what extent do ecological settings overlap?" can be answered by looking at the percentage of adolescents who go to school in their area of residence.

Table 1: School attendance in own neighbourhood of residence (absolute numbers)

	1st quartile neighbourhood disadvantage	2nd quartile neighbourhood disadvantage	3rd quartile neighbourhood disadvantage	4th quartile neighbourhood disadvantage	Total
Not in own area	80.4 (356)	80.8 (472)	73.2 (407)	70.0 (632)	75.1 (1867)
In own area*	19.6 (87)	19.2 (112)	**26.8** (149)	**30.0** (271)	**24.9** (619)
N	100 (443)	100 (584)	100 (556)	100 (903)	100 (2486)

* p <.001

Only 24.9 % of the respondents attended a school that was located in the neighbourhood where they lived. This answers the first research question. A bivariate analysis revealed that the percentage of adolescents who attended a school in their own neighbourhood was significantly higher in disadvantaged neighbourhoods (third and upper quartile in Table 1). This answers the second descriptive research question. The third descriptive question: "To what extent is the neighbourhood context of disadvantage reflected in the school context of disadvantage?" can be answered by looking at Table 2, which reveals the percentage of adolescents who attend a poor school and live in a poor area.

Table 2: Relationship between neighbourhood- and school-level disadvantage[13]

	Very low neighbourhood-level disadvantage	Low neighbourhood-level disadvantage	High neighbourhood-level disadvantage	Very high neighbourhood-level disadvantage	Total
Very high school-level disadvantage	4.2 (29)	6.7 (41)	27.2 (189)	27.6 (136)	15.9 (395)
High school-level disadvantage	5.4 (37)	4.9 (30)	28.1 (195)	26.6 (131)	15.8 (393)
Low school-level disadvantage	47.5 (328)	48.8 (297)	21.2 (147)	24.4 (120)	35.9 (892)
Very low school-level disadvantage*	42.9 (690)	39.6 (609)	23.6 (164)	21.3 (105)	32.4 (806)
N	100 (690)	100 (609)	100 (695)	100 (492)	100 (2486)

* p <.001

---

[13] Original metric variables were recoded into categorical variables using quartiles.

From Table 2, it can be derived that less than 5 % (4.2 %) of the adolescents who lived in a very affluent neighbourhood attended a school that belonged to the upper quartile of disadvantage. The greater the affluence of a neighbourhood, the higher the probability that adolescents from that neighbourhood will go to a school that has a low score for disadvantage. However, just over one in four adolescents (27.6 %) who lived in a very highly disadvantaged neighbourhood (upper quartile) also attended a school that was characterised by a very high level of disadvantage. For this group, disadvantage seems to be socially reproduced from the neighbourhood level in the school level. This also means that exposure to conditions of disadvantage varies widely for different types of adolescent. Some adolescents spend time in schools that are not characterised by high levels of disadvantage, even though they live in disadvantaged areas.

8.   Multivariate cross-nested analyses of adolescent offending

Table 3 shows the similarity between adolescents with regard to serious offending in empty variance component models. Adolescents who live in the same neighbourhood but attend different schools have almost nothing in common with regard to their level of serious offending. The unique neighbourhood-level variance is completely irrelevant. Only 0.23 % of the total variance in serious offending is attributable exclusively to the neighbourhood level. The unique neighbourhood-level variance was not statistically significant.[14] On the other hand, 2.79 % of the variance in serious offending can be explained exclusively at the school level.[15] Adolescents who attend the same school and live in different neighbourhoods are therefore more alike than adolescents who live in the same neighbourhood but attend different schools. Finally, adolescents who attend a school within their residential neighbourhood are most alike with regard to serious offending. For this group, the intra-cell coefficient was 3.02 %. This finding suggests that the more ecological settings adolescents have in common, the more they seem to resemble each other with regard to serious offending. Although these results are statistically significant, the variance components in this Belgian study are remarkably lower than in the U.S. studies that were mentioned earlier.[16]

---

[14] The calculation of the unique neighbourhood-level variance is as follows: [neighbourhood-level variance/ (neighborhood-level variance + school-level variance + individual-level variance)].

[15] The calculation of the unique school-level variance is done the same way: [school-level variance/ (neighbourhood-level variance + school-level variance + individual-level variance)].

[16] One might wonder if different results would have been obtained if separate hierarchical linear models had been used to detect ecological variance at the neighbourhood and school levels. The answer to this question is yes: The neighbourhood effect would have been overestimated, but unlike the German study by Oberwittler (2007), only to a very limited extent. This is because the residential neighbourhood context hardly adds up to the explanation of serious offending in Antwerp. If we had not taken into account school-level variance, we would have found a small but statistically significant amount of neighbourhood-level variance (0.99 %) in the empty model (see Pauwels, 2007, for the original hierarchical multilevel models). School-level variance is hardly affected when neighbourhoods are not taken into account (2.99 % in a hierarchical school contextual model versus 2.79 % in the cross-nested model).

Table 3: Variance components of empty multilevel models

Variance decomposition: disentangling unique between-neighbourhood and between-school variance			
Dependent variable	Intra-neighbourhood component	Intra-school component	Intra-cell component
Self-reported serious offending (%)	0.23	2.79*	3.02*

* p <.001 calculations based on variance components from Table 4; N: 2294 (listwise deletion)

The conclusion that the school level leaves a potential mark on adolescent offending and the amount of variance that can be explained at the school level are unaffected by not considering the neighbourhood level. The extent to which the observed ecological clustering is due to the demographical composition and mechanisms derived from SAT can also be derived from the multivariate analyses.

Seven blockwise cross-nested multilevel models were run in order to systematically test and evaluate how ecological settings of disadvantage leave their mark on adolescent offending. These models reflect the propositions derived from our cross-level extension of SAT. The findings can be found in Table 4. Each block corresponds to a model and represents a step in the analysis and a proposition. Thus, each step makes it possible to compare the proposition with the empirical data. Each statistical model consists of a set of fixed parameters (characteristics of individuals and/or neighbourhoods and schools) and random effects (school and neighbourhood intercept variance). Significance testing was carried out using the "deviance" badness-of-fit parameter. This test indicates whether or not each subsequent model fits the observed data better than the previous model (Snijders and Bosker, 1999).[17] The analysis in model 1 (empty random coefficient model) contains no explanatory variables, but decomposes the total variance in serious offending into unique individual-, neighbourhood- and school-level variance. The variance components in model 1 were used to calculate the unique neighbourhood- and school-level variance, as reported in Table 3. From this model, it seems that only school-level disadvantage has the potential to leave its mark on adolescent offending. Model 2 assessed whether or not the ecological variance at the neighbourhood and school levels could be explained by introducing ecological concentrations of disadvantage in both settings. It seems that neighbourhood-level disadvantage has no significant effect on between neighbourhood differences in serious offending. School-level disadvantage does have a significant positive effect on between school differences in serious offending. School-level disadvantage did leave a mark on adolescent offending. This statistical model, including only higher-level variables, explains 2 % of the total variance in serious offending.[18]

---

[17] The 'deviance' parameter is actually a 'badness of fit' parameter. The higher the value of this parameter, the less the statistical model fits the observed data.

[18] This calculation was carried out as suggested by Snijders and Bosker (1999). Pseudo-coefficients of determination cannot be compared with coefficients of determination obtained from OLS regression models. Interpretation should be performed with care. The pseudo-coefficients of determination can underestimate the coefficients of determination obtained from OLS regression analyses, which we simulated.

Table 4: Blockwise cross-nested multilevel models

Dependent variable/ Serious offending scale	Model 1	Model 2	Model 3	Model 4	Model 5	Model 6	Model 7
Fixed effects	Unstandardised slopes of standardised parameters						
Structural background variables at level 1							
Sex (Boys coded 1)		0.173	0.140	0.117	0.095	0.106	
Immigrant background (both parents native coded 0)		0.085	0.055	0.036	0.056	0.060	
One-parent family (one-parent family coded 1)		0.010	-0.000	0.000	-0.010	-0.01	
Household disadvantage (disadvantage coded 1)		0.015	0.009	0.011	0.006	0.019	
Level 2 characteristics							
Neighbourhood-level disadvantage		0.035	0.018	0.015	0.013	0.014	0.020
School-level disadvantage		0.137	0.107	0.097	0.092	0.072	0.072
Social mechanisms at level 1							
School attachment				-0.111	-0.053	-0.013	-0.014
Parental monitoring				-0.230	-0.179	-0.116	-0.105
Propensity					0.181	0.107	0.099
Exposure to criminogenic settings						0.268	0.186
Propensity * exposure to criminogenic settings							0.212
Random effects							
Unique individual-level variance	1.028	1.030	0.996	0.913	0.890	0.843	0.799
Unique neighbourhood-level variance	0.002	0.000	0.000	0.000	0.000	0.000	0.001
Unique school-level variance	0.029	0.005	0.002	0.004	0.003	0.001	0.000
Sign: deviance test of model fit improvement	--	*	*	*	*	*	*
Decomposition pseudo-R-Square[19]							
Neighbourhood level (%)	--	95	96	91	93.5	70.56	45
School level (%)	--	79.56	92.18	85.72	87.04	95.39	97.80
Individual level (%)	--	--	3.02	11.12	13.35	17.94	27.34

Note: Bold parameters are statistically significant ($p < 0.05$ or better). All of the variables have been standardised in order to gain insight into the standardised effects of the regression coefficients.

In order to ensure that we did not mistake a compositional effect for a true contextual effect, demographic background characteristics that refer to the composition of neighbourhoods and schools, such as sex, immigrant background, family structure and household disadvantage, were introduced into model 3 as statistical controls. The contextual effect of school-level disadvantage remained statistically significant, while its individual-level counterpart had no significant effect on serious offending. Therefore, the effect of school-level disadvantage is a true contextual effect. This means that adolescents who have similar back-

---

[19] The decomposition pseudo coefficients of determinations are very informative: They teach us how much of the variance at each level is explained by the variables in the models. These pseudo coefficients are lower than their counterparts in OLS regression models, which do not take into account the data structure.

ground characteristics offend more frequently depending on the concentration of disadvantage at the school level. In our study, disadvantage seems to operate exclusively at the school level. Together, the variables presented in model 3 explain 6 % of the total variance in serious offending.

In model 4, parental monitoring and school attachment were introduced. These informal controls had direct significant effects on individual differences in serious offending, while the effects of the other variables in the model decreased. Informal controls partially mediated the effects of compositional and contextual variables. This model explains 14 % of the total variance in serious offending.

In model 5, the propensity to offend was brought into the equation. The propensity to offend had the strongest independent effect on serious offending and reduced the effects of the other variables included in the analysis. The effect of an immigration background lost all significance. This model explains 16 % of the total variance in serious offending.

In model 6, exposure to criminogenic settings was added. Exposure to criminogenic settings is a key mechanism for explaining offending because it reflects adolescents' exposure to tempting and provocative settings during their daily routines. This variable had a strong positive effect on serious offending, and its effect even exceeded that of delinquency tolerance. This model explains 20 % of the total variance in serious offending. These findings are in line with SAT.

Finally, model 7 tested whether or not the strength of the effect of exposure to criminogenic moral settings on offending depends on the adolescent's level of delinquency tolerance. The multiplicative interaction term between the propensity to offend and exposure to criminogenic settings that was found using model 7 is strongly positive and significant. This hypothesis is one major statement which was derived from SAT and cannot be falsified. The model that includes all variables explains 25 % of the total variance in serious offending.

9.   Conclusion and discussion

In this inquiry, we simultaneously evaluated the effect of neighbourhood-level and school-level disadvantage on individual differences in serious offending. We elaborated on a theoretical model (SAT) that allowed us to integrate the context of disadvantage at the neighbourhood level and the school level with mechanisms operating at the individual level in order to explain individual differences in offending. In this section, we will summarise the descriptive research questions and testable hypotheses that were derived from SAT in order to explain contextual effects on adolescent offending.

From this study, we know that there is an overlap between the neighbourhoods where adolescents live and the neighbourhoods in which they attend classes. However, this overlap is only partial and seems to be especially true for adolescents living in poor urban neighbourhoods. For these adolescents, disadvantage is cumulative, and this phenomenon deserves more attention in future inquiries. The finding that the homogeneity of adolescents with regard to offending increases as the number of ecological settings they share increases should be analysed more carefully in future research. Our study revealed that a small group of adolescents face different constraints from other groups, especially the group of adolescents who live in disadvantaged areas and attend disadvantaged schools. Differential geographical mobility as well as parental selection bias may lead to the fact that some people who live in disadvantaged areas can "choose" to attend affluent schools outside of the area. Only one in four adolescents seem to face the reproduction of neighbourhood-level disadvantage at the school level. Mobility has previously been mentioned as an important theme in research on crime and delinquency (Bruinsma 2000), and still deserves more attention. One question that has not been dealt with explicitly in this study, but that follows on from this study, is: Are the effects of disadvantage cumulative or interactive? From this study, we only know that adolescents who share multiple contexts of disadvantage are more alike in terms of offending and that schools alone seem to leave a significant mark on adolescent offending. The main aim of this study was to disentangle the school and neighbourhood levels in contextual studies of offending and to detect independent contextual effects of disadvantage at both levels.

We will now turn to the evaluation of the hypotheses that were derived from SAT with regard to how neighbourhood- and school-level disadvantage affects adolescent offending.

(1)   The total variance in offending between individuals can be decomposed into neighbourhood-level, school-level and individual-level variance. Hypothesis 1 was confirmed.

(2)   Neighbourhood-level disadvantage is positively related to neighbourhood-level differences in serious offending, while school-level disadvantage is positively related to school-level differences in serious offending. Hypothesis 2 can only partially be accepted. Only school-level disadvantage affects school-level differences in offending. It is therefore necessary to take multiple contexts into account.

(3a) Unique neighbourhood-level variance that is not accounted for by the demographic composition of neighbourhoods is positively related to neighbourhood-level disadvantage.

(3b) Unique school-level variance that is not accounted for by the demographic composition of schools is positively related to school-level disadvantage. Hypothesis 3a is falsified. Hypothesis 3b can be confirmed. Part of the school-level variation in offending is caused by compositional effects, but the school context of disadvantage plays a role in shaping adolescent offending.

(4)   The positive effects of school-level disadvantage and neighbourhood-level disadvantage are partially mediated by the protective effects of school commitment and parental monitoring. Parental monitoring and school commitment are important mechanisms of control that tie adolescents to compliant behaviour and prevent adolescents from committing offences.

(5)   The positive ecological effects of disadvantage and the protective effects of parental monitoring and school attachment are further mediated by the propensity to of-

fend. The propensity to offend has a strong direct effect on offending. In line with SAT, the propensity to offend mediates the relationship between the remote causes of offending and the direct causes of offending. This hypothesis can be accepted.

(6) The aforementioned effects are further mediated by exposure to criminogenic moral settings. In line with SAT, exposure to criminogenic moral settings is directly related to offending, and the introduction of this mechanism decreases the effects of the aforementioned variables. This hypothesis can be accepted.

(7) The strength of the impact of exposure to criminogenic moral settings depends mainly on the individual's propensity to offend. This hypothesis can be accepted and is in line with previous comparative studies on the interaction between the propensity to offend, exposure to criminogenic settings and offending (Svensson and Pauwels 2010).

What do these findings mean with regard to the study of urban settings and offending? Our findings are in line with many European multilevel studies on adolescent offending which have been mentioned above. Studies that do not use multilevel methods and which do not simultaneously take the school context into account may be flawed. The neighbourhood-level variation in offending is due entirely to compositional effects. From this finding, we raise the question of what causes the segregation of individuals into areas. It is imperative that the processes of segregation are elucidated (Sampson 2008). Why and how are individuals selectively segregated into ecological settings? We do not know enough about this topic, and we argue that exploratory studies are necessary before one can take up the discussion of context and the behaviour and attitudes of individuals.

The school-level variation in offending is not due exclusively to the differential demographic composition of adolescents. School-level disadvantage leaves a small but significant mark on adolescents with regard to offending. This contextual effect is partially mediated by the adolescents' attachment to their schools and parental monitoring, and is further mediated by the propensity to offend and exposure to criminogenic moral settings. The variation that has been found at the ecological level of schools and neighbourhoods in the Antwerp context is much lower than the variation previously found in Germany by Oberwittler (2007). These enormous differences between Western-European cities are puzzling. It is important that future studies take country-level differences into account. With regard to the differences in the contextual effects of ecological characteristics on behavioural and attitudinal outcomes, another possible explanation could be the poor differentiation between the long-term influences of ecological settings and the short-term situational influences of setting characteristics. Wikström (2004) suggests distinguishing between long-term influences and the short-term situational influence of setting characteristics on offending.

However, in general, it seems that genuine contextual effects of neighbourhood characteristics on offending are somewhat overestimated in the European context. One possible lesson to be learned from this study is that scholars should stop focusing on the neighbourhoods where adolescents live. In order to assess contextual effects on adolescent offending, it is of utmost importance to know where adolescents really spend their time.

Our results are highly suggestive of the fact that the prevention of adolescent offending has little to gain from redistributing the neighbourhood composition of disadvantage. On the other hand, the school-level concentration of disadvantage did affect adolescent offending. The segregation of adolescents from poor household in schools should therefore be avoided from the point of view of crime prevention. Although a school-level contextual effect exists, the contextual effect on adolescent offending in the Antwerp context should not be overestimated. We found that the contextual effect of school-level disadvantage is partially mediated by informal controls, such as school attachment and parental monitoring (see also Wikström and Torstensson 1999), and is further reduced by crime propensity and exposure to criminogenic moral settings (Deklerck and Pauwels 2010). These mechanisms that link the macro-level context of the school with the micro-level context of the individual were derived from SAT. In the urban context of Antwerp, schools are much more segregated than neighbourhoods with regard to individual-level characteristics that are considered to be causes of offending or causes of the causes of offending. The mechanisms derived from SAT are strongly related to adolescent offending. Exposure to criminogenic moral settings is directly related to adolescent offending, especially for individuals with high levels of the propensity to offend. This is an important finding, because it stipulates that spending leisure time in unstructured and unsupervised settings helps to shape adolescent offending. Scholars who focus on the social disorganisation/collective efficacy perspective may want to readdress the issue of the contextual effects of neighbourhood characteristics on offending by focusing on the settings where adolescents really spend most of their time. This would be a very complex task. The concept of exposure to criminogenic moral settings as outlined in SAT is useful. Urban settings that affect adolescents are probably much smaller than neighbourhoods and schools and not as easy to define and measure using traditional definitions, such as census tracts. The major difference between SAT and the classical contextual theories is that SAT uses a broader definition of settings and does not focus on the neighbourhood where the subject lives. Thus, SAT challenges studies of offending in urban settings in the 21st century.

Finally, some cautionary remarks must be made. First of all, through the cross-sectional design of the present study, one can ultimately only view the strength of ecological structures in relation to individual differences in offending. It must be kept in mind that no real causal effect has been demonstrated. Other research designs, such as experimental designs in which similar adolescents are assigned to different experimental neighbourhood conditions, and in which their involvement in offending is monitored, may be better from a methodological point of view. The present study tested statements derived from a cross-level integration of SAT. Studies in this vein can only suggest directions for the prevention of urban youth crime. An interesting and ongoing debate among scholars deals with how neighbourhood interventions should be evaluated (Ludwig et al. 2001, Sampson 2008). It has been suggested by Sampson (2008) that all evaluations of crime prevention programmes in schools and neighbourhoods should be conducted at the level at which these interventions were imposed. Issues concerning the beneficial effects of the redistribution of adolescents at the neighbourhood and school levels deserve far more attention than they have thus far received in contemporary criminology.

From this study, it follows that adolescents who grow up in a family context of disadvantage offend more frequently when they are concentrated in schools. Intervention studies should give us more insight into the consequences of intervening at the school level with regard to: (a) the school-level consequences of offending; and (b) consequences at the individual level.

The empirical finding that the strength of the influence of exposure to criminogenic settings (lifestyle risk) on offending depends on a person's level of propensity to offend also has implications for further contextual studies of offending. Future studies should also look at other contexts, and then the residential neighbourhood and the school which the subject attends. This can be done by measuring the settings in which adolescents are present when they offend and the settings in which they spend most of their time. From the identified interaction effect between exposure to criminogenic moral settings and the propensity to offend, it follows that the influence of the ecological setting which adolescents are exposed to during their leisure time is not equally relevant for all kinds of adolescents. Therefore, future studies should take into account what kinds of urban settings are important for certain kinds of adolescents. Only a more detailed analysis can improve our insights into the ecological and individual causes of law-breaking.

References

Bernburg, J.G., Thorlindsson, T., 2001. Routine Activities in Social Context: A Closer Look at the Role of Opportunity in Deviant Behavior. *Justice Quarterly, 18*, 543-567.

Bernburg, J.G., Thorlindsson, T., 2004. Durkheim's Theory of Social Order and Deviance: A Multi-Level Test. *European Sociological Review, 20*, 271-285.

Bernburg, J.G., Thorlindsson, T., 2005. Violent Values, Conduct Norms and Youth Aggression: A Multilevel Study in Iceland. *Sociological Quarterly, 46*, 457-478.

Bernburg, J.G., Thorlindsson, T., 2007. Community Structure and Adolescent Offending in Iceland: A Contextual Analysis. *Criminology, 45*, 415-444.

Boxford, S.,2006. *Schools and the Problem of Crime*. Willan Publishing.

Brännström, L., 2007. *Making their Mark. Disentangling the Effects of Neighbourhood and School Environments on Educational Achievement*. Arbetsrapport, Institutet För Framtidsstudier.

Bronfenbrenner, U., 1979. *The Ecology of Human Development*. Cambridge, Mass.: Harvard University Press.

Bruinsma, G.J.N., 1992. Differential Association Theory Reconsidered: An Extension and its Empirical Test. *Journal of Quantitative Criminology, 8*, 29-49.

Bruinsma, G.J.N., 2000. *Geografische Mobiliteit En Misdaad*. Oratie, Leiden: Universiteit Leiden.

Brutsaert, H., 2001. *Co-Educatie: Studiekansen En Kwaliteit Van Het Schoolleven*. Leuven, Apeldoorn: Garant.

Declerck, N., Pauwels, L., 2010. *Individu, omgeving en de verklaring van jeugdcrimineel gedrag. Een toets in twee stedelijke settings*. Antwerpen: Maklu.

Fariña, F., Arce, R., Novo, M., 2008. Neighborhood and Community Factors: Effects on Deviant Behavior and Social Competence. *Spanish Journal of Psychology, 11*, 78-84.

Goldstein, H., 1994. Multilevel Cross-Classified Methods. *Sociological Methods & Research, 22*, 364-375.

Goldstein, H., 1995. *Multilevel Statistical Models (2nd Edition)*. London: Edward Arnold.

Goldstein, H., Sammons, P. 1997. The Influence of Secondary and Junior Schools on Sixteen Year Examination Performance: A Cross-Classified Multilevel Analysis. *School Effectiveness and School Improvement, 8*, 219-230.

Gottfredson, D., 2001. *Schools and Delinquency*. Cambridge: Cambridge University Press.

Grasmick, H.G., Tittle, C.R., Bursik Jr., R.J., Arneklev, B.J., 1993. Testing the Core Empirical Implications of Gottfredson and Hirschi's General Theory of Crime. *Journal of Research in Crime and Delinquency, 30*, 5-29.

Gsir, S., 2009. *Housing and Segregation of Migrants – Case study*. Antwerp, Belgium: Eurofont Publications (avai-lable online at Housing and segregation of migrants - Case study: Antwerp, Belgium – August 4th 2011).

Hirschi, T., 1969. *Causes of Delinquency*. Berkeley: University of California Press.

Kauppinen, T., 2008. Schools as Mediators of Neighbourhood Effects on Choice Between Vocational and Academic Tracks of Secondary Education in Helsinki. *European Sociological Review, 24*, 379-391.

Lindström, P., 1995. *School Context and Delinquency*. Project Metropolitan. Research Report No. 41. Stockholm: Stockholm University.

Ludwig, J., Hirschfield, P., Duncan, G., 2001. Urban Poverty and Juvenile Crime: Evidence From a Randomized Housing-Mobility Experiment. *Quarterly Journal of Economics, 116*, 665-79.

Mahoney, J.L., Stattin, H. 2000. Leisure Time Activities and Adolescent Antisocial Behavior: The Role of Structure and Social Context. *Journal of Adolescence, 23*, 113-127.

Matsueda, R., 1982. Testing Control Theory and Differential Association: A Causal Modelling Approach. *American Sociological Review, 47*, 489-504.

Novak, K.B., Crawford, L.A., 2010. Routine Activities as Determinants of Gender Differences in Delinquency. *Journal of Criminal Justice, 38*, 913-920.

Oberwittler, D., 2004. Stadtstruktur, Freundeskreise Und Delinquenz. Eine Mehrebenenanalyse zu sozialökologischen Kontexteffekten auf schwere Jugenddelinquenz. In: Oberwittler, D., Karstedt, S. (Hg.), *Soziologie der Kriminalität*. Wiesbaden: Vs Verlag für Sozialwissenschaften, 135-170.

Oberwittler, D., 2007. *The Effects of Ethnic and Social Segregation on Children and Adolescents: Recent Research and Results from a German Multilevel Study*. Discussion Paper Nr. Sp Iv 2007-603. Berlin: Social Science Research Centre Berlin.

Osgood, D.W., Anderson, A.L., 2004. Unstructured Socializing and Rates of Delinquency. *Criminology, 42*, 519-549.

Osgood, D.W., Wilson, J.K., O'Malley, P.M., Bachman, J.G., Johnston, L.D., 1996. Routine Activities and Individual Deviant Behavior. *American Sociological Review, 61*, 635-655.

Parcel, T.L., Dufur, M.J., Cornell Zito, R., 2010. Capital at Home and at School: A Review and Synthesis. *Journal of Marriage and Family, 72*, 828-846.

Parsons, T., 1937. *The Structure of Social Action*. New York: The Free Press.

Pauwels, L., 2007. *Buurtinvloeden En Jeugddelinquentie, Een Toets Van De Sociale Desorganisatietheorie*. Den Haag: Boom Juridische Uitgevers.

Pauwels, L., Hardyns, W., Van De Velde, M., (Eds.) 2010. *Social Disorganisation, Offending, Fear And Victimisation. Findings From Belgian Studies On The Urban Context Of Crime*. Den Haag: Boom Juridische Uitgevers.

Peeples, F., Loeber, R., 1994. Do Individual Factors and Neighborhood Context Explain Ethnic Differences in Juvenile Delinquency? *Journal of Quantitative Criminology, 10*, 141-157.

Rasbah, J., Goldstein, H., 1994. Efficient Analysis of Mixed Hierarchical and Cross-Classified Random Structures using a Multilevel Model. *Journal of Educational and Behavioral Statistics, 19*, 337-350.

Raudenbush, S.W., 1993. A Crossed Random Effects Model for Unbalanced Data with Applications in Cross-Sectional and Longitudinal Research. *Journal of Educational Statistics, 18*, 321-349.

Raudenbush, S.W., Bryk, A., Congdon, R., 2004. *HLM6: Hierarchical Linear and Nonlinear Modelling*. Chicago: Scientific Software International.

Rovers, B., 1997. *De Buurt, Een Broeinest? Een onderzoek naar de invloed van de woonomgeving op jeugdcriminaliteit*. Nijmegen: Ars Aequi Libri.

Sapouna, M., 2010. Collective Efficacy in the School Context: Does it Help Explain Victimization and Bullying Among Greek Primary and Secondary School Students? *Journal of Interpersonal Violence, 25*, 1912-1927.

Sampson, R.J., 1997. The Embeddedness of Child and Adolescent Development: A Community-Level Perspective on Urban Violence. In: McCord, J. (Ed.), *Violence and Childhood in the Inner City*. Cambridge: Cambridge University Press, 31-77.

Sampson, R.J., 2002. Transcending Tradition: New Directions in Community Research, Chicago Style. *Criminology, 40*, 213-230.

Sampson, R., 2008. Moving to Inequality: Neighborhood Effects and Experiments meet Social Structure. *American Journal of Sociology, 114*, 189-231.

Sampson, R.J., Bartush, D.J., 1998. Legal Cynicism and (Subcultural?) Tolerance of Deviance: The Neighborhood Context of Racial Differences. *Law and Society Review, 32*, 777-804.

Sellström, E., Bremberg, S., 2006. Is there a "School Effect" on Pupil Outcomes? A Review of Multilevel Studies. *Journal of Epidemiology and Community Health, 60*, 149-155.

Slocum, L.A., Taylor, T.J., Brick, B.T., Esbensen, F., 2010. Neighborhood Structural Characteristics, Individual-Level Attitudes, and Youths' Crime Reporting Intentions. *Criminology, 48*, 1063-1100.

Snijders, T., Bosker, R., 1999. *Multilevel Analysis. An Introduction to Basic and Advanced Multilevel Modeling*. London: Sage.

Svensson, R., Pauwels, L., 2010. Is a Risky Lifestyle Always Risky? The Interaction Between Individual Propensity and Lifestyle Risk in Adolescent Offending: A Test in Two Urban Samples. *Crime & Delinquency, 56*, 608-626.

Tolan, P.H., Gorman-Smith, D., Henry, D., 2003. The Developmental-Ecology of Influences on Urban Males' Youth Violence. *Developmental Psychology, 39*, 274-291.

Turner, M.G., Piquero, A.R., 2002. The Stability of Self-Control. *Journal of Criminal Justice, 30*, 457-471.

Vazsonyi, A.T., Cleveland, H.H, Wiebe, R.P., 2006. Does the Effect of Impulsivity on Delinquency Vary by Level of Neighborhood Disadvantage? *Criminal Justice and Behavior, 33*, 511-541.

Vazsonyi, A.T., Pickering, L.E., Junger, M., Hessing, D., 2001. An Empirical Test of a General Theory of Crime: A Four-Nation Comparative Study of Self-Control and Prediction of Deviance. *Journal of Research in Crime and Delinquency, 38*, 91-131.

Wikström, P.-O.H., 2004. Crime as Alternative: Towards a Cross-Level Situational Action Theory of Crime Causation. In: McCoard, J. (Ed.), *Beyond Empiricism: Institutions and Intentions in the Study of Crime*. New Brunswick: Transaction, 1-37.

Wikström, P.-O.H., 2005. The Social Origins of Pathways in Crime: Towards a Developmental Ecological Action Theory of Crime Involvement and its Change:. In: Farrington, D.P. (Ed.), *Testing Integrated Developmental/Life Course Theories of Offending*. Advances in Theoretical Criminology. New Brunswick: Transaction, 211-245.

Wikström, P.-O.H. , 2010. Situational Action Theory. In: Cullen, F., Wilcox, P. (Eds), *Encyclopedia of Criminological Theory*. London: Sage publications

Wikström, P.-O.H., Butterworth, D., 2006. *Adolescent Crime: Individual Differences and Life Styles*. Cambridge: Willan Publishing.

Wikström, P.-O.H., Loeber, R., 2000. Do Disadvantaged Neighborhoods Cause Well- Adjusted Children to Become Adolescent Delinquents? A Study of Male Juvenile Serious Offending, Individual Risk and Protective Factors, and Neighborhood Context. *Criminology, 38*, 1109-1142.

Wikström, P.-O., Torstensson, M., 1999. Local Crime Prevention and its National Support: Organisation and Direction. *European Journal on Criminal Policy and Research, 7*, 459-81.

Appendix

Table 1A: Non-hierarchical multilevel analysis of descriptive statistics

LEVEL 1 descriptive statistics (listwise deletion for the multivariate analyses)

Variable	N	Mean	Standard deviation	Min.	Max.
Sex	2294	0.49	0.50	0.00	1.00
Immigrant background	2294	0.54	0.50	0.00	1.00
One-parent family	2294	0.15	0.36	0.00	1.00
Household disad-vantage	2294	0.10	0.30	0.00	1.00
Serious offending	2294	0.36	1.17	0.00	9.00
Parental monitoring	2294	0.00	1.00	-3.40	1.23
School attachment	2294	0.00	1.00	-3.35	1.74
Propensity to offend	2294	0.00	1.00	-1.34	2.36
Exposure to crimino-genic moral settings	2294	0.00	1.00	-1.12	3.33

LEVEL 2 descriptive statistics

Variable	N	Mean	Standard deviation	Min.	Max.
Neighbourhood-level disadvantage	42	0.00	1.00	-1.07	2.85
School-level disadvan-tage	23	11.01	6.47	2.52	25.86

Table 2A: Measurement of scale constructs

Scale construct	Items used	Factor loading	Alpha value
Serious offending	*Three-point scale (never, once or twice, three times or more)*		
	Have you ever bought stolen goods?	.572	.644
	Have you ever committed theft > 5 euro?	.692	
	Have you ever committed burglary?	.631	
Informal controls Parental monitoring	*Five-point scale, totally agree-totally disagree*		
	My parents/guardians know who I hang around with when I am not at home	.645	
	My parents/guardians know where I am when I am not at home	.743	
	My parents/guardians know how I behave when I am not at home	.625	.709
	When I have to go to school the next day, I need to be in bed on time	.439	
	If I am with friends, I need to be home at an agreed hour	.454	
School attachment (reversed for analyses)	I do not make a serious effort to do homework	.601	
	I don't care about the remarks of my teachers	.519	.652
	I am not interested in getting high grades	.539	
Propensity to offend Legal cynicism scale	*Five-point scale, totally agree-totally disagree*		
	Rules are made to be broken	.668	
	It is ok to break the rules, as long as you don't get caught	.772	.783
	It is ok to fight if you are challenged	.639	
	If I don't succeed using honest methods, then I use unfair methods	.680	
Exposure to criminogenic moral settings	*Index based on Wikström and Butterworth (2006)*		
Friends' engagement in rule breaking	How many of your friends have ever stolen something or taken money?	.697	
	How many of your friends have ever hit someone with the consequence that this person needed medical care?	.684	.719
	How many of your friends have ever destroyed or damaged something?	.682	
Lifestyle/routine risk indicator questions	*Sum of distribution risk scores (coded 1 if risk end of distribution, -1 if protective end, and 0 if balanced)*		
	How often are you out on the streets? (never/sometimes/often)	--	--
	Friends' engagement in rule breaking		
	How often are you drunk? (never/sometimes/often)		

Sozialräumliche Determinanten der Jugendkriminalität. Test eines Modells informeller Sozialkontrolle zur Erklärung des Gewalthandelns Jugendlicher aus verschiedenen Duisburger Ortsteilen

Susann Kunadt

1. Einleitung

Im Alltagsverständnis sind die Einflüsse sozialräumlicher Umgebung auf das persönliche Verhalten fest verankert. In sozial belasteten Stadtvierteln, in denen überproportional häufig Menschen mit niedrigem sozio-ökonomischen Status leben, werden – so die verbreitete Meinung – delinquente Verhaltensmuster quasi ,von Natur aus' mit vermittelt, strafrechtliche Vergehen von Jugendlichen sind gewissermaßen ,vorprogrammiert'. In der Wissenschaft sind raumbezogene Theorien und Forschung seit langem weit verbreitet. Bereits zu Beginn des 20. Jahrhunderts wurde an der Universität von Chicago ein Ansatz zur Erklärung von variierenden Delinquenzraten zwischen Nachbarschaften entwickelt, der die soziale Desorganisation von lokalen Gemeinschaften als Ursache dafür annimmt (vgl. Shaw und McKay 1942, 1969). Allerdings können Einflüsse der sozialräumlichen Umgebung auf Jugendkriminalität nur vereinzelt eindeutig nachgewiesen werden (Oberwittler 2008: 76). Kontexteffekte fallen im Gegensatz zu individuellen Risikofaktoren eher schwach aus, erst recht, wenn man die Ergebnisse von Studien aus den USA und Europa gegenüberstellt. Vor dem Hintergrund einer wesentlich stärker konzentrierten sozialen Ungleichheit in den Vereinigten Staaten und einem niedrigeren Niveau sozialer Absicherung können die dort deutlicheren Einflüsse der sozialräumlichen Umgebung auch nicht überraschen (Oberwittler 2008: 77ff., 82).

Der vorliegende Beitrag testet die Übertragbarkeit des Desorganisationsansatzes und seiner von Kornhauser (1978) verfolgten kontrolltheoretischen Interpretation auf deutsche Zustände. Es wird ein Makro-Mikro-Makro-Modell spezifiziert, in dem die strukturellen Merkmale von Desorganisation über soziale Desorganisation in Form geschwächter informeller sozialer Kontrollprozesse vermittelt werden, um erhöhtes Gewalthandeln Jugendlicher aus sozio-ökonomisch benachteiligten Stadtgebieten zu erklären. Nachbarschaften werden in diesem Modell als Entwicklungskontext von Heranwachsenden betrachtet, der auf die Herausbildung informeller sozialer Kontrollen Einfluss nimmt. Konkret wird untersucht, ob Unterschiede hinsichtlich des Niveaus informeller sozialer Kontrollprozesse, die sich im Entwicklungsprozess eines Individuums herausbilden und die laut Theorie in strukturell desorganisierten Quartieren gegenüber anderen Stadtgebieten geschwächt sein müssten, feststellbar sind und soziale Desorganisation indizieren. Es wird angenommen, dass informelle Sozialkontrollen Kosten delinquenten Verhaltens darstellen, die vor der Gewaltausübung abschrecken. Schließlich wird untersucht, ob informelle soziale Kontrollprozesse in unterschiedlichen Kontexten dieselben Effektstärken zur Erklärung von Gewalttaten aufweisen oder ob sie je nach Kontext voneinander abweichen.

2. Theoretische Grundlagen

Sozialräumliche Erklärungsansätze für die Entstehung und Entwicklung krimineller Handlungen spielen bereits seit den 20er Jahren des letzten Jahrhunderts eine wichtige Rolle. Mit dem Desorganisationsansatz – hervor gegangen aus der Chicago School (vgl. Park et al. 1925, Shaw und McKay 1942, 1949, 1969, Shaw und McKay 1971a) – handelt es sich um den theoretischen ‚Klassiker'. Der Ansatz war in den 1950er und 1960er Jahren besonders prominent, geriet danach in Vergessenheit, denn er galt eher als Beschreibung denn als geeignetes Modell zur Erklärung kriminellen Verhaltens. Seine Revitalisierung verdankte er wichtigen Veröffentlichungen in den späten 1970er und den 1980er Jahren, die der Perspektive der sozialen Desorganisation auch für die moderne Kriminologie Relevanz zuschrieben (Bursik 1988: 519).

Shaw und McKay stellten mit ihrer empirischen Untersuchung des kriminellen Verhaltens männlicher Jugendlicher aus Chicago fest, dass die offiziell registrierten Delinquenzraten dort hoch sind, wo soziale Desorganisation vorherrscht. Shaw und McKay verstehen unter sozialer Desorganisation die Unfähigkeit lokaler Gemeinschaften, allgemein gültige Werte ihrer Bewohner zu realisieren und gemeinschaftliche Probleme zu lösen. In sozial desorganisierten Gebieten mit hohen Delinquenzraten konkurrieren diverse Normen und Verhaltensstandards, kriminelle eingeschlossen. Kinder und Jugendliche aus sozial desorganisierten Gemeinschaften sind deswegen einer Vielzahl gegensätzlicher Standards und Verhaltensmaßregeln ausgesetzt, konsistente und konventionelle Verhaltensmuster fehlen. Soziale Desorganisation wiederum geht mit struktureller Desorganisation einher. Die Wahrscheinlichkeit sozialer Desorganisation steigt, wenn drei strukturelle Merkmale gemeinsam auftreten: eine hohe Mobilität der Bewohner über die Grenzen der Nachbarschaften hinaus, ethnische Heterogenität sowie niedriger sozio-ökonomischer Status (Shaw und McKay 1942, 1969: 185ff., 315f.).

In desorgsanisierten Gemeinschaften wird, so Shaw und McKay im Weiteren, kriminelles Verhalten von Jahr zu Jahr und von Generation zu Generation durch Subkulturen vermittelt. Dieser Transmissionsprozess vollzieht sich stufenweise: Ältere Jugendliche fungieren zunächst als Vorbild für die Jüngeren, diese schließen sich der kriminellen Tradition an und sind dann, wenn sie selber älter geworden sind, wiederum Vorbild für die nachwachsende Generation. (Shaw und McKay 1942, 1969: 175f., Shaw und McKay 1971b: 92f.).

Der genaue kausale Zusammenhang zwischen sozialer Desorganisation und den über die Stadtgebiete hinweg stark variierenden Delinquenzraten wird von Shaw und McKay allerdings nicht präzise genug formuliert (vgl. zu dieser Kritik Bursik 1984: 396). Bedingt soziale Desorganisation Kriminalität oder umgekehrt Kriminalität soziale Desorganisation, oder ist Kriminalität ein Indikator für Desorganisation?

Nach Kornhauser (1978: 51) vereint der Desorganisationsansatz von Shaw und McKay Elemente der Thoeire der sozialen Kontrolle, kulturellen Devianz und des Strain. Eigentlich handelte es sich ihrer Meinung nach jedoch anfänglich um ein reines Kontrollmodell.[1] Deswegen versteht Kornhauser unter sozialer Desorganisation die *Unfähigkeit lokaler Gemeinschaften, gemeinsame Werte der Bewohner zu realisieren und effektive Sozialkontrolle auszuüben* (Kornhauser 1978: 63). Sie geht davon aus, dass die von Shaw und McKay angesprochenen Einflüsse delinquenter Subkulturen (Transmissionsprozess) nicht notwendig sind, um soziale Desorganisation zu erklären (Kornhauser 1978: 71).

Kornhauser interpretiert den Desorganisationsansatz aus kontrolltheoretischer Perspektive, indem sie einen kausalen Zusammenhang zwischen den strukturellen Merkmalen von lokalen Gemeinschaften und informellen Prozessen sozialer Kontrolle formuliert. Mit informeller Sozialkontrolle meint sie von den Bewohnern selbst vollzogene Prozesse, die Kriminalität verhindern. Die informelle Sozialkontrolle vermittelt bei Kornhauser zwischen den Strukturmerkmalen lokaler Gemeinschaften und den kriminellen Handlungen. Die Funktion internalisierter Werte und räumlich gebundener formeller Einrichtungen, wie Institutionen innerhalb einer lokalen Gemeinschaft, sind bei ihren Überlegungen zentral. Armut wird in Analogie zu Shaw und McKay neben ethnischer Heterogenität und räumlicher Mobilität als primäre Determinante der Unfähigkeit einer Gemeinschaft angesehen, informelle Sozialkontrolle zu errichten (vgl. dazu auch Sampson 1987: 102).

Der soziale Raum in Form des Gebietes, in dem Kinder und Jugendliche aufwachsen, ist in Kornhausers Überlegungen zum einen als *Entwicklungskontext* relevant, zum anderen stellt er einen *Handlungskontext* dar, in dem Straftaten verübt werden können.[2] Informelle Sozialkontrollen bilden sich während des Sozialisationsprozess heraus und werden von Anderen in bestimmten Situationen vollzogen.

Soziale Kontrolle versteht Kornhauser (1978: 24) im Falle einer delinquenten Handlung als Kosten für den Handelnden, die bei der Entscheidung für oder gegen eine kriminelle Tat kalkuliert werden. Je höher die Kosten, desto größer ist die Abschreckung, die Tat zu begehen. Informelle Sozialkontrolle kann in vier Dimensionen unterschieden werden: direkte interne Kontrolle, indirekte interne Kontrolle, direkte externe Kontrolle und indirekte externe Kontrolle (Tabelle 1).

Tabelle 1: Formen informeller sozialer Kontrolle nach Kornhauser

	direkt	*indirekt*
internal	Moral	Selbstkontrolle
external	Supervision	Soziale Bindungen

---

[1] Siehe zur Kontrolltheorie Hirschi (1969).
[2] Vergleiche zu dieser Unterscheidung auch Oberwittler (2008: 77).

Unter *direkter internaler* Kontrolle sind internalisierte Regeln, Normen und Wertvorstellungen zu vertstehen, die durch den Prozess der Sozialisation vermittelt werden. Bei Regelverstößen entsprechen sie Kosten in Form von Schuldgefühl, Scham und schlechtem Gewissen. Für die Herausbildung direkter internaler Kontrolle ist die sozialräumliche Umgebung als Entwicklungskontext von Bedeutung.

Indirekte internale Kontrolle ist im Selbst beziehungsweise im Ich eines Menschen inkorporiert. Sie wird als Fähigkeit zur Selbstkontrolle verstanden. In der von von Gottfredson und Hirschi (1990) entwickelten General Theory of Crime, ist die Fähigkeit oder Bereitschaft, auf lange Sicht negative Handlungskonsequenzen (Kosten) über eine rationale Abwägung von Kosten und Nutzen zu berücksichtigen, die entscheidene Schlüsselvariable bei der Erklärung von Kriminalität. Diese Fähigkeit nennen sie self-control (Gottfredson und Hirschi 1990: 89f.). Menschen mit niedriger Selbstkontrolle befriedigen ihre Bedürfnisse im Hier und Jetzt, ohne dabei unangenehme Folgen in der Zukunft in Betracht zu ziehen. Die Herausbildung von Selbstkontrolle vollzieht sich in der (früh-)kindlichen Sozialisation und ist mit dem sechsten Lebensjahr beendet (Gottfredson und Hirschi 1990: 187, Bornewasser et al. 2007: 443ff.). Für die Entstehung indirekter internaler Kontrolle ist die sozialräumliche Umgebung ebenfalls als Entwicklungskontext von Bedeutung.

Direkte externale Kontrolle entspricht Überwachung, Supervision und Überprüfung. Sie wird durch die Familie, Nachbarn und Freunde ausgeübt und schreckt vor Devianz und Delinquenz ab, weil im Falle des Erwischtwerdens mit ihr Kosten in Form von Sanktionen und Strafen einhergehen. Direkte externale Kontrolle bezieht sich auf das Verhalten von Personen in bestimmten Situationen an bestimmten Orten. Die sozialräumliche Umgebung stellt einen solchen Handlungskontext dar.

Rollenbeziehungen in Form von sozialen Bindungen und Abhängigkeiten zur Familie, Schule oder zu Freunden, begreift Kornhauser als *indirekte externale* Kontrolle, die über Aberkennung, Abwertung, Verachtung und soziale Schmach durch die genannten Personengruppen realisiert werden. Bei engen Bindungen sind dies Kosten von Delinquenz. Indirekte externale Kontrolle wird im Prozess der Sozialisation herausgebildet, auf welchen die sozialräumliche Umgebung als Entwicklungskontext Einfluss nimmt.

Nach Kornhauser resultieren aus hoher Mobilität, ethnischer Heterogenität und niedrigem sozio-ökonomischen Status zwei Gründe für geschwächte informelle Sozialkontrollen, die Delinquenz direkt bedingen: *Kulturelle Desorganisation* und *sozial strukturelle Desorganisation* von Stadtgebieten (Kornhauser 1978: 73). *Kulturelle Desorganisation* bezieht sich auf die Unfähigkeit lokaler Gemeinschaften, ein einheitliches stabiles Normen- und Wertesystem zu etablieren und für dieses einzutreten. Ethnische Heterogenität und hohe Mobilität der Bewohner von Stadtvierteln erhöhen die Diversität der mitgebrachten traditionellen und auf aktuelle gesellschaftliche Bezüge nicht mehr anwendbaren subkulturellen Normen und Werte, die vor Ort anzutreffen sind. Das erschwert die kulturelle Verständigung der Bewohner, Gemeinsamkeiten können nur schwer herausgebildet werden. Darüber hinaus müssen Meinungen und Interessen bei hoher Mobilität kontinuierlich aufs Neue abgestimmt werden. Die wichtigste Determinante sowohl kultureller als auch sozial struktureller Desorganisation stellt aber die Armut dar. Da das Wertesystem der USA ökonomische Ziele überbetont und gleichzeitig sehr universalistisch angelegt ist, können viele Ziele von den ärmeren Teilen der Bevölkerung nicht erreicht werden. Eine gesellschaftliche »Leit«-Kultur, deren Ziele den Mitgliedern bestimmter Gemeinschaften unzugänglich sind, kann die jeweiligen Personen nicht effektiv anleiten, ihr Leben zu gestalten, und kann nicht als Basis zur Bildung und Festigung gemeinsamer Ziele und Werte dienen.[3] Kulturelle Desorganisation schwächt direkte externale und direkte internale soziale Kontrolle (Kornhauser 1978: 75ff.).

Sozial strukturelle Desorganisation bezieht sich auf die Isolation und Instabilität von Institutionen wie Familie, Schule oder Kirche in benachteiligten Stadtgebieten aufgrund fehlender Ressourcen. Die institutionellen Kapazitäten reichen dann nicht aus, um Wege zum Erreichen gesamtgesellschaftlich anerkannter Ziele aufzuzeigen und zu ermöglichen. Daraus resultieren Diskontinuitäten im Sozialisationsprozess und bei der Kontrolle, weil sich Jugendliche den unbefriedigenden institutionellen Einbindungen entziehen. Alle vier Dimensionen informeller Sozialkontrolle werden geschwächt (Kornhauser 1978:78ff.).

Als Reformulierung und Erweiterung der von Kornhauser benannten strukturellen Dimensionen sozialer Desorganisation richtet die Systemic Ecology später ihren Fokus auf das Vorhandensein und die Kraft von formellen und informellen Beziehungsnetzwerken innerhalb von Nachbarschaften und über deren Grenzen hinaus (Bursik und Grasmick 1993: 15, Sampson und Groves 1989: 777). Sampson und Groves (1989: 777) ergänzen außerdem die drei strukturellen Merkmale sozialer Desorganisation um zwei weitere Merkmale: Familiäres Auseinanderbrechen und hoher Urbanisierungsgrad. Die Überlegungen zum Einfluss der Auflösung von Familien betonen, dass die Überwachung und Kontrolle durch Eltern nicht nur Auswirkungen auf die jeweiligen eigenen Kinder habe, sich vielmehr auch als kollektive familiäre Kontrolle auf der Gemeinschaftsebene manifestiere. In Stadtgebieten mit einem hohen Anteil geschiedener Eltern oder anderweitig getrennt lebender Familien sei die Supervision eingeschränkt. Ein hoher Grad an Urbanisierung reduziere die Kapazitäten für soziale Kontrolle im Vergleich zu vorstädtischen oder ländlichen Gebieten durch verminderte Freundschafts- und Verwandtschaftsnetzwerke mit lokalem nachbarschaftlichen Bezug und verminderter aktiver sozialer Teilhabe am nachbarschaftlichen Leben (Sampson und Groves 1989: 780ff.). Empirische Überprüfungen des systemischen Modells finden sich unter anderem in den Studien von Warner und Wilcox Rountree (1997), Ballair (1997) oder Elliott et al. (1996), die die Relevanz von Beziehungsnetzwerken und sozialer Einbindung im Zusammenhang mit Kriminalität nur teilweise bestätigen können (siehe dazu auch den Überblick bei Kubrin et al. 2009: 96ff.).

---

[3] Trotz ihrer Absicht, ein reines Kontrollmodell zu formulieren, verwendet Kornhauser hier Argumente der Anomietheorie (vgl. dazu auch Merton 1938). Sie selbst merkt an, dass Strain soziale Kontrolle dadurch beeinflusse, dass er die gesamtgesellschaftliche Kultur unwirksam mache. Gesamtgesellschaftliche Werte seien dann keine relevante Basis mehr, um Standards von Moral heraus zu bilden und Wertorientierungen zu festigen (vgl. Kornhauser 1978: 76f.).

Jüngst wurde darauf hingewiesen, dass starke soziale Bindungen in Nachbarschaften zur Verhinderung von Kriminalität nicht unbedingt notwendig sind (Sampson et al. 2002: 459). Die Bereitschaft einer Nachbarschaft, soziale Kontrolle zu aktivieren hängt vielmehr von gegenseitigem Vertrauen und Solidarität der Bewohner ab (Sampson 2004: 108). Collective efficacy, definiert als sozialer Zusammenhalt von Nachbarn und ihrer Bereitschaft, für gemeinsame Güter und Werte einzustehen, wirkt in diesem Sinn als Mediator zwischen den strukturellen Merkmalen von Desorganisation und Delinquenz (Sampson et al. 1997: 918f.). Soziale Kohäsion ist auf der Gemeinschaftsebene Voraussetzung für effektive Supervision, die als informelle Form sozialer Kontrolle (nach Kornhauser direkte externale Kontrolle) im Handlungskontext von Individuen relevant wird. In strukturell desorganisierten Gemeinschaften ist collective efficacy geschwächt.[4]

Dieser Beitrag folgt der Annahme, dass strukturelle Kontextmerkmale kriminelles Handeln nicht direkt erklären können, sondern mit individuellen Merkmalen und Erfahrungen verknüpft sein müssen, also über das Individuum vermittelt werden müssen. Handlungen selbst können immer nur von Individuen vollzogen werden. Die Analyseeinheit zur Erklärung kriminellen Verhaltens kann keine andere als die Individualebene sein (Oberwittler und Wikström 2009: 36). Diese Annahme entspricht nicht zuletzt der Logik einer Makro-Mikro-Makro-Verbindung im Grundmodell soziologischer Erklärung von Esser (1993: 93, 98). Mit einem Makro-Mikro-Makro-Modell soll hier die Übertragbarkeit des klassischen Desorganisationsansatzes und seiner kontrolltheoretischen Interpretation nach Kornhauser (1978) auf deutsche Zustände getestet werden.

Strukturelle Kontextmerkmale können auf den Entwicklungs- und den Handlungskontext von Individuen Einfluss nehmen. In diesem Beitrag werden speziell die Prozesse informeller Sozialkontrolle, die sich im Entwicklungskontext eines Individuums heraus bilden, untersucht: Es handelt sich dabei um von Kornhauser (1978) benannte direkte internale (internalisierte moralische Regeln) und indirekte externale Sozialkontrolle (Bindungen).[5] Direkte internale Kontrolle basiert auf verinnerlichten Normen und Werten. Indirekte externale Kontrolle wird über Bindungen und Abhängigkeiten zu Familie, Schule oder Freunden vollzogen. Letzte soll hier in Bezug auf die Familie geprüft werden, weil die Forschung gezeigt hat, dass Bindungen und Netzwerke in der Nachbarschaft nicht unbedingt von Nöten sind, um Kriminalität zu verhindern. Nachbarn müssen keine Freunde sein und die Schule befindet sich nicht zwangsläufig dort, wo Jugendliche wohnen. Dagegen sind Eltern als wichtige Sozialisationsinstanz im Nachbarschaftskontext von Bedeutung. Es wird davon ausgegangen, dass schwache direkte internale und schwache indirekte externale Sozialkontrollen als Merkmale sozialer Desorganisation nach Kornhauser in Stadtgebieten, die durch hohe sozio-ökonomische Benachteiligung, Mobilität, ethnische Heterogenität, Urbanität und

---

[4] Siehe zu collective efficacy auch unter anderem die empirischen Studien von Sampson (2006) sowie für Deutschland Friedrichs und Oberwittler (2007).

[5] Indirekte internale Sozialkontrolle (Selbstkontrolle) wird nicht berücksichtigt, weil die hier analysierten Daten dafür keine Messung enthalten.

familiären Verfall, also durch strukturelle Desorganisation, gekennzeichnet sind, auftreten und kriminelles Verhalten ursächlich bedingen.

Die Gründe der Entscheidung für oder gegen eine delinquente Tat, wird in dieser Arbeit als bewusste Entscheidung nach dem Rational Choice-Ansatz mit der Wert-Erwartungstheorie modelliert (Esser 1991: 50, 54f.).[6] Die in der Kontrolltheorie formulierte Annahme der Abschreckung vor kriminellem Verhalten durch informelle Sozialkontrollen ist an die Wert-Erwartungstheorie anschlussfähig, denn informelle Sozialkontrollen entsprechen negativen Sanktionen in Form von Kosten. Alle beiden hier berücksichtigen Formen informeller Sozialkontrolle enthalten spezifische Kosten und werden als Gesamtkosten (negative Nutzen) zusammen gezählt.[7] Ein Akteur trifft umso eher die rationale Entscheidung für die Ausführung einer Gewalttat, je geringer die Abschreckung, also je niedriger seine Kosten (negative Nutzen) im Falle der kriminellen Handlung ausfallen.

Theoretische Überlegungen legen Nahe, dass die Effektstärke indirekter externaler Sozialkontrolle zwischen Stadtgebieten variiert. Zum einen bietet verminderte Supervision in strukturell desorganisierten Gemeinschaften schwach an Eltern gebundenen Jugendlichen größeren Zugang zu kriminellem Handeln. So können schwache elterliche Bindungen einfacher zu Kriminalität führen (Hay et al. 2006: 327, 332). Im Sinne der Argumentation Hirschis (1969: 161) sind die Unterschiede in den Effekten zwischen starken und schwachen Bindungen in Umgebungen mit kriminellen Einflüssen – wie in sozial benachteiligten Gemeinschaften – am größten. Bei starken Bindungen sind Jugendliche gegenüber äußeren Anreizen zu kriminellem Verhalten immun. Je mehr Anreize die Umwelt bietet, desto eher wird vice versa bei schwachen Bindungen delinquent gehandelt. Ein solcher Verstärkungseffekt resultiert mit anderen Worten aus der Interaktion fehlender Abschreckung und einem Mehr an günstigen Gelegenheiten (Hay et al. 2006: 329f.).[8]

Genau konträr argumentieren zum anderen Simons et al. (2005). Sie erwarten, dass in lokalen Gemeinschaften mit einem hohen Maß an collective efficacy die Effekte authoritativer Erziehung[9] stärker sind als in Gemeinschaften mit wenig collective efficacy, also dort,

---

[6] Die Wert-Erwartungstheorie, auch Subjective Expected Utility-Theorie (kurz: SEU-Theorie) genannt, besagt, dass Handlungskonsequenzen unter Berücksichtigung der Wahrscheinlichkeiten ihrer tatsächlichen Realisierung über die subjektive Kalkulation der jeweiligen Vor- und Nachteile einer Tat bestimmt werden. Die Summe aller kalkulierten Vor- und Nachteile einer Handlungsalternative ergibt ihren Nettonutzen, der mit der Realisierungswahrscheinlichkeit der erwogenen Handlungskonsequenzen gewichtet wird. Der resultierende Wert entspricht dem subjektiv erwarteten Nutzen. Ein Individuum entscheidet sich für diejenige Handlungsalternative, die ihren subjektiv erwarteten Nutzen maximiert (vgl. Esser 1993: 94ff.).

[7] Mögliche Nutzen von Delinquenz finden keine Berücksichtigung, weil sie von der Kontrolltheorie nicht thematisiert werden.

[8] Die empirische Überprüfung dieses Verstärkungseffektes führen Hay et al. (2006) durch. Für schwache Bindungen als Einzelvariable kann in benachteiligten Gemeinschaften kein verstärkender Effekt auf jugendliches Delinquenzverhalten festgestellt werden (vgl. Hay et al. 2006: 340, 344). In anderen Studien wird die Verstärkerhypothese bislang eher bestätigt als abgelehnt (vgl. dazu ebenfalls Hay et al. 2006: 329).

[9] Unter authoritativer Erziehung wird ein maßgebender, entschiedener Erziehungsstil verstanden, der gleichzeitig liebevoll ist und Erklärungen, Unterstützung und Bestätigung des Kindes inkorporiert. Er bedingt vertrauensvolle kohäsive Beziehungen zwischen Eltern und Kindern (Simons et al. 2005: 1003).

wo soziale Desorganisation vorherrscht. Elterliche Unterstützung, Überwachung und Disziplin sollte deutlicher wirken, wenn sie über collective efficacy durch andere Erwachsene in der Nachbarschaft gestützt wird (Simons et al. 2005: 1020). Die Ergebnisse der empirischen Analyse bestätigen, dass sich die Effektstärke authoritativer Erziehung erhöht, wenn in der lokalen Gemeinschaft ein hohes Maß an collective efficacy vorherrscht.

In diesem Beitrag wird eine Variation der Effektstärke indirekter externaler Sozialkontrolle – wie theoretisch vermutet und teilweise empirisch belegt – zwischen lokalen Gemeinschaften angenommen, die nach den Kriterien sozialer Desorganisation unterscheidbar sind. Zu prüfen ist, in welchen Handlungskontexten von Jugendlichen indirekte externale Sozialkontrolle stärker oder schwächer wirkt, da dafür aufgrund der divergierenden Annahmen und Forschungsergebnisse keine eindeutige Annahme formuliert werden kann.

Aus den vorgestellten Überlegungen ergeben sich sechs Hypothesen. Anhand dieser Hypothesen wird die Übertragbarkeit des klassischen Desorganisationsansatzes und Teilen seiner kontrolltheoretischen Interpretation nach Kornhauser (1978), die sich hier auf die Einflüsse der sozialräumlichen Umgebung als Entwicklungskontext beschränkt, auf deutsche Zustände empirisch überprüft. Darüber hinaus wird das Modell ergänzt, indem eine nach dem Handlungskontext variierende Effektstärke indirekter externaler Sozialkontrolle angenommen wird.

1. Je höher die strukturelle Desorganisation einer Nachbarschaft, desto höher die soziale Desorganisation der Nachbarschaft in Form von verminderter *direkte internaler* Sozialkontrolle (Makro-Mikro-Verbindung).
2. Je höher die strukturelle Desorganisation einer Nachbarschaft, desto höher die soziale Desorganisation der Nachbarschaft in Form von verminderter *indirekter externaler* Sozialkontrolle (Makro-Mikro-Verbindung).
3. Je mehr *direkte internale* Sozialkontrolle, desto weniger Kriminalität wird verübt (Mikro-Mikro-Verbindung).
4. Je mehr *indirekte externale* Kontrolle, desto weniger Kriminalität wird verübt (Mikro-Mikro-Verbindung).
5. Je höher die strukturelle Desorganisation einer Nachbarschaft, desto höher die Delinquenzbelastung der Nachbarschaft (Makro-Makro-Verbindung).
6. Die Effektstärke *indirekter externaler* Kontrolle auf Kriminalität variiert mit dem Grad der Desorganisation der Nachbarschaft.

3. Datengrundlage

Die Auswertungen beziehen sich auf die westdeutsche Großstadt Duisburg und stützen sich zum einen auf amtliche Strukturdaten der Stadt, die vom Amt für Stadtforschung, Statistik und Europaangelegenheiten für die 46 Duisburger Ortsteile zur Verfügung gestellt wurden.[10] Zum anderen stammen sie aus der von der Deutschen Forschungsgemeinschaft geförderten Studie „Kriminalität in der modernen Stadt (kurz: CRIMOC)".[11]

CRIMOC ist eine in den westdeutschen Städten Münster und Duisburg durchgeführte Längsschnittuntersuchung, bei der Schülerinnen und Schüler im Jugendalter jährlich zu ihrem delinquenten Verhalten befragt wurden. Die Studie analysiert kriminelles Handeln im Lebensverlauf. Bei ihrer Konzeption handelt es sich um ein kombiniertes Kohorten- und Paneldesign. Neben der Beobachtung ein und desselben Jahrgangs über vier beziehungsweise acht Jahre (in Münster von 2000–2004, in Duisburg von 2002–2009) sind Vergleiche zwischen den Geburtskohorten in den jeweiligen Klassenstufen möglich.

In Duisburg begann die langfristig angelegte Paneluntersuchung Anfang 2002 mit einer angestrebten Vollerhebung der siebten Klassen. Die Siebtklässler aus 2002 wurden in den Jahren 2003 bis 2009 erneut interviewt. Die schriftlichen Befragungen wurden zunächst im Klassenverband durchgeführt. Aufgrund der Beendigung der Schulzeit der Jugendlichen begann schrittweise die Umstellung auf einen postalischen Befragungsmodus. Die Schülerinnen und Schüler wurden aufgefordert, für 16 Gewalt-, Sachbeschädigungs-, Eigentums- und Drogendelikte anzugeben, ob sie diese jemals begangen hatten und wenn ja, wie oft in den letzten zwölf Monaten. Neben den verschiedenen Deliktformen und den Tathäufigkeiten wurden die Schülerinnen und Schüler um Auskunft zu persönlichen und sozialen Merkmalen gebeten.

Im Lebensverlauf wird die Verbreitung von Gewaltdelikten in der achten Klasse – die Jugendlichen sind dann durchschnittlich 14 Jahre alt – am häufigsten berichtet. Bereits in der neunten Klasse konnte bei den untersuchten Gewaltdelikten ein Rückgang der Täteranteile für die jeweils letzten zwölf Monate festgestellt werden. Insgesamt kann CRIMOC bisher zeigen, dass der größte Teil der Jugenddelinquenz im Kontext der Normsozialisation entwicklungstypisch zu sein scheint. Diese Entwicklung kann mit zwei Merkmalen beschrieben werden: Ubiquität und Spontanbewährung. Bei leichten und mittelschweren Delikten ist Jugendkriminalität zu Beginn der Adoleszenz weit verbreitet. Dabei handelt es sich jedoch um eine Episode, denn die Straftaten Heranwachsender nehmen ohne formelle Kontrollinterventionen überwiegend von allein wieder ab (Boers et al. 2006: 68ff.).

In diesem Beitrag werden die Angaben der Duisburger Kohorte der Siebtklässler aus 2002 in den Querschnittsdatensätzen von 2002 bis 2007 untersucht.

---

[10] Besonderer Dank gilt dabei Herrn Roland Richter für seine wiederholte sehr hilfreiche Kooperation hinsichtlich des Datentransfers.
[11] Vgl. für eine ausführliche Projektvorstellung u. a. Boers und Reinecke 2007, Pöge und Wittenberg 2007, Boers et al. 2009. Das Projekt stellt sich im Internet unter http://www.uni-bielefeld.de/soz/krimstadt vor.

4. Klassifikation Duisburger Ortsteile

Die Klassifikationsanalyse dient dazu, die Duisburger Ortsteile anhand der fünf strukturellen Merkmale sozialer Desorganisation in homogene Gruppen zu unterteilen, die Grundlage der weiteren Analysen zur Prüfung der sechs formulierten Hypothesen sein sollen.

Die Sozialraumanalyse ist ein Verfahren zur Klassifikation von städtischen Teilgebieten. Anders ausgedrückt: Sie fasst Typen von Stadtgebieten zu Gruppen ähnlicher Objekte zusammen. Dabei sind weniger geografisch aneinander grenzende als vielmehr hinsichtlich ihrer Bevölkerungsmerkmale und Landnutzungsarten vergleichbare Gebietseinheiten von Interesse. Überlicherweise sind Aggregatdaten für administrativ abgegrenzte städtische Einheiten die Datenbasis der Sozialraumanalyse (Friedrichs 1977: 197, Schad und Graß 1988: 2ff., 14f.). Ende der 1990er Jahre hat Friedrichs (1997: 16f.) die klassischen Indikatoren der Sozialraumanalyse anhand von Überlegungen zu vorherrschenden sozialen Phänomenen für Deutschland überarbeitet und aktualisiert. Sein Katalog mit den wichtigsten Daten für eine vergleichende Stadtforschung umfasst vier Merkmalsklassen, nämlich Bevölkerungsmerkmale, Indikatoren zur Erwerbstätigkeit und sozialen Sicherung, Wohnungsmerkmale und Umgebungsmerkmale. Obgleich spezifische Wohnungsmerkmale ausgespart bleiben, erscheinen die fünf strukturellen Merkmale sozialer Desorganisation als hinreichend, um auch heute noch städtische Gebiete in Deutschland umfassend zu beschreiben. Das Duisburger Stadtgebiet soll in Anlehnung an das Vorgehen aktueller Sozialraumanalysen (Häußermann und Kapphan 1998: 89–93, 130f., Strohmeier et al. 2001: 43ff., Urban und Weiser 2006: 73ff., 78ff., 173ff.) zu idealtypischen Gruppen zusammengefasst werden, die sich in Bezug auf strukturelle Desorganisation grundsätzlich und über die Zeit stabil voneinander unterscheiden. Auf diese Weise soll die Varianz zwischen den Ortsteilen maximiert werden, um intern homogene, aber in deutlichem Kontrast zueinander stehende Stadtgebiete untersuchen zu können.

Zur Operationalisierung der fünf strukturellen Merkmale, die für die Beschreibung sozialer Desorganisation von Bedeutung sind, wird auf die amtlichen Daten der Stadt Duisburg für die 46 Duisburger Ortsteile zurückgegriffen.[12]

Weil die Angaben zur selbst berichteten Delinquenz bei CRIMOC sich auf die letzten zwölf Monate vor der Erhebung beziehen, werden aus Gründen der Vergleichbarkeit die strukturellen Merkmale für das jeweilige Bezugsjahr, also das Jahr vor dem Erhebungszeitpunkt, erfasst. Wenn benötigte Daten für ein bestimmtes Jahr nicht zur Verfügung standen, wurden sie für das am nächsten liegende Jahr einbezogen. Tabelle 2 gibt darüber Aufschluss, welche amtlichen Strukturdaten aus welchem Jahr für den Untersuchungszeitraum von 2001 bis 2006 vorhanden waren. Wenn zwei Variablen eines zu untersuchenden Jahres

---

[12] Friedrichs (1997: 25) empfiehlt die Gebietseinheit Baublöcke als Basis von Sozialraumanalysen, weil diese den Ansprüchen von Kleinräumigkeit und interner Homogenität am ehesten entsprechen. Demnach wäre die Einheit Ortsteil zu großräumig. Da sich jedoch die Angaben aus der Duisburger Schülerbefragung auf die Ebene der Ortsteile beziehen und die Stadt Duisburg erst neuerdings die wichtigsten Bevölkerungsdaten für die kleinräumigeren 106 Wohnquartiere aufbereitet, liegen den folgenden Analysen die 46 Ortsteile zu Grunde.

sehr hoch miteinander korrelieren ($r > 0,8$ beziehungsweise $r < -0,8$) und auf ähnliche Weise, wie hier über Bevölkerungsstatistiken, gemessen werden, ist eine der beiden Variablen redundant. Deswegen wurden zunächst einige Strukturmerkmale aus dem Datensatz entfernt.[13]

Tabelle 2: Referenzzeitpunkte der ausgewählten amtlichen Strukturdaten für die Jahre 2001 bis 2006

	Indikator	**Bezugsjahr**
Sozialer Status	Verfügbares Einkommen[a]	2001
	Arbeitslose[b]	2001 - 2006
	Hilfe zum Lebensunterhalt[c]	2001 - 2006
Heterogenität	Anteil Deutsche	2001 - 2006
	Anteil Türken	2001 - 2006
	Anteil Sonstige Nationalitäten[d]	2001 - 2006
	Ausländeranteil	2001 - 2006
	Migrationshintergrund[e]	2005, 2006
Mobilität	Wanderungsbewegung[f]	2001 - 2006
	Niedrige Wohnstabilität[g]	2001 - 2006
	Hohe Wohnstabilität[h]	2001 - 2006
Urbanisierungsgrad	Einwohner je Hektar	2001 - 2006
Familiärer Verfall	Haushalte allein Erziehender in %	2005

[a] Verfügbares Einkommen je Steuerfall
[b] Arbeitslose je 1.000 Einwohner (15 bis unter 65 Jahre)
[c] Prozent Hilfe zum Lebensunterhalt (0 bis unter 65 Jahre). Für 2005 und 2006 beziehen sich die Angaben auf die Empfänger von Transferleistungen nach dem Sozialgesetzbuch II. Das sind alle erwerbsfähigen Hilfebedürftigen von Arbeitslosengeld II (Zusammenführung von Arbeitslosenhilfe und Sozialhilfe seit dem 01.01.2005) und alle nicht erwerbsfähigen Hilfebedürftigen zwischen 0 und 65 Jahren (Empfänger von Grundsicherung).
[d] Der Anteil sonstiger Nationalitäten umfasst alle Einwohner, die weder deutsch noch türkisch sind. Nicht deutsche und nicht türkische Personen wurden entsprechend zusammengefasst, weil die amtliche Statistik nicht nach allen Nationalitäten aufschlüsselt, so dass sie nicht vollständig separat vorliegen. Türken wiederum sind die größte in Duisburg lebende ausländische Bevölkerungsgruppe.
[e] Neben der ausländischen Bevölkerung sind alle Deutschen mit einem zweiten Pass, alle Eingebürgerten und alle deutschen Kinder mit mindestens einem ausländischen Elternteil berücksichtigt. Dies entspricht der Datenlage für Duisburg.
[f] Zu- und Fortzüge pro 1.000 Einwohner (ohne Binnenumzüge)
[g] Anteil der Einwohner mit niedriger Wohnstabilität (0 bis unter 2 Jahre Wohndauer)
[h] Anteil der Einwohner mit hoher Wohnstabilität (10 und mehr Jahre Wohndauer)

Bevor die eigentliche Klassifikation durchgeführt werden konnte, mussten die zu berücksichtigenden Variablen transformiert und gewichtet werden. Dies ist nach Bacher (1996: 154f.) notwendig, weil die Variablen nicht in derselben Skaleneinheit gemessen werden und sie latente Dimensionen abbilden könnten, die aufgrund der Anzahl ihrer potentiellen Indikatoren bei einer Klassifikation möglicherweise über oder unterrepräsentiert wären, was verzerrte Ergebnisse liefern würde. Deswegen wurden die genannten Variablen explorativen Faktorenanalysen (Hauptachsenanalysen, rechtwinklige Rotation) mit den üblichen Kriterien (Kaiser-Meyer-Olkin Kriterium; Kommunalitäten $\geq 0,4$; Eigenwerte ≥ 1) unterzogen (Backhaus et al. 2006: 259ff., Bortz 2005: 511ff.), anschließend standardisiert und mit der eigenen Faktorladung gewichtet. Die Gewichtung der z-Werte wurde vorgenommen, weil

---

[13] Das waren in Einzelnen die Variablen Arbeitslose (2001–2006), Deutsche (2001–2006), Türken (2001–2006), Sonstige Nationalitäten (2001, 2004–2006), Migrationshintergrund (2001–2006), Niedrige Wohnstabilität (2002–2006) und Hilfe zum Lebensunterhalt (2004–2006).

hier diejenigen Ortsteile von Interesse sind, die strukturelle Desorganisation eindimensional abbilden.[14]

Die Faktorenanalysen der Kontextdaten extrahieren für jedes Bezugsjahr einen Faktor, der mit Ausnahme des Urbanisierungsgrades (Einwohner je Hektar) alle wichtigen Dimensionen struktureller Desorganisation einbezieht. Faktorladungen und Reliabilitäten können in Tabelle 3 nachgelesen werden.

Tabelle 3: Faktorladungen (λ_x) struktureller Desorganisation und Reliabilitäten in den Jahren 2001–2006

	2001 λ_x	2002 λ_x	2003 λ_x	2004 λ_x	2005 λ_x	2006 λ_x
Verfügbares Einkommen	-0,841	-0,731	-0,732	-0,772	-0,776	-0,761
Hilfe zum Lebensunterhalt	0,955	0,873	0,898	-	-	-
Ausländer	0,807	0,856	0,834	0,925	0,928	0,942
Sonstige Nationalitäten	-	0,833	0,812	-	-	-
Wanderungsbewegung	0,674	0,816	0,800	0,690	0,694	0,766
Hohe Wohnstabilität	-	-0,698	-0,741	-0,762	-0,771	-0,799
Haushalte allein Erziehender	0,746	0,659	0,645	0,663	0,655	0,644
Cronbach's α	0,901	0,916	0,916	0,873	0,875	0,887

Zur Klassifikation der 46 Duisburger Ortsteile in möglichst homogene Gruppen wurden deterministische Clusteranalysen nach dem Wardverfahren angewendet. Jeder Ortsteil sollte am Ende nur einem Cluster angehören. Ziel des Wardverfahrens ist es, die Varianz innerhalb der Cluster möglichst wenig zu erhöhen (Backhaus et al. 2006: 522, Bacher 1996: 141, 147). Datengrundlage sind die mit ihrer Faktorladung gewichteten z-standarsisierten Variablen (siehe Tabelle 3). Als Proximitätsmaß wurde die Quadrierte Euklidische Distanz verwendet (Backhaus et al. 2006: 503f.). Die Bestimmung der Clusterzahl erfolgte zum einen anhand der Zunahme der Fehlerquadratsumme (FQS), zum anderen kann beim Wardverfahren über die Fehlerquadratsumme der Anteil der durch die Cluster erklärten Varianzen (R^2) bestimmt werden (Bacher 1996: 159). Wie der Abbildung 1 zu entnehmen ist, ist der Distanzzuwachs in 2001, 2002 und 2003 besonders hoch, wenn drei Cluster zu zwei Clustern verschmolzen werden (Elbow-Kriterium). Danach wäre eine 3-Cluster-Lösung zu bevorzugen. In 2001 erklärt diese 3-Cluster-Lösung 66,4 % der Gesamtvarianz der Variablen, in 2002 60 % und in 2003 63,6 %. In 2005 und 2006 steigt die Zunahme der Fehlerquadratsumme ebenfalls sprunghaft an, wenn drei Cluster zu zwei Clustern verschmolzen werden. Wiederum rund 60 % (in 2005 58,9 % und in 2006 61,0 %) der Gesamtvarianz der in die Klassifikation einbezogenen Variablen können in beiden Jahren durch die drei Cluster erklärt werden. In 2004 wäre aufgrund der Beurteilung des Distanzzuwachses eher eine 4-Cluster-Lösung als eine 3-Cluster-Lösung zu bevorzugen. Die 4-Cluster-Lösung unterscheidet sich von der 3-Cluster-Lösung jedoch nur dahingehend, dass sie die im ersten Clus-

---

[14] Alle in diesem Abschnitt erwähnten Analysen wurden mit dem Statistikprogramm SPSS durchgeführt.

ter zusammen gefassten Ortsteile im Gegensatz zu den Lösungen der anderen Jahre noch einmal aufsplittet. Für jedes Bezugsjahr wird schließlich die 3-Cluster-Lösung präferiert.

Abbildung 1: Entwicklung der Fehlerquadratsumme je Clusteranzahl in den Bezugsjahren 2001 bis 2006

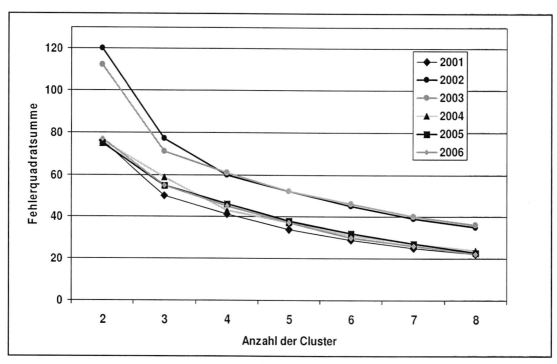

Um eine idealtypische und stabile Klassifikation zu erreichen, die für den gesamten Untersuchungszeitraum von 2001 bis 2006 gilt, wurden die Duisburger Ortsteile zu stabilen Clustern zusammengefasst. Über die Zeit verschiedenen Clustern zugeordnete Ortsteile wurden dabei nicht berücksichtigt, weil durch ihren Ausschluss die Varianz zwischen den Gebietsgruppen maximiert werden kann.[15] In ein robustes zeitstabiles Cluster wurden nur diejenigen Ortsteile aufgenommen, die bei den jährlichen Klassifikationen immer demselben Cluster zugeordnet worden waren. Diese stabile Klassifikation über einen Zeitraum von sechs Jahren führt dem ersten Cluster 13, dem zweiten Cluster sechs und dem dritten Cluster zwei

---

[15] Das bedeutet auch, dass Stadtteile, in denen Entwicklungstrends zu beobachten sind, bewusst aus den weiteren Analysen ausgeschlossen wurden.

Ortsteile zu.[16] Die externe Validierung der gefundenen stabilen Clusterlösung wurde durch einen ortskundigen Experten der Stadt Duisburg vorgenommen.

Tabelle 4: Beschreibung der stabilen Clusterlösung für die Jahre 2001 bis 2006*

	Duisburg**	Cluster 1	Cluster 2	Cluster 3	F	p	η^2
Verfügbares Einkommen	27.250	31.738	25.817	21.650	19,4	0,000	0,683
Arbeitslose	10,3 %	5,5 %	9,7 %	16,5 %	48,2	0,000	0,843
Hilfe zum Lebensunterhalt	10,1 %	3,1 %	9,3 %	19,1 %	82,8	0,000	0,902
Deutsche	85,4 %	94,5 %	81,2 %	56,0 %	74,2	0,000	0,892
Türken	8,5 %	2,4 %	12,7 %	28,4 %	18,7	0,000	0,676
Sonstige Nationalitäten	6,5 %	3,2 %	6,4 %	17,4 %	38,1	0,000	0,809
Ausländer	14,7 %	5,6 %	18,9 %	44,0 %	76,1	0,000	0,894
Migrationshintergrund	30,9 %	14,4 %	34,7 %	74,2 %	45,9	0,000	0,836
Wanderungsbewegung	159	118	172	245	43,3	0,000	0,823
Hohe Wohnstabilität	5,7 %	4,6 %	6,3 %	9,8 %	10,6	0,001	0,542
Niedrige Wohnstabilität	67,6 %	70,6 %	67,4 %	55,6 %	13,3	0,000	0,597
Einwohner je Hektar	30,4	18,5	25,4	37,3	2,0	0,162	0,183
Haushalte allein Erziehender	5,8 %	4,6 %	5,7 %	7,0 %	17,0	0,000	0,654

*Die Beschreibung der Cluster basiert auf den Mittelwerten der Kontextdaten für die Bezugsjahre 2001–2006.
**Die Angaben für Duisburg gesamt beziehen sich auf alle 46 Ortsteile.

Tabelle 4 dient zur umfassenden inhaltlichen Beschreibung der ermittelten zeitstabilen 3-Cluster-Lösung über die Jahre 2001 bis 2006. Die drei Cluster unterscheiden sich mit einer Ausnahme (Einwohner je Hektar) durchgehend signifikant voneinander (siehe F−Werte mit p−Werten) und der Anteil der erklärten Gesamtvarianz durch die Unterschiede zwischen den Gruppen (η^2) ist mit derselben Ausnahme bei allen Variablen größer oder gar deutlich größer als 0,5. Der Urbanisierungsgrad gemessen an den Einwohnern je Hektar kann mit dem extrahierten Faktor strukturelle Desorganisation nicht abgebildet werden und bezieht sich daher nicht auf diese Dimension sozialräumlicher Differenzierung, zu der alle anderen in der Theorie genannten Strukturmerkmale von Desorganisation gezählt werden können. In Folge dessen wurde die Variable Einwohner je Hektar in den Klassifikationsanalysen nicht aufgenommen.

Bei den 13 Ortsteilen, die dem ersten Cluster zugeordnet werden können, handelt es sich ausschließlich um Ortsteile am Stadtrand beziehungsweise im Stadtbezirk Süd. Diese Ortsteile werden zu 94,5 % von Deutschen bewohnt. Die Einkommen ihrer Bewohner liegen über dem städtischen Durchschnitt, der Anteil an Arbeitslosen und Sozialhilfeempfängern ist vergleichsweise niedrig. Wanderungen weisen das niedrigste Niveau auf und der Anteil

---

[16] Das Cluster 1 vereint die Ortsteile Alt-Walsum,Wehofen, Baerl, Bergheim, Rumeln-Kaldenhausen, Buchholz,Wedau, Bissingheim, Mündelheim, Ungelsheim, Huckingen, Großenbaum und Rahm. In Cluster 2 werden Fahrn, Neudorf-Nord, Neudorf-Süd, Hochemmerich, Friemersheim und Hüttenheim zusammengefasst. Cluster 3 besteht aus den Ortsteilen Bruckhausen und Hochfeld. Die restlichen 25 Ortsteile fallen durch die vorgenommene Klassifikation und Zusammenfassung aus den weiteren Analysen heraus.

der Bewohner mit hoher Wohnstabilität ist im Vergleich zu den Ortsteilen der anderen beiden Cluster am größten. Auch leben in den dem ersten Cluster zugeschriebenen Gebieten seltener allein Erziehende als anderswo.

Die sechs Ortsteile, die im zweiten Cluster vereint werden, befinden sich mit einer Ausnahme südlich der Ruhr. Die Einkommen liegen knapp unter dem städtischen Durchschnitt, tendenziell entspricht der Anteil der Arbeitslosen und Sozialhilfeempfänger dem Duisburger Mittel. Rund ein Drittel der Bevölkerung hat Migrationshintergrund und acht von zehn Einwohnern besitzen die deutsche Staatsangehörigkeit. Die zweitgrößte Nationalitätengruppe sind mit Abstand Türken, deren Anteil an der Bevölkerung doppelt so hoch ist wie der der sonstigen Nationalitäten. Die Mobilität der Menschen entspricht in etwa der durchschnittlichen Mobilität von Duisburg. In den dem zweiten Cluster zugeschriebenen Gebieten werden ebenfalls durchschnittlich viele Haushalte allein Erziehender gezählt.

Die beiden Ortsteile des dritten Clusters weisen während der berücksichtigten Sechsjahresperiode alle hier extrahierten Merkmale struktureller Desorganisation auf. Die durchschnittlichen Einkommen der mit verschiedenen Nationalitäten stark durchmischten Gebiete sind dort am niedrigsten, fast drei Viertel der Bevölkerung verfügen über Migrationshintergrund. Hier gibt es die meisten Zu- und Fortzüge und besonders wenige Bürgerinnen und Bürger wohnen seit zehn und mehr Jahren in einem der beiden Ortsteile. Darüber hinaus unterscheiden sie sich durch den größten Anteil an Haushalten allein Erziehender von den anderen Gebieten der Stadt.[17]

5. Operationalisierung von Wohnort, selbst berichteter Gewalt und informeller Sozialkontrolle

Voraussetzung für Auswertungen nach dem Herkunftsortteil ist dessen korrekte Angabe bei der schriftlichen Befragung. Den Schülerinnen und Schülern wurde mit dem Fragebogen ein Stadtplan Duisburgs vorgelegt, auf dem die 46 Ortsteile eingezeichnet und namentlich benannt waren. Darüber hinaus war auf diesem Plan jedem Ortsteil eine Nummer zugewiesen, die als Antwort auf die Frage »In welchem Stadtteil wohnst du?« im Fragebogen vermerkt werden sollte. Diese Abfrage nach dem Wohnort bereitete den Jugendlichen keine größeren Schwierigkeiten.[18]

---

[17] Ortsteile, für die keine zeitstabile Klassifikation gefunden werden konnte, befinden sich vornehmlich im Norden und Zentrum Duisburgs. Im Zeitverlauf werden diese Ortsteile dem ersten oder zweiten beziehungsweise dem zweiten oder dritten Cluster zugeordnet, sie sind mit anderen Worten „Grenzgänger" zwischen zwei Gebietstypen.

[18] In den ersten beiden Erhebungsjahren machte etwa jeder zehnte Jugendliche keine Angabe zum Wohnort bzw. zum Ortsteil. In Jahr 2002 waren dies 11,4 %, im Jahr 2003 13,1 %. Tendenziell haben die befragten Jugendlichen die Frage zum Ortsteil mit steigendem Alter immer häufiger beantwortet (5,7 % in 2004 keine Angabe, 4,4 % in 2005 und 2,9 % in 2007). Der dieser Entwicklung widersprechende, hohe Prozentsatz fehlender Angaben im Jahr 2006 (9,8 %) ist vermutlich auf den großen Anteil der Berufskollegschüler zurück zu führen, die einmalig an der Befragung teilgenommen haben (vgl. ausführlicher Bentrup 2007: 12f.). Oberwittler (2003a) erhebt in seiner Kölner und Freiburger Studie die Raumangaben anhand eines einem Postleitzahlenbuch ähnlichen Adressverzeich-

Die hier zentrale abhängige Variable *Gewalt* bezieht sich auf den Gewalttäteranteil und umfasst vier Delikte (Raub, Handtaschenraub, Körperverletzung mit Waffe, Körperverletzung ohne Waffe). Die Jugendlichen gaben an, ob sie in den vergangenen zwölf Monaten diese Delikte begangen hatten Die ermittelte Prävalenzrate besagt, wie viel Prozent der Befragten mindestens ein Gewaltdelikt ausübten.

Direkte internale Kontrolle (Moral) wird über eine fünfstufige Likert-Skala (von „trifft gar nicht zu" bis „trifft völlig zu") erfasst. Die Fragestellung lautete: „Im Folgenden findest du einige Gründe, weshalb man besser keine Straftaten, wie z. B. Diebstahl, Raub, Erpressung oder Körperverletzung, begehen sollte. Bitte gib an, wie sehr du persönlich diesen Aussagen zustimmst. Straftaten sollte man besser nicht begehen, weil ..." Die einzelnen Antwortitems können in Tabelle 5 nachgelesen werden.

Tabelle 5: Antwortitems direkte internale Kontrolle

Itemabkürzung	Antwortformulierung
t0720	... man ja doch meistens erwischt wird.
t0721	... man das eben einfach nicht tun soll.
t0722	... es wichtig ist, die Gesetze zu beachten.
t0723	... es wichtig ist, die Regeln zu beachten, die auch andere beachten.
t0724	... es wertvoll ist, ein gutes Gewissen zu haben.
t0725	... man anderen schadet, die nicht dafür können.
t0726	... es wichtig ist, anderen (z. B. Kindern) mit gutem Beispiel voranzugehen.
t0727 .	... ich mir selbst dabei schade.
t0728	... die mögliche Strafe einfach zu hoch ist.
t0729	... man mit Straftaten dem Ansehen der Familie schadet.

Indirekte externale Kontrolle (Bindungen) bezieht sich hier ausschließlich auf die Bindungen an die Eltern. Starke Bindungen zu den Eltern werden angenommen, wenn die befragten Jugendlichen ihren Eltern Einfühlungsvermögen bescheinigen und die Qualität der Eltern-Kind-Beziehung hoch ist. Es wird davon ausgegangen, dass bei Zustimmung zu diesen Komponenten einer authoritativen empathischen Beziehung enge Bindungen an die Eltern vorliegen. Die Operationalisierung erfolgt über die Frage „Kreuze bitte an, wie oft das Folgende zu Hause in deiner Familie in den letzten 12 Monaten vorgekommen ist." mit fünf Antwortkategorien von „nie" bis „sehr oft". Die Anwortitems in Bezug auf „Meine Mutter bzw. mein Vater hat ..." sind in Tabelle 6 dargestellt.

---

nisses, das jeder Adresse eine Stadtviertelnummer ausweist. Während diese Codierung in den 8. Klassen von den Interviewern am Ende der Befragung mit der Frage nach der Wohnadresse vorgenommen wurde, erledigten dies die Befragten in Klasse 9 und 10 teilweise eigenständig. Die Frage wurde in Köln von nur 1,6 % der Jugendlichen nicht beantwortet, 1,9 % machten ungültige Angaben. Eine Validierung der Angaben zum Stadtviertel ergab, dass rund 80 % der Jugendlichen den Namen des größeren Stadtviertels kennen, in dem sie leben, zum Beispiel Köln-Ehrenfeld (vgl. Oberwittler 2003a: 32). Obwohl die Methode der Erfassung des genauen Wohnortes in der dieser Analyse zugrunde liegenden Studie mit der von Oberwittler nicht identisch ist, kann darauf geschlossen werden, dass die Zuordnung valide ist, denn die 46 Duisburger Ortsteile entsprechen größeren Gebietseinheiten, vergleichbar mit Köln-Ehrenfeld.

Tabelle 6: Antwortitems indirekte externale Kontrolle

Itemabkürzung	Antwortformulierung
e0001	... mich gelobt, wenn ich etwas besonders gut gemacht habe.
e0003	... mich beruhigt, wenn ich Angst hatte.
e0004	... mir ruhig erklärt, wenn ich etwas falsch gemacht hatte.
e0006	... mich unterstützt, wenn ich mit anderen Ärger hatte.
e0008	... mich getröstet, wenn ich traurig war.
e0030	... sich um mich gekümmert.

6. Beschreibung der Stichprobe

Die Beschreibung der Stichprobe bezieht sich auf die von 2002 bis 2007 vorliegenden Querschnittsdaten der von CRIMOC befragten Kohorte der Siebtklässler aus 2002. Der Einfachheit halber wurden dazu Mittelwerte über die jeweiligen Querschnittsdatensätze berechnet (siehe Tabelle 7).

Tabelle 7: Stichprobenbeschreibung nach stabiler 3-Cluster-Lösung für die Querschnittsdatensätze 2002–2007: Kohorte Jahrgang 7 aus 2002

	2002–2007	Duisburg*	Cluster 1	Cluster 2	Cluster 3
Kohorte Jahrgang 7	N	3.105	651	288	167
	Weiblich	51,6 %	49,8 %	50,3 %	49,4 %
	Deutsch	58,2 %	78,7 %	64,6 %	31,5 %

*Die Angaben für Duisburg beziehen sich auf alle 46 Ortsteile.

Insgesamt liegen in den Jahren 2002 bis 2007 jeweils von 3.105 Schülerinnen und Schülern der Kohorte der Siebtklässler gültige Angaben zu ihrem Ortsteil innerhalb Duisburgs vor, wodurch sie in die folgenden Analysen einbezogen werden konnten. Die Verteilung der Zahl der Jugendlichen pro Cluster ist erwartungsgemäß ungleich, weil die Cluster unterschiedlich viele Ortsteile vereinen. So sind die Angaben von im Mittel 651 Jugendlichen aus Cluster 1, 288 Jugendlichen aus Cluster 2 und nur 167 Jugendlichen aus dem dritten Cluster zu untersuchen. Die Geschlechterverteilung ist in allen drei Clustern ausgewogen. Der Anteil der deutschen Jugendlichen beträgt in Cluster 1 mehr als drei Viertel (78,7 %), im zweiten Cluster sinkt der relative Anteil Deutscher auf 64,6 % und in den beiden Ortsteilen des dritten Clusters sind nur 31,5 % der von CRIMOC befragten Jugendlichen deutsch.[19]

---

[19]Als „deutsch" werden jene Jugendlichen eingestuft, bei denen keines der von CRIMOC erfassten Merkmale Hinweise auf eine ausländische Herkunft gab. Die Duisburger Schüler wurden nach der eigenen aktuellen Staatangehörigkeit, dem Geburtsland und der Staatsangehörigkeit ihrer Eltern sowie den zu Hause gesprochenen Sprachen gefragt. Einzelne Angaben wurden jedoch nicht in jedem Erhebungsjahr erfasst. Wenn mindestens eines der genannten Kriterien auf eine ausländische Herkunft hindeutete, wurden diese Jugendlichen in der Kategorie nicht deutsch zusammengefasst.

7. Gewalttäterschaft nach Clustern

In der achten Klasse berichten die meisten Jugendlichen, in den vergangenen zwölf Monaten Gewaltdelikte begangen zu haben. Gewalt ist zu diesem Zeitpunkt im Alters- und Entwicklungsverlauf am weitesten verbreitet. Ab der neunten Klasse kann bereits ein Rückgang der Täteranteile bei Gewalttaten festgestellt werden. Tabelle 8 gibt den prozentualen Anteil der Gewalttäter nach Cluster in jedem Erhebungsjahr an. Die Beschreibung der Entwicklung der Gewalttäterschaft bestätigt sich, wenn nur in Duisburg wohnende Jugendliche untersucht werden. Im zeitlichen Trend über die sechs Erhebungszeitpunkte berichten diese Jugendlichen im Alter von 14 Jahren am häufigsten – knapp jeder fünfte Jugendliche –, Täter eines Gewaltdelikts gewesen zu sein. Nach dem 14. Lebensjahr nimmt der Gewalttäteranteil kontinuierlich ab und geht im Alter 18 bis auf 6 % zurück.

Tabelle 8: Gewaltprävalenzraten (in %) nach stabiler Clusterlösung in den Erhebungsjahren 2002–2007: Kohorte Jahrgang 7 aus 2002

Jahr	Alter	Duisburg*	Cluster 1	Cluster 2	Cluster 3	χ^2 Gesamt	p	χ^2 Cluster 1 vs. 3	p
2002	13	15,0	16,0	14,7	18,1	0,754	0,686	0,362	0,548
2003	14	19,1	18,3	19,2	19,4	0,150	0,928	0,096	0,756
2004	15	15,3	**12,2**	15,9	**18,8**	5,548	0,062	4,746	**0,029**
2005	16	13,1	13,8	14,9	15,0	0,264	0,876	0,143	0,705
2006	17	9,8	9,4	11,1	13,1	2,670	0,263	2,503	0,114
2007	18	6,0	6,0	6,8	7,7	0,694	0,707	0,654	0,419

*Die Angaben für Duisburg beziehen sich auf alle 46 Ortsteile.

Lediglich mit den Daten des Querschnittsdatensatzes von 2004 lässt sich eine signifikant differierende Prävalenzrate zwischen den ermittelten Clustern feststellen. Unabhängig vom Erhebungszeitpunkt unterscheiden sich alle anderen Gewalt-Prävalenzraten nach Clustern nicht signifikant voneinander. 12,2 % der Jugendlichen aus den Ortsteilen des ersten Clusters berichteten in 2004, mindestens ein Gewaltdelikt während ihres 14. Lebensjahres begangen zu haben. Im strukturell desorganisierten Cluster 3 geben dagegen 18,8 % der Jugendlichen mindestens ein Gewaltdelikt für die vergangenen zwölf Monate an. In Cluster 2 liegt der Gewalttäteranteil im Erhebungsjahr 2004 mit 15,9 % auf dem durchschnittlichen Niveau der gesamten Stadt. Der χ^2-Test auf statistische Unabhängigkeit in Kreuztabellen zeigt einen signifikanten Unterschied in der Prävalenz an, aber nur dann, wenn die Angaben der Jugendlichen aus Cluster 1 und 3 einander gegenüber gestellt werden (p = 0,029). Unter Berücksichtigung der Jugendlichen aus Cluster 2 ist keine statistische Unabhängigkeit belegbar (p = 0,062).

8. Simultaner Vergleich des Makro-Mikro-Makro-Modells nach Clustern

Um die Frage zu klären, ob es zwischen den drei gefundenen Clustern Niveauunterschiede informeller sozialer Kontrolle gibt, wurden alle drei Cluster gleichzeitig in einem Modell mit den Daten des Erhebungsjahres 2004 untersucht. Mit einer konfirmatorischen Faktorenanalyse wurde ein Messmodell der latenten Dimensionen direkte internale Kontrolle und indirekte externale Kontrolle im simultanen Vergleich für die drei Clustergruppen geschätzt. Die Mittelwerte sind dabei berücksichtigt worden.[20]

Anschließend wurde im simultanen Gruppenvergleich ein Probitmodell spezifiziert (Probitmodell 1), dass das über alle Gruppen gleich gesetzte konfirmatorische Faktorenmodell[21] als erklärenden Part und den Gewalttäteranteil (Prävalenz) als zu erklärende Variable vereint. Die Probit-Regressionskoeffizienten, also die Effekte der beiden unabhängigen latenten Dimensionen direkte internale Kontrolle und indirekte externale Kontrolle auf die abhängige Variable, sind simultan für jedes Cluster berechnet und zusammen mit den thresholds[22] in dem so genannten Probitmodell 1 ebenfalls über die drei Cluster gleich gesetzt worden.[23]

Das Probitmodell 1 erzeugt sehr zufrieden stellende Anpassungswerte an die empirischen Daten (CFI = 0,998; RMSEA = 0,013; siehe Tabelle 10).[24]

---

[20] Die Analysen erfolgten mit dem Softwarepaket Mplus (Muthén und Muthén 1998–2006). Im Basismodell wurden alle Parameter über die Gruppen gleich gesetzt, das heißt, die Faktorladungen, die Residuen der Items, die Varianz-/Kovarianzstruktur der latenten Faktoren und die Mittelwerte der Items (Intercepts) erhalten über alle Gruppen dieselben Werte. Die Mittelwerte (Intercepts) der Faktoren wurden aus Gründen der Identifikation des Modells in der ersten Gruppe gleich Null gesetzt (Referenzgruppe), denn sie sind nicht direkt, sondern nur als Mittelwertdifferenzen zur Referenzgruppe schätzbar (Reinecke 2005: 152f., 160, siehe auch Muthén und Muthén 1998–2006: 63f.).

[21] Die im Basismodell angenommene Invarianz der Messmodelle über die Gruppen wurde getestet und konnte bestätigt werden. Darüber hinaus konnte das konfirmatorische Faktorenmodell vereinfacht werden, in dem die Varianz der beiden latenten Faktoren auch über die Faktoren gleich gesetzt worden ist. Auch diese Restriktion wurde getestet und führte zu keiner signifikanten Modellverschlechterung.

[22] Der threshold (auf deutsch Schwelle) gibt den Übergang von der Kategorie Nichttäter zur Kategorie Täter an. Die Wahrscheinlichkeit, dass ein Jugendlicher seine Täterschaft angeben wird, ist ab diesem Punkt größer als die Wahrscheinlichkeit, dass er angibt, kein Täter zu sein. An der Schwelle selbst liegt dieselbe Antwortwahrscheinlichkeit für Nichttäterschaft beziehungsweise Täterschaft vor (Rost 2004: 205f.).

[23] Via Full Information Maximum Likelihood Verfahren (FIML) wurde die Kovarianzstruktur unter Berücksichtigung der fehlenden Werte modellbasiert geschätzt (Reinecke 2005: 283, 288f., Schafer und Graham 2002: 163). Die Parameterschätzungen erfolgten mit dem WLSMV-Verfahren (Muthén und Muthén 1998–2006: 484), welches als Voreinstellung von Mplus verwendet wird und ein Probitmodell schätzt. Probit-Schätzungen können für gewöhnlich in Logit-Schätzungen umgewandelt werden, wenn man sie mit einem Faktor multipliziert. Normalerweise wird dafür ein Wert von $\pi/\sqrt{3} = 1,814$ angenommen (Liao 1994: 24f.).

[24] Als Goodness-of-Fit Statistiken der Modellanpassung werden im Folgenden die Werte des Root Mean Square Errors of Approximation (RMSEA) und des Comparative Fit Index (CFI) angegeben. Der RMSEA wird < 0,05, wenn die Diskrepanz der Kovarianzmatrix des Modells und der empirischen Kovarianzmatrix klein ist. Der CFI kann Werte zwischen 0 und 1 annehmen. Bei einem angepassten Modell sollte er möglichst nahe 1 liegen (Reinecke 2005: 120ff.).

Tabelle 9: Vergleich der Modellvarianten des Probitmodells nach dem multiplen Gruppenvergleich für das Erhebungsjahr 2004

Model	Cluster	N	χ^2	df*	χ^2_{Diff}	df^2_{Diff}	p	CFI	RMSEA
Probitmodel 1	1	649	4,494						
	2	297	3,554						
	3	165	7,895						
	$\sum$	1.111	15,943	15	–	–	–	0,998	0,013
Probitmodel 2	1	649	4,052						
+ y frei	2	297	3,217						
+ β_x frei	3	165	6.507						
	$\sum$	1.111	13,777	13	4,363	4	0,359	0,998	0,013

*Die Freiheitsgrade (df) werden für WLSMV-Schätzungen nach einer Formel berechnet, die bei Muthén (1998–2004: 20) nachgelesen werden kann.

In einem weniger restringierten Modell (Probitmodell 2) wurden die direkten Effekte der beiden unabhängigen latenten Faktoren auf die abhängige Variable Gewaltprävalenz – die Probit-Regressionskoeffizienten – und die thresholds (y) frei für jede Gruppe geschätzt. Mit diesem Modell wurde die im Probitmodell 1 angenommene Invarianz der Regressionskoeffizienten und der abhängigen Variable über die Gruppen getestet. Das Probitmodell 2 erzeugt mit einem CFI = 0,998 und einem RMSEA = 0,013 bei weniger Freiheitsgraden dieselben Anpassungswerte an die empirischen Daten wie das Probitmodell 1 (Tabelle 9). Der Chi-Quadrat Differenzen Test[25] kommt darüber hinaus zu dem Ergebnis, dass das restringiertere Probitmodell 1 nicht signifikant schlechter zu bewerten ist als das Probitmodell 2 (p = 0,3591; Tabelle 9). Deswegen wird das gruppeninvariante Probitmodell 1 dem Probitmodell 2 vorgezogen und im Folgenden analysiert.

Die Faktorladungen des Messmodells und der Anteil der erklärten Varianz der Items sind in Tabelle 10 zusammengestellt. Dieses Messmodell ist zwischen den drei gefundenen Clustern invariant. Der latente Faktor direkter internaler Kontrolle läd auf fünf (t0721, t0723, t0724, t0725 und t0726) der abgefragten zehn Items. Der latente Faktor indirekter externaler Kontrolle bezieht fünf von sechs Items ein (e0003, e0004, e0006, e0008 und e0030).[26]

---

[25] Bei einem Chi-Quadrat Differenzen Test werden die Differenzen der Chi-Quadrat Werte und der Freiheitsgrade von zwei hierarchischen Modellen miteinander verglichen. Mit jedem Freiheitsgrad weniger sollte die Differenz der Chi-Quadrat Werte zwischen Ausgangsmodell mit weniger Restriktionen und restringierterem Modell mindestens fünf Punkte betragen, damit von einer signifikanten Modellverbesserung gesprochen werden kann, der ein Signifikanzniveau von fünf Prozent zugrunde liegt (Reinecke 2005: 57). Bei WLSMV-Schätzungen können nach Satorra (2000) zwei Chi-Quadrat Werte allerdings nicht für einen Chi-Quadrat Differenzen Test benutzt werden, da die Differenz der Chi-QuadratWerte nicht χ^2-verteilt ist (Muthén und Muthén 1998–2006: 313). Der Chi-Quadrat Differenzen Test erfolgt dann in Mplus über das Abspeichern einer Zwischendatei (Muthén und Muthén 1998–2006: 314). Das genaue methodische Vorgehen kann bei Muthén (1998–2004: 19f.) nachgelesen werden.
[26] Da Gleichheit der latenten Faktorenmodelle zwischen den Clustern angenommen werden kann, wurden die Reliabilitäten der Faktoren mit den Angaben aller Befragten aus den Clustern und nicht einzeln für jedes Cluster berechnet. Für den Faktor direkte internale Kontrolle (Moral) ergibt sich eine Reliabilität von $\alpha = 0,901$. Der Faktor indirekte externale Kontrolle (Bindungen an die Eltern) weist eine Reliabilität von $\alpha = 0,834$ auf.

Tabelle 10: Faktorladungen (λx) und $R^2 x$ der manifesten Variablen über alle Cluster (standardisierte Werte in Klammern)

Itemabkürzung	λ_x	R^2_x
Faktor Moral		
t0721	1,000 (0,782)	0,611
t0723	1,063 (0,876)	0,768
t0724	0,989 (0,813)	0,622
t0725	0,932 (0,774)	0,599
t0726	0,872 (0,729)	0,532
Faktor Bindungen		
e0003	1,000 (0,759)	0,576
e0004	0,620 (0,562)	0,316
e0006	0,823 (0,674)	0,454
e0008	0,897 (0,747)	0,599
e0030	0,828 (0,779)	0,606

Sowohl die Varianz des Faktors direkte internale Kontrolle (Moral) als auch die Varianz des Faktors indirekte externale Kontrolle (Bindungen an die Eltern) sind in allen drei Clustern gleich groß und variieren auch nicht zwischen den beiden Faktoren (Tabelle 11). Mit anderen Worten ist die Streuung der latenten Dimensionen sowohl an sich als auch über die Gruppen hinweg identisch und mit z = 13,103 überzufällig von Null verschieden. Die Kovarianz der beiden latenten Dimensionen informeller Sozialkontrolle (Tabelle 11) fällt signifikant positiv aus (z = 8, 873). Das heißt, je mehr direkte internale Kontrolle (Moral) wahrgenommen wird, desto höher sind die selbst berichteten Bindungen an die Eltern (indirekte externale Kontrolle). Informelle Sozialkontrollen stehen somit in einem positiven Verhältnis zueinander.

Tabelle 11: Varianzen und Kovarianzen der latenten Faktoren (standardisierte Werte in Klammern)

	Moral	Bindungen
Moral	0,981 (1,000)	
Bindungen	0,407 (0,414)	0,981 (1,000)

In der hier vorzustellenden Modellvariante 1 wurden die *thresholds* (y) der abhängigen binären Variable Gewaltprävalenz gleich gesetzt (y = 1,068 mit z = 21,468). Dieses Modell, das sehr gut zu den empirischen Daten passt, nimmt also keine Unterschiede hinsichtlich der Gewaltprävalenz zwischen den Jugendlichen aus den drei Gruppen auf der Mikroebene an.

Tabelle 12 listet die Mittelwertdifferenzen der latenten Dimensionen der Cluster 2 und 3 zu den auf Null fixierten Werten der Referenzgruppe Cluster 1 auf. Die Unterschiede zwischen den Mittelwerten der Cluster 1 und 2 sowie 1 und 3 sind für direkte internale Kontrolle (Moral) nicht signifikant. Diese Kontrollform erreicht somit in allen drei Gruppen von Ortsteilen dasselbe Niveau und ist nicht, wie vermutet, in strukturell desorganisieren Ortsteilen niedriger. Entgegen den theoretischen Erwartungen wird des Weiteren von den Jugendlichen aus den im zweiten Cluster zusammen gefassten Ortsteilen eine höhere Bindung an ihre Eltern angegeben. Darüber hinaus sind die Bindungen von Heranwachsenden aus strukturell desorganisierten Gegenden (Cluster 3) nicht stärker oder schwächer als die von Heranwachsenden aus strukturell bevorzugte Stadtgebiete Duisburgs (Cluster 1).

Tabelle 12 Mittelwertdifferenzen der latenten Dimensionen

	Cluster 2		Cluster 3	
	κ	z-Wert	κ	z-Wert
Moral	0,060	0,719	-0,037	-0,322
Bindungen	**0,237**	**2,772**	0,037	0,332

Zusammengefasst und bezogen auf die eingangs gestellte Frage nach der Übertragbarkeit der Theorie sozialer Desorganisation auf deutsche Zustände können zunächst einmal zwischen den drei extrahierten Clustern keine Niveauunterschiede in erwarteter Richtung beim Ausmaß informeller Sozialkontrolle festgestellt werden. Stadtgebiete, die die strukturellen Merkmale von Desorganisation aufweisen, sind hinsichtlich ihrer sozialen Organisation nicht weniger gut aufgestellt als strukturell bevorzugte Gegenden. Im Gegenteil: Die Bindungen an die Eltern sind bei Jugendlichen aus den Ortsteilen des zweiten Clusters stärker. Informelle soziale Kontrollen sind – wie sie hier über Moral und Bindungen an die Eltern erfasst wurden – demzufolge in den strukturell desorganisierten Gebieten Duisburgs nicht schwächer als anderswo in der Stadt. Strukturell desorganisierte Gebiete weisen somit nicht die hier berücksichtigen beiden Merkmale sozialer Desorganisation auf. Entgegen der Theorie kann erhöhtes Delinquenzaufkommen (Gewalttäterschaft) in strukturell desorganisierten Gegenden nicht über das Ausmaß informeller sozialer Kontrolle erklärt werden, denn beim simultanen Vergleich der drei Cluster sind sozial desorganisierte Orteilgruppen in diesen Analysen nicht identifizierbar.

Tabelle 13: Unabhängige Effekte auf die Gewaltprävalenz

	Odds Ratio	z-Wert
Moral	0,456	-8,416
Bindungen	1,029	0,271

Die Effekte der beiden unabhängigen latenten Dimensionen sind gemäß der Definition in Modellvariante 1 für alle drei Cluster dieselben. Bei der Entscheidung für oder gegen Gewalt ist allein direkte internale Kontrolle (Moral) relevant, und das in identischem Maß für Jugendliche aus allen drei Clustern (siehe Tabelle 13). Je stärker die direkte internale Kontrolle, desto seltener sind Jugendliche Täter eines Gewaltdeliktes. Genauer sinkt die Chance für Gewalttäterschaft um das 0,465-fache – das sind 53,5 % –, wenn sich die direkte internale Kontrolle um eine Einheit erhöht. Indirekte externale Kontrolle besitzt in diesem Modell keine Erklärungskraft und unterscheidet sich entgegen der theoretischen Annahme auch nicht in seiner Effektstärke zwischen den drei Clustern. Insgesamt können durch das Modell 18,4 % der Varianz des thresholds erklärt werden.

9. Fazit und Diskussion

In diesem Beitrag wurde die Übertragbarkeit der Theorie der sozialen Desorganisation in Form ihrer kontrolltheoretischen Interpretation nach Kornhauser (1978) am Beispiel der von CRIMOC befragten Duisburger Schülerinnen und Schüler in Ausschnitten untersucht. Auf Grundlage vier struktureller Merkmale sozialer Desorganisation (niedriger sozioökonomischer Status, ethnische Heterogenität, Mobilität und familiäre Auflösungsprozesse) konnten mit faktoren- und clusteranalytischen Verfahren über einen Zeitraum von sechs Jahren drei Gruppen von Stadtgebieten identifiziert werden und in über den Sechsjahreszeitraum stabilen Clustern zusammengefasst werden. Die gefundenen Cluster unterscheiden sich hinsichtlich ihres Niveaus struktureller Desorganisation deutlich voneinander. Die kleinste Gruppe, die lediglich zwei Ortsteile umfasst, weist dabei einen vergleichsweise hohen Grad an struktureller Desorganisation auf. Der Urbanisierungsgrad, das fünfte Merkmal struktureller Desorganisation, bildet die über die vier anderen Merkmale gefundene Dimension struktureller Desorganisation nicht ab und somit fehlt ihm auch bei der Differenzierung der gefundenen Clusterlösung die Trennschärfe.

Im zeitlichen Trend über sechs Erhebungszeitpunkte berichten Jugendliche im Alter von 14 Jahren am häufigsten, Täter eines Gewaltdelikts gewesen zu sein. Danach nimmt der Gewalttäteranteil stetig ab. Die kreuztabellarischen Analysen der Querschnittsdaten aus den sechs aufeinander folgenden Jahren zeigen, dass die in den als strukturell desorganisiert angenommenen Gebieten lebenden Jugendlichen nicht pauschal gewalttätiger gehandelt haben als ihre Altersgenossinnen und Altersgenossen aus den beiden strukturell besser gestellten Gebietstypen. Der Gewalttäteranteil ist zwischen allen drei Gebietsgruppen mit einer Ausnahme nicht signifikant voneinander verschieden. In den strukturell desorganisierten Stadtgebieten ist die Prävalenz von jugendlicher Gewalt auch nur dann im Erhebungsjahr 2004 signifikant größer als in den strukturell begünstigten Stadtgebieten Duisburgs, wenn allein diese beiden Gebietsgruppen gegeneinander getestet werden. Hypothese 5 kann dementsprechend unter Berücksichtigung aller sechs Erhebungsjahre nicht bestätigt werden. Darüber hinaus lässt der Entwicklungstrend der Gewaltprävalenz keine Rückschlüsse auf – hier nicht feststellbare – kontextuell verankerte Varianzen der Delinquenzeinbindung zu. Interessant wäre in diesem Zusammenhang, die Gewaltentwicklung im simultanen Gruppenvergleich mit Paneldaten zu modellieren, um damit Delinquenzverläufe zwischen den Stadtgebietsgruppen nachzuzeichnen. Allerdings schließt der mit jeder Panelwelle von CRIMOC abnehmende Stichprobenumfang unter Berücksichtigung der drei Gebietsgruppen solche Analysen aus.

Die Vermittlung struktureller Merkmale von Desorganisation über informelle soziale Kontrollprozesse auf delinquentes Verhalten wie sie von Kornhauser (1978) vorgeschlagen wird, konnte in Teilen einer empirischen Überprüfung unterzogen werden. Das spezifizierte Makro-Mikro-Makro-Modell berücksichtigt mit den Dimensionen *direkte internale Sozialkontrolle* (internalisierte moralische Regeln) und *indirekte externale Sozialkontrolle* (Bindungen an die Eltern) zwei Prozesse informeller Kontrollen, die sich im Entwicklungskontext eines Individuums heraus bilden. Das in der Theorie vermutete niedrigere Niveau informeller Sozialkontrolle, welches gleichsam soziale Desorganisation indiziert, in strukturell desorganisierten Ortsteilen kann mit den vorliegenden Daten nicht bestätigt werden. Soziale Desorganisation nimmt nicht zu, je mehr strukturelle Merkmale von Desorganisation eine der drei Gebietsgruppen aufweist. Die Bindungen an die Eltern, wie sie mit den Daten von CRIMOC operationalisiert worden sind, erreichen in den strukturell begünstigen Ortsteilen sogar ein signifikant niedrigeres Niveau als in den vergleichsweise weniger begünstigten Ortsteilen des zweiten Clusters, das hinsichtlich seiner strukturellen Desorganisation im Vergleich aller drei Cluster eine mittlere Position einnimmt. Die Hypothesen 1 und 2 können nicht bestätigt werden.

Die Erklärungskraft der beiden Dimensionen informeller Sozialkontrolle im simultanen Gruppenvergleich auf der Mikro-Ebene ist begrenzt. Direkte internale Sozialkontrolle allein hält die befragten Jugendlichen aller drei Gruppen von Gewalttaten ab. Indirekte externale Kontrolle besitzt hier keinen abschreckenden Effekt. Allein die eigenen internalisierten moralischen Regeln entsprechen Kosten von Delinquenz. Hypothese 3 wird mit den hier untersuchten Daten bestätigt, dagegen kann Hypothese 4 empirisch nicht belegt werden. Über alle drei Gruppen hinweg simultan getestet sind die genannten Einflüsse der beiden latenten Kontrolldimensionen auf den Gewalttäteranteil gleich stark. Entgegen den Modellannahmen wirkt sich der sozial-räumliche Handlungskontext nicht auf die Effektstärke der Bindungen an die Eltern aus. Somit finden sich auch für Hypothese 6 in den Daten von CRIMOC keine Belege, wobei zu berücksichtigen ist, dass die ermittelten Cluster sich zwar strukturell, aber nicht hinsichtlich ihrer sozialen Organisation unterscheiden.

Im spezifizierten Makro-Mikro-Makro-Modell wurde die Gewaltprävalenz zwischen den drei gruppierten Ortsteilgruppen gleich gesetzt. Der sehr gute Modellfit bestätigt, dass diese Annahme zu den Daten passt. Mit anderen Worten konnte so die Invarianz der Gewaltprävalenz zwischen allen drei Clustern auf der Mikro-Ebene nachgewiesen werden.

Zusammengenommen kann somit die Theorie sozialer Desorganisation in Form ihrer kontrolltheoretischen Interpretation nach Kornhauser, die vor dem Hintergrund US-amerikanischer Gegebenheiten entwickelt worden ist, mit dem hier formulierten Makro-Mikro-Makro-Modell und seiner Operationalisierung auf Basis der Duisburger Daten von CRIMOC nicht auf deutsche Zustände übertragen werden. Zwar sind Gebiete identifizierbar, die wegen ihrer einschlägigen Charakteristika als strukturell desorganisiert bezeichnet werden können, jedoch sind dort weder die Gewaltprävalenzen noch soziale Desorganisation, wie sie hier in Ausschnitten geprüft werden konnte, höher als anderswo. Informelle Sozialkontrolle als Indikator für Desorganisation weist zudem über alle Gebietsgruppen dieselben Effektstärken auf. Allein das auf der Mikro-Ebene verortete Kontrollmodell trifft in Teilen zu. Insgesamt ist es begrenzt gültig, denn obwohl beide Dimensionen informeller

Sozialkontrolle korrelieren – ein Ergebnis, das mit den Annahmen der Kontrolltheorie von Hirschi (1969) übereinstimmt – besitzen nur direkte internale, nicht aber indirekte externale Kontrollprozesse Erklärungskraft für Gewalttäterschaft.

Die in diesem Beitrag vorgestellten Ergebnisse hinsichtlich der Invarianz sozialer Organisation von Stadtgebieten sollten allerdings mit gewisser Vorsicht bewertet werden, weil die untersuchten Konstrukte sozialer Desorganisation auf nur auf zwei Dimensionen informeller Sozialkontrolle beruhen, auf die die sozialräumliche Umgebung als potenzieller Entwicklungskontext wirkt.

Auf subgruppenspezifische Analysen nach Geschlecht und Migrationshintergrund wurde in diesem Beitrag aufgrund zu geringer Fallzahlen, insbesondere im strukturell desorganisierten Cluster, verzichtet. Dennoch ist natürlich durchaus denkbar, dass sozialräumliche Effekte nur bestimmte Gruppen von Jugendlichen beeinflussen. Unter Kontrolle der individuellen sozialen Zusammensetzung Kölner und Freiburger Stadtgebiete stellte Oberwittler (2003b: 287) für Gewalttaten nur bei deutschen Mädchen einen signifikanten Effekt des Herkunftsgebietes fest. Deutsche Mädchen aus sozialräumlich benachteiligten Gebieten weisen eine höhere Gewaltbereitschaft auf, die Oberwittler damit erklärt, dass Gewalt für Mädchen in der Regel keine ‚normale' Verhaltensoption darstellt und sie externe Bestärkungen und Lernerfahrungen durch subkulturelle Einflüsse benötigen, bevor sie selbst Gewalt verüben (Oberwittler 2003b: 290). Oberwittler vertritt darüber hinaus die These, dass sozialräumliche Kontexteffekte nicht bei Jugendlichen mit Migrationshintergrund, sondern nur bei deutschen Jugendlichen wirksam sind (Oberwittler 2003b: 285, 290f.).

Daneben ist zu berücksichtigen, dass die räumliche Einheit Ortsteil, die der hier vorgenommenen Klassifikation und den darauf bezogenen Analysen zugrunde liegt, bereits sehr großräumig ist und damit in sich von Beginn an zu heterogen sein könnte. Durchschnittlich sind in den Jahren 2001–2006 je Ortsteil rund 11 000 Personen mit ihrer Hauptwohnung gemeldet. Außerdem sind die Grenzen ebendieser Ortsteile auf Basis administrativer Festlegung definiert (vgl. zur Problematik solcher Festlegungen Bursik und Grasmick 1993: 38ff.). Wohngebiete und Ortsteile sind allerdings definitorisch voneinander zu trennen, denn Wohngebiete bestehen vielmehr aus unterschiedlich großen und oft nur wenige Straßen umfassenden Räumen (Nonnenmacher 2007: 495f.). Aufforderungen zu möglichst kleinräumigen Analysen finden sich bereits bei Friedrichs (1997), der aber auch darauf aufmerksam macht, dass das Streben nach interner Homogenität von räumlichen Gebieten problematisch ist, weil für kleinere Analyseeinheiten häufig die benötigten Daten fehlen. Aktuell diskutieren Oberwittler und Wikström (2009). Kleinräumigere präzisere Daten wären ihnen zufolge für die hier vorgenommenen Auswertungsarbeiten wünschenswert gewesen. Da CRIMOC die Angaben zum Wohnort seit 2009 auf Ebene der 106 Duisburger Wohnquartiere erhebt und immer mehr Daten der amtlichen Statistik auf Wohnquartiersebene zur Verfügung stehen, werden künftige Analysen zeigen, ob sich die hier vorgestellten Ergebnisse mit diesen Daten replizieren lassen.

Literaturverzeichnis

Bacher, J., 1996. *Clusteranalyse*. München, Wien: Oldenbourg.

Backhaus, K., Erichson, B., Plinke, W., Weiber, R., 2006. *Multivariate Analysemethoden*. Berlin, Heidelberg: Springer.

Bellair, P. E., 1997. Social interaction and community crime: examining the importance of neighbor networks. *Criminology*, 35, 677–703.

Bentrup, C., 2007. *Methodendokumentation der kriminologischen Schülerbefragung in Duisburg 2006* (Bd. 12). Universität Münster, Universität Bielefeld.

Boers, K., Reinecke, J., 2007. Strukturdynamisches Analysemodell und Forschungshypothesen. In: K. Boers, J. Reinecke (Hg.), *Delinquenz im Jugendalter. Erkenntnisse einer Münsteraner Längsschnittstudie*. Münster: Waxmann, 41-55.

Boers, K., Seddig, D., Reinecke, J., 2009. Sozialstrukturelle Bedingungen und Delinquenz im Verlauf des Jugendalters. Analysen mit einem kombinierten Markov- und Wachstumsmodell. *Monatsschrift für Kriminologie und Strafrechtsreform*, 92, 267–288.

Boers, K., Walburg, C., Reinecke, J., 2006. Jugendkriminalität – Keine Zunahme im Dunkelfeld, kaum Unterschiede zwischen Einheimischen und Migranten. Befunde aus Duisburger und Münsteraner Längsschnittstudien. *Monatsschrift für Kriminologie und Strafrechtsreform*, 89, 63–87.

Bornewasser, M., Eifler, S., Reichel, K., 2007. Wie allgemein ist die »General Theory of Crime«? *Monatsschrift für Kriminologie und Strafrechtsreform*, 90, 443–465.

Bortz, J., 2005. *Statistik für Human- und Sozialwissenschaftler*. Heidelberg: Springer.

Bursik, R. J., 1984. Urban dynamics and ecological studies of delinquency. *Social Forces*, 63, 393–413.

Bursik, R. J., 1988.Social disorganization and theories of crime and delinquency: problems and prospects. *Criminology*, 26, 519–551.

Bursik, R. J., Grasmick, H. G., 1993. *Neighborhoods and crime: The dimensions of effective social control*. New York: Lexington Books.

Elliott, D. S., Wilson, W., Huizinga, D., Sampson, R. J., Elliott, A., Rankin, B., 1996. The effects of neighborhood disadvantage on adolescent development. *Journal of Research in Crime and Delinquency*, 33, 389–426.

Esser, H., 1991. *Alltagshandeln und Verstehen. Zum Verhältnis von erklärender und verstehender Soziologie am Beispiel von Alfred Schütz und Rational Choice*. Tübingen: Mohr Verlag.

Esser, H., 1993. *Soziologie. Allgemeine Grundlagen*. Frankfurt am Main, New York: Campus Verlag.

Friedrichs, J., 1977. *Stadtanalyse. Soziale und räumliche Organisation der Gesellschaft*. Reinbek bei Hamburg: Rowohlt Verlag.

Friedrichs, J., 1997. Kleinräumige Daten für vergleichende Stadtforschung. In: Sodeur, W. (Hg.): *Regionale Analysen mit kleinen Gebietseinheiten*. Opladen: Leske und Budrich, 13-26

Friedrichs, J., Oberwittler, D., 2007. Soziales Kapital in Wohngebieten. In: Franzen, A. und Freitag, M. (Hg.): *Sozialkapital*. Wiesbaden: VS Verlag, 450-486.

Gottfredson, M. R., Hirschi, T., 1990. *A general theory of crime*. Stanford: University of Stanford Press.

Hay, C., Fortson, E. N., Hollist, D. R., Altheimer, I., Schaible, L. M., 2006. The impact of community disadvatage on the relationship between the family and juvenile crime. *Journal of Research in Crime and Delinquency*, 43, 326–356.

Häußermann, H., Kapphan, A., 1998. *Sozialorientierte Stadtentwicklung: Gutachten im Auftrag der Senatsverwaltung für Stadtentwicklung, Umweltschutz und Technologie*. Berlin: Kulturbuch-Verlag.

Hirschi, T., 1969. *Causes of delinquency*. Berkeley: University of California Press.

Kornhauser, R. R., 1978. *Social sources of delinquency*. Chicago: University of Chicago Press.

Kubrin, C. E., Stucky, T. D., Krohn, M. D., 2009. *Researching theories of crime and deviance*. Oxford, New York: Oxford University Press.

Liao, T. F., 1994. *Interpretating probability models: logit, probit, and other generalized linear models*. Thousand Oaks: Sage.

Merton, R. K., 1938. Social structure and anomie. *American Sociological Review*, 3, 672–682.

Muthén, B. O., 1998–2004. *Mplus technical appendices*. Los Angeles, CA: Muthén und Muthén.

Muthén, L. K., Muthén, B. O., 1998–2006. *Mplus user's guide. Fourth edition.* Los Angeles, CA: Muthén und Muthén.

Nonnenmacher, A., 2007. Eignen sich Stadtteile für den Nachweis von Kontexteffekten? Eine empirische Analyse am Beispiel von Disorder und Kriminalitätsfurcht. *Kölner Zeitschrift für Soziologie und Sozialpsychologie, 59,* 493–511.

Oberwittler, D., 2003a. *Das stadtviertel- und gemeindebezogene Stichprobendesign – Anlage und empirische Ergebnisse* (Nr. 9). Freiburg im Breisgau: Arbeitspapiere aus dem Projekt *Soziale Probleme und Jugenddelinquenz im sozialökologischen Kontext* des Max-Planck-Instituts für ausändisches und internationales Strafrecht.

Oberwittler, D., 2003b. Geschlecht, Ethnizität und sozialräumliche Benachteiligung. In: Lamnek, S. und Boatcǎ, M. (Hg.), *Geschlecht – Gewalt – Gesellschaft.* Opladen: Leske und Budrich, 269-294.

Oberwittler, D., 2008. Wohnquartiere mit konzentrierten sozialen Benachteiligungen können zur Verschärfung der Jugenddelinquenz beitragen – Neue Erkenntnisse zu sozialräumlichen Kontexteffekten. *Recht der Jugend und des Bildungswesens, 56,* 73–83.

Oberwittler, D., Wikström, P.-O. H., 2009. Why small is better: advancing the study of the role of behavioral contexts in crime causation. In: Weisburd, D., Bernasco, W., Bruinsma, G. (Hg.), *Putting crime in its place.* New York: Springer, 35-59.

Park, R. E., Burgess, E. W., McKenzie, R. D., 1925. *The city.* Chicago: University of Chicago Press.

Pöge, A., Wittenberg, J., 2007. Untersuchungsdesign und Stichproben der Münsteraner Schülerbefragungen. In: Boers, K., Reinecke, J. (Hg.), *Delinquenz im Jugendalter. Erkenntnisse einer Münsteraner Längsschnittstudie.* Münster: Waxmann, 57-74.

Reinecke, J., 2005. *Strukturgleichungsmodelle in den Sozialwissenschaften.* München, Wien: Oldenbourg.

Rost, J., 2004. *Testtheorie – Testkonstruktion.* Bern: Verlag Hans Huber.

Sampson, R. J., 1987. Communities and crime. In: Gottfredson, M. R., Hirschi, T. (Hg.), *Positive criminology.* Newbury Park: Sage, 91-114.

Sampson, R. J., 2004. Neighborhood and community: collective efficacy and community safety. *New Economy, 11,* 106–113.

Sampson, R. J., 2006. How does community context matter? Social mechanisms and the explanation of crime rates. In: Wikström, P.-O. H., Sampson, R. J. (Hg.), *The explanation of crime.* Cambridge: Cambridge University Press.

Sampson, R. J., Groves, W. B. 1989. Community structure and crime: testing social-disorganization theory. *The American Journal of Sociology, 94,* 774–802.

Sampson, R. J., Morenoff, J. D., Gannon-Rowley, T., 2002. Assessing neighborhood effects: social processes and new directions in research. *Annual Review of Sociology, 28,* 443–478.

Sampson, R. J., Raudenbush, S. W., Earls, F., 1997. Neighborhoods and violent crime: a multilevel study of collective efficacy. *Science, 277*(5328), 918–924.

Satorra, A., 2000. Scaled and adjusted restricted tests in multi-sample analysis of moment structures. In: Heijmans, R. D. H., Pollock D. S. G., Satorra, A. (Hg.), *Innovations in multivariate statistical analysis. A Festschrift for Heinz Neudecker.* Dordrecht: Kluwer Academic Publishers, 233-247.

Schad, H., Graß, C., 1988. *Stadtteiltypisierungen von Frankfurt am Main* (Nr. 15). Trier: Universität Trier.

Schafer, J. L., Graham, J. W., 2002. Missing data: our view of the state of the art. *Psychological Methods, 7,* 147–177.

Shaw, C. R., McKay, H. D., 1942, 1969. *Juvenile delinquency and urban areas.* Chicago: University of Chicago Press.

Shaw, C. R., McKay, H. D., 1949. Rejoinder. *American Sociological Review, 14,* 614–617.

Shaw, C. R., McKay, H. D., 1971a. Juvenile delinquency and urban areas: Research. In: Voss, H. L., Petersen, D. M. (Hg.), *Ecology, crime, and delinquency.* New York: Appleton-Century-Crofts, 79-86.

Shaw, C. R., McKay, H. D., 1971b. Juvenile delinquency and urban areas: Theory. In: Voss, H. L., Petersen, D. M. (Hg.), *Ecology, crime, and delinquency.* New York: Appleton-Century-Crofts, 87-99.

Simons, R. L., Gordon Simons, L., Harbin Burt, C., Brody, G. H., Cutrona, C., 2005. Collective efficacy, authoritative parenting and delinquency: a longitudinal test of a model integrating community- and family- level processes. *Criminology, 43,* 989–1029.

Strohmeier, K. P., Prey, G., Heidbrink, I., 2001. *Sozialraumanalyse Gelsenkirchen.* Bochum.

Urban, M., Weiser, U., 2006. *Kleinräumige Sozialraumanalyse.* Dresden: Saxonia.

Warner, B. D., Wilcox Rountree, P., 1997. Local social ties in a community and crime model: questioning the systemic nature of informal social control. *Social Problems,* 44, 520–536.

Sozialräumlicher Kontext und Jugenddelinquenz. Zum Einfluss von Stadtteileigenschaften auf gewalttätiges Verhalten von Jugendlichen am Beispiel Hannovers

Susann Rabold, Dirk Baier

1. Einleitung

Die Frage nach dem Einfluss der Wohnumgebung auf delinquentes Verhalten hat in den vergangenen zwei Jahrzehnten sowohl in der Öffentlichkeit als auch in der Wissenschaft zunehmend an Aufmerksamkeit gewonnen. Das öffentliche Interesse an diesem Thema spiegelt sich u. a. in Schlagzeilen wie „Deutschland bekommt ständig neue Problemviertel" (Die Welt, 02.02.2009), „Problemkiez Neukölln" (Spiegel Online, 03.04.2006) oder „Sozialer Brennpunkt – Die Leute vom Kölnberg" (Der Stern, 25.11.2006) wider, die zum einen deutlich werden lassen, dass das Stadtviertel als soziale Einheit als durchaus relevant wahrgenommen wird und zum anderen zeigen, dass mit der Bildung solcher „Problemquartiere", „Ghettos" und „sozialen Brennpunkte" negative Folgen assoziiert werden. Dahinter steht u. a. die Annahme, dass die in diesem Zusammenhang häufig thematisierte ethnische und soziale Segregation, d. h. die Konzentration bestimmter Migrantengruppen bzw. sozialer Schichten in einem Stadtviertel, über das Fehlen positiver Rollenvorbilder, mangelnder gemeinsamer Werte und Normen und unzureichender sozialer Kontrolle die positive Entwicklung von Kindern und Jugendlichen gefährden. Theoretische Überlegungen hierzu wurden bereits Anfang des 20. Jahrhunderts von der Chicagoer Schule um Shaw und McKay (1969 [1942]) formuliert. Mangels geeigneter Methoden zur Prüfung der entsprechenden Annahmen konzentrierte sich die Forschung jedoch lange Zeit auf Aggregatanalysen, die die Gefahr eines ökologischen Fehlschlusses bergen. Erst mit der Mehrebenenanalyse wurde ein adäquates Verfahren zur Untersuchung von Kontexteffekten auf individuelles Verhalten entwickelt, mit der Folge, dass vermehrt Studien zu Nachbarschaftseffekten durchgeführt wurden und eine Abkehr von rein auf individuelle Ursachenfaktoren fokussierenden Erklärungen delinquenten Verhaltens erfolgte.

Im Rahmen dieses Beitrages soll am Beispiel Hannovers untersucht werden, inwieweit sozialräumliche Bedingungen einen Einfluss auf die Gewaltbereitschaft von Jugendlichen bzw. auf andere individuelle Merkmale, die als Ursachen- und Risikofaktoren delinquenten Verhaltens gelten, haben. In Abschnitt 2 werden zunächst theoretische Überlegungen zur Bedeutung des sozialräumlichen Kontextes für delinquentes Verhaltens präsentiert, aus denen die im vorliegenden Beitrag zu prüfenden Hypothesen abgeleitet werden. Nach der Vorstellung von Datenbasis, Stichprobe und Messinstrumenten in Abschnitt 3 erfolgt in Abschnitt 4 zunächst eine Analyse des Stadtteils als relevanter Lebensraum für Jugendliche, an die sich verschiedene Mehrebenenanalysen zur Prüfung der Hypothesen anschließen. Nach einer Zusammenfassung und Diskussion der Ergebnisse werden abschließend Desiderata für die weitere Forschung herausgearbeitet.

2. Theoretische Überlegungen zur Bedeutung des sozialräumlichen Kontextes für delinquentes Verhalten von Jugendlichen

Die Beziehung zwischen sozialräumlichen Merkmalen und kriminellem Verhalten wird im Wesentlichen aus zwei Perspektiven betrachtet. Sozialräumliche Einheiten (zumeist Stadtviertel oder Nachbarschaften) werden zum einen als Kontexte aufgefasst, die über bestimmte Eigenschaften langfristig die individuelle Entwicklung der in diesem Gebiet lebenden Personen, deren Einstellungen und Verhaltensweisen beeinflussen. Stadtteile werden in dieser Perspektive als *context of development* bezeichnet, im Fokus steht vor allem die Analyse von Wohnorten der Täter (vgl. Wikstroem und Sampson 2003). Die zweite Perspektive hingegen befasst sich mit der Frage der räumlichen Konzentration von kriminellen Taten – Stadtteile werden hierbei als *context of action* aufgefasst. Untersucht werden Beziehungen zwischen Tatorten bzw. Opferwohnsitzen und Eigenschaften des entsprechenden Stadtteils. Damit wird gegenüber dem ersten Ansatz deutlich stärker die situative Bedingtheit abweichenden Verhaltens in den Vordergrund gerückt, die u. a. in theoretischen Ansätzen wie dem Routine-Activity-Approach herausgearbeitet wurde (Cohen und Felson 1979). Der vorliegende Beitrag knüpft an die erste Perspektive an und bezieht sich auf entsprechende theoretische Überlegungen zum Einfluss des Stadtteils.

Die wohl älteste und einflussreichste Theorie zur Erklärung nach Stadtteil variierender Kriminalitätsraten stellt die Theorie der sozialen Desorganisation dar, die Anfang des 20. Jahrhunderts von der Chicagoer Schule entwickelt wurde (Shaw und McKay 1969 [1942]). Um die Frage des Einflusses der sozialräumlichen Umgebung auf delinquentes Verhalten zu untersuchen, dokumentierten Shaw und McKay (1969 [1942]) über einen längeren Zeitraum hinweg die Wohnorte von männlichen, jugendlichen Kriminellen, die entweder Kontakt zur Polizei, zu einem Gericht oder zu einer Erziehungsanstalt hatten und hielten diese auf Stadtplänen fest. Mit zunehmender Entfernung vom Stadtkern konnten sie eine deutliche Veränderung im Ausmaß der registrierten Jugendkriminalität feststellen: „between the center of the city and the periphery the rates [of delinquents] ... show a regular decrease" (Shaw und McKay 1969 [1942]: 55). Auch im Hinblick auf andere Merkmale der Stadtgebiete (z. B. Zu- und Fortzüge, Armutsquote, Arbeitslosigkeit) zeigte sich, dass die Lebensbedingungen umso besser wurden, je größer die Distanz von der Stadtmitte war. Auf Basis dieser auf Aggregatebene gefundenen Beziehungen zwischen den sozio-ökonomischen Bedingungen und der Kriminalitätsrate von Stadtteilen folgerten Shaw und McKay, dass Stadtgebiete mit hoher Kriminalitätsrate im Unterschied zu solchen mit niedriger Kriminalitätsbelastung durch größere Normenpluralität gekennzeichnet sind. In Stadtteilen mit niedrigen Kriminalitätsraten werden normenkonforme Einstellungen von nahezu allen Bewohnern geteilt und aufrechterhalten, soziale Kontrolle über die Einhaltung dieser Normen wird zudem über die in diesen Stadtteilen häufiger vorhandenen Institutionen und Organisationen (u. a. Kirchen, Nachbarschaftszentren) gewährleistet (vgl. Shaw und McKay 1969 [1942]). Ganz anders verhält es sich dagegen in den kriminalitätsbelasteten Stadtgebieten: „the area of low economic status [...] are characterized by wide diversity in norms and standards of behavior, [...] moral values range from those that are strictly conventional to those in direct opposition to conventionality as symbolized by the family, the church, and other institutions common to our general society" (Shaw und McKay 1969 [1942]: 171). Die in diesen Gebieten vorhandenen delinquenten Subkulturen bewirken, dass deviante Normen und Verhaltensmuster – ähnlich wie die Sprache oder andere soziale Verhaltensregeln – nicht nur innerhalb einer Generation, sondern auch von einer Generation an die nächste weitergegeben werden. Dieser Prozess wird auch als „kulturelle Transmission" bezeichnet (Shaw und McKay 1969 [1942]: 174). Jugendliche erfahren diese devianten Werthaltungen und Handlungsmuster über sich delinquent verhaltende Erwachsene; eine weitaus wichtigere Rolle spielen in dieser lern- und subkulturtheoretisch argumentierenden Perspektive jedoch gleichaltrige Jugendliche als Transmissionsagenten (vgl. auch Oberwittler 2004a).

Die Gebiete, in denen u. a. eine größere Normenpluralität festzustellen ist, werden auch als sozial desorganisiert bezeichnet. In Anlehnung an Sampson und Groves (1989) wird soziale Desorganisation definiert als „inability of a community structure to realize common values of its residents and maintain effective controls" (777). Die Definition von Sampson und Groves deutet darauf hin, dass neben der Normenheterogenität auch das Ausmaß informeller Sozialkontrolle ein wichtiges Element sozialer Desorganisation darstellt. Die Normenheterogenität und die informelle Sozialkontrolle sind dabei nicht unabhängig voneinander und werden in hohem Maße durch die sozialen Bindungen bzw. die soziale Kohäsion der Bewohner untereinander beeinflusst, deren Entwicklung wiederum von strukturellen Bedingungen des Stadtteils wie der ethnischen Heterogenität bzw. der Bewohnerfluktuation abhängt. Gemeinsame soziale Bindungen der Bewohner können sich in Gebieten, die durch häufige Zu- und Fortzüge und eine ethnische Vielfalt gekennzeichnet sind, schwerer entwickeln. Durch den Mangel an sozialen Bindungen fehlt ein gemeinsames Verständnis von Werten und Normen, was wiederum dazu führt, dass abweichendes Verhalten nicht bzw. nicht konsequent sanktioniert wird, weil nicht alle Personen in der Nachbarschaft bzw. im Stadtviertel die gleichen Vorstellungen davon teilen, was nonkonformes Verhalten ist. Soziale Bindungen der Bewohner fördern also über geteilte Normen und Werte die Interventionsbereitschaft. Das Fehlen sozialer Kontrolle in diesen Gebieten fördert deviante Einstellungsmuster beim Einzelnen und schließlich die Herausbildung und Aufrechterhaltung subkultureller Gruppierungen, wodurch unterschiedliche Normen- und Wertesysteme bestehen bleiben.

Ein Kritikpunkt der Theorie der sozialen Desorganisation bzw. der zugrunde liegenden empirischen Analyse von Shaw und McKay bezieht sich auf die lediglich theoretisch angenommenen und nicht empirisch nachgewiesenen Beziehungen zwischen den als kulturell zu bezeichnenden Faktoren eines Stadtgebietes (soziale Kohäsion, soziale Kontrolle) und abweichendem Verhalten (vgl. für weitere Kritikpunkte Lersch 2004: 47ff). Die sich an diese Untersuchung anschließenden Forschungsarbeiten fokussierten deshalb vor allem auf die Mechanismen, die den Zusammenhang zwischen strukturellen Merkmalen eines Stadtteils und Delinquenz vermitteln (vgl. u. a. Elliott et al. 1996, Haynie et al. 2006, Sampson und Groves 1989). Neben der Rolle der Jugendlichen im Stadtteil, die mit starkem Bezug zu lerntheoretischen Annahmen im Rahmen von Ansteckungsmodellen diskutiert werden (Crane 1991), wird im Rahmen kollektiver Sozialisationsmodelle die Rolle der Erwachsenen in den Blick genommen (vgl. Jencks und Mayer 1990, Leventhal und Brooks-Gunn 2000). Erwachsene stellen in dieser Perspektive einerseits Sozialisationsagenten und andererseits Kontrollinstanzen dar, die für die Genese delinquentes Verhalten der Jugendlichen in einem Stadtteil bedeutsam sein können.

Wilson (1987) verweist auf die Bedeutung von Erwachsenen als positive Rollenvorbilder und damit Sozialisationsinstanzen in einem Stadtgebiet, in deren Verhalten sich bestimmte Werte und Normen widerspiegeln: „the very presence of these [economically stable and secure, d.A.] families [...] provides mainstream role models that keep alive the perception that education is meaningful, that steady employment is a viable alternative to welfare, and that family stability is the norm, not the exception" (ebd.: 56). Erwachsene mit einer hohen Bildung bzw. einem hohen Status können Jugendlichen die Botschaft vermitteln, dass man durch Arbeit und Bildung, also durch normenkonformes Verhalten erfolgreich sein kann. Mit Blick auf schulische Leistungen von Kindern und Jugendlichen konnte in empirischen Untersuchungen gezeigt werden, dass diese Leistungen umso besser ausfallen, je höher der Anteil an positiven Rollenvorbildern (zumeist gemessen über den Anteil an Personen mit einem hohem sozio-ökonomischen Status) in einem Wohngebiet ist (vgl. Leventhal und Brooks-Gunn 2000). Neben der Vorbildfunktion üben Erwachsene auch durch die von ihnen ausgeübte informelle Sozialkontrolle einen Einfluss auf die im Stadtteil lebenden Jugendlichen aus. Unter Rückgriff auf sozialkapitaltheoretische Ansätze werden dabei die bereits angesprochenen sozialen Bindungen und Interaktionen (als manifester Dimension sozialen Kapitals) und die sich daraus ergebende soziale Kohäsion in Form von Vertrauen bzw. gemeinsamem Normenverständnis (als latente Dimension) als zentral erachtet, weil sie die Grundlage für die Ausübung informeller Sozialkontrolle bilden (vgl. Friedrichs und Oberwittler 2007, Sampson 2006, Sampson et al. 2002). Nach Sampson (2006) signalisieren regelmäßige Interaktionen Vertrauen und ein gemeinsames Verständnis für Normen: „one reason [...] [why] cohesion and support are important in generating social control is that they are fundamentally about *repeated* interactions and thereby expectations about the future [...] repeated interactions may signal or generate shared norms outside the ‚strong tie' setting of friends and kin" (39, Hervorhebungen im Original). Untersuchungen zur Bedeutung der sozialen Bindungen und der sozialen Kohäsion in der Nachbarschaft kommen überwiegend zu dem Ergebnis, dass diese einen kriminalitätsreduzierenden Einfluss haben (vgl. für einen Überblick Sampson et al. 2002).

Eine wesentliche Weiterentwicklung erfährt diese Sichtweise durch die Einführung des Konzepts der kollektiven Wirksamkeit („collective efficacy") durch Sampson et al. (1997).

Soziale Kohäsion wird dabei als Dimension des sozialen Kapitals mit der informellen Sozialkontrolle zusammengeführt und mit dem Gewaltaufkommen in einem Stadtteil in Beziehung gesetzt. Informelle Sozialkontrolle bezieht sich auf die Interventionsbereitschaft der Bewohner eines Stadtteils, d. h. das kontrollierende bzw. sanktionierende Einschreiten im Falle von Anzeichen sozialer Unordnung („herumhängende" Jugendliche, Schulschwänzen). Die soziale Kohäsion wurde durch Einschätzungen der Nachbarschaft (Vertrauen, gemeinsame Werte, Verbundenheit der Nachbarschaft) erfasst. Auf Basis einer Bevölkerungsbefragung in Chicago (Project on Human Development in Chicago Neighborhoods) konnte zum einen belegt werden, dass konzentrierte Benachteiligung, Immigrantenkonzentration und residentielle Stabilität in signifikantem Zusammenhang mit der kollektiven Wirksamkeit einer Nachbarschaft stehen. Weiterhin konnte eine signifikante Beziehung zwischen der kollektiven Wirksamkeit und dem Gewaltaufkommen in den letzten sechs Monaten im Stadtteil festgestellt werden. Der Einfluss der strukturellen Faktoren auf diese Gewaltwahrnehmung reduzierte sich unter Berücksichtigung der kollektiven Wirksamkeit. Allerdings bleibt der Effekt der konzentrierten Benachteiligung im Stadtteil auf die Gewaltbereitschaft auch unter Kontrolle der collective efficacy erhalten. Die kollektive Wirksamkeit erweist sich auch in anderen Studien als signifikanter Prädiktor für delinquentes bzw. kriminelles Verhalten (vgl. u. a. Browning et al. 2004, Morenoff et al. 2001, Simons et al. 2005).

Die strukturellen Gegebenheiten eines Stadtteils wurden in vielen Studien als Indikatoren der sozialen Desorganisation berücksichtigt. Dies erscheint insofern gerechtfertigt, als in einer Reihe der beschriebenen Arbeiten gezeigt werden konnte, dass zwischen strukturellen Bedingungen eines Stadtteils und sozialen Bindungen, sozialer Kohäsion und informeller Sozialkontrolle enge Beziehungen bestehen und die Kontrolle dieser Faktoren zur Reduktion des direkten Einflusses objektiver Stadtteileigenschaften führt. Dort, wo hohe ethnische Vielfalt bzw. ein hoher Migrantenanteil, eine hohe Bewohnerfluktuation und eine hohe soziale Benachteiligung festzustellen ist, ist kaum mit engen sozialen Beziehungen und Netzwerken, die für das gemeinsame Verständnis von Normen und Werten und die informelle Sozialkontrolle so entscheidend sind, zu rechnen. In der vorliegenden Untersuchung soll deshalb entlang der klassischen Lesart der Desorganisationstheorie geprüft werden, ob mit einem zunehmenden Grad an sozialer Desorganisation eines Stadtteils die Wahrscheinlichkeit der Gewalttäterschaft eines Jugendlichen steigt (*Hypothese 1*). Weiterhin soll die soziale Kohäsion als Kontextmerkmal berücksichtigt werden, da diese in enger Beziehung zur informellen Sozialkontrolle steht. Es wird angenommen, dass mit steigender sozialer Kohäsion das Risiko der Gewalttäterschaft sinkt (*Hypothese 2*). Gleichzeitig ist davon auszugehen, dass direkte Effekte der strukturellen Merkmale eines Stadtteils auf gewalttätiges Verhalten reduziert werden. Schließlich soll in Anlehnung an Wilson (1987) die Hypothese geprüft werden, ob mit einem zunehmendem Anteil an positiven Rollenvorbildern im Stadtteil die Gewaltbereitschaft eines Jugendlichen verringert wird (*Hypothese 3*).

Neben direkten Einflüssen auf gewalttätiges bzw. delinquentes Verhalten scheinen Stadtteileigenschaften allerdings auch Wirkung auf andere individuelle Einstellungen und Verhaltensweisen zu entfalten, die eher als Prädiktoren gewalttätigen Verhaltens gelten. So konnten beispielsweise Simons et al. (1996) zeigen, dass die Benachteiligung im Stadtteil zumindest bei Jungen einen negativen Effekt auf die Qualität der elterlichen Erziehung (u. a. Kontrollverhalten, Zuwendung) hat und sowohl direkt als auch indirekt über die Zuwendung zu devianten Peers abweichendes Verhalten beeinflusst (vgl. auch Simons et al. 2005). Im Hinblick auf Persönlichkeitseigenschaften kommen Vaszonyi et al. (2006) auf Basis der National Longitudinal Study on Adolescent Health zu dem Ergebnis, dass die Impulsivität als Dimension der Selbstkontrolle signifikant zwischen Stadtteilen variiert; je größer die Benachteiligung eines Stadtteils, umso größer auch der Anteil an Jungen bzw. Mädchen mit geringer Selbstkontrolle. In Übereinstimmung damit finden Pratt et al. (2004), dass ungünstige Nachbarschaftsbedingungen mit einer geringeren Selbstkontrolle einhergehen.

Eine Reihe empirischer Studien hat sich zudem mit der Frage befasst, inwieweit die Hinwendung zu delinquenten Freunden (als einem zentralen Prädiktor delinquenten Verhaltens) durch Kontextmerkmale erklärt werden kann. Damit verbunden ist die Annahme, dass in sozial desorganisierten Gebieten die Kontrolle des Verhaltens Einzelner wie ganzer Gruppen nicht gelingt. Eine mangelnde Interventionsbereitschaft in diesen Gebieten erleichtert die Herausbildung delinquenter Subkulturen, die im Ergebnis zur Weitergabe nonkonformer Normen an andere Jugendliche führen kann. Haynie et al. (2006) berichten anhand von Daten der National Longitudinal Study on Adolescent Health, dass die Einbindung in gewalttätige Peergruppen in Stadtteilen mit hoher sozialer Benachteiligung und hoher Bewohnerfluktuation besonders ausgeprägt ist. Dieser Befund untermauert Ergebnisse früherer Untersuchungen auf diesem Gebiet (vgl. Brody et al. 2001, Elliott et al. 1996, Simons et al. 1996). Direkte Effekte der sozialen Benachteiligung eines Stadtteils auf gewalttätiges Verhalten können bei Haynie et al. durch die Berücksichtigung der delinquenten Freundesnetzwerke erklärt werden, was die auf lern- und subkulturtheoretischen Annahmen beruhenden Ansteckungsmodelle zur Rolle der Peers im Stadtteil für delinquentes Verhalten stützt. Vor dem Hintergrund der dargestellten Befunde lässt sich vermuten, dass Stadtteileigenschaften Einstellungen und Verhaltensweisen, die typischerweise Erklärungsfaktoren für Delinquenz darstellen, beeinflussen und dass über diese Faktoren der Einfluss der Stadtteileigenschaften auf das delinquente Verhalten vermittel wird *(Hypothese 4)*.

3.   Datenbasis, Stichprobenbeschreibung und Messinstrumente

Zur Prüfung der Hypothesen werden Daten einer Schülerbefragung des Kriminologischen Forschungsinstituts Niedersachsen herangezogen, die im Jahr 2006 unter Jugendlichen der neunten Jahrgangsstufe durchgeführt wurde (vgl. zum genauen methodischen Vorgehen Rabold et al. 2008). Die Befragung erfolgte schriftlich im Klassenverband unter der Aufsicht eines Testleiters. Angestrebt war eine Befragung aller Neuntklässler Hannovers, d. h. eine Vollerhebung unter den 4.822 Schülern der Jahrgangsstufe des Schuljahrs 2005/2006. Aufgrund von Totalausfällen (Verweigerung einzelner Schulen) sowie von am Befragungstag abwesenden Schülern bzw. von Schülern, die selbst oder deren Eltern die Befragung verweigerten, konnten insgesamt 3.661 Jugendliche befragt werden, was einer Rücklaufquote von 75,9 % entspricht. Nachfolgend wird jedoch nur ein Teil dieser Schüler für Auswertungen herangezogen. Schüler, die nicht in Hannover wohnhaft sind (N = 384) bzw. die keine Angabe zu ihrem Stadtteil gemacht haben (N = 45), wurden aus den Analysen ausgeschlossen. Von den 3.232 verbleibenden Befragten konnten weiterhin Jugendliche aus Stadtteilen mit weniger als 20 Befragten nicht berücksichtigt werden, d. h. aus zehn Stadtteilen insgesamt 112 Befragte. Diese Entscheidung wurde deshalb getroffen, weil einige Faktoren auf Stadtteilebene aus den Individualdaten aggregiert werden und von einer ausreichenden Reliabilität nur bei einer Mindestanzahl an Befragten pro Kontext auszugehen ist (Snijders und Bosker 1999: 152). Daneben wurden Förderschüler (N = 135) aus den Daten Analysen ausgeschlossen, da hier nur ein verkürzter Fragebogen zum Einsatz kam, der nicht alle in den multivariaten Auswertungen verwendeten Faktoren bzw. Skalen enthielt. Schließlich wurden Befragte mit unvollständigen Angaben (Missings) nicht in die Analysen einbezogen, so dass letztlich Daten von 2.793 Jugendlichen aus 40 Stadtteilen in die Analysen eingehen.[1]

Diese Jugendlichen sind im Durchschnitt 15,0 Jahre alt. Zu 14,5 % handelt es sich um Hauptschüler, zu 27,6 % um Realschüler, zu 19,1 % um Gesamtschüler und zu 38,5 % um Gymnasiasten bzw. Waldorfschüler. Weitere deskriptive Auswertungen sind in Tabelle 1 aufgeführt. Dabei wird zusätzlich zwischen weiblichen und männlichen Befragten sowie zwischen Jugendlichen, von denen bis zu 50 % der Freunde im eigenen Stadtteil wohnen und Jugendlichen, von denen mehr als 50 % der Freunde im eigenen Stadtteil wohnen, unterschieden. Die letztgenannte Differenzierung basiert auf Angaben zu den fünf besten Freunden, zu denen verschiedene Eigenschaften im Rahmen einer egozentrierten Netzwerkabfrage ermittelt wurden. Allerdings erfolgte die Nachfrage nach den Eigenschaften der Freunde nur dann, wenn vorher bejaht wurde, dass man in einer Freundesgruppe bzw. Clique ist, mit der auch außerhalb der Schule Zeit verbracht wird. Nur für etwas über zwei Drittel der Jugendlichen trifft dies zu, weshalb die Fallzahlen bzgl. der Netzwerkzusammensetzung deutlich niedriger ausfallen. Eine Differenzierung in die zwei Gruppen (bis 50 % Freunde im Stadtteil, über 50 % Freunde im Stadtteil) erscheint aufgrund der bisherigen Forschungsergebnisse sinnvoll. So zeigt Oberwittler (2004b), dass ein Einfluss sozialräumlicher Bedingungen auf schwere Jugendgewalt nur dann festzustellen ist, wenn viele Freunde im gleichen Stadtteil wie der Befragte leben. Im Falle weniger bis gar keiner Freunde im eigenen Stadtteil findet sich hingegen kein signifikanter Effekt des Stadtteils. Von den in die weiteren Analysen einbezogenen Fällen sind 49,6 % männlichen Geschlechts. Auffällig ist dabei, dass unter den Jugendlichen mit hohem Freundesanteil im eigenen Stadtteil deutlich mehr Jungen zu finden sind als unter den Jugendlichen mit niedrigem Anteil. Es scheint also eine Gruppe an Mädchen zu geben, die besonders viele Freundschaften außerhalb des eigenen Stadtteils unterhält.

---

[1] Die Größe dieser 40 Stadtteile variiert zwischen 85 und 1.389 Hektar, die Einwohnerzahl zwischen 1.380 und 42.229 Personen (Jahr 2006). Demensprechend weist die Einwohnerdichte ebenfalls eine große Spannbreite auf (zwischen 2 und 169 Einwohnern pro Hektar).

Als nichtdeutsch wurden jene Schüler klassifiziert, die mindestens ein Elternteil haben, das nicht mit einer deutschen Staatsangehörigkeit geboren wurde (vgl. zur genauen Erfassung des Migrationshintergrundes Rabold et al. 2008: 17). Fast jeder zweite Schüler Hannovers (46,3 %) hat mittlerweile einen nichtdeutschen Hintergrund; die größten Gruppen bilden Jugendliche aus der Türkei und der ehemaligen Sowjetunion.

Auf die familiäre Situation beziehen sich zusätzlich folgende Modellvariablen:

– die armutsnahe Lebenslage, von der 20,9 % der Befragten berichten (mindestens ein Elternteil arbeitslos bzw. Bezug von Sozialhilfe/Hartz IV);

– das Aufwachsen mit mindestens einem Elternteil, das ein Studium abgeschlossen hat; dies trifft auf 41,6 % der befragten Jugendlichen zu;

– das Erleben schwerer elterlicher Gewalt in den letzten 12 Monaten, das 7,5 % der Jugendlichen berichten, wobei die drei Übergriffsformen „mit einem Gegenstand geschlagen", „mit der Faust geschlagen oder getreten" und „geprügelt, zusammengeschlagen" erfasst wurden;

– das elterliche Kontrollverhalten, das als Mittelwertsskala aus 6 Items gebildet wurde[2]; da die Mittelwertsvariable sehr linksschief verteilt ist, wurden drei Gruppen gebildet: Hohe Kontrolle (Mittelwerte über 3.5 auf Skala von 1 bis 4) berichten 32,3 % der Befragten, wobei dies für Mädchen und für Schüler mit einem niedrigen Freundesanteil im eigenen Stadtteil signifikant häufiger zutrifft.

In die Modelle gehen zudem die beiden Skalen „niedrige Selbstkontrolle" und „Gewaltakzeptanz" ein. Erstere stellt eine Mittelwertsskala aus drei Subskalen dar (Impulsivität, Risikosuche, unbeständiges Temperament[3]). Zugestimmt werden konnte den Items auf einer Skala von 1 bis 6, hohe Werte indizieren dabei eine niedrige Selbstkontrolle. Der Stichprobenmittelwert liegt bei 2.70 und deutet daraufhin, dass hohe Selbstkontrolle häufiger vorkommt als niedrige Selbstkontrolle. Jungen weisen deutlich häufiger als Mädchen niedrige Selbstkontrollwerte auf. Die Gewaltakzeptanz wurde über fünf Items (z. B. „Ein bisschen Gewalt gehört einfach dazu, um Spaß zu haben") erfasst (vgl. Rabold et al. 2008: 85f.). Da die Skala, die von 1 bis 4 reicht, sehr linkssteil ist, wurden drei Gruppen gebildet: Eine hohe Gewaltakzeptanz (Werte über 2,5) weisen demnach 11,3 % der Befragten auf; für Jungen gilt dies dreimal so häufig wie für Mädchen.

Um daneben auch Informationen zur Freizeit der Jugendlichen zu erheben, wurden diese einerseits gefragt, wie viele Freunde sie kennen, die in den letzten zwölf Monaten einen Raub oder eine Körperverletzung (d. h. eine Gewalttat) begangen haben. Vier oder mehr solche Freunde haben 13,4 % der Befragten, Jungen erneut deutlich häufiger als Mädchen. In Bezug auf ihre Freizeit wurden die Jugendlichen darüber hinaus gefragt, wie häufig sie sich an spezifischen Jugendorten aufhalten. Hierbei haben wir uns auf jene Orte kon-

---

[2] Die Items laden auf einem Faktor, der 42,3 % der Varianz aufklärt, die Reliabilität ist mit Cronbachs Alpha von .72 als ausreichend einzustufen. Beispielitems sind: „Meine Eltern interessieren sich sehr dafür, was ich in meiner Freizeit mache." oder „Meine Eltern wollen wissen, wo ich in meiner Freizeit bin."

[3] Vgl. zum Wortlaut der Items und den Eigenschaften der Gesamtskala wie der Subskalen Rabold et al. (2008: 84f).

zentriert, die zur Folge haben, dass Jugendliche weitestgehend unter sich ohne Aufsicht von Erwachsenen bleiben, da hier entsprechend der Theorie der Routineaktivitäten (Cohen und Felson 1979) besonders häufig Gelegenheiten zum Begehen delinquenter Taten bestehen (vgl. auch Wikstroem und Sampson 2003). Aus der Häufigkeit des Aufsuchens von Diskotheken, Jugendclubs/Jugendzentren und festen Treffpunkten der Clique wurde der Maximalwert bestimmt, wobei dieser Werte zwischen 1 und 4 annehmen kann (höhere Werte stehen für häufiges Aufsuchen). Der Mittelwert von 2.26 weist darauf hin, dass fast die Hälfte der Jugendlichen häufiger diese Orte aufsucht. Jungen und Mädchen unterscheiden sich diesbezüglich nicht; wohl aber gilt, dass Jugendliche mit einem großen Anteil an Freunden im eigenen Stadtteil häufiger an diesen Orten anzutreffen sind.

Tabelle 1: Deskriptive Statistik der Modellvariablen – Individualebene (fett: Unterschiede signifikant bei p < .05, M: Mittelwert)

	Gesamt (N = 2793)	Geschlecht		Anteil Freunde im Stadtteil	
		weiblich (N= 1407)	männlich (N = 1386)	bis 50 % (N = 966)	über 50 % (N = 889)
Geschlecht: männlich (in %)	49,6	-	-	**38,6**	**52,0**
Herkunft: nichtdeutsch (in %)	46,3	46,1	46,5	43,7	44,8
armutsnahe Lebenslage (in %)	20,9	**22,5**	**19,3**	18,6	21,5
Eltern: Akademiker (in %)	41,6	**39,2**	**44,1**	43,2	39,1
Zusammenhalt in Nachbarschaft (M)	2.59	**2.55**	**2.63**	**2.49**	**2.68**
Konflikte in Nachbarschaft (M)	1.87	**1.89**	**1.84**	1.88	1.85
schwere Elterngewalt erlebt (in %)	7,5	7,5	7,5	7,3	8,3
elterliche Kontrolle: gering (in %)	10,4	**8,3**	**12,5**	**7,9**	**12,0**
elterliche Kontrolle: hoch (in %)	32,3	**40,4**	**24,0**	**34,7**	**30,7**
geringe Selbstkontrolle (M)	2.70	**2.57**	**2.82**	**2.72**	**2.82**
Gewaltakzeptanz: keine (in %)	40,4	**51,6**	**28,9**	**41,6**	**35,1**
Gewaltakzeptanz: hoch (in %)	11,3	**5,8**	**17,0**	**10,6**	**14,5**
gewalttätige Freunde: keine (in %)	60,4	**66,7**	**53,9**	**60,9**	**52,1**
gewalttätige Freunde: über 3 (in %)	13,4	**8,7**	**18,0**	**13,7**	**17,3**
Freizeit: Jugendorte (M)	2.26	2.25	2.28	**2.37**	**2.61**
Gewalttat begangen	15,1	**7,5**	**22,8**	**13,9**	**20,1**

Auf Individualebene wurden schließlich auch Einschätzungen zum Stadtteil erfasst, die dann über die Stadtteile aggregiert wurden (vgl. Tabelle 2). Um die Stadtteilzugehörigkeit zu erfassen, wurden die Jugendlichen gebeten anzugeben, in welchem Stadtteil Hannovers sie wohnen. Entsprechend der offiziellen Einteilung Hannovers wurden die 13 Stadtbezirke mit den jeweils dazugehörigen Stadtteilen (insgesamt 51) aufgelistet. Jugendliche, die ihren Stadtteil nicht benennen konnten, hatten die Möglichkeit, in einem gesonderten Feld ihren Straßennamen anzugeben. Um sich der Frage nach der Verlässlichkeit der Stadtteilangaben der Jugendlichen zu nähern, wurden die offenen Angaben der Straßennamen von den Jugendlichen analysiert, die ergänzend auch ihren Stadtteilname angegeben haben (N = 42). Bei 85,7 % der Neuntklässler stimmte der Straßenname mit dem angegebenen Stadtteil überein, 9,5 % haben eine uneindeutige (tendenziell jedoch richtige)[4], 4,8 % eine falsche Zuordnung vorgenommen. Mehr als neun von zehn Jugendlichen haben somit ihr Stadtteil korrekt benennen können. Von den Befragten haben allerdings auch 111 Personen nur ihre Straßennamen und keinen Stadtteil angeben können. Ein geringer Teil der Jugendlichen konnte sich folglich überhaupt nicht in das vorgegebene Kategorienschema einordnen. Neben der geringen Fallzahl, auf der diese Auswertungen basieren, ist einschränkend auch darauf zu verweisen, dass wir zwar erste Erkenntnisse über die Jugendlichen mit mehreren Angaben machen können; wir wissen jedoch nichts darüber, wie zuverlässig die Angaben der anderen Jugendlichen sind, die nur ein Stadtteil angegeben haben. Die Vermutung, dass es sich hierbei um die bezüglich der Zuordnung ihrer Straße zu einem Stadtteil sicheren Jugendlichen handelt, liegt nahe, müsste jedoch empirisch geprüft werden.

Zur Einschätzung der sozialen Kohäsion in der Nachbarschaft wurden in Anlehnung an Sampson et al. (1997) eine Skala eingesetzt, die aus fünf Aussagen besteht. Eine explorative Faktorenanalyse hat gezeigt, dass die Items nicht eine, sondern zwei Dimensionen abbilden, weshalb folgende zwei Einschätzungen unterschieden werden:

- Zusammenhalt in Nachbarschaft: Hier wurden drei Aussagen zu einer Mittelwertsskala (Zustimmung von 1 bis 4) zusammengefasst („Die Leute in meiner Nachbarschaft helfen sich gegenseitig", „In meiner Nachbarschaft kennen sich die Leute gut", „Man kann den Leuten in der Nachbarschaft vertrauen", Cronbachs Alpha = .85). Der Mittelwert beträgt 2.59. Interessanterweise nehmen die Jugendlichen mit hohem Anteil an Freunden im eigenen Stadtteil einen stärkeren Zusammenhalt war; gleiches gilt auch für männliche Befragte.

- Konflikte in Nachbarschaft: Die Erfassung erfolgte über die beiden Items „Hier gibt es häufiger Konflikte zwischen den Nachbarn" und „Die Leute hier haben keine gemeinsamen Werte". Die Korrelation zwischen beiden Aussagen beträgt r = .35; die Korrelation zwischen beiden Dimensionen r = -.27; es handelt sich also durchaus um voneinander unabhängige Einschätzungen. Entsprechend des Mittelwerts von 1.87 berichten die Befragten seltener von Konflikten als von Zusammenhalt in der Nachbarschaft.

---

[4] In den meisten Fällen waren diese Angaben uneindeutig (jedoch tendenziell richtig), weil die angegebene Straße durch mehrere Stadtteile verläuft und der Befragte eines dieser Stadtteile auch genannt hat. Darüber hinaus sind einige wenige Angaben uneindeutig, weil entweder zwei Stadtteilangaben gemacht wurden (und eine hiervon richtig war) oder eine ungenaue Stadtteilangabe gemacht wurde. So wurde z. B. in einem Fall Misburg als Stadtteil und eine Straße, die in Misburg-Nord liegt, angegeben. Da dies keine eindeutige Falschangabe ist, wurden diese Fälle der Kategorie „uneindeutig" zugeordnet.

Neben den Einschätzungen zum Zusammenhalt und zu den Konflikten wurden noch zwei weitere Stadtteilvariablen gebildet:

- der Anteil an positiven Rollenvorbildern: Zur Erfassung wurde der Anteil an Akademikerfamilien im Stadtteil aus den Angaben der Jugendlichen aggregiert. Die Annahme, dass Akademiker u. a. im Hinblick auf die Delinquenzbereitschaft und Selbstkontrolle positive Verhaltensvorbilder darstellen, wird durch mehrere empirische Studien belegt (vgl. u. a. Lochner und Moretti 2004, Maguin und Loeber 1996). Entsprechend den in Tabelle 2 berichteten Ergebnissen variiert der Anteil an positiven Rollenvorbildern je nach Stadtteil zwischen 20 und 84 %.

- das Ausmaß der sozialen Desorganisation: Hier wurden Daten der öffentlichen Statistik aus dem Jahr 2005 herangezogen (Ausländeranteil, Arbeitslosenrate, Sozialhilfequote[5]) (Landeshauptstadt Hannover 2006). Da diese Strukturdaten sehr hoch miteinander korrelieren (Tabelle 2) wurden die Einzelindikatoren z-standardisiert und zu einer Mittelwertsskala zusammengefasst.

Tabelle 2: Deskriptive Statistik der Modellvariablen – Stadtteilebene

	Mittelwert	Minimum - Maximum	Korrelation (r)					
			a	b	c	d	e	f
a) positive Rollenvorbilder (aggregiert)	0.42	0.20 – 0.84	-	.09	-.28†	-.46**	-.56***	-.53***
b) Zusammenhalt in Nachbarschaft (aggregiert)	2.61	2.30 – 2.88	-	-	-.27†	-.34*	-.29†	-.37*
c) Konflikte in Nachbarschaft (aggregiert)	1.88	1.58 – 2.13	-	-	-	.42**	.45**	.43**
d) Ausländeranteil (öffentliche Statistik)	0.25	0.10 – 0.48	-	-	-	-	.89***	.93***
e) Arbeitslosenrate (öffentliche Statistik)	0.14	0.04 – 0.26	-	-	-	-	-	.98***
f) Sozialhilfequote (öffentliche Statistik)	0.16	0.03 – 0.32	-	-	-	-	-	-

† p < .10, * p < .05, ** p < .01, *** p < .001

Hinsichtlich der anderen Stadtteilvariablen fallen die Aggregatkorrelationen niedriger aus. Erkennbar ist, dass die Strukturvariablen sowohl mit dem Anteil an positiven Rollenvorbildern als auch den beiden Kohäsionsvariablen in mittlerer Höhe korrelieren. Zwischen dem Anteil an positiven Rollenvorbildern und den Kohäsionsvariablen fallen die Korrelationen hingegen gering aus.

Die zentrale zu erklärende Variable der Untersuchung stellt die Gewalttätigkeit von Jugendlichen dar. Als Gewalttaten wurden die Körperverletzung („einen anderen Menschen verprügelt und verletzt"), die Bedrohung mit Waffen („einen anderen mit einer Waffe bedroht"), die Erpressung („alleine oder mit anderen jemanden erpresst, dafür zu ‚bezahlen',

---

[5] Die Bewohnerfluktuation wird nicht berücksichtigt, weil die Korrelationen mit den anderen Indikatoren der Desorganisation sehr gering ausfallen (r < .20).

dass er/sie nicht verprügelt wird") und der Raub („jemandem mit Gewalt etwas abgenommen") im Fragebogen erfasst. Jugendliche, die in den letzten zwölf Monaten mindestens eines dieser Delikte begangen haben, werden als Gewalttäter klassifiziert. Von allen Befragten berichten 15,1 %, dass sie mindestens eine Gewalttat im genannten Zeitraum begangen haben; Jungen und Schüler mit hohem Anteil an Freunden im eigenen Stadtteil sind signifikant häufiger Gewalttäter (vgl. Tabelle 1).

4. Ergebnisse

4.1. Das Stadtviertel als Lebenswelt von Jugendlichen

Die Bedeutung, die der Stadtteil für Jugendliche hat und die ihm damit auch für die Genese von Normabweichung zukommt, lässt sich mit den zugrundeliegenden Daten auf verschiedene Weise aufzeigen. Zunächst ist dabei auf das Verbundenheitsgefühl zu verweisen. Zur Erfassung dieser Verbundenheit wurden die Jugendlichen gebeten anzugeben, wie sie folgende Aussagen auf einer 4-stufigen Skala von „stimme gar nicht zu" bis „stimme völlig zu" bewerten: „Ich fühle mich sehr verbunden mit meinem Stadtteil", „Sobald ich die Möglichkeit habe, werde ich aus meinem Stadtteil wegziehen" und „Ich fühle mich wohl in meinem Stadtteil". Eine Faktorenanalyse zeigt, dass alle Items auf einem Faktor laden (Varianzaufklärung: 68,6 %); darüber hinaus ergeben sich signifikante Korrelationen der Items untereinander. Aus diesem Grund wurden die drei Items mit Hilfe einer Mittelwertsskala zusammengefasst (Cronbachs α = .77).[6] Der Mittelwert von 3.08 deutet darauf hin, dass die Mehrheit der Jugendlichen sich sehr mit dem eigenen Stadtteil verbunden fühlt. Bei Teilung der Skala am theoretischen Mittelwert von 2.5 ergibt sich eine hohe Verbundenheit bei 79,9 % der Jugendlichen. Geschlechts-, Ethnien- und schulformspezifische Unterschiede lassen sich kaum feststellen.

Die Verbundenheit der Jugendlichen mit dem eigenen Stadtteil findet seine Entsprechung in der sozialräumlichen Ausdehnung des Freundschaftsnetzwerks. Die Jugendlichen, die eine feste Freundesgruppe bzw. Clique haben, sollten für die fünf besten Freunde u. a. angeben, ob diese im gleichen Stadtteil wie sie selbst oder in einem anderen Stadtteil leben. Insgesamt leben durchschnittlich 50,4 % der Freunde im gleichen Stadtteil wie der Befragte, wobei vor allem die Freunde von Hauptschülern, von türkischen Jugendlichen und von Jungen im eigenen Stadtteil lokalisiert sind. Von den Jugendlichen mit bis zu 50 % Freunden im eigenen Stadtteil weisen 76,8 % eine hohe Verbundenheit mit ihrem Stadtteil auf, bei den Jugendlichen mit mehr als 50 % Freunden im eigenen Stadtteil trifft dies auf 82,7 % zu.

---

[6] Das zweite Item wurde vorher umgepolt, so dass hohe Werte auf hohe Verbundenheit mit dem Stadtteil hinweisen.

Das Stadtviertel stellt für die Jugendlichen jedoch auch eine Lebenswelt dar, in der negative Erfahrungen gemacht werden, d. h. die durch das Erleben von Gewalt bzw. das Ausüben eigener Gewalt gekennzeichnet ist. Mehr als die Hälfte (57,0 %) der Jugendlichen, die im Zeitraum von 2004 bis 2006 Opfer verschiedener Übergriffe geworden sind, haben dies in ihrem eigenen Stadtteil erfahren. Zu den am häufigsten im eigenen Stadtteil erlebten Delikten gehören der Raub (69,2 %), die Erpressung (64,7 %) und die Körperverletzungen ohne Waffe (59,8 %). Nichtsdestotrotz fühlt sich die überwiegende Mehrheit der Jugendlichen (90,2 %) im eigenen Stadtteil zumindest tagsüber (sehr) sicher. Nachts berichten dagegen nur 50,8 % von einem (sehr) sicheren Gefühl. Schließlich wird auch ein beachtlicher Teil der eigenen Delinquenz im eigenen Stadtteil verübt; fast zwei von drei Taten werden hier ausgeführt (61,6 %). Bezogen auf die zwischen 2004 und 2006 begangenen Delikte der Jugendlichen weisen der Verkauf von Raubkopien (73,9 %) und die Körperverletzungen (64,9 %) den stärksten Stadtteilbezug auf. Sachbeschädigungen (64,4 %) und Drogenhandel (60,7 %) werden ebenfalls recht häufig im eigenen Wohnumfeld ausgeübt.

Insgesamt verdeutlichen diese Befunde, dass der Stadtteil für Jugendliche keine abstrakte, lebensweltferne Kategorie darstellt, sondern dass durchaus eine relativ hohe Verbundenheit mit der unmittelbaren Wohnumgebung vorhanden ist, die ihren Ausdruck auch in der räumlichen Konzentration der Freundesnetzwerke findet. Die hohen Anteile der Opfer- bzw. Täterschaft im eigenen Stadtteil vereisen darauf, dass ein beachtlicher Teil der Freizeit der Jugendlichen im Stadtviertel verbracht wird, der Stadtteil also ein das Leben der Jugendlichen strukturierender Kontext ist.

4.2. *Empirische Befunde zur Beziehung zwischen Stadtteileigenschaften und Jugendgewalt*

Zur Prüfung der aufgestellten Thesen werden verschiedene logistische bzw. lineare Mehrebenenanalysen berechnet (vgl. u. a. Bryk und Raudenbush 1992, Snijders und Bosker 1999). Hierzu wurde das Programm HLM 6.0 genutzt. In einem ersten Schritt wurden die Intraklassenkorelationen berechnet. Mit deren Hilfe kann beurteilt werden, ob es überhaupt signifikante Stadtteilunterschiede hinsichtlich einer zu erklärenden Variable gibt und wie hoch der Anteil der Varianz ausfällt, der durch Stadtteileigenschaften maximal erklärt werden kann. Tabelle 3 belegt dabei zunächst, dass es hinsichtlich der Gewalttäterschaft signifikante Stadtteilunterschiede gibt; etwa 2,3 % der Gesamtvarianz ist auf Stadtteilmerkmale zurückzuführen, was im Vergleich mit anderen Studien eher wenig ist. Entgegen den Befunden von Oberwittler (2003) zeigt sich, dass ein Einfluss des Stadtteils nicht für Mädchen, wohl aber für Jungen zu beobachten ist. In Übereinstimmung mit Oberwittler (2004b) findet sich jedoch, dass diejenigen Jugendlichen, die eine besonders starke Verbundenheit mit dem eigenen Stadtteil aufweisen (abgebildet über einen hohen Anteil an Freunden im eigenen Stadtteil), anscheinend sehr viel mehr in ihrem Verhalten von Stadtteileigenschaften beeinflusst werden als Jugendliche, die ihre Freunde mehrheitlich nicht im eigenen Stadtteil haben. Der Anteil mit Stadtteilmerkmalen erklärbarer Varianz beträgt im ersten Fall 8,3 %.

Tabelle 3: Intraklassenkorrelationen (ICC)

	ICC
Modell: Gewalt	0.023**
Modell Gewalt: weiblich	0.000
Modell Gewalt: männlich	0.043**
Modell Gewalt: bis 50 % Freunde im Stadtteil	0.000
Modell Gewalt: über 50 % Freunde im Stadtteil	0.083***
Modell: Selbstkontrolle	0.009**
Modell: Freizeit Jugendorte	0.038***
Modell: Gewaltakzeptanz (hoch)	0.022**
Modell: gewalttätige Freunde (über 3)	0.051***

** p < .01, *** p < .001

In Tabelle 3 sind zudem die Intraklassenkorrelationen für weitere, als wichtige (individuelle) Ursachen von Gewaltverhalten gehandelte Variablen aufgeführt. Dabei ergibt sich für vier Faktoren eine signifikante Intraklassenkorrelation. Insofern wird bestätigt, dass sowohl die Selbstkontrolle, die Gewaltakzeptanz, die Freizeitgestaltung und die Bekanntschaft mit delinquenten Freunden partiell abhängig von vorgefundenen Stadtteilfaktoren sind. Kein signifikanter Effekt ergibt sich für das elterliche Kontrollverhalten (nicht abgebildet). Für die Häufigkeit elterlicher Gewalt wiederum ergibt sich eine signifikante Intraklassenkorrelation; da dieser Faktor im multivariaten Modell aber kein direkter Prädiktor des Gewaltverhaltens ist (s. u.), wurde auf eigene Mehrebenenmodelle zur elterlichen Gewalt verzichtet.

Die Betrachtung der Intraklassenkorrelationen allein ist jedoch nicht ausreichend, um den Einfluss der Stadtteilmerkmale zu prüfen. Aus diesem Grund wurden schrittweise verschiedene Mehrebenenmodelle, zunächst zur Erklärung der Gewalttäterschaft, berechnet. Mittels dieser lässt sich erstens die Frage beantworten, ob die signifikanten Stadtteilunterschiede allein darauf zurückgeführt werden müssen, dass sich die soziodemographische Zusammensetzung der Stadtteile unterscheidet. Zweitens kann der direkte Einfluss der Stadtteilfaktoren auf das individuelle Verhalten entsprechend der Hypothesen 1 bis 3 geprüft werden.

Bezüglich der Hypothesenprüfung zeigt sich in Modell Ia in Tabelle 4, dass alle drei aufgestellten Hypothesen bestätigt werden können. Werden die Stadtteilfaktoren jeweils bivariat geprüft (d. h. ohne Kontrolle der anderen Stadtteil- sowie der Individualfaktoren), so zeigt sich, dass in Stadtteilen

- mit höherer Desorganisationen das Risiko der Gewalttäterschaft steigt;
- mit hoher Konflikthaftigkeit der nachbarschaftlichen Beziehungen das Risiko der Gewalttäterschaft zunimmt;
- mit mehr positiven Verhaltensvorbildern (abgebildet über die Akademikerquote) dieses Risiko sinkt.

Nicht bestätigt wird, dass ein höherer sozialer Zusammenhalt im Stadtteil mit geringerer Gewaltbereitschaft einher geht. Der entsprechende Koeffizient deutet zwar solch eine Beziehung an, wird aber als nicht signifikant ausgewiesen. Entscheidender für das Verhalten scheint damit vielmehr zu sein, ob es Konflikte in der Nachbarschaft gibt, die möglicherweise auch gewaltförmig ausgetragen werden und damit Vorbildcharakter haben. Ein vertrauensvolles Klima allein ist für das Handeln der Jugendlichen weniger relevant.

Grundsätzlich werden damit im bivariaten Modell die Vorhersagen der klassischen, strukturorientierten Desorganisationstheorie von Shaw und McKay (1969 [1942]) sowie deren Erweiterung durch eher kulturelle Elemente durch Sampson et al. (1997) für Hannover bestätigt. Dies gilt weitestgehend auch, wenn die vier Stadtteilfaktoren multivariat in ein Modell einbezogen werden bzw. wenn die soziale Zusammensetzung der Stadtteile kontrolliert wird, was in den Modellen Ib und II geschieht. Nicht überraschend ist, dass durch diese Schritte der Einfluss der Stadtteilfaktoren insgesamt zurückgeht, erkennbar an der Veränderung der Koeffizienten und der Signifikanzniveaus. Von der Variable „soziale Desorganisation" geht bei einer simultanen Betrachtung aller Stadtteilfaktoren kein Einfluss mehr aus. In Verbindung mit den Befunden aus Modell I sowie den weiter oben berichteten Korrelationen der Stadtteilfaktoren (Tabelle 2) ist zu vermuten, dass die Desorganisation nicht direkt, sondern vermittelt über andere soziale bzw. kulturelle Stadtteileigenschaften wirkt. Modell II bestätigt, dass ein höherer Anteil an positiven Rollenvorbildern sowie ein geringeres Konfliktniveau im Stadtteil die Gewaltbereitschaft senkt, auch wenn berücksichtigt wird, dass Mädchen, einheimische Deutsche und Kinder von Akademikereltern seltener zu Gewalt neigen (und diese Faktoren wiederum ungleich über die Stadtteile verteilt sind). Für die armutsnahe Lebenslage zeigt sich kein Zusammenhang mit der Gewalttäterschaft. Gleiches gilt für die individuelle Einschätzung des sozialen Zusammenhalts in der Nachbarschaft. Zugleich besteht ein signifikanter Einfluss der Einschätzung der Konflikthaftigkeit der Nachbarschaft; d. h. sowohl die individuelle Wahrnehmung von Konflikten als auch die entsprechende Stadtteileigenschaft beeinflussen das Verhalten von Jugendlichen.[7]

In Modell III werden schließlich weitere, individuelle Bedingungsfaktoren des Gewaltverhaltens kontrolliert. Dieser Schritt hat zur Folge, dass der Einfluss der Stadtteilfaktoren komplett vermittelt wird. Dies spricht dafür, wie dies in Hypothese 4 formuliert wurde, dass Stadtteilfaktoren nicht allein das Verhalten, sondern wichtige Risikofaktoren des Verhaltens beeinflussen und damit vermittelt wirken; welche Vermittlungsprozesse dabei eine Rolle spielen, wird an späterer Stelle gezeigt. Mit der Ausnahme der elterlichen Gewalterfahrungen ergeben sich für alle Variablen signifikante, erwartungskonforme Koeffizienten:

- je stärker Eltern das Verhalten ihrer Kinder kontrollieren, umso seltener treten diese als Gewalttäter in Erscheinung;

---

[7] An dieser Stelle könnte eingewendet werden, dass die simultane Berücksichtigung des Zusammenhalts und der Nachbarschaftskonflikte auf Individual- und Stadtteilebene einen zu strengen Test darstellt, insofern sich diese Variablen konzeptionell betrachtet nur auf die Stadtteilebene beziehen. Da sich die Koeffizienten der Aggregatvariablen durch diesen Schritt aber nur geringfügig verändern, erscheint die Kontrolle der individuellen Wahrnehmung unproblematisch.

- je geringer die Selbstkontrolle ausfällt, umso häufiger werden Jugendliche zu Gewalttätern;
- je stärker gewaltaffine Einstellungen ausgeprägt sind und je mehr Kontakte mit gewaltauffälligen Freunden bestehen, umso höher fällt das Risiko eigener Gewalttäterschaft aus;
- je häufiger sich Jugendliche an von Erwachsenen unkontrollierten Orten aufhalten, umso häufiger begehen sie Gewalttaten.

Tabelle 4: Bedingungsfaktoren der Gewalttäterschaft (binäre logistische Mehrebenenanalyse; abgebildet: unstandardisierte Effektkoeffizienten)

	Modell Ia (bivariat)	Modell Ib (multivariat)	Modell II	Modell III
Konstante	-	-1.714 ***	-2.746 ***	-3.950 ***
Fixe Effekte - Individualebene				
Geschlecht: männlich			3.996 ***	2.851 ***
Herkunft: nichtdeutsch			1.808 ***	1.345 †
armutsnahe Lebenslage			1.222	1.255
Eltern: Akademiker			0.582 ***	0.669 **
Zusammenhalt in Nachbarschaft (z)			0.987	0.980
Konflikte in Nachbarschaft (z)			1.313 ***	1.101
schwere Elterngewalt erlebt				1.225
elterliche Kontrolle: gering				*Referenz*
elterliche Kontrolle: mittel				0.572 **
elterliche Kontrolle: hoch				0.453 **
geringe Selbstkontrolle (z)				1.962 ***
Gewaltakzeptanz: keine				*Referenz*
Gewaltakzeptanz: gering				2.319 ***
Gewaltakzeptanz: hoch				6.098 ***
gewalttätige Freunde: keine				*Referenz*
gewalttätige Freunde: 1 bis 3				2.686 ***
gewalttätige Freunde: über 3				8.215 ***
Freizeit: Jugendorte (z)				1.350 ***
Fixe Effekte - Kontextebene				
soziale Desorganisation (z)	1.160 *	0.940	0.865	0.911
positive Rollenvorbilder (z)	0.224 **	0.250 **	0.368 *	0.706
Zusammenhalt in Nachbarschaft (z)	0.566	0.772	0.904	0.862
Konflikte in Nachbarschaft (z)	8.507 ***	6.859 **	5.429 *	0.883
Zufällige Effekte				
σ_{u0j} (Konstante)		0.034 †	0.025	0.010
Extra-Dispersion		0.987	0.982	0.954
Erklärte Varianz in %		2,23	19,02	56,44

z = Variablen wurden am grand-mean zentriert
† $p < .10$, * $p < .05$, ** $p < .01$, *** $p < .001$

Mittels Modell III lassen sich 56,4 % der Varianz der Gewalttäterschaft aufklären, was einen sehr hohen Wert markiert. Signifikante Unterschiede zwischen den Stadtteilen finden sich nach Kontrolle dieser Faktoren nicht mehr.

Modell III wurde auch getrennt für Jungen und Mädchen bzw. für Jugendliche mit niedrigem und hohem Anteil an Freunden im eigenen Stadtteil berechnet (ohne Abbildung). Für die Stadtteilfaktoren ergeben sich dabei keine signifikanten Beziehungen mit der Gewalttäterschaft. Einzig für Jungen und für Jugendliche mit bis zu 50 % Freunden im eigenen Stadtteil zeigt sich ein nicht erwarteter Effekt der sozialen Desorganisation: Mit höherer Desorganisation im Stadtteil sinkt die Bereitschaft zum Gewaltverhalten. Der Tendenz nach wird dies auch bereits in Modell III in Tabelle 4 angedeutet (Koeffizient der Desorganisation: 0.911). Eine Erklärung für diesen Effekt zu finden, fällt schwer, zumal sich in bivariaten Auswertungen die zu erwartenden Effekte der Desorganisation zeigen. Der Befund spricht dafür, dass Desorganisation als problematische demographische Zusammensetzung eines Stadtteils an sich nicht mit einem höheren Gewaltverhalten einhergeht; es sind vielmehr die sozialen und kulturellen Begleiterscheinungen einer solchen Zusammensetzung, die die Gewaltbereitschaft erhöhen. In Stadtteilen mit hohem Anteil an Migranten und sozial schlechter gestellten Personen fällt die Gewaltbereitschaft damit eher unterdurchschnittlich aus, wenn andere Faktoren konstant gehalten werden. Möglicherweise ist dies damit zu begründen, dass die Erfahrungen der Bewohner dieser Stadtteile eher zu Resignation und Ohnmachtsgefühlen führen, dass sich die Bewohner (inkl. der Jugendlichen) dadurch stärker auf häusliche Freizeitaktivitäten konzentrieren und Gewaltverhalten im öffentlichen Raum unwahrscheinlicher wird.

Bezüglich der Individualvariablen existieren keine Unterschiede zwischen den Modellen der Subgruppen. Sowohl bei Mädchen als auch bei Jungen, sowohl bei Jugendlichen mit wenigen als auch bei Jugendlichen mit vielen Freunden im eigenen Stadtteil erweisen sich das elterliche Kontrollverhalten, Selbstkontrollfähigkeiten, gewaltakzeptierende Einstellungen, Kontakte zu gewalttätigen Freunden und das Aufsuchen spezifischer Freizeitorte als signifikante Prädiktoren gewalttätigen Verhaltens.

Inwieweit nun die Stadtteileigenschaften mit zentralen Bedingungsfaktoren der Gewalttäterschaft in Beziehung stehen, wird in den Modellen in Tabelle 5 untersucht. Die Modelle zur Selbstkontrolle und zu den Freizeitorten stellen lineare, die zur Gewaltakzeptanz und zu den gewalttätigen Freunden binär logistische Mehrebenenanalysen dar. Dabei zeigt sich zunächst, dass mit der Ausnahme des Modells zur Gewaltakzeptanz auch nach Einbezug der Stadtteilfaktoren signifikante Stadtteilunterschiede bestehen bleiben, d. h. dass mit den vorhandenen Faktoren nicht die gesamte Varianz erklärt werden kann. Für den sozialen Zusammenhalt ergeben sich, vergleichbar mit den Modellen zur Gewalttäterschaft, keinerlei signifikante Beziehungen mit den Bedingungsfaktoren. Ein hoher Anteil an positiven Rollenvorbildern im Stadtteil beeinflusst mit Ausnahme der Gewaltfreunde alle Bedingungsfaktoren positiv, erhöht also die Selbstkontrolle, reduziert die Gewaltakzeptanz und verhindert, dass sich an von Erwachsenen unkontrollierten Freizeitorten getroffen wird. Spiegelbildlich stellen sich die Befunde zum Konfliktniveau im Stadtteil dar. Erstaunlich ist dabei der sehr starke Effekt auf die Gewaltakzeptanz: Das Risiko, in die Gruppe der hoch Gewalt akzeptierenden Jugendlichen zu fallen, ist in Stadtteilen mit erhöhtem Konfliktniveau 13,7mal höher. Dies spricht dafür, dass die beobachteten Konflikte z. T. gewaltförmig ausgetragen werden und damit eine Vorbildwirkung entfalten und sich in Einstellungen niederschlagen. Für die soziale Desorganisation ergeben sich nur schwache Beziehungen, die in zwei Fällen erneut den Erwartungen widersprechen: In Stadtteilen mit hoher sozialer Desorganisation ergeben sich leicht erhöhte Selbstkontrollfähigkeiten; und das Risiko, zur Gruppe der hoch gewaltakzeptierenden Jugendlichen zu gehören, fällt hier niedriger aus. Der Anschluss an gewaltorientierte Freundesgruppen geschieht hier allerdings öfter, wie das letzte Modell zeigt.

Tabelle 5: Bedingungsfaktoren von Selbstkontrolle, Freizeitverhalten, Gewaltakzeptanz und Bekanntschaft mit gewalttätigen Freunden (lineare bzw. binäre logistische Mehrebenenanalyse; abgebildet: unstandardisierte (Effekt-)Koeffizienten)

	Lineare Mehrebenenanalyse				Logistische Mehrebenenanalyse			
	Modell: geringe Selbstkontrolle		Modell: Freizeit Jugendorte		Modell: Gewaltakzeptanz hoch		Modell: gewalttätige Freunde über 3	
Konstante	2.711 ***	2.883 ***	2.291 ***	2.431 ***	-2.072 ***	-2.297 ***	-1.871 ***	-2.105 ***
Fixe Effekte - Individualebene								
Geschlecht: män.		0.206 ***		0.010		3.288 ***		2.356 ***
Herkunft: nichtdt		0.073 †		0.176 ***		1.793 ***		1.592 **
armutsnahe Lage		0.008		0.002		0.923		0.968
Eltern: Akad.		-0.012		-0.185 ***		0.652 *		0.615 **
Zusammenh.(z)		-0.017		0.049		1.104		1.154 †
Konflikte (z)		0.120 ***		0.044		1.212 *		1.183 **
Elterngew. erlebt		0.559 ***		0.333 **		2.191 **		3.749 ***
Kontrolle: gering		*Referenz*		*Referenz*		*Referenz*		*Referenz*
Kontrolle: mittel		-0.326 ***		-0.152 *		0.447 ***		0.620 *
Kontrolle: hoch		-0.543 ***		-0.300 ***		0.316 ***		0.525 **
Fixe Effekte - Kontextebene								
Desorgan. (z)	-0.054 †	-0.065 *	-0.029	-0.045	0.890 †	0.840 *	1.222 *	1.181 †
Verhaltensv.(z)	-0.356 *	-0.269	-0.887 **	-0.619 *	0.178 **	0.259 *	0.467	0.866
Zusammenh. (z)	-0.019	0.024	-0.030	-0.054	0.830	0.912	0.736	0.679
Konflikte (z)	0.775 **	0.490 **	0.749 **	0.562 *	21.152 ***	13.666 **	4.569 †	2.602
Zufällige Effekte								
σ_{u0j} (Konstante)	0.004 †	0.005 *	0.029 ***	0.031 ***	0.000	0.000	0.048 *	0.055 *
σ_{ej} (Varianz Ebene 1)	0.808	0.727	1.183	1.150	3.290	3.290	3.290	3.290
Extra-Dispersion					0.996	0.963	0.977	0.947
Erklärte Varianz in %	0,55	10,28	1,47	3,94	3,61	21,84	4,43	17,60

z = Variablen wurden am grand-mean zentriert
† p < .10, * p < .05, ** p < .01, *** p < .001

186

Der Einfluss der Stadtteilfaktoren bleibt weitestgehend bestehen, wenn Individualvariablen berücksichtigt werden. Die Befunde zum Geschlecht replizieren dabei die bereits aus der deskriptiven Analyse bekannten Unterschiede zwischen Jungen und Mädchen. Nichtdeutsche Jugendliche suchen häufiger unkontrollierte Freizeitorte auf, halten häufiger gewaltakzeptierende Einstellungen aufrecht und schließen sich häufiger mit gewalttätigen Freunden zusammen. Das Erleben elterlicher Gewalt erhöht alle vier Faktoren; Schüler, die durch die Eltern in ihrem Verhalten kontrolliert werden, sind ebenfalls auf allen vier Dimensionen geringer belastet.

Zusammengefasst bestätigen die präsentierten Analysen auch die vierte aufgestellte Hypothese. Stadtteileigenschaften wirken sich damit auch auf die Bedingungsfaktoren des Gewaltverhaltens aus. Einen besonderen Erklärungswert haben die positiven Verhaltensvorbilder und das Konfliktniveau in der Nachbarschaft.

5. Zusammenfassung und Ausblick

Im Vergleich mit individuellen Faktoren ergeben die präsentierten Analysen in Übereinstimmung mit anderen Befunden aus dem deutschsprachigen Raum, dass dem sozialräumlichen Kontext (hier: dem Stadtteil) im Verursachungsprozess abweichenden Verhaltens eine substanzielle, aber insgesamt eher geringe Rolle zukommt. Möglicherweise ließen sich durch den Einbezug einer kleinräumigeren Ebene, z. B. des Wohnblocks oder des Straßenzuges, deutlichere Einflüsse der sozialräumlichen Umgebung feststellen (vgl. Oberwittler und Wikstroem, 2009, Nonnenmacher in diesem Band). Auf dieser kleinräumigeren Ebene fehlen jedoch oftmals Daten zur sozialstrukturellen Zusammensetzung der Gebiete; Faktoren wie der soziale Zusammenhalt oder die Konflikthaftigkeit der Wohnumgebung ließen sich nur über Angaben der Jugendlichen oder über eine zusätzliche Bewohnerbefragung erfassen.

Die Ergebnisse unserer Analyse lassen sich grafisch in einem Mehrebenen-Strukturgleichungsmodell zusammenfassen, wie dies in Abbildung 1 geschehen ist. Das Modell verweist darauf, dass nicht allein auf Individualebene mehrere Faktoren direkt und indirekt an der Verursachung abweichenden Verhaltens beteiligt sind, wie dies in verschiedenen Analysen gezeigt werden konnte (vgl. Baier 2005). Auch für die Ebene der Stadtteile ist eine solche Verursachungsstruktur plausibel, nach der die demographische bzw. soziale Zusammensetzung Auswirkungen auf das Ausmaß des sozialen Zusammenhalts bzw. der Konflikthaftigkeit hat und zudem auch die Existenz von Verhaltensvorbildern beeinflusst. Beide Faktoren wiederum wirken sich darauf aus, welche Persönlichkeitseigenschaften ein Individuum ausbildet und wie bzw. mit wem es seine Freizeit verbringt. Diese meso- und mikrosozialen Bedingungen sind dann ausschlaggebend dafür, ob sich abweichend verhalten wird oder nicht.

Abbildung 1: Theoretisches Mehrebenenmodell zur Erklärung abweichenden Verhaltens

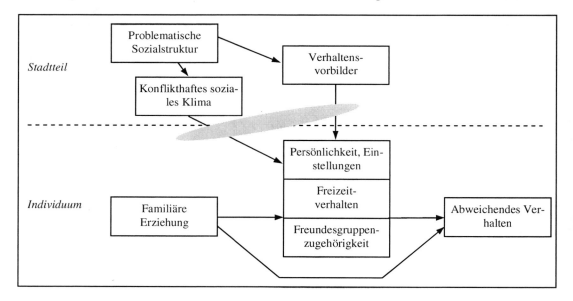

Für die weitere Forschung ergibt sich die Aufgabe, dieses Mehrebenen-Strukturgleichungsmodell empirisch zu testen. Von Interesse wäre dabei, ob die Stadtteilfaktoren nicht nur das Niveau individueller Variablen zu erklären helfen, sondern auch die Zusammenhänge zwischen diesen. Bislang gibt es hierzu wenig Forschung. So berichten beispielsweise Hay et al. (2006) auf Basis von Daten des National Survey of Children von einem in benachteiligten Gebieten stärkeren Effekt der elterlichen Bestrafung auf kriminelles Verhalten und bestätigen damit die sog. Verstärkungshypothese, nach der sich negative Sozialisationsbedingungen wechselseitig verstärken. Einen derart moderierenden Effekt der sozialräumlichen Benachteiligung können Rankin und Quane (2002) bzw. Brody et al. (2001) auch für elterliches Kontrollverhalten und elterliche Zuwendung finden (vgl. zu abweichenden Befunden Simons et al. 2002, Simons et al. 2005). Auch für andere individuelle Prädiktoren abweichenden Verhaltens wie die Selbstkontrollfähigkeiten wurden solche Interaktionseffekte geprüft; die Befunde hierzu sind jedoch uneinheitlich (Lynam et al. 2000, Vazsonyi et al. 2006)

Zudem erscheint es notwendig, sich den genauen Mechanismen zu widmen, die dazu führen, dass Stadtteilfaktoren individuelle Einstellungen und individuelles Verhalten verändern. Das damit angesprochene „missing link" wurde in der Abbildung 1 durch eine graue Ellipse sichtbar gemacht. Auf Individualebene existieren zahlreiche Untersuchungen, die erklären können, warum bspw. elterliche Gewalt die eigene Gewaltbereitschaft erhöht (vgl. u. a. Lansford et al. 2007, Yexley et al. 2002). Rekurriert wird auf Lerntheorien, die Selbstkontrolltheorie oder auf die psychoanalytische Theorie zur Verarbeitung von Missachtungserfahrungen. Auch zum Zusammenhang zwischen der Integration in eine gewalttätige Peergruppe und dem eigenen Gewaltverhalten gibt es verschiedene theoretische Erklärungsansätze (vgl. Baier et al. 2009). Mit Blick auf die Wirkung der Verhaltensvorbilder (mit denen Jugendliche meist deutlich seltener Kontakt haben als mit den eigenen Eltern) oder des Konfliktniveaus im eigenen Stadtteil müssten die bisherigen Erklärungsansätze jedoch noch stärker spezifiziert werden.

Dass zu den genauen Mechanismen der Wirkung der Stadtteilfaktoren weitere Untersuchungen notwendig sind, unterstreicht der Befund, dass soziale Desorganisation unter Kontrolle verschiedener anderer Faktoren nicht zu erhöhter Gewalt motiviert, sondern z. T. mit geringeren Gewaltraten einher geht. Eine Erklärung hierfür wurde bereits formuliert: Möglicherweise geht eine hohe Desorganisation mit Resignation und Ohnmachtsgefühlen einher, einer stärkeren häuslichen Orientierung usw.; Gewaltverhalten wird dann unwahrscheinlicher. Um bezüglich dieses unerwarteten Befundes zu weiteren Erkenntnissen zu gelangen, erscheint es sinnvoll, gezielt über standardisierte Befragungen Stadtteile auszuwählen, in denen anschließend qualitative Beobachtungs- und Befragungsstudien durchgeführt werden könnten. Mit den vorgeschalteten standardisierten Befragungen ließe sich zugleich ein Problem der hier analysierten Daten beheben: Verschiedene Stadtteilmerkmale wurden aus Sicht der Jugendlichen erhoben. Oberwittler (2004b) hat einen anderen Weg gewählt, in dem er den Zusammenhalt über die Erwachsenen im Stadtteil einschätzen ließ. Jugendliche könnten in ihren Einschätzungen stärker von ihrer unmittelbaren Umwelt (z. B. der Freundesgruppe) abhängig sein, Erwachsene liefern demgegenüber eine objektivere Einschätzung ab. Diese Angaben der Erwachsenen könnten mit den Selbstauskünften zum delinquenten Verhalten der Jugendlichen in Beziehung gesetzt werden, um so den unerwarteten Effekte der Desorganisation erneut zu prüfen.

Zuletzt erscheint es notwendig, darauf hinzuweisen, dass der Einfluss der sozialräumlichen Bedingungen auch über einen längeren Zeitraum in Form von Längsschnittstudien untersucht werden sollte, um eine ggf. mit dem Lebensalter variierende Bedeutsamkeit des sozialen Kontextes zu identifizieren. Ein stärkerer Effekt des Sozialraums lässt sich beispielsweise im Kindesalter vermuten, in dem sich der Lebensraum sehr viel stärker auf das unmittelbare Wohnumfeld konzentriert. Durch den Vergleich mit anderen Altersgruppen ließe sich in jedem Fall besser einschätzen, ob das Jugendalter als Lebensphase durch eine erhöhte Beeinflussbarkeit durch das örtliche Umfeld gekennzeichnet ist oder nicht.

Literaturverzeichnis

Baier, D., 2005. Abweichendes Verhalten im Jugendalter. Ein empirischer Vergleich verschiedener Erklärungsansätze. *Zeitschrift für Soziologie der Erziehung und Sozialisation, 25,* 381-398.

Baier, D., Rabold, S., Pfeiffer, C., 2009. Peers und delinquentes Verhalten. In: Harring, M., Rohlfs, C., Palentien, C., Böhm-Kasper, O. (Hg.), *Freundschaften, Cliquen und Jugendkulturen. Peer Groups als Bildungs- und Sozialisationsinstanzen.* Wiesbaden: Verlag für Sozialwissenschaften, 243-271.

Brody, G. H., Ge, X., Conger, R., Gibbons, F. X., Murry, V. M., Gerrard, M.et al., 2001. The Influence of Neighborhood Disadvantage, Collective Socialization, and Parenting on African American Children's Affiliation with Deviant Peers. *Child Development, 72,* 1231-1246.

Browning, C. R., Feinberg, S. L., Dietz, R. D., 2004. The Paradox of Social Organization: Networks, Collective Efficacy, and Violent Crime in Urban Neighborhoods. *Social Forces, 83*, 503-534.

Bryk, A. S., Raudenbush, S. W., 1992. *Hierarchical Linear Models: Applications and Data Analysis Methods.* Newburg Park: Sage.

Cohen, L. E., Felson, M., 1979. Social Change and Crime Rate Trends. A Routine Activity Approach. *American Sociological Review, 44,* 588-608.

Crane, J., 1991. The Epidemic Theory of Ghettos and Neighborhood Effects on Dropping Out and Teenage Childbearing. *American Journal of Sociology, 96,* 1226-1259.

Elliott, D. S., Wilson, W. J., Huizinga, D., Sampson, R. J., Elliott, A., Rankin, B., 1996. The Effects of Neighborhood Disadvantage on Adolescent Development. *Journal of Research in Crime and Delinquency, 33,* 389-426.

Friedrichs, J., Oberwittler, D., 2007. Soziales Kapital in Wohngebieten. In: Franzen, A., Freitag, M. (Hg.), *Sozialkapital. Grundlagen und Anwendungen.* Wiesbaden: Verlag für Sozialwissenschaften, 450-486.

Hay, C., Fortson, E. N., Hollist, D. R., Altheimer, I., Schaible, L. M., 2006. The Impact of Community Disadvantage on the Relationship between Family and Juvenile Crime. *Journal of Research in Crime and Delinquency, 43,* 326-356.

Haynie, D. L., Silver, E., Teasdale, B., 2006. Neighborhood Characteristics, Peer Networks, and Adolescent Violence. *Journal of Quantitative Criminology, 22,* 147-169.

Jencks, C., Mayer, S. E., 1990. The Social Consequences of Growing Up in a Poor Neighborhood. In: Lynn, L. und McGeary, M. (Hg.), *Inner-city Poverty in the United States.* Washington D.C.: National Academy of Sciences Press, 111-153.

Landeshaupstadt Hannover [Hg.], 2006. Strukturdaten der Stadtteile und Stadtbezirke 2006. Verfügbar unter http://www.hannover.de/data/download/s/statistik/Strukturdaten06/strukturdaten2006.pdf [06.03.2007].

Lansford, J. E., Miller-Johnson, S., Berlin, L. J., Dodge, K. A., Bates, J. E., Pettit, G. S., 2007. Early Physical Abuse and Later Violent Delinquency: A Prospective Longitudinal Study. *Child Maltreatment, 12,* 233-245.

Lersch, K. M., 2004. *Space, Time, and Crime.* Durham: Carolina Academic Press.

Leventhal, T., Brooks-Gunn, J., 2000. The Neighborhoods they Live in: The Effects of Neighborhood Residence on Child and Adolescent Outcomes *Psychological Bulletin, 126*, 309-337.

Lochner, L., Moretti, E., 2004. The Effect of Education on Crime: Evidence from Prison Inmates, Arrests, and Self-Reports. *The American Economic Review, 94*, 155-190.

Lynam, D. R., Caspi, A., Moffitt, T. E., Wikstroem, P.-O. H., Loeber, R., Novak, S., 2000. The Interaction Between Impulsivity and Neighborhood Context on Offending: The Effects of Impulsivity Are Stronger in Poorer Neighborhoods. *Journal of Abnormal Psychology, 109*, 563-574.

Maguin, E., Loeber, R., 1996. Academic Performance and Delinquency. *Crime and Justice: A Review of Research, 20,* 145-264.

Morenoff, J., Sampson, R. J., Raudenbush, S. W., 2001.Neighborhood Inequality, Collective Efficacy and the Spatial Dynamics of Homicide. *Criminology, 39,* 517-560.

Oberwittler, D., 2003. Geschlecht, Ethnizität und sozialräumliche Benachteiligung - überraschende Interaktionen bei sozialen Bedingungsfaktoren von Gewalt und schwerer Eigentumsdelinquenz von Jugendlichen. In: Lamnek, S., Boatca, M. (Hg.), *Geschlecht - Gewalt - Gesellschaft.* Opladen: Leske und Budrich, 269-294.

Oberwittler, D., 2004a. Stadtstruktur, Freundeskreise und Delinquenz: Eine Mehrebenenanalyse zu sozialökologischen Kontexteffekten auf schwere Jugenddelinquenz. In: Oberwittler, D., Karstedt, S. (Hg.): *Soziologie der Kriminalität.* Wiesbaden: Verlag für Sozialwissenschaften, 135-170.

Oberwittler, D., 2004b. A Multilevel Analysis of Neighbourhood Contextual Effects on Serious Juvenile Offending. The Role of Subcultural Values and Social Disorganization. *European Journal of Criminology, 1,* 201-236.

Oberwittler, D., Wikstroem, P.-O. H., 2009. Why Small is Better. Advancing the Study of the Role of Behavioral Contexts in Crime Causation. In: Weisburd, D., Bernasco, W., Bruinsma, G. (Hg.), *Putting Crime in its Place. Units of Analysis in Geographic Criminology.* New York: Springer, 35-58

Pratt, T. C., Turner, M. G., Piquero, A. R., 2004. Parental Socialization and Community Context: A Longitudinal Analysis of the Structural Sources of Low Self-Control. *Journal of Research in Crime and Delinquency, 41,* 219-243.

Rabold, S., Baier, D., Pfeiffer, C., 2008. *Jugendgewalt und Jugenddelinquenz in Hannover. Aktuelle Befunde und Entwicklungen seit 1998*. Hannover: KFN Forschungsberichte Nr. 105.

Rankin, B. H., Quane, J. M., 2002. Social Contexts and Urban Adolescent Outcomes: The Interrelated Effects of Neighborhoods, Families, and Peers on African-American Youth. *Social Problems, 49,* 79-100.

Sampson, R. J., 2006. How does Community Context matter? Social Mechanisms and the Explanation of Crime Rates. In: Wikstroem, P.-O. H., Sampson, R. J. (Hg.), *The Explanation of Crime. Contexts, Mechanisms and Development*. Cambridge: University Press, 31-60.

Sampson, R. J., Groves, W. B., 1989. Community Structure and Crime: Testing Social-Disorganization Theory. *American Journal of Sociology, 94,* 774-802.

Sampson, R. J., Morenoff, J. D., Gannon-Rowley, T., 2002. Assessing Neighborhood Effects: Social Processes and New Directions in Research. *Annual Review of Sociology, 28*, 443-478.

Sampson, R. J., Raudenbush, S. W., Earls, F., 1997. Neighborhoods and Violent Crime: A Multilevel Study of Collective Efficacy. *Science, 277*, 918-924.

Shaw, C. R., McKay, H. D., 1969 [1942]. *Juvenile Delinquency and Urban Areas: A Study of Rates of Delinquency in Relation to Differential Characteristics of Local Communities in American Cities* (Revised Edition). Chicago: University of Chicago Press.

Simons, R. L., Johnson, C., Beaman, J., Conger, R. D., Whitbeck, L. B., 1996. Parents and Peer Group as Mediators of the Effect of Community Structure on Adolescent Problem Behavior. *American Journal of Community Psychology, 24,* 145-171.

Simons, R. L., Lin, K. H., Gordon, L. C., Brody, G. H., Murry, V., Conger, R. D., 2002. Community Differences in the Association Between Parenting Practices and Child Conduct Problems. *Journal of Marriage and Family, 64,* 331-345.

Simons, R. L., Simons, L. G., Burt, C. H., Brody, G. H., Cutrona, C., 2005. Collective Efficacy, Authoritative Parenting, and Delinquency: A Longitudinal Test of a Model Integrating Community- and Family-level Processes. *Criminology, 43,* 989-1029.

Snijders, T. A. B., Bosker, R. J., 1999. *Multilevel Analysis. An Introduction to Basic and Advanced Multilevel Modelling*. London: Sage Publications.

Vazsonyi, A. T., Cleveland, H. H., Wiebe, R. P., 2006. Does the Effect of Impulsivity on Delinquency vary by Level of Neighborhood Disadvantage? *Criminal Justice and Behaviour, 33,* 511-541.

Wikstroem, P.-O. H., Sampson, R. J., 2003. Social Mechanisms of Community Influences on Crime and Pathways in Criminality. In: Lahey, B. B., Moffitt, T. E., Caspi, A. (Hg.), *Causes of Conduct Disorder and Juvenile Delinquency*. New York, London: The Guilford Press, 118-148.

Wilson, W. J., 1987. *The Truly Disadvantaged. The Inner City, the Underclass and Public Policy*. Chicago/London: University of Chicago Press.

Yexley, M., Borowsky, I. Ireland, M., 2002. Correlation between Different Experiences of Intrafamilial Physical Violence and Violent Adolescent Behavior. *Journal of Interpersonal Violence, 17,* 707-720.

Räumliche Diffusion expressiver Delinquenz in Schulen und Stadtbezirken. Theorien der sozialen Ansteckung und ein empirischer Befund am Beispiel von Graffiti-Delikten

Michael Windzio

1. Einleitung

Von Jugendlichen begangene Graffiti-Delikte sind ein Fall von expressiver Delinquenz. Dabei handelt es sich um Delikte, die den Tätern keinerlei materiellen Nutzen bringen, die aber auch nicht primär als Ausdruck defizitärer innerfamiliärer Erziehungspraktiken angesehen werden können, aus den gleichsam kriminelle Persönlichkeitsdispositionen hervorgehen. Anders als schwere Gewalt- oder Eigentumsdelikte wird das Graffiti-Writing in der Selbstwahrnehmung der Jugendlichen nicht als typischerweise von „Kriminellen" begangene Handlung betrachtet, sondern als Ausdruck einer spezifischen, öffentliche Sichtbarkeit beanspruchenden Jugendkultur. Von den Tätern werden Graffiti-Delikte kaum als moralisch verwerflich angesehen. In Situationen mit geringer Entdeckungswahrscheinlichkeit sind auch Jugendliche, die ansonsten nicht zu Straftaten tendieren, Graffiti-Delikten durchaus zugeneigt.

Graffiti aus der „Szene" haben mindestens zwei unterschiedliche Adressaten. Einerseits signalisieren sie der breiten Bevölkerung die Präsenz ihrer subkulturellen Ästhetik, die von einer widerrechtlichen „Aneignung des öffentlichen Raumes" (Rogalla 2004) nicht zurückschreckt. Andererseits wird die Szene selbst angesprochen, in der die Urheber häufig bekannt sind und innerhalb derer die Tat je nach Größe und Sichtbarkeit eines „pieces" oder „tags", sowie dem eingegangenen Risiko, dem Täter Ruhm und Ehre einbringt (Harding et al. 2009).

Offensichtlich regen Graffiti zur Nachahmung an. Aus dieser Vermutung folgt die Motivation dieser Arbeit, Graffiti ausgehend von Theorien der Diffusion und Imitation von Verhalten zu betrachten. In Verbindung mit stadtsoziologischen Erklärungsmodellen wie der Theorie der zerbrochenen Fenster und der informellen sozialen Kontrolltheorie wird von einem sozialen Imitationsprozess ausgegangen, der im Folgenden sowohl auf der Mikro- als auch auf der Makroebene theoretisch begründet werden soll. Der Kulturtheorie der „Meme" von Susan Blackmore zufolge repräsentieren Graffiti Verhaltensformen, die sich durch Wahrnehmung und Imitation ausbreiten. Es wird jedoch argumentiert, dass die Theorie Blackmores die Eigenlogik der evolutionären Reproduktion von Verhaltensformen überzeichnet. Um den Prozess der Ansteckung einer Verhaltensform wie dem Graffiti-Writing auch mikrosoziologisch angemessen beschreiben und in ein Mehrebenenmodell soziologischer Erklärung überführen zu können, bietet sich eine Verbindung mit der sozialen Lerntheorie von Albert Bandura an, die von Blackmore selbst (Blackmore 2005: 98) nur ansatzweise berücksichtigt wurde.

Im folgenden Abschnitt wird die theoretische Argumentation entwickelt und auf deren Basis die These der Ansteckung von Graffiti-Delikten durch räumliche Nähe zu anderen Jugendlichen, die bereits Graffiti-Writer sind, motiviert. Anschließend werden die verwendeten Daten und Methoden vorgestellt und schließlich die Ergebnisse der Mehrebenenanalyse präsentiert.

2. Theorien der Graffiti-Delikte: Persönlichkeit und Soziales Lernen

Die Erklärung von Graffiti-Delikten kann auf der Ebene der individuellen Persönlichkeit oder an der direkten Interaktion zwischen Akteuren ansetzen. Sie kann jedoch auch durch eine Kulturtheorie erfolgen, der zufolge sich expressive Verhaltensformen im Zuge eines eigenlogischen evolutionären Prozess ausbreiten. Bereits der Begriff der sozialen Ansteckung suggeriert tatsächlich, dass Akteure eine Verhaltensform relativ passiv übernehmen. Wichtig ist aber, dass sich aus der Theorie des delinquenten Verhaltens relativ eindeutig Hypothesen über individuelle Dispositionen ableiten lassen, die einen Akteur für die Übernahme von Verhaltensformen niedrigschwelliger Delinquenz empfänglich machen.

Auf der Ebene der Persönlichkeit hat die Selbstkontrolltheorie von Gottfredson und Hirschi (1990) ein hohes Erklärungspotenzial, und zwar auch für Graffiti-Delikte. Die Autoren gehen davon aus, dass sich die individuelle Delinquenzbereitschaft durch höhere oder geringere Ausprägungen der Affektkontrolle erklären lässt, während die Realisierung von Delikten zudem von der Gelegenheitsstruktur abhängig ist. Personen mit geringer Selbstkontrolle sind eher körperlich als mental orientiert, temperamentvoll, unsensibel, risikosuchend und impulsiv. Sie vermeiden sowohl eine verbale Erklärung ihres Verhaltens, als auch längerfristige Planungen (Gottfredson und Hirschi 1990: 90). Ursache der geringen Selbstkontrolle sind hauptsächlich defizitäre Erziehungspraktiken, wie ein unzureichendes Erkennen und unangemessene, inkonsistente Sanktionen kindlichen Verhaltens durch die Eltern (Gottfredson und Hirschi 1990: 99). Signalisieren nahestehende Bezugspersonen hingegen konsistent die Missbilligung von Verhaltensweisen, erlernt das Kind die längerfristigen Folgen seiner Handlungen zu berücksichtigen. Erratische, inkonsistente und übertrieben harte Sanktionen können dagegen die Bindung an die Bezugspersonen beeinträchtigen Weil die Planung und Durchführung von Graffiti-Delikten aber durchaus ein gewisses Maß an Affektkontrolle voraussetzt, was einer ausgeprägten Impulsivität und einem hohem Temperament widerspricht, dürfte insbesondere die Risikosuche die für Graffiti-Delikte entscheidende Dimension der Selbstkontrolle sein.

Gleichwohl Persönlichkeiten mit geringer Selbstkontrolle, insbesondere in der Dimension der Risikosuche, eine erhöhte Neigung zur Übernahme von expressiven Formen der Delinquenz haben könnten, vollzieht sich der Prozess der Ansteckung erst im Kontext einer sozialen Interaktion. Nicht zufällig kommt daher den Lerntheorien in der Delinquenzforschung eine zentrale Rolle zu. Die Grundannahme der Theorie des differenziellen Lernens ist einfach: „Criminal behavior is learned in interaction with other persons in a process of communication. [...] A Person becomes delinquent because of an excess of definitions favorable to violation of law over definitions unfavorable to violation of law" (Warr 2001: 183). Nimmt man Prozesse sozialen Lernens in sozial selektiven Gruppen an, muss jedoch zunächst erklärt werden, warum eine Person Teil einer solchen Gruppe ist. Vielleicht weist sie persönliche Dispositionen auf, wie beispielsweise geringe Selbstkontrolle, die die Affinität zu Subkulturen oder delinquenten Gruppen fördern, zugleich aber auch die eigene Delinquenzwahrscheinlichkeit erhöhen. Es stellt sich außerdem die Frage, ob die Theorie des differentiellen Lernens heutzutage nicht vollständig in der modernen sozialen Lerntheorie, wie sie insbesondere von Albert Bandura entwickelt wurde, aufgeht (Akers 2001: 193). Als kognitiver Psychologe betonte Bandura (Bandura und Walters 1963: 208), dass viele Verhaltensmuster zu komplex seien, als dass sie durch operante Konditionierung, also durch Versuch- und Irrtumslernen, erworben sein könnten. Seiner Ansicht nach dienen andere Personen als Verhaltensmodelle, bei denen Akteure Handlungen und Handlungsfolgen beobachten. Zu Beginn des sozialen Lernprozesses, in der Phase der „Akquisition", wird das Modellereignis beobachtet und gespeichert. Der am Modell beobachteten Verstärkung kommt eine für die Erinnerung entscheidende Bedeutung zu. Ergibt sich eine ähnliche Situation, wird das Verhaltensmodell erinnert und das erlernte Verhalten ausgeführt. Bei diesem Vorgang ist die Aufmerksamkeit für ein Modellereignis und dessen Speicherung unter anderem von der Valenz, d. h. der sozialen Bedeutsamkeit und Wertigkeit der Modell-Person abhängig. Die Wahrscheinlichkeit der Umsetzung in eigenes Verhalten wird zum einen von den Erwartungen hinsichtlich der eigenen Fähigkeiten beeinflusst. Zum anderen ist wichtig, ob belohnende oder bestrafende Resultate des imitierten Verhaltens erwartet werden (Fischer und Wiswede 1997: 68).

Eine theoretische Synthese aus der Theorie differenziellen Lernens und der sozialen Lerntheorie Banduras legte Akers (2001) vor. Dabei handelt es sich um eine kognitive Lerntheorie, die er selbst als „soft behaviorism" bezeichnet: „The groups with which one is in differential association provide the major social contexts in which all the mechanisms of social learning operate. They not only expose one to definitions, they also present one with models to imitate and differential reinforcement [...] for criminal or conforming behaviour" (Akers 2001: 194).

Soziale Lernprozesse auf der Mikroebene, die auch durch Banduras Lerntheorie plausibel beschrieben wurden, sind eine wichtige Voraussetzung für die Erklärung „sozialer Epidemien" auf der Makroebene. Dass Faktoren auf der Makroebene der Nachbarschaften systematisch mit delinquentem Verhalten Jugendlicher assoziiert sind, haben bereits Shaw und McKay (1969) betont (vgl. Friedrichs und Oberwittler 2007). Wilson und Kelling (1996: 136) unterstellten implizit einen epidemiologischen Prozess räumlicher Ansteckung und Diffusion von Unordnung und Kriminalität, der sich durch Rückkoppelungseffekte selbst verstärkt. Die Autoren haben diesen Effekt auf der Ebene der Nachbarschaften lokalisiert. Geht man davon aus, dass eine perfekte soziale Ordnung unmöglich und prinzipiell in jedem

Stadtteil ein Mindestmaß an Unordnung zu finden ist, stellt sich Frage, wo der Schwellenwert liegt, ab dem die Situation „kippt" und Unordnung einen sich selbst verstärkenden Prozess auslöst, durch den letztlich auch die Kriminalitätsrate steigt. Wenngleich die Allegorie „zerbrochener Fenster" unterstellt, die in materiellen Gütern verobjektivierte Unordnung sei Kern des Ansatzes, ist es jedoch letztlich die Signalfunktion der Handlungen und Unterlassungen anderer Personen, die als Kontexteffekt der Nachbarschaft die Delinquenzrate beeinflusst. Entweder diese Handlungen und Unterlassungen selbst sind direkt öffentlich sichtbar oder sie hinterlassen öffentlich sichtbare Spuren. Die Jugendlichen reagieren darauf, indem sie sich am wahrgenommen Grad der Normengeltung orientieren und in kontrollverdünnten Nischen Gelegenheiten nutzen – aber auch, indem sie bestimmte Handlungen direkt imitieren. Vermutlich gehören Graffitis zu jenen Taten, die als Ausdruck der peergruppentypischen Subkultur häufig direkt imitiert werden.

Ebenfalls auf der Ebene der Nachbarschaft angesiedelt sind Ansätze, die von einer Diffusion von Verhaltensformen ausgehen. Die Argumentationsweisen sind denen der Theorie des differentiellen Lernens und der informellen sozialen Kontrolle recht ähnlich. Im Modell der kollektiven Sozialisation wird davon ausgegangen, dass Jugendliche in ihrem Stadtviertel Kontakte zu Erwachsenen außerhalb der Familie haben, die zwei Funktionen erfüllen: Zum einen gewährleisten diese Kontakte soziale Kontrolle, indem abweichendes Verhalten beobachtet und sanktioniert wird. Dieses „Monitoring" wird erleichtert, wenn Nachbarschaften „intergenerational geschlossen" im Sinne Colemans (1991) sind, wenn also auch die Eltern der Jugendlichen sich gegenseitig kennen und sich über Normgeltung und Normendurchsetzung miteinander verständigen können. Auf diese Weise entsteht soziales Kapital (Coleman 1988) auf der Ebene der Nachbarschaft als Kollektiv. Zum anderen dienen Erwachsene den Jugendlichen als positive Rollenmodelle (Wilson 1987: 56, Jencks und Mayer 1990: 115), die im realen Leben erfolgreich agieren, hohe Statuspositionen innehaben und planvolles und strukturiertes Verhalten vorleben: „Their presence sends a message to young people that hard work and a good education pay off" (Pong und Hao 2007). Voraussetzung sowohl für effizientes Monitoring als auch für die Wirkung positiver Rollenmodelle ist aber ein Mindestmaß an sozialer Kohäsion in der Nachbarschaft. Die Annahme einer protektiven Wirkung erwachsener Rollenmodelle lässt sich darüber hinaus auf Personen übertragen, die nicht in der Nachbarschaft wohnen, mit denen die Jugendlichen aber im Kontext von Institutionen der Nachbarschaft interagieren. Zu diesen Institutionen gehören beispielsweise Schule und Polizei, weshalb Jencks und Mayer (1990: 115) auch von einem „institutional model" sprechen.

Interessant sind nun Erklärungen, die explizit für Prozesse der sozialen Ansteckung formuliert wurden. Das Modell der sozialen Ansteckung ist recht formalisiert und wurde in mehreren Varianten empirisch untersucht (Crane 1990, Weatherburn und Lind 1998, Cohen und Tita 1999, Fagan und Davies 2004, Ludwig und Kling 2006). Ähnlich dem Modell der zerbrochenen Fenster wird von Schwellenwerten ausgegangen. Dem Ansteckungsmodell zufolge tritt erst oberhalb einer ex ante in der Regel kaum definierbaren Schwelle ein epidemiologischer Prozess massenhafter Ansteckung auf (Cohen und Tita 1999). Im Prinzip stellt auch das Tipping Modell von Schelling (1978), welches eine inhärente Tendenz zur residenziellen Segregation beschreibt, einen Sonderfall sozialer Ansteckung dar (Crane 1990: 1227). Im Mittelpunkt des Ansteckungsmodells von Crane (1990) stehen zwei Bedingungen, die ausschlaggebend für den Grad der Anfälligkeit eines Stadtviertels für den Ausbruch einer Epidemie von Verhaltensformen sind: Dies sind erstens die Neigung der Bewohner zu problematischen Verhaltensweisen, zweitens deren Empfänglichkeit für den von der Peergruppe ausgeübten sozialen Druck. Crane nahm an, dass Jugendliche in benachteiligten Wohngebieten anfälliger für die Entwicklung von Problemverhalten sind. Zudem agieren Jugendliche in diesen Gebieten häufiger in subkulturellen Peergruppen, die zumeist einen starken Konformitätsdruck ausüben. Würde man nun einen linearen Zusammenhang zwischen dem Grad der Benachteiligung des Stadtteils und der Prävalenz von Problemverhalten feststellen, wäre das jedoch eher ein Indiz gegen das epidemische Modell. Denn Epidemien sind dadurch gekennzeichnet, dass die Ansteckung sich erst bei Erreichen eines Schwellenwertes schlagartig ausbreitet: „if the incidence reaches a critical point, the process of spread will explode" (Crane 1990: 1227). Grundlage des Modells ist also explizit die Annahme eines nicht-linearen Anstiegs des Problemverhaltens mit zunehmender ökonomischer Deprivation. Nicht Armut an sich, sondern extreme Armut, wie sie in den urbanen Problembezirken der USA anzutreffen ist, wird als fruchtbarer Boden für epidemiologische Prozesse angesehen. Am Beispiel zweier Verhaltensformen testete Crane sein Modell und fand klare Schwellenwerteffekte für die Ausbreitung des Schulabbruchs sowie für die Wahrscheinlichkeit von Teenagerschwangerschaften (Crane 1990: 1250). Interessanterweise stellte sich bei der Analyse von Teilgruppen heraus, dass der Schwellenwert nahezu konstant war. Als (inversen) Indikator für den Grad der Benachteiligung verwendete Crane den Anteil der Arbeiter in statushohen Tätigkeiten. Nimmt dieser Anteil ab, steigt das Problemverhalten zunächst leicht an. Bei ungefähr 4 % trat jedoch ein epidemischer Prozess ein, der zu einem sehr drastischen Anstieg des Problemverhaltens führte.

In einer neueren Studie konnten Ludwig und Kling (2006) auf Basis von Daten des Chicagoer „Moving to Opportunity" (MTO) Programms nach Kontrolle von Indikatoren der sozialen Benachteiligung keinen eigenständigen Effekt der sozialen Ansteckung feststellen. Ansteckung wurde in dieser Studie allerdings nur dadurch gemessen, dass die lokale Gewaltkriminalitätsrate als Prädiktor von Inhaftierungsraten geschätzt wurde (ebd.: 10), nachdem Merkmale der Nachbarschaften durch einen instrumentellen Variablen Ansatz (Morgan und Winship 2008) kontrolliert wurden (Ludwig und Kling 2006: 9). Wahrscheinlich hätte Crane (1990) dieses Vorgehen nicht als valide Operationalisierung von Ansteckung anerkannt, da Ludwig und Kling das Einsetzen des epidemischen Prozesses nicht über Schwellenwerte gemessen hatten. Somit könnten Kritiker argumentieren, dass der von den Autoren gelieferte Befund, es gäbe keine Ansteckung (Ludwig und Kling 2006: 20), letztlich nicht hinreichend begründet ist.

In einer Studie über Tötungsdelikte in New York wiesen Fagan und Davies (2004) auf das theoretische Spannungsverhältnis hin, welches zwischen Shaw und McKay's (1969) These der sozialen Desorganisation einerseits und Modellen sozialer Ansteckung andererseits besteht. Soziale Desorganisation stellt ein Merkmal der Kontextebene dar, das in der Regel über die räumliche Einheit der Nachbarschaft oder des Stadtteils gemessen wird. Trotz des Austausches der Individuen über die Zeit blieben die Unterschiede in der Delinquenzbelastung zwischen den Stadtteilen weitgehend konstant (Shaw und MacKay 1969: 74), woraus die Autoren auf die nachhaltige Wirkung von Kontexteffekten schlossen. Geht man hingegen von epidemischen Prozessen der Ausbreitung von Delinquenz aus, impliziert dies dynamische Veränderungen der Delinquenzbelastung innerhalb der Stadtteile. Fagan und Davies (2004) verweisen auf zahlreiche empirische Befunde zu kleinräumigen Dynamiken und formulieren die Idee einer gleichsam natürlichen Entwicklungsgeschichte der Delinquenz in Nachbarschaften. Wenn die Ausbreitung von Kriminalität in Nachbarschaften aus einer epidemischen Perspektive untersucht wird, sollte das angewandte Modell nämlich nicht nur Aussagen über Anstieg und Persistenz, sondern ebenso über den Rückgang von Kriminalität zulassen. Fagan und Davies (2004: 129) streben daher die umfassende Formulierung eines epidemischen Modells an, demzufolge eine strukturelle Benachteiligung des Stadtviertels die kollektive Widerstandfähigkeit untergräbt. Analog zum Immunsystem eines Organismus führt Deprivation eines Stadtviertels zur kollektiven Schwächung und erhöht die Anfälligkeit für epidemische Ausbrüche. Die in der Stadtforschung prominente Theorie der informellen sozialen Kontrolle und der „collective efficacy" (Sampson et al. 1997) über Effekte der Nachbarschaftsebene könnte in diesem Zusammenhang erklären, warum die Widerstandsfähigkeit geschwächt ist: Es fehlt an informeller sozialer Kontrolle und mangelnder kollektiver Wirksamkeit. Zudem sind aufgrund von hoher Armut viele Jugendliche anfällig für illegitime Wege des Gelderwerbs. In der empirischen Analyse basierend auf 285 New Yorker Gebieten fanden Fagan und Davies (2004: 140) zumindest für Tötungsdelikte Hinweise auf Ansteckungsprozesse – sowohl für Tötungsdelikte insgesamt als auch für die Teilmenge der Tötungsdelikte durch Handfeuerwaffen. Auch in dieser Studie wurde Ansteckung jedoch nur approximativ operationalisiert. Innerhalb eines jeden Stadtgebietes wurde die Anzahl der Tötungsdelikte des Vorjahres als Maß der potenziellen Ansteckung verwendet (ebd.: 137), jedoch kein Schwellenwert zugrunde gelegt. Räumliche Diffusion wurde hingegen als Anzahl der Delikte in angrenzenden Nachbarschaften im Vorjahr in die Regressionsmodelle aufgenommen und wies über alle Modelle hinweg signifikant positive Effekte auf.

In der Simulationsstudie von Weatherburn und Lind (1997) wird ebenfalls von einer armutsbedingten Anfälligkeit von Nachbarschaften für Delinquenz ausgegangen. Je größer die Armut, so die Autoren, desto größer ist auch die Menge der für Kriminalität anfälligen Jugendlichen. Unterschiedliche Kriminalitätsraten zwischen Stadtvierteln resultieren in erster Linie daraus, dass Jugendliche in drei unterschiedlichen Zuständen aufeinander treffen. Die erste Gruppe der Delinquenten ist bereits „infiziert", die zweite Gruppe der Immunen besteht entweder aus Aussteigern, die die Phase der Anfälligkeit bereits hinter sich haben, oder aus Jugendlichen, die niemals anfällig gewesen sind. Die Gruppe der Anfälligen stellt schließlich die Risikomenge für den epidemischen Ausbruch von Kriminalität dar. Notwendige Voraussetzung dafür ist der Kontakt zwischen Anfälligen und Delinquenten, der mit einer gewissen Wahrscheinlichkeit auftritt und zu einer „Infektion" der Anfälligen führt. Mit Hilfe ihres Simulationsmodells, welches auf plausiblen Annahmen beruhte, konnten die Autoren mehrere Eigenschaften kleinräumiger Ansteckungsprozesse aufzeigen. Erst nach Erreichen eines Schwellenwertes erfolgte ein rapider Anstieg im Sinne einer epidemischen Ausbreitung der Delinquenz (Weatherburn und Lind 1997: 117). Aus dem Verlauf der Ausbreitung lies sich zudem schließen, dass die Delinquenzbelastung in einem Stadtteil sich selbst auf hohem Niveau stabilisieren kann, sobald der Schwellenwert überschritten ist. Solange der Zustrom der Anfälligen also oberhalb des Schwellenwertes liegt, ist die Übergangsrate in den Delinquentenstatus hinreichend groß, um die Austritte aus der Delinquenz zu kompensieren. Andererseits führt eine zunehmende Verarmung eines Stadtteils nicht zwangsläufig zur epidemischen Ausbreitung der Täterpopulation. Wenn ökonomische Deprivation zu einer Zunahme der Menge der Anfälligen führt, bleibt dies ohne Folgen, solange der Schwellenwert noch nicht erreicht ist.

Angesichts der faktischen Heterogenität der Verhaltensformen von Jugendlichen innerhalb einer Nachbarschaft ist es offenkundig, dass die Theorie epidemischer Prozesse Unterschiede hinsichtlich der Anfälligkeit der Jugendlichen impliziert. Andernfalls würden sich riskante Verhaltensformen so weit ausbreiten, dass sich als Resultat intern völlig homogene Nachbarschaften ergäben. Daraus schließen Jencks und Mayer (1990: 114): „To be convincing, epidemic models must allow for individual differences in susceptibility to neighbourhood or school influences. [...] The critical feature of the model is that among individuals of any given susceptibility, the likelihood of antisocial or self-destructive behavior increases with exposure to others who engage in similar behavior." Für die empirische Analyse folgt daraus, dass einflussreiche individuelle Merkmale der Jugendlichen zu kontrollieren sind, wenn Aussagen über epidemische Prozesse gemacht werden sollen. Ist dies gewährleistet, scheinen Modelle sozialer Ansteckung eine gute Begründung zu liefern, warum Jugendliche illegal Graffiti anbringen – insbesondere, weil Graffiti kein Delikt darstellt, welches aus einer wie immer gearteten Notwendigkeit resultiert, sondern nur durch sozial vermittelten expressiven Nutzen zu verstehen ist.

Modelle der sozialen Ansteckung sind auch aus einer allgemeinen soziologischen Perspektive interessant, weil sie sich in einen übergreifenden Theorierahmen der kulturellen Evolution integrieren lassen. In diesem Zusammenhang wird in den letzten Jahren insbesondere die von Blackmore (2005) formulierte Theorie der „Meme" diskutiert. Ihren Überlegungen zufolge vollzieht sich kultureller Wandel durch evolutionäre Prozesse des Kopierens von Information unter der Bedingung von Variation und Selektion, wie es bereits die klassische Evolutionstheorie des Darwin-Wallace Typs beschrieben hat. In der Theorie der Meme wird dieser Kopiervorgang jedoch nicht auf die Weitergabe genetischer Information bezogen, sondern auf Gefühle, innere Einstellungen, Überzeugungen und Verhaltensweisen, die sich in menschlichen Gemeinschaften ausbreiten. Der Evolutionsbiologe Dawkins (1996), auf den der Begriff des „Mems" zurückgeht, hat in seinem vieldiskutierten Werk über das „egoistische Gen" dafür argumentiert, weder eine Spezies oder Population noch den einzelnen Organismus als Einheit der Evolution zu betrachten, sondern das einzelne Gen. Organismen sind für Dawkins nur „Überlebensmaschinen", die eine Replikation der Gene so gut wie möglich fördern sollen. Allgemeiner formuliert ist das Gen ein Replikator, also eine Einheit von Information, die den Organismus als Träger nutzt, sich mit anderen Genen möglichst vorteilhaft kombiniert und die mit einer gewissen Fehlerrate kopiert wird. Dabei hat die Beschaffenheit der Kopierfehler Auswirkungen auf die künftigen Chancen der Replikation. In dieser abstrakteren Fassung lassen sich sowohl die Gene der Biologie als auch Meme der Kultur als Information auffassen, die in einem Prozess der Evolution kopiert wird (Blackmore 2003: 59). Somit wird Evolution auch nicht als Domäne der Biologie angesehen, sondern der dahinter liegende Algorithmus bestehend aus Vererbung, Variation, Selektion und Stabilisierung gilt als „substratneutral" (Blackmore 2005: 39), funktioniert also mit unterschiedlichen „Materialien" und läuft gleichsam auf jeder Art von System, in dem die vier Bestandteile des Algorithmus vorkommen. Übertragen auf die soziokulturelle Evolution kann man Meme „als eine Idee, eine Anweisung, ein Verhalten oder eine Informationseinheit bezeichnen" (Blackmore 2005: 29), die durch Imitation weitergegeben wird (ebd.: 104). Obwohl die Theorie den in der Biologie bekannt gewordenen evolutionären Algorithmus von Vererbung, Variation, Selektion und Stabilisierung bzw. Adaptation der Population übernimmt, handelt es sich somit nicht um eine „biologistische" Sichtweise, der zufolge Kultur an der kurzen Leine der Gene geführt sei und Gene die eigentlichen Determinanten kultureller Phänomene darstellten. Meme sind Replikatoren, die sich durch Imitation ausbreiten und mittlerweile unabhängig von Genen operieren, obwohl es zunächst auf der Ebene der menschlichen Gene einen starken Selektionsvorteil zu Gunsten großer und komplexer Gehirne gegeben hat, der mit der Fähigkeit zur Imitation von Verhaltensweisen korrespondiert (Blackmore 2005: 134f). Im Verlauf der kulturellen Evolution erwies sich die Fähigkeit zur Imitation als günstig für die sexuelle Auslese und damit als Selektionsvorteil, was einen wesentlichen Faktor für den dynamischen take-off im Prozess der Zivilisation darstellte. Anders als in der Soziobiologie wird in der Theorie der Meme aber nicht die genetische Determiniertheit des Verhaltens betont. Aus memetischer Perspektive wird die Frage „wie kommt eine Person dazu, x zu tun?" umformuliert in die Frage „welche Eigenschaft hat x, die eine Person dazu bringt, x zu tun?" (Marsden 1998). Ebenso wie das egoistische Gen in der Evolutionsbiologie bei Dawkins, ist es das Mem selbst, das stets auf eine Replikation abzielt und dabei menschliches Bewusstsein als eine dafür notwendige Umwelt nutzt. Somit stellt die Theorie der Meme keine Handlungstheorie dar, sondern eine Theorie der evolutionären Strukturbildung – nun jedoch auf der Ebene der Kultur. Wie aber funktioniert die Replikation im Alltag der Graffiti-Szene?

Eine „memetische" Sichtweise auf die Ausbreitung kultureller Phänomene erscheint geeignet für eine theoretische Einbettung der Analyse von Graffiti-Delikten, wie eine Beschreibung der alltäglichen Praxis in der New Yorker Szene der 1980er Jahre nahe legt. Da diese Delikte in der Regel nicht instrumentell sind, sondern dem Selbstzweck der öffentlichen Sichtbarkeit dienen, liegt es nahe, hinter dem öffentlichen Ärgernis Graffiti die Wirkung von „memetischen Replikatoren" zu sehen. Dem widerspricht nicht, dass die Taten stark durch den Wunsch nach sozialer Anerkennung motiviert sind. Bestärkt wird die memetische Sicht auf Graffiti dadurch, dass sowohl „tags" (Unterschriften) als auch „murals" bzw. „pieces", also Zeichnungen, die über bloße Unterschriften hinausgehen, „Stile" aufweisen, die von neu in die Graffiti-Szene einsteigenden Tätern erst erlernt werden müssen. In der qualitativen Studie von Lachmann (1988) sind Prozesse der Imitation und der sozialen Ansteckung in der New Yorker Graffiti-Szene anschaulich dargestellt. Für die Täter zentral ist die von der Peergruppe gezollte Anerkennung, wie ein Zitat eines ausgestiegenen Graffiti-Täters verdeutlicht: „I been the king. The whole school knows what I done, what I can do again. I'm a writer" (Lachmann 1988: 238). Einem Graffititäter wird umso mehr soziale Wertschätzung gezollt, je verbreiteter seine „tags" oder Zeichnungen im öffentlichen Raum sind. Es geht den Jugendlichen darum, soziale Anerkennung für die öffentliche Sichtbarkeit von Symbolen zu bekommen, die außerhalb der Binnengruppe der Graffiti-Sprayer kaum jemand versteht. So ermöglichen Graffiti „[...] zum Niedrigpreis eine dauerhafte Präsenz im öffentlichen Raum, sei es zur Herstellung von Reputation oder zur Übermittlung einer Botschaft – zumindest im ‚institutionellen' Kreise derer, die das Graffiti entziffern können" (Harding et. al 2009: 22). Der Einzelne steht aber vor dem Problem, dass er aufgrund der Kriminalisierung seiner Taten anonyme tags verwenden muss. Darum ist es für ihn rational, Novizen in die Szene einzuführen, denen er seine tags oder pieces zeigen kann, die ihn anerkennen, die er so zu Mittätern macht und die seine Stile übernehmen. Allerdings streben auch die Novizen an, irgendwann einmal „king of the line" zu werden, also z. B. eine ganze U-Bahn Linie mit ihren Schriftzügen zu überziehen (Lachmann 1988: 238). Auf diese Weise entsteht ein Wettbewerb um öffentliche Präsenz, der häufig darin mündet, dass die älteren Täter schließlich den Novizen das Feld überlassen und sich zurückziehen. Obgleich sich die Akteure also austauschen, wird die Handlung selbst an die nachrückende Generation der Graffititäter weiter gegeben. Die Frage nach den Ursachen der Verhaltensübernahme lässt sich im Falle des Graffiti-Writings auf Basis von Lachmanns Untersuchung relativ klar beantworten: Es sind weniger die „klassischen" Determinanten der Delinquenz, wie geringe Bildung oder Elterngewalt, sondern schlicht die Nähe zu Graffiti-Writern, die das Risiko eigener Graffiti-Delikte erhöht: „Geographical and social proximity to other writers is the principal determinant of entry into graffiti writing [...]" (Lachmann 1988: 229). Aus der Perspektive der sozialen Ansteckung devianter und delinquenter Verhaltensweisen liegt es daher nahe, auch bei Graffitidelikten von Prozessen der Imitation auszugehen, wie sie die Theorie der Meme beschreibt. Ist die Verhaltensform des Graffiti-Writings erst einmal in der Welt (Variation), breitet sie sich unter günstigen Bedingungen aus (Selektion) – insbesondere, wenn ihr wie im Fall von Taki183 große mediale Aufmerksamkeit entgegengebracht wird (New York Times 1971).

Im empirischen Teil dieser Arbeit wird versucht, die räumliche Nähe zu anderen Graffiti-Tätern als Prädiktor eigener Taten zu modellieren. Es wird vermutet, dass aufgrund der räumlichen Diffusionsprozesse die Risiken, selbst Graffiti-Täter zu sein, unter anderem dadurch beeinflusst werden, dass sie im jeweiligen Kontext dem Kontakt zu anderen Tätern ausgesetzt sind. Zu betonen ist jedoch, dass es sich dabei um einen ersten empirischen Zugriff handelt, der auf der Basis von personenbezogenen Längsschnittdaten, die für diese Analyse nicht zur Verfügung standen, noch zu fundieren wäre.

3. Daten und Methoden

Im Frühjahr 2005 führte das Kriminologische Forschungsinstitut Niedersachsen (KfN) in Zusammenarbeit mit mehreren Städten und Gemeinden Schülerbefragungen durch. Für die Datenerhebung wurde die Population im ersten Schritt nach Schultyp stratifiziert. Anschließend wurde innerhalb einer Schicht eine Zufallsstichprobe von Schulklassen gezogen. Inhaltliche Schwerpunkte der Befragungen waren unter anderem Medienkonsum, Viktimisierung, selbstberichtete Delinquenz, elterliches Erziehungsverhalten sowie Einstellungen zu Schulabsentismus und zur Schule im Allgemeinen (Baier et. al 2006). Befragt wurden alle regulär beschulten Jungen und Mädchen der 9. Jahrgangsstufe in neun Städten und zwei Landkreisen.[1]

Tabelle 1: Beschreibung des Samples, 9. Jahrgangstufe, nach Erhebungsregion

	N	Anteil Jungen in %	Mittleres Alter (Jahre)	Anteil Migrationshintergrund in %	Anteil arbeitslos oder Sozialhilfe in %
Dortmund	2352	48,3	15.13	29,5	15,2
Kassel (VE)	1659	50,0	15.14	32,4	14,0
München	2846	49,8	15.25	30,4	7,4
Oldenburg (VE)	1364	48,8	14.99	13,8	11,4
LK Peine (VE)	1164	49,3	15.07	13,9	11,6
Schwäbisch-Gmünd (VE)	740	50,5	14.99	29,6	7,2
LK Soltau-Fallingbostel (VE)	1510	48,4	15.06	13,3	10,1
Stuttgart	2231	52,8	15.08	36,6	8,8
Lehrte (VE)	435	51,3	15.07	20,2	11,7
gesamt	14301	49,8	15.11	26,4	10,8
Thüringen	2718	47,3	14.94	3,7	13,4

** p < .01, *** p < .001; LK = Landkreis, VE = Vollerhebung
Quelle: KfN Schülerbefragung (2005)

Tabelle 1 zeigt Fallzahlen und grundlegende Verteilungen dieser Stichprobe. In der empirischen Analyse wurden die Kontexte der Stadtbezirke über den Indikator der Postleitzahlbezirke gebildet, der ebenso die räumlichen Einheiten definierte, über die Merkmale der Stadtbezirke aus den Individualdaten aggregiert wurden. Der so genannten „30-30 Regel" folgend (vgl. Hox 2002: 175), die als Anwendungsvoraussetzung für Mehrebenenanalysen bei

---

[1] Je nach Sampling Point wurden entweder Zufallsstichproben von Schulkassen gezogen oder Vollerhebungen durchgeführt. Das Sample ist einerseits keine Zufallsstichprobe der gesamten Schülerschaft der 9. Jahrgangsstufe im Bundesgebiet. Andererseits deckt es aber ein breites Spektrum an unterschiedlichen Regionen und sozioökonomischen Kontexten ab (vgl. Tabelle 1).

gegebenen Fallzahlen auf der jeweiligen Analyseebene betrachtet werden kann, wurden Stadtbezirke mit weniger als 30 Individuen aus der Analyse ausgeschlossen.

Grundsätzlich sollte bei Analysen selbstberichteter Delinquenz beachtet werden, dass Effekte der sozialen Erwünschtheit oder des Misstrauens gegenüber dem Interviewer das Antwortverhalten beeinflussen können. Allerdings ist der Charakter der Verzerrung ambivalent, da sowohl falsch negative als auch falsch positive Antworten auftreten. Letztere entstehen, wenn die Befragten die Interviewsituation nicht ernst nehmen. In einer jüngeren Untersuchung zur Reliabilität der Angaben über selbstberichtete Delinquenz wurde festgestellt, dass bei Befragungen im Klassenkontext, bei denen Schülerinnen und Schüler die Fragebögen selbst ausfüllen, ehrlichere Angaben gemacht werden, als in persönlichen Interviews, die in der Wohnung der Befragten durchgeführt werden (Köllisch und Oberwittler 2004: 719). In vielen Fällen konnten im Nachhinein auch inkorrekt und inkonsistent ausgefüllte Fragebögen identifiziert werden.

Die Frage nach selbst begangenen *Graffiti-Delikten* stellt in der folgenden Analyse die abhängige Variable dar und lautete folgendermaßen:

Fast alle Menschen haben als Jugendliche schon einmal unerlaubte Dinge getan, z. B. geklaut oder absichtlich fremdes Eigentum kaputt gemacht. Einige haben auch schon mal absichtlich jemanden verprügelt oder verletzt. (Damit meinen wir aber nicht solche Situationen, bei denen Jugendliche aus Spaß miteinander kämpfen.) Wie ist das bei Dir? Hast Du schon mal an eine unerlaubte Stelle Grafitties gesprüht? (Nein/Ja). Wenn Du „ja" angekreuzt hast: Wie oft hast Du das in den letzten 12 Monaten getan?

Zudem gehen einige unabhängige Variablen in die Schätzung ein. Tabelle 1A im Anhang zeigt Items, die das elterliche Erziehungsverhalten messen, dem das Kind aktuell ausgesetzt ist. Aus diesen Items wurde die Skala *elterliches Monitoring* gebildet.

Die Indikatoren der Subdimensionen der Selbstkontrolle (SK) (Grasmick et al. 1993: 8) bilden eine Mittelwertskala, die aus den in Tabelle 2A im Anhang dargestellten Items gebildet wurde. In der folgenden Analyse basiert die Messung der Selbstkontrolle auf vier Items der Subdimension *Risikosuche*.

Die Variable *Konsum: Ego-Shooter/Kampfspiele* ergibt sich aus dem Maximalwert zweier fünfstufiger Items, die die Häufigkeit der Nutzung dieser Computerspiele messen. Schließlich wurde eine Dummyvariablen gebildet mit dem Wert 1 für Befragte mit einer jeweiligen Anzahl von *delinquenten Freunden* und dem Wert 0, wenn diese Anzahl delinquenter Freunde nicht vorlag. Hierbei ist zu bemerken, dass die Kategorie „delinquente Freunde" alle jene subsumiert, die in irgendeiner Weise delinquente Handlungen begangen haben, unabhängig von der Art des Delikts.

Entspricht der höchste gemessene Schulabschluss der Eltern maximal dem Hauptschulniveau, erhält die Variable *geringe Bildung Eltern* den Wert 1, andernfalls den Wert 0. Ebenso haben alle weitere Dummyvariablen den Wert 1, wenn das jeweilige Merkmal vorliegt, andernfalls den Wert 0. Dies sind die Variablen *Mädchen*, der oder die Befragte hat *kein eigenes Zimmer* für sich alleine, ist *Mitglied im Verein*, hat einen *Fernseher im Zimmer*, *nutzt nicht das Internet*, die *Schultypen* und der *Migrationshintergrund*. Bei letzterer besteht die Referenzkategorie in Familien, in denen beide Eltern zugewandert sind bzw. nicht aus Deutschland stammen.

Die Kontextvariablen der Schulklasse und Stadtbezirke wurden aus den jeweiligen Individualmerkmalen aggregiert und messen die prozentualen Anteile der Individuen, die innerhalb eines Kontextes das jeweilige Merkmal entweder aufweisen oder nicht. Da es sich bei den Stadtbezirken, die über die Postleitzahlbezirke definiert wurden, um relativ große administrative Gebietseinheiten handelt, sollte bei der Interpretation der Befunde bedacht werden, dass Effekte der Stadtteile oder Wohnumgebungen umso stärker unterschätzt werden, je größer und sozial heterogener diese Gebietseinheiten sind (Nonnenmacher 2007).[2]

Als eine der zentralen Variablen der Untersuchung misst *„Graffiti-Täter unter den Alteri"* für jede befragte Person die An- oder Abwesenheit mindestens einer anderen Person im Kontext, die im letzten Jahr mindestens ein Graffiti-Delikt begangen hat und somit zu einer potenziellen Quelle sozialer Ansteckung wird. Wie die anderen Kontextvariablen auch, ist diese An- oder Abwesenheit auf zwei sozialräumliche Kontexte bezogen: einerseits auf die Schulklasse, andererseits auf den Stadtbezirk, der anhand der Postleitzahl definiert wurde.

In Abbildung 1 ist jeweils die befragte Person als „Ego" durch den grauen Kreis dargestellt. Eine Null bedeutet, dass eine Person kein Graffiti-Täter ist, die Eins zeigt einen Graffiti-Täter an. In Abbildung 1 zeigt die Konstellation *A* eine Situation, in der im Kontext kein Täter vorhanden ist und somit keine Imitation erfolgen kann. In Konstellation *B* ist Ego selbst Täter, außer ihm aber kein weiterer Akteur, so dass davon ausgegangen wird, dass im jeweiligen Kontext keine Ansteckung erfolgt ist. Dagegen ist Ego in Konstellation *C* mit einem Täter konfrontiert, wird aber nicht angesteckt. Schließlich ist in Konstellation *D* neben Ego noch ein weiter Täter, und in dieser Konstellation ist die Voraussetzung für eine Ansteckung von Ego erfüllt.

Anhand dieser Darstellung sollte zum einen deutlich sein, dass die Vorhersage der Graffiti-Täterschaft von Ego durch die Täterschaft der Alteri im jeweiligen Kontext keinesfalls tautologisch ist, sondern immer nur der Einfluss der jeweils Anderen auf die Täterschaft Egos geschätzt wird. Zum anderen sollte aber bedacht werden, dass Imitation und soziale Ansteckung durch dieses Vorgehen nicht in idealer Form modelliert werden können. So bleibt in Konstellation *D* die kausale Beziehung ungeklärt. Für die Modellschätzung bedeutet dies die doppelte Verrechnung jeder Beziehung, indem zunächst Ego als Quelle und Alter als Rezipient der Verhaltensform des Graffiti-Writings betrachtet wird. Anschließend tauschen Alter und Ego die Rollen und der Vorgang wird ein zweites Mal verrechnet. Damit sind die Effekte natürlich überschätzt, was bei der Interpretation der Befunde unbedingt berücksichtigt werden muss. Faktisch wird durch dieses Vorgehen nichts anderes festgestellt als eine Clusterung und eine Ungleichverteilung der Graffiti-Täter über die Kontexte. Man könnte einwenden, dass hinter dieser Ungleichverteilung letztlich individuelle

---

[2] Die jeweiligen Anzahlen der Postleitzahlbezirke pro Erhebungsgebiet sind in der Stichprobe folgende: Dortmund: 52; Kassel: 49; München: 152; Oldenburg: 24; Peine: 14; Schwäbisch-Gmünd: 26; Solta-Fallingbostel: 23; Stuttgart: 82; Thüringen: 175; Lehrte: 6.

Risikomerkmale der Schülerinnen und Schüler stehen. Sind die Schüler hinsichtlich bestimmter Dispositionen wie z. B. der Selbstkontroll-Subdimension der Risikosuche ungleich über die Kontexte verteilt, wäre möglicherweise das individuelle Merkmal die eigentliche Ursache, nicht jedoch der Prozess der Imitation und der Ansteckung. In den folgenden Modellen der Mehrebenenanalyse sind jedoch wichtige individuelle Determinanten des Graffiti-Writings kontrolliert, so dass durchaus Spielraum bleibt, eventuelle Effekte der geographischen Nähe als „Imitation" oder Ansteckung im Sinne der sozialen Lerntheorie zu interpretieren. Denn die Clusterung der Täter in bestimmten sozialräumlichen Kontexten auch bei Kontrolle der individuellen Risikodispositionen bleibt erklärungsbedürftig – und theoretische Ansätze zum differenziellen Lernen und zur sozialen Ansteckung sind hierfür definitiv gute Kandidaten. Freilich handelt es sich nicht um einen „harten" empirischen Test eines sozialen Ansteckungsprozesses, zumal die Daten ja weder Entwicklungsprozesse über die Zeit beschreiben können noch eine Modellierung der „Graffiti-Täter unter den Alteri" über Schwellenwerte möglich ist.

Abbildung 1: Mögliche Beziehungskonstellationen zwischen Tätern und Nichttätern von Graffiti-Delikten

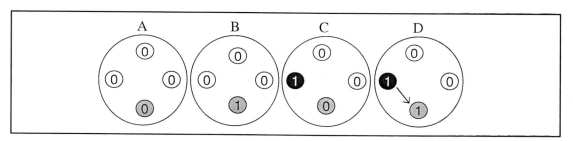

Bei der Modellschätzung ist zu berücksichtigen, dass zum einen die Beobachtungen nicht unabhängig voneinander vorliegen, sondern die einzelnen Individuen sowohl in den Stadtbezirken – in dieser Arbeit gemessen durch den Postleitzahlbezirk – als auch in den Schulklassen jeweils denselben Kontextbedingungen ausgesetzt sind und damit nicht unabhängig voneinander vorliegen. Zwar kann die klassische „hierarchische" Mehrebenenanalyse das Problem der Abhängigkeit der Beobachtungen kontrollieren (Hox 2002, Windzio 2008), wenn die Kontexte auch tatsächlich hierarchisch ineinander geschachtelt sind. Sind jedoch die Schulklassen nicht streng hierarchisch den Stadtbezirken untergeordnet, sondern treten viele bezirksübergreifenden Schulbesuche auf, muss auch in der statistischen Modellbildung die hierarchische Struktur zu Gunsten einer „kreuzklassifizierten" (cross-classified) Struktur aufgelöst werden.

Abbildung 2: Mehrebenenanalyse, hierarchisch und „kreuzklassifiziert"

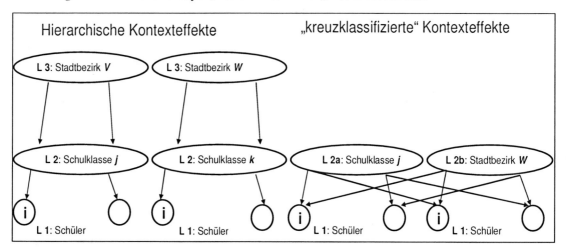

Abbildung 2 zeigt den Unterschied beider Datenstrukturen. Im hierarchischen Fall gehen alle Schüler innerhalb ihrer Nachbarschaft zur Schule und alle Schüler einer Schule sind denselben Nachbarschaftseffekten ausgesetzt. Wir haben in diesem Fall ein Dreiebenenmodell der Mehrebenenanalyse („L" bedeutet hier „level") mit den Schülern auf der untersten Ebene, den Schulklassen auf der zweiten Ebene und schließlich den Postleitzahlbezirken auf der obersten dritten Ebene. Im kreuzklassifizierten Fall sind Schüler in ein und derselben Schulklasse unterschiedlichen Nachbarschaftseffekten ausgesetzt. Da die befragten Schüler in den vorliegenden Daten räumlich mobil sind und daher nicht zwangsläufig innerhalb ihres Postleitzahlenbezirks die Schule besuchen, wird für die folgenden empirischen Analysen ein kreuzklassifiziertes Mehrebenenmodell geschätzt, um der nicht-hierarchischen Struktur der Daten Rechnung zu tragen. Das aus einer Nichtberücksichtigung dieser kreuzklassifizierten Mehrebenenstruktur resultierende hierarchische Modell würde dazu führen, dass Schüler einer Schulklasse *k*, die aus Nachbarschaft *v* kommen, einen eigenen Kontext konstituieren, ebenso, wie Schüler derselben Schulklasse *k*, die aus Nachbarschaft *w* kommen. Man würde somit die Anzahl der Kontexte auf der Ebene 2 drastisch überschätzen. Während das kreuzklassifizierte Modell bei 176 Nachbarschaften die Anzahl der 337 Schulklassen korrekt angibt, würde das hierarchische Modell fälschlicherweise zu 1707 Schulklassen und damit zu nicht korrekten Schätzungen führen.

4. Ergebnisse

Abbildung 3 zeigt die Wahrscheinlichkeit für Ego, ein Graffiti-Täter zu sein, jeweils abhängig davon, ob unter den Alteri in der Schulklasse oder der Nachbarschaft mindestens ein Täter vorhanden ist oder nicht. Es wurde in Anlehnung an die Theorien der sozialen Ansteckung sowie den Befunden der qualitativen Studie von Lachmann (1988) argumentiert, dass die räumliche Nähe zu Graffiti-Tätern eine wichtige Determinante für eigene Taten darstellt. Zu sehen ist in Abbildung 3, dass Egos Täterwahrscheinlichkeit ganze 12,4 % beträgt, wenn sich unter den Alteri seiner Schulklasse mindestens ein Täter befindet. Ist dagegen kein Täter in seiner Klasse, weist Ego nur eine 2,6 % Wahrscheinlichkeit auf, selbst Täter zu sein. In der Tendenz ähnlich verhält es sich innerhalb der Kontexte der Stadtbezirke, wenngleich die Unterschiede weitaus geringer ausgeprägt sind – was verständlich ist, wenn man im Gegensatz zum Stadtbezirk die extreme räumliche Nähe und die in der Regel recht gute Kenntnis der Mitschüler im Kontext der Schulklasse bedenkt. Allerdings sollte hier auch die oben erwähnte mögliche Unterschätzung der räumlichen Kontexteffekte bedacht werden, da die untersuchten Gebietseinheiten in Form der Postleitzahlenbezirke recht groß sind.

Abbildung 3: Egos Täterwahrscheinlichkeit in Abhängigkeit von mindestens einem Täter unter den Alteri

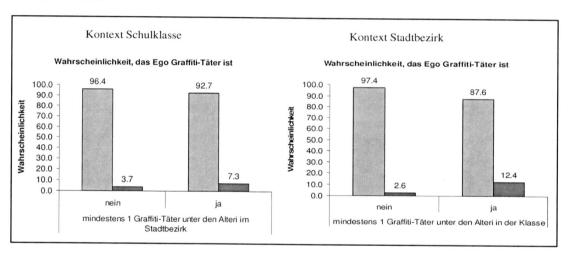

Diese Ergebnisse deuten darauf hin, dass Graffiti-Täter im jeweiligen Kontext selten isoliert auftreten. Befindet sich unter den Alteri in der Schulklasse mindestens ein Täter, ist Egos Täterrisiko um den Faktor 5 erhöht ([12,4/87,6] / [2,6/97,3] = 5,29). Innerhalb der Stadtbezirke beträgt dieser Faktor immerhin noch 2,04. Eine Ungleichverteilung der Täter über die Kontexte der Schulklassen und Stadtbezirke hätte jedoch zunächst nichts mit sozialer Ansteckung zu tun, wenn damit ebenso eine Ungleichverteilung von individuellen Dispositionen korrespondiert, mit denen die Neigung der Jugendlichen zu Graffiti-Delikten gut vorhergesagt werden kann. Bevor die Verteilungen in Abbildung 3 als Hinweis auf Prozesse der Imitation und der sozialen Anstecken interpretiert werden können, müssen mögliche individuelle Dispositionen kontrolliert werden, die mit der Neigung zum Graffiti-Writing korrespondieren. Daher werden im Folgenden multiple Regressionen geschätzt.

In Tabelle 2 sind vier Modelle der kreuzklassifizierten logistischen Mehrebenenanalyse dargestellt. Als Schätzverfahren wurde die Markov Chain Monte Carlo (MCMC) Methode verwendet (Hox 2002: 211ff). Schätzen wir ein so genanntes „empty model" (in Tabelle 2 nicht gezeigt), erhalten wir auf der Ebene der Stadtbezirke eine insignifikante Varianzkomponente ($var(v_{0j})=0,015$), die auf der Ebene der Schulklassen immerhin auf dem 1-%-Niveau signifikant ist ($var(u_{0j})=0,076$). Demnach ist zu erwarten, dass die Kontextmerkmale eher auf der Ebene der Schulklassen wirken und weniger auf der Ebene der Stadtteile. Model 1 zeigt anhand des um den Faktor 0,45 reduzierten Täterrisikos bei den Mädchen, dass unter den Tätern weitaus häufiger junge Männer anzutreffen sind. Trotzdem scheint das Geschlecht keine eigenständige Ursache der Graffiti-Taten zu sein, da der Geschlechtereffekt nach Kontrolle weiterer individueller Merkmale verschwindet. Auf der individuellen Ebene der einzelnen Schülerinnen und Schüler zeigt sich in Modell 4 ein deutlich positiver Effekt der Selbstkontrolldimension der Risikosuche. Erhöht sich die Risikosuche auf der Skala von 1 bis 6 um eine Einheit, nimmt das Risiko, selbst Graffiti-Täter zu sein, um den Faktor 1,683 zu. Mit jedem (weiteren) Geschwisterteil geht dieses Risiko dagegen um den Faktor 0,875 zurück. Wie zu erwarten war, erhöhen Freunde, die in den verschiedensten Formen delinquent sind, das Täterrisiko deutlich, und zwar beispielsweise um den Faktor 5,726, wenn der oder die befragte Jugendliche angab, 10 oder mehr delinquente Freunde zu haben.

Außerdem erhöht der Konsum von gewalt- und actionhaltigen Computerspielen das Risiko, Graffiti-Täter zu sein, um den Faktor 1,259. Sicherlich ist hier nicht von einer eindeutig kausal gerichteten Beziehung auszugehen, sondern nur von einer Korrespondenz dieser beiden spannungsgeladenen Erlebnisformen. In ähnlicher Weise ist auch der Befund zu interpretieren, dass Graffiti-Täter in der Regel nicht internet-abstinent sind.[3]

---

[3] Die Kontrolle der Internetnutzung ist naheliegend, wenn man Graffiti-Delikte mit sozialer Ansteckung aufgrund räumlicher Nähe erklärt, da die Szene z. B. auf dem Internet-Video-Portal „YouTube" sehr präsent ist.

Tabelle 2: Einflussfaktoren auf das Risiko von Graffit-Delikten bei Jugendlichen in der 9. Jahrgangstufe. Kreuzklassifiziertes Mehrebenen-Logitmodell, MCMC Schätzungen

	Model 1	Model 2	Modell 3	Modell 4
Mädchen (1=ja)	0.454 ***	1.038	1.011	0.993
Alter	1.294 ***	1.093 **	1.097 *	1.069
SK: Risikosuche (min. 1, max 6)		1.665 ***	1.673 *	1.683 ***
elterliches Monitoring (aktuell)		0.904	0.906	0.904
kein eigenes Zimmer (1=ja)		1.058	1.013	0.995
geringe Bildung Eltern (1=ja)		0.800 *	0.787 *	0.793
Anzahl Geschwister		0.889 **	0.877 **	0.875 **
Mitglied im Verein (1=ja)		0.805 *	0.856	0.841
delinq. Freunde: 1 (Ref.: keine)		1.436	1.505	1.453
delinq. Freunde: 2-4 (Ref.: keine)		2.635 ***	2.536 ***	2.544 ***
delinq. Freunde: 5-10 (Ref.: keine)		4.145 ***	3.861 ***	3.823 ***
delinq. Freunde: 10+ (Ref.: keine)		7.015 ***	5.836 ***	5.726 ***
Konsum: Ego-Shooter/Kampfspiele		1.266 ***	1.260 ***	1.259 ***
Fernseher im Zimmer (1=ja)		1.196	1.239 *	1.212
Nutzt nicht das Internet (1=ja)		0.558 *	0.523 *	0.525 *
beide Eltern deutsch (Ref.: Migrant)		0.957	0.938 *	0.914
ein Elternteil deutsch (Ref.: Migrant)		1.459 *	1.390 *	1.380 *
IHR/RS/REG (Ref.: HS)			0.753 *	0.790
IGS (Ref.: HS)			0.922	0.890
GYMN (Ref.: HS)			0.768	0.819
Pivate Schule (Ref.: HS)			0.979 *	1.049
Kontextmerkmale Schulklasse				
Anteil Nichtdeutscher			0.997	0.997
Anteil gering gebildeter Eltern			0.998	0.997
Anteil ohne eigenes Zimmer			1.004	1.009
Anteil Arbeitsloser Eltern			1.001	0.999
Graffiti-Täter unter den Alteri			5.160 ***	5.048 ***
Kontextmerkmale Stadtbezirk				
Anteil Nichtdeutscher				0.991
Anteil gering gebildeter Eltern				0.999
Anteil ohne eigenes Zimmer				1.007
Anteil Arbeitsloser Eltern				1.006
Graffiti-Täter unter den Alteri				3.518 ***
Großstadt DO/M/S				0.872
Thüringen				0.752
var(v_{0j}) (PLZ-Bezirk, N_v=176)	0.015 n.s.	0.033 n.s.	0.011 n.s.	0.011 n.s.
var(u_{0j}) (Klasse, N_u=337)	0.076 **	0.044 n.s.	0.005 n.s.	0.007 n.s.
MCMC deviance	6858.6	4475.13	4159.02	4132.09

N=10875 N(minPLZ)=30, *p<=.05,**p<=.01, ***p<=.001, MCMC settings: burn-in 1000; monitoring 20000; throw away (thinning factor) 4

Beim Migrationshintergrund fällt die Gruppe jener mit nur einem zugewanderten Elternteil auf, da in dieser höhere Risiken von Graffiti-Taten zu finden sind, als in der Referenzgruppe jener Jugendlicher, deren Eltern beide zugewandert sind.

Auf der Ebene der beiden Kontexte der Schulklasse und der Nachbarschaft finden wir keine Effekte der ökonomischen oder kulturellen Deprivation. Wir finden nur insignifikante Effekte auf das Täterrisiko beim Anteil von Jugendlichen ohne ein eigenes Zimmer, beim Anteil von Jugendlichen mit arbeitslosen Eltern sowie beim Anteil von Jugendlichen mit gering gebildeten Eltern. Dies gilt sowohl für den Schulklassenkontext als auch für den Nachbarschaftskontext. Als deutlich signifikanter Effekt in beiden Kontexten stellt sich das Vorhandensein eines Graffiti-Täters unter den Alteri heraus. Um den Faktor 5 erhöht sich das Risiko eines Jugendlichen, wenn sich unter den anderen Schülern der Klasse bereits mindestens ein Täter befindet. Der analoge Effekt im Kontext der Nachbarschaft ist etwas schwächer ausgeprägt, erhöht jedoch das Täterrisiko noch immer höchst signifikant um den Faktor 3,5. Dies passt zu Befunden aus der Bildungs- und Delinquenzforschung, die gegenüber den Stadtteilkontexten stärkere Effekte der Schulkontexte aufzeigten (Pong und Hao 2007, Brännström 2008). Dies widerspricht zumindest nicht der aus der Diskussion der Theorien abgeleiteten Erwartung, dass Graffiti-Delikte sich durch einen Prozess der sozialen Ansteckung ausbreiten, bei dem Sender und Empfänger der Verhaltensform eine räumliche Nähe zueinander aufweisen. Dagegen können die konkreten Mechanismen der Weitergabe der Verhaltensform, wie Lachmann (1988) sie beschreibt, anhand der hier verwendeten Daten nicht untersucht werden. Da in dem Modell einige einflussreiche individuelle Determinanten von Graffiti-Delikten kontrolliert sind, ist aber nicht davon auszugehen, dass die geschätzten Effekte der Täter unter den Alteri nur die Konzentration von Jugendlichen mit individuellen Dispositionen zum Graffiti-Writing widerspiegeln. Insbesondere die Selbstkontrolldimension der Risikosuche hat sich erwartungsgemäß als starker Prädiktor für Graffiti-Delikte erwiesen, aber dennoch bleiben sehr deutliche Effekte der Ansteckung bestehen.

An dieser Stelle muss nochmals betont werden, dass der Vorgang der Ansteckung in einer gerichteten Beziehung zwischen Ego und Alter vollzogen wird, während hier eine ungerichtete Beziehung unterstellt wird, bei der Ego und Alter sich wechselseitig anstecken. Somit müssten zwar die Effekte sowie die Signifikanztest überschätzt sein, allerdings sind die beobachteten Effekte sehr deutlich ausgeprägt (t=16,5 bzw. 4,7).

5. Zusammenfassung und Schlussfolgerung

In dieser Arbeit wurden theoretische Überlegungen zum Zusammenhang von expressiver Delinquenz und Prozessen sozialer Absteckung vorgestellt. Als expressive Delinquenz wurden Delikte bezeichnet, die dem Täter in der Regel keinen materiellen Nutzen bringen, sondern aus einer Erlebnisorientierung heraus begangen werden. Insbesondere das Graffiti-Writing stellt einen typischen Fall expressiver Delinquenz dar. Wie anhand der Studie von Lachmann (1988) diskutiert wurde, unterliegt die Graffiti-Szene einer eigenen Logik der

Weitergabe ihrer expressiven Verhaltensformen. Lachmann beschreibt aus einer mikrosoziologischen Perspektive einen sozialen Ansteckungsprozess, der aus den Anerkennungsbedürfnissen der Jugendlichen unter bestimmten strukturellen Restriktionen resultiert. Im Gegensatz zu Lachmanns Arbeit sind die in der Kriminologie diskutierten Theorien der sozialen Ansteckung jedoch eher für die Makroebene formuliert, und der Übertragungsprozess der Verhaltensform wird dort selbst weder ausführlich begründet noch empirisch untersucht. Es zeigte sich bei Lachmann, wie wichtig die räumliche Nähe von Sender und Empfänger der Verhaltensform ist. In der vorliegenden Arbeit wurde dagegen versucht, im Rahmen eines Mehrebenendesigns sowohl die Mikroebene der einzelnen Akteure als auch die Kontextebene der Nachbarschaften und Schulklassen zu berücksichtigen.

Auf der Makroebene liefert die Mem-Theorie von Blackmore (2005) eine interessante Erklärung dafür, warum Grafitti-Delikte überhaupt begangen werden. Blackmore bietet eine allgemeine Theorie der Kultur an, die aus einer dynamischen Perspektive danach fragt, warum bestimmte, gegenwärtig beobachtbare Kulturformen und Verhaltensweisen existieren. Die zunächst rein abstrakte Antwort, die Blackmores Theorie der Meme bereithält, verweist auf den evolutionären Prozess der Vererbung bzw. Ansteckung, Variation, Selektion und Stabilisierung. Aus dieser Perspektive sucht man nach jenen Eigenschaften kultureller Artefakte, die unter den jeweiligen Rahmenbedingungen zu einer höheren Fitness führen. Fitness bedeutet in dieser unkonventionellen Perspektive, dass kulturelle Artefakte menschliches Bewusstsein als Umwelt nutzen können, um ihre Reproduktion durch Imitation – oder in anderen Worten: durch soziale Ansteckung – sicherzustellen. Die Mem-Theorie kann aber kaum erklären, warum manche Jugendliche zu Graffiti-Delikten neigen, manche hingegen nicht. Blackmore selbst würde sicherlich argumentieren, man müsse nach den Ursachen suchen, warum manche Jugendliche bessere oder schlechtere Imitatoren sind (Blackmore 2003: 78). Abgesehen von diesem Mangel ist die Erklärung von Graffiti-Delikten ein naheliegender Anwendungsfall für die Theorie der Meme. Graffiti sind in jeder Stadt an einer Vielzahl von Stellen zu finden. Manche werden unmittelbar entfernt, manche bestehen über Jahre. Die Folge ist, dass nahezu jeder die typischen Formen der „tags" und „pieces" schon einmal gesehen hat. Sind solche Muster einmal in der Welt, ist es kaum vorstellbar, dass sie sobald wieder verschwinden. Allerdings deutet Blackmore (2005) den Übertragungsprozess auf der Mikroebene nur an, obwohl er durch die soziale Lerntheorie von Bandura (1962) bereits recht detailliert ausformuliert wurde.

Abbildung 4 verdeutlicht den Ansteckungsprozess von Memen im Rahmen des soziologischen Erklärungsmodells. Existieren in einem Handlungs- und Interaktionskontext „Spender" von Verhaltensformen, ist eine Akquisition durch Beobachtung möglich, in deren Folge der Akteur Kenntnis über den Ablauf des Verhaltens erhält. Dies bedeutet jedoch nicht, dass das Verhalten auch in das eigene Repertoire übernommen wird. Zunächst muss ein Akteur anfällig sein für die Imitation von Graffiti-Delikten. Über die Ursachen der Anfälligkeit macht die Theorie der Meme keine Angaben. Wie wir in der Mehrebenenanalyse gesehen haben, ist auf der Ebene des Individuums insbesondere die mangelnde Selbstkontrolle in der Dimension der Risikosuche eine Disposition für Graffiti-Delikte. Von diesen individuellen Dispositionen eines Akteurs hängt es nun ab, ob ein beobachtetes Verhalten des Spenders eine Valenz, also eine positive Wertigkeit (Heckhausen und Heckhausen 2005), aufweist und beim Akteur auf Resonanz stößt.

Abbildung 4: Soziale Ansteckung von Memen: Mikrofundierung durch soziale Lerntheorie von Albert Bandura (1962)

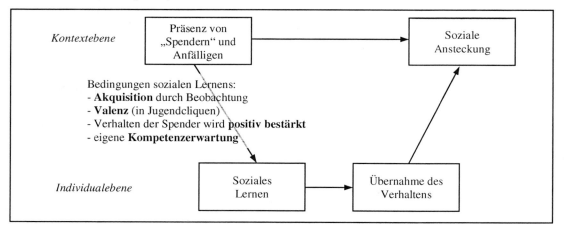

Da die typischen ästhetischen Formen des Graffiti-Writing als Element der Hip-Hop-Kultur durch die Massenmedien zum Allgemeingut geworden sind, kann für viele Jugendcliquen von einer positiven Valenz ausgegangen werden. Beobachtet der Akteur nun eine positive Bestärkung des Verhaltens bei dem Spender, findet eine „kognitive" Konditionierung statt, bei der der Beobachter die Bestärkung stellvertretend nachvollzieht. Um erklären zu können, warum nicht alle Personen sich in derselben Weise positiv bestärktes Verhalten aneignen, argumentiert Bandura (1962, Bandura und Walters 1963), dass ein Verhalten erst dann in das eigene Repertoire übernommen wird, wenn der Akteur von sich selbst die Kompetenz zur erfolgreichen Ausführung des Verhaltens erwartet. Erst in Verbindung mit einer derartigen sozialen Lerntheorie erhält die Kulturtheorie der Meme den Status einer soziologischen Handlungstheorie. Insgesamt bleibt dennoch festzuhalten, dass die Theorie der Meme nur schwer direkt empirisch überprüfbar ist. Meme sind nicht ohne Probleme definierbar (Blackmore 2003: 54, 2005) und die Rekonstruktion der evolutionären Durchsetzung gegenwärtiger Meme würde gleichsam eine „Paläontologie verworfener Ideen" bedeuten. Warum konnten sich bestimmte Formen und Praktiken von Graffiti durchsetzten, manche hingegen nicht? Die Beantwortung dieser Frage, ohne sich mit verkrampften Analogien zum evolutionären Algorithmus zu begnügen, stellt sicherlich eine große Herausforderung dar.

Man müsste in der weiteren Forschung Merkmale von Graffiti herausarbeiten, die sie leicht identifizierbar und reproduzierbar machen. Zudem müssten die Dispositionen genauer benannt werden, die Jugendliche anfällig für spannungsgeladene, riskante Erlebnisformen machen (vgl. Schulze 1992). Schließlich müsste man die Situationen der Übertragung des

Graffiti-Writings vom „Mentor" zum „Novizen" (Lachmann 1988) anhand eines größeren Samples von Graffiti-Writern untersuchen, damit die Befunde generalisierbar werden und der Wandel der Szene seit den 1980er Jahren berücksichtigt werden kann.

Die empirischen Befunde dieser Arbeit deuten darauf hin, dass die Clusterung von Graffiti-Tätern in den sozial-räumlichen Kontexten der Schule und der Nachbarschaft nicht allein eine Folge der Ungleichverteilung von individuellen Risikodispositionen über diese Kontexte darstellt. Zwar können in dem Regressionsmodell nicht alle individuellen Merkmale kontrolliert werden, aber mit der Anzahl der allgemein delinquenten Freunde sowie der Selbstkontrolldimension der Risikosuche sind zwei sehr deutliche Einflussfaktoren identifiziert. Die empirische Analyse basiert auf dem Argument, dass Effekte der Anwesenheit von Graffiti-Tätern unter den Alteri zumindest dann der These der sozialen Ansteckung nicht widersprechen, wenn wesentliche individuelle Dispositionen im Mehrebenenmodell kontrolliert sind. Allerdings muss man von einer deutlichen Überschätzung der Signifikanz der Ansteckungseffekte ausgehen, weil Ansteckung immer eine gerichtete Beziehung darstellt, jedoch für die Analysen dieser Arbeit aufgrund der Datenlage ungerichtete Beziehungen angenommen werden mussten. Es kann also nicht unterschieden werden, ob Person A die Person B ansteckt oder umgekehrt. Faktisch wird der Prozess so betrachtet, dass ein und derselbe Ansteckungsvorgang zweimal verrechnet wird. Daher sollte der empirische Befund zunächst nur als Hinweis darauf interpretiert werden, dass in künftigen Analysen auf Basis von Längsschnittdaten mit Effekten sozialer Ansteckung zu rechnen ist. Nur Längsschnittdaten können letztlich soziale Ansteckungsprozesse in belastbarer Weise nachzeichnen, da die Menge der Spender zum Zeitpunkt t_0 die Rate der Verhaltensübernahme zu Folgezeitpunkt t_1 bestimmt. Zwar ist es angesichts des kleinräumigen Kontexts einer Schulklasse plausibel, dass bereits die Existenz vor nur einem Täter ausreicht, um eine Akquisition zu ermöglichen, doch soziale Ansteckung ist ein Übergang zwischen zwei Zuständen und die empirische Untersuchung sollte dem durch die Erhebung von Längsschnittdaten unbedingt Rechnung tragen. Idealerweise sollte die Längsschnittperspektive auch mit Methoden der Netzwerkanalyse kombiniert werden, zumal in jüngerer Zeit anonymisierte Verfahren zur Erhebung von Gesamtnetzwerken im Schulklassenkontext entwickelt und getestet wurden (Windzio 2009).

Literaturverzeichnis

Akers, R. L., 2001. Social learning theory. In: Paternoster, R., Bachman, R. (Eds.), *Explaining criminals and crime. Essays in contemporary criminological theory.* Los Angeles, Calif: Roxbury Publishing Company, 192–210.

Baier, D., Pfeiffer, C., Windzio, M., Susann R., 2006. *Schülerbefragung 2005: Gewalterfahrungen, Schulabsentismus und Medienkonsum von Kindern und Jugendlichen. Abschlussbericht über eine repräsentative Befragung von Schülerinnen und Schülern der 4. und 9. Jahrgangsstufe.* Hannover: Kriminologisches Forschungsinstitut Niedersachsen.

Bandura, A., 1977. Social learning theory. Englewood Cliffs, NJ: Prentice Hall.

Bandura, A., Walters, R. H., 1963. *Social learning and personality development.* New York: Holt, Rinehart & Winston.

Blackmore, S., 2003. Evolution und Meme: Das menschliche Gehirn als selektiver Imitationsapparat. In: Becker, A., Reuter, G. (Hg.), *Gene, Meme und Gehirne. Geist und Gesellschaft als Natur; eine Debatte.* Frankfurt am Main: Suhrkamp, 49–89.

Blackmore, S., 2005. *Die Macht der Meme oder die Evolution von Kultur und Geist.* Heidelberg: Elsevier Spektrum Akad. Verl.

Brännström, L., 2008. Making Their Mark: The Effects of Neighbourhood and Upper Secondary School on Educational Achievement. *European Sociological Review*, 24, 463–478.

Cohen, J., Tita, G., 1999. Spatial Diffusion in Homicide: Exploring a General Method of Detecting Spatial Diffusion Processes. *Journal of Quantitative Criminology,* 15, 451–493.

Coleman, J. S., 1988. Social Capital in the Creation of Human Capital. *American Journal of Sociology,* Supplement, 95-120.

Coleman, J. S., 1991. *Grundlagen der Sozialtheorie Band 1. Handlungen und Handlungssysteme.* München: Oldenbourg (Scientia Nova, Bd. 1).

Crane, J., 1990. The Epidemic Theory of Ghettos and Neighborhood Effects on Dropping Out and Teenage Childbearing. *American Journal of Sociology,* 96, 1226-1259.

Dawkins, R., 1996. *Das egoistische Gen. Überarb. und erw. Neuausg.* Reinbek bei Hamburg: Rowohlt.

Fagan, J., Davies, G., 2004. The natural history of neighborhood violence. *Journal of Contemporary Criminal Justice*, 20, 127–147.

Fischer, L., Wiswede, G., 1997. *Grundlagen der Sozialpsychologie.* München: Oldenbourg.

Friedrichs, J., Oberwittler, D., 2007. Soziales Kapital in Wohngebieten. In: Franzen, A., Freitag, M. (Hg.), *Sozialkapital. Grundlagen und Anwendungen.* Wiesbaden: VS Verlag für Sozialwissenschaften, 450–486.

Gottfredson, M. R., Hirschi, T., 1990. *A general theory of crime.* Stanford: University Press.

Grasmick, H. G., Tittle, C. R., Bursik, R. J., Arneklev, B. J., 1993. Testing the implications of Gottfredson and Hirschi's theory of crime. *Journal of Research in Crime and Delinquency*, 30, 5-29

Harding, P., Kunze, K. Oestreich, R., 2009. Graffiti als Form von Massenkommunikation - Zum rationalen Handeln von Sprühern. In: Sackmann, R., Kison, S., Horn, A. (Hg.), *Graffiti Kontrovers. Die Ergebnisse der ersten mitteldeutschen Graffitistudie.* Halle (Saale): Mitteldeutscher Verlag, 30–37.

Heckhausen, J., Heckhausen, H., 2005. *Motivation und Handeln.* Berlin: Springer-Verlag.

Hox, J. J., 2002. *Multilevel Analysis. Techniques and Applications.* Mahwah, NJ: Lawrence Erlbaum Associates.

Jencks, C., Mayer, S. E., 1990. The social consequences of growing up in a poor neighborhood. In: Lynn, L. E., MacGeary, M. G. (Hg.), *Inner-city poverty in the United States.* Washington, DC: National Acad. Press, 111–186.

Köllisch, T., Oberwittler, D., 2004. Wie ehrlich berichten männliche Jugendliche über ihr delinquentes Verhalten? Ergebnisse einer externen Validierung. *Kölner Zeitschrift für Soziologie und Sozialpsychologie*, 56, 708–735.

Ludwig, J., Kling, J. R., 2006. Is crime contagious. Working paper. *National Bureau of Economic Research*, Inc, H. 12409.

Lachmann, R., 1988. Graffiti as Career and Ideology. *The American journal of sociology,* 94, 229–250.

Marsden, P., 1998. Memetics and social contagion: Two sides of the same coin. *The Journal of Memetics*, 2.

Morgan, S. L., Winship, C., 2008. *Counterfactuals and causal inference. Methods and principles for social research.* Cambridge: Cambridge Univ. Press.

New York Times, 1971. Taki 183 spans pen rawls. New York Times july 21th, 1971, 37.

Nonnenmacher, A., 2007. Eignen sich Stadtteile für den Nachweis von Kontexteffekten? Eine empirische Analyse am Beispiel von Disorder und Kriminalitätsfurcht. *Kölner Zeitschrift für Soziologie und Sozialpsychologie*, 59, 493–511.

Pong, S., Hao, L., 2007. Neighborhood and School Factors in the School Performance of Immigrants' Children. *International Migration Review,* 41, 206–241.

Rogalla, T., 2004. Die Aneignung des öffentlichen Raumes. Die Bemalung des Tunnels am Alex ist offenbar "Street-Art" - die Entfernung kostet 40 000 Euro. *Berliner Zeitung*: 16.11.2004.

Sampson, R. J., Raudenbush, S., Earls, F., 1997. Neighborhoods and Violent Crime: A Multilevel Study of Collective Efficacy. *Science*, 277, 918–924.

Shaw, C. R., McKay, H. D., 1969. *Juvenile delinquency and urban areas. A study of rates of delinquency in relation to differential characteristics of local communities in American cities.* Rev. ed. Chicago: Univ. of Chicago Pr.

Schelling, T. C., 1978. *Micromotives and macrobehavior.* 1. ed. New York: Norton.

Schulze, G., 1992. Die *Erlebnis-Gesellschaft. Kultursoziologie der Gegenwart.* Frankfurt: Campus-Verl.

Warr, M., 2001. The social origins of crime: Edwin Sutherland and the theory of differential asosication. In: Paternoster, R., Bachman, R. (Hg.), *Explaining criminals and crime. Essays in contemporary criminological theory.* Los Angeles, Calif: Roxbury Publishing Company, 182–191.

Weatherburn, D., Lind, B., 1997. On the epidemiology of offender populations. *Australian Journal of Psychology,* 49, 169–175.

Weatherburn, D., Lind, B., 1998. Poverty, parenting, peers and crime-prone neighborhoods. *Trends & Issues in Crime and Criminal Justice.*

Wilson, J. W., Kelling, G. L., 1996. Polizei und Nachbarschaftssicherheit: Zerbrochene Fenster. *Kriminologisches Journal,* 28, 121-137

Windzio, M., 2008. Social structures and actors: The application of multilevel analysis in migration research. *Romanian Journal of Population Research,* 2, 113–138.

Windzio, M., 2009. Soc*ial integration of immigrant children and their parents in Germany: Insights from social network analysis and Coleman's concept of "intergenerational closure".* (MIGREMUS working paper 1/2009), online: http://www.migremus.uni-bremen.de/working-papers/working-papers.html

Anhang

Tabelle 1A: Monitoring Eltern (1= stimmt nicht, 2=stimmt kaum, 3= stimmt eher, 4=stimmt genau), Cronbachs Alpha = 0.674

Meine Eltern interessieren sich sehr dafür, was ich in meiner Freizeit mache.
Meine Eltern wollen oft wissen, wo ich in meiner Freizeit bin.
Ich kann in der Freizeit machen was ich will, meine Eltern sagen dazu nichts.
Meine Eltern fragen oft danach, mit welchen Jugendlichen ich mich treffe.
Ich glaube, es ist meinen Eltern völlig egal, was ich in meiner Freizeit mache.

Tabelle 2A: Geringe Selbstkontrolle : "Risikosuche" (1=stimmt gar nicht, 2= stimmt nicht, 3=stimmt eher nicht, 4= stimmt eher, 5=stimmt, 6=stimmt voll und ganz), Cronbachs Alpha = 0.865

Ich teste gerne meine Grenzen, indem ich etwas Gefährliches mache.
Ich gehe gern ein Risiko ein, einfach weil es Spaß macht.
Manchmal finde ich es aufregend, Dinge zu tun, die mich in Gefahr bringen können.
Aufregung und Abenteuer sind mir wichtiger als Sicherheit.

Urbane Disorder-Phänomene, Kriminalitätsfurcht und Risikoperzeption. Eine Mehrebenenanalyse

Joachim Häfele

1. Einleitung

Theoretische Überlegungen zum Einfluss von urbanen Disorder-Phänomenen (im Folgenden: Incivilities) auf personale Kriminalitätseinstellungen haben in den vergangenen zwei Jahrzehnten in der Kriminologie und Kriminalsoziologie zunehmend an Bedeutung gewonnen (Ferraro 1995, Hope/Hough 1988, Jackson 2004, Markowitz et al. 2001, Ross und Jang 2000, Taylor 1999, 2001). Unter Incivilities werden dabei Verletzungen von gemeinschaftlichen Standards verstanden, die eine Erosion anerkannter Werte und sozialer Normen signalisieren (Hunter 1978; LaGrange et al. 1992).[1] Darunter werden abweichende Verhaltensweisen subsumiert wie öffentlicher Alkoholkonsum, Betteln, Prostitution, in Gruppen herumstehende bzw. herumhängende Jugendliche oder lautes Musikhören (social disorder) und Handlungsspuren wie Graffiti, Müll, Hundekot, zerstörte Telefonzellen oder Bushaltestellen sowie Erscheinungsformen physisch-materieller Verwahrlosung wie z. B. verfallene Gebäude und Autowracks (physical disorder) (Skogan 1990, Skogan und Maxfield 1981). Incivilities können folglich den Charakter sozialer Handlungen, physisch-materieller Substrate, strafrechtlich relevanter Handlungen (z. B. Drogenhandel) und strafrechtlich nicht relevanter, aber teilweise als Ordnungswidrigkeit definierter Handlungen (z. B. öffentliches Urinieren) annehmen. Zwischen beiden Formen von Incivilities (physical und social) wurde regelmäßig ein starker Zusammenhang beobachtet (u. a. Häfele und Lüdemann 2006, Xu et al. 2005). Vor allem die Entstehung verschiedener Incivility-Ansätze seit Mitte der 1970er Jahre sorgte für wachsendes Interesse in unterschiedlichen sozialwissenschaftlichen Disziplinen. Innerhalb dieser Ansätze werden Incivilities als zentrale Ursache für ein ansteigendes perzipiertes Viktimisierungsrisiko und Kriminalitätsfurcht betrachtet. Größere und globale Aufmerksamkeit erreichte das Disorder-Modell vor allem durch das Erscheinen des Broken-Windows-Aufsatzes von Wilson und Kelling (1982), der bereits kurz nach seinem Erscheinen zu einem der meistzitierten Verständigungsmedien einer sich grundlegend verändernden Kriminalpolitik geworden ist (Sack 1996), und trotz seiner populärwissenschaftlich gehaltenen Ausführungen in kurzer Zeit zu einem der einflussreichsten Artikel in der Kriminologie

---

[1] Diese an LaGrange et al. (1992) und Hunter (1978) angelehnte Definition zeigt bereits die Schwierigkeit einer angemessenen Operationalisierung des Begriffs, da es um Werte und Normen geht, die nur für bestimmte soziale Schichten Gültigkeit beanspruchen. Weiter existieren auch innerhalb bestimmter sozialer Räume Unterschiede in Bezug auf die Problematisierung einzelner Incivilities (z. B. Birenheide et al. 1999, Birenheide et al. 2001), was wiederum von unterschiedlichen individuellen und ökologischen Faktoren abhängen dürfte.

wurde (Young 1999: 127). Häufig unter der Bezeichnung „Soziale-Kontrolle-Ansatz" (Lewis und Salem 1986), konnte sich das Disorder-Modell in der Kriminologie und Kriminalsoziologie in den vergangenen Jahren als eines der wichtigsten theoretischen Modelle zur Erklärung personaler Kriminalitätsfurcht etablieren. Dieser hohe Stellenwert spiegelt sich auch in der inzwischen standardmäßigen Berücksichtigung der subjektiven Perzeption von Incivilities als unabhängiger Variable in der Kriminalitätsfurchtforschung wieder.

Auf kriminalpolitischer Ebene kündigten die Annahmen über „broken windows" als Verursacher von Kriminalitätsfurcht und Kriminalität ebenfalls eine Wende an, die sich seit den 1980er Jahren ununterbrochen vollzieht. Diese die Prävention von Straftaten betonende Kriminalpolitik setzt an der Herstellung von Ordnung als Grundlage innerer Sicherheit an und richtet den Fokus auf die kriminogene Umwelt, den physisch-materiellen und sozialen Zustand des Raums und die Handlungen seiner Bewohner.

Trotz des hohen Stellenwertes, den das Disorder-Modell seit längerer Zeit auf wissenschaftlicher, politischer und medialer Ebene eingenommen hat, liegen in Deutschland bisher nur wenige Studien zur Überprüfung der innerhalb dieses Modells postulierten Zusammenhänge vor. Dies verwundert umso mehr, wenn man sich die anhaltend hohe kriminalpolitische Relevanz dieses Modells vor Augen führt. So wurden seit Anfang der 1990er Jahre eine Vielzahl von Maßnahmen und Programmen zur Verhinderung und Sanktionierung von Incivilities in fast allen größeren deutschen Städten implementiert (Häfele und Sobczak 2002, Häfele und Schlepper 2006). Bei diesen Maßnahmen wird häufig Bezug genommen auf das Zero-Tolerance-Programm der New Yorker Polizei, das sich auf die Grundannahmen des Disorder-Modells stützt (u. a. Hess 2004). Häufig geht es dabei um die Herstellung bzw. Erhöhung des subjektiven Sicherheitsgefühls in der Bevölkerung, eine Praxis, die sich neben der Herstellung von Sicherheit inzwischen als zentrale kriminalpolitische Aufgabenstellung etabliert hat (Oberwittler 2008). Im vorliegenden Aufsatz soll mit Hilfe von statistischen Mehrebenenanalysen ein Beitrag zur Schließung der bestehenden Forschungslücke in Deutschland geleistet werden. Im Vordergrund steht dabei die Untersuchung des Einflusses von Incivilities auf das perzipierte Viktimisierungsrisiko und die personale Kriminalitätsfurcht. Alternativ werden Mehrebenenmodelle mit der Perzeption von Incivilities als abhängige Variable berechnet.

2. Theoretische und empirische Befunde

Fasst man die Kernaussagen der in der Literatur kursierenden Incivility-Ansätze zusammen, so ergibt sich ein Disorder-Modell, das jeweils positive Effekte von Incivilities auf die Risikoperzeption und die Kriminalitätsfurcht vorhersagt, d. h. je mehr Incivilities in einem Stadtteil auftreten, desto höher fallen Risikoperzeption und (in der Folge) Kriminalitätsfurcht der Bewohner im Stadtteil aus. Erklärt wird dieser Effekt zum einen dadurch, dass Incivilities einen Zusammenbruch der moralischen Ordnung signalisieren. Ein solches Klima der Unberechenbarkeit bzw. des Kontrollverlusts führt dazu, dass die Bewohner ihr

Viktimisierungsrisiko höher einschätzen und Kriminalitätsfurcht entwickeln (Abbildung 1). Die zweite Verbindungslinie in Abbildung 1 postuliert, dass Incivilities vorrangig als „signs of crime" (LaGrange et al. 1992) oder „signal crimes" (Innes und Fielding 2002) und damit als Zeichen einer unzureichenden informellen sozialen Kontrolle im Stadtteil interpretiert werden. Die perzipierte Erosion der informellen sozialen Kontrolle führt zu einem Gefühl der Macht- und Hilflosigkeit, was sich in einem Anstieg der Kriminalitätsfurcht niederschlägt. Mit steigender Kriminalitätsfurcht ziehen sich die Bewohner des Stadtteils, aus Angst viktimisiert zu werden, sukzessive aus dem öffentlichen Raum zurück. Dieser räumliche Rückzug der Bewohner geht einher mit einem tatsächlichen Rückgang der informellen sozialen Kontrolle im Stadtteil, was in der Folge zu weiteren Incivilities und (vermittelt über die Risikoperzeption) zu einem weiteren Anstieg der Kriminalitätsfurcht führt. Das Sinken des lokalen sozialen Kapitals und der informellen sozialen Kontrolle im Stadtteil geht wiederum (vor allem aufgrund des vermehrten Zuzugs von ökonomisch schwächeren Menschen) einher mit einem Anstieg der sozialen Desorganisation im Stadtteil.

Ähnliche Überlegungen zur Bedeutung von Zeichen einer unzureichenden sozialen Kontrolle im öffentlichen Raum finden sich bereits innerhalb der (frühen) sozialökologischen Theorie der Chicagoer Schule (Shaw und McKay 1942). Über die zeitlichen Dimensionen dieses Prozesses liegen bislang zwar kaum Informationen vor, deutlich wird jedoch, dass es sich um einen spiralförmig verlaufenden Aufschaukelungsprozess handelt, in dessen Verlauf sich Incivilities und Kriminalitätsfurcht ständig auf einem höheren Niveau neu einpendeln, während das Niveau der informellen sozialen Kontrolle im Stadtteil permanent sinkt.

Abbildung 1: Das Disorder-Modell

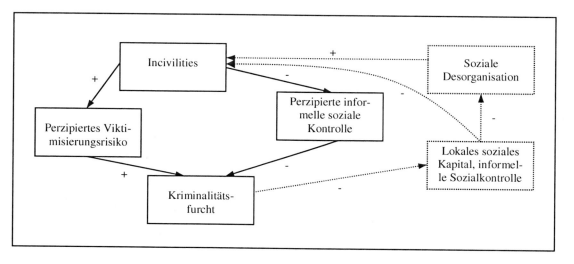

Die Entstehung von Incivilities ist dabei maßgeblich von Anzeichen sozialer Desorganisation abhängig. Insbesondere eine durchschnittlich hohe ökonomische Benachteiligung, hohe ethnische Heterogenität, hohe Fluktuation und Kriminalität werden gleichermaßen als Ursachen für einen Anstieg von Incivilities und Kriminalitätsfurcht betrachtet (Hunter 1978, Skogan 1990). Diese Annahmen sind konsistent mit den Annahmen der frühen Theorie sozialer Desorganisation von Shaw und McKay (1942). Weiter hat sich gezeigt, dass eine hohe Bevölkerungsdichte im Stadtteil zu sozialen Problemen und abweichendem Verhalten führt (u. a. Bellair 2000, Lowenkamp et al. 2003). Innerhalb der Forschungsliteratur wird außerdem ein Einfluss soziodemographischer Variablen auf die Wahrnehmung von Incivilities berichtet: Vor allem Bewohner mit niedrigerem Einkommen, Viktimisierungserfahrungen sowie Bewohner, die in Stadtteilen mit hohen Kriminalitätsraten leben, perzipieren unterschiedlichen Studien zufolge mehr Incivilities (Skogan und Maxfield 1981, Taylor et al. 1985). Sampson und Raudenbush (1999, 2004) fanden in ihrer Studie heraus, dass die Wahrnehmung von Incivilities in der Nachbarschaft durch den jeweiligen Anteil ethnischer Minderheiten (insbesondere dem Anteil der afroamerikanischen Bevölkerung) innerhalb dieser Nachbarschaft beeinflusst wurde. Die Wahrnehmung von Incivilities wurde also eher durch kulturelle Stereotype als durch das tatsächliche Vorhandensein von Incivilities bestimmt. Dass sich die subjektive Wahrnehmung von Incivilities deutlich von den entsprechenden objektiv beobachteten Gegebenheiten unterscheidet konnten auch Covington und Taylor (1991) bestätigen. Weiter konnten Studien nachweisen, dass Incivilities umso häufiger auftraten, je höher die kommerzielle Nutzungsdichte (nonresidential land use) ausgeprägt war (Wilcox et al. 2003, Sampson und Raudenbush 2004: 326 ff.).

Hinsichtlich des Zusammenhangs zwischen Incivilities und Kriminalitätsfurcht konnte ein Großteil der bisher durchgeführten Studien zeigen, dass die Kriminalitätsfurcht der Bewohner in einem Stadtteil umso größer ist, je häufiger sie dort Incivilities wahrnehmen (z. B. Robinson et al. 2003, Xu et al. 2005). Allerdings existieren auch eine Reihe von Studien, die diesen Zusammenhang widerlegen oder zumindest stark relativieren (z. B. Sampson und Raudenbush 1999, Taylor 1999, 2001). Des Weiteren deutet in der Forschungsliteratur einiges darauf hin, dass es sich bei der Beziehung zwischen subjektiv perzipierten Incivilities und Kriminalitätsfurcht um eine Messfehlerkorrelation bzw. eine tautologische Beziehung handelt (Oberwittler 2008: 218), d. h. Personen, die mehr Furcht äußern, sehen mehr Incivilities und vice versa.

In einigen (wenigen) Studien wurden neben Befragungen zur Ermittlung der subjektiv perzipierten Incivilities wissenschaftliche Beobachtungen zur objektiven Ermittlung von Incivilities im Stadtteil durchgeführt. Die Ergebnisse dieser Studien erwiesen sich allerdings als so unterschiedlich wie die ihnen zugrundeliegenden Untersuchungsdesigns. Zu den wenigen Ausnahmen, die einen theoriekonformen Effekt der unabhängig beobachteten Incivilities auf die Kriminalitätsfurcht nachweisen konnten, zählen die Studien von Maxfield (1987 [zitiert in Perkins et al. 1992]), Covington und Taylor (1991) sowie Perkins und Taylor (1996). Andere Studien konnten einen derartigen Zusammenhang nicht bestätigen (u. a.

Häfele und Lüdemann 2006, Häfele 2006a)[2] bzw. ihn stark relativieren (Perkins et al. 1992; Wyant 2008).[3] Häufig konnten lediglich schwache Beziehungen zwischen perzipierten und systematisch erhobenen Incivilities nachgewiesen werden (Perkins et al. 1993; Eifler et al. 2009). Innerhalb der von Hinkle und Weisburd (2008) in Jersey City (New Jersey) durchgeführten Beobachtungsstudie zeigte sich im Rahmen von logistischen Regressionsanalysen ein signifikanter positiven Effekt von systematisch beobachteten physical Incivilities auf Kriminalitätsfurcht. Keinen signifikanten Effekt hatten die systematisch beobachteten social Incivilities. Im Rahmen einer separaten Analyse konnten die Autoren jedoch einen signifikanten Zusammenhang zwischen beobachteten social Incivilities und perzipierten social Incivilities ermitteln, was die Wahrscheinlichkeit erhöhte, dass der nicht signifikante Effekt der systematisch beobachteten social Incivilities durch die perzipierten social Incivilities vermittelt wurde (Hinkle und Weisburd 2008: 24).

Hinsichtlich des Zusammenhangs zwischen Incivilities und perzipiertem Viktimisierungsrisiko konnte auf der Individualebene (subjektiv perzipierte Incivilities) für den Großteil der bisher durchgeführten Studien ein positiver Effekt von Incivilities auf das perzipierte Viktimisierungsrisiko nachgewiesen wurde (u. a. Skogan 1990, LaGrange et al. 1992, Häfele und Lüdemann 2006), wobei die Effekte von Incivilities auf die Risikoperzeption regelmäßig stärker ausfallen als auf die Kriminalitätsfurcht (u. a. LaGrange et al. 1992, Nonnemacher 2007). Überdies konnten Studien zeigen, dass der positive Zusammenhang zwischen perzipierten Incivilities und Kriminalitätsfurcht, entsprechend der Annahme des Disorder-Modells, über die Risikoperzeption vermittelt wird (LaGrange et al. 1992, Wyant 2008). Für Incivilities auf der Kontext- bzw. Stadtteilebene (community level) zeigen sich ebenfalls regelmäßig positive Effekte auf Kriminalitätsfurcht und Risikoperzeption.

Während der Großteil der bisher genannten Studien in den USA durchgeführt wurde, liegen für Deutschland nur sehr wenige entsprechende Studien vor (z. B. Boers und Kurz 1997, Hohage 2004, Kury et al. 2004, Kury und Obergfell-Fuchs 2008, Nonnenmacher 2007, Oberwittler 2008, Sessar et al. 2004). Hinzu kommt, dass in lediglich zwei der bisher in Deutschland durchgeführten (Incivility-)Studien neben individuellen auch sozialräumliche Prädiktoren im Rahmen von Mehrebenenanalysen berücksichtigt wurden (Lüdemann 2005, Oberwittler 2008). Geht man jedoch im Sinne der sozialökologischen Theorie davon aus, dass nicht nur Individualmerkmale für Wahrnehmungen, Einstellungen und Handlungen von Menschen bedeutsam sind, sondern auch Merkmale des sozialräumlichen Kontextes, so erscheint es unumgänglich Mehrebenenanalysen durchzuführen, die es erlauben, partielle Effekte von Individual- und Kontextvariablen auf eine abhängige Individualvariable simultan zu schätzen.

---

[2] Hier ist allerdings kritisch einzuwenden, dass die diesen Ergebnissen zugrundeliegende Modellspezifikation insofern diskussionswürdig ist, als die Mehrebenen-Regressionsanalysen nicht schrittweise durchgeführt wurden. Dadurch dass Incivilities als Level-1- und Level-2-Prädiktor gleichzeitig in das zu prüfende Modell aufgenommen wurden, konnte die Gefahr eines möglichen overcontrolling-Effekts nicht überprüft werden.
[3] Auch hinsichtlich des in einigen Incivility-Ansätzen unterstellten positiven Zusammenhangs zwischen Incivilities und Kriminalität erwiesen sich die Ergebnisse unterschiedlicher Studien als inkonsistent (Häfele 2006b).

3. Hypothesen

Bezogen auf das Disorder-Modell und in Anlehnung an entsprechende empirische Befunde sowie unter Einbeziehung relevanter Kontrollvariablen, ergeben sich folgende Messhypothesen für Mehrebenenmodelle auf der Individualebene (Level 1): Die Kriminalitätsfurcht und die Risikoperzeption einer Person sind umso höher,
- je höher die subjektive Problembelastung durch Incivilities,
- je geringer das lokale soziale Kapital,
- je höher die direkte Viktimisierung,
- je höher die indirekte Viktimisierung,
- je geringer die Anzahl perzipierter Polizeistreifen,
- je älter die Person ist und wenn es sich um eine Frau handelt.

Für die Kriminalitätsfurcht wird ferner vermutet, dass diese mit zunehmender Risikoperzeption im Stadtteil steigt.

Auf der Kontextebene (Level-2) lauten die entsprechenden Messhypothesen: Die Kriminalitätsfurcht und die Risikoperzeption einer Person sind umso höher,
- je höher die Anzahl systematisch beobachteter Incivilities,
- je problematischer die Sozialstruktur,
- je höher die Kriminalitätsbelastung,
- je höher die Bevölkerungsdichte und
- je höher die Fluktuationsrate im Stadtteil.

In den folgenden Abschnitten werden Mehrebenenmodelle zur Überprüfung der vorgestellten Hypothesen berechnet. Die verwendeten Daten stammen aus dem DFG-Projekt „Incivilities, Sozialkapital und Kriminalität", das von Ende 2003 bis Anfang 2007 am Hamburger Institut für Sicherheits- und Präventionsforschung (ISIP) mit Beteiligung des Autors durchgeführt wurde.

4. Stichprobe

Die Hansestadt Hamburg besteht aus acht Bezirken, die in 104 Stadtteile unterteilt sind. Die Einwohnerzahl beträgt insgesamt rund 1,7 Millionen. Zehn der 104 Stadtteile wurden aufgrund ihrer geringen Bevölkerungszahl vom Statistischen Landesamt in Hamburg zusammengelegt. Dabei wurden je zwei benachbarte Stadtteile zu jeweils einem Stadtteil zusammengelegt, was die Anzahl der Stadtteile um fünf reduzierte. Die Insel Neuwerk, die ebenfalls zu Hamburg gehört und strenggenommen als ein eigener Stadtteil von Hamburg in das Auswahl-Sample aufgenommen werden müsste, wurde aufgrund der sehr geringen Bevölkerungszahl (Stand am 31.12.2002: 39 Einwohner) ausgeschlossen. Schließlich standen 98 Stadtteile als Datengrundlage zur Verfügung. Die sozialstatistischen Angaben zu diesen

Stadtteilen stammen aus dem Jahr 2002 und lassen sich den Veröffentlichungen des Statistischen Landesamtes in Hamburg entnehmen. Da für die Elemente der fünf artifiziellen Stadtteile in der Sozialstatistik der Stadt Hamburg keine separaten Daten vorliegen, wird jeder von ihnen als ein Stadtteil behandelt.

Zur Klärung der Frage, wie viele Einheiten mindestens auf der Aggregatebene (Stadtteile) sowie auf der Individualebene (zu befragende Personen) auszuwählen sind, findet sich in der Literatur eine 30 × 30-„Daumenregel", die die Erhebung von mindestens 30 Einheiten auf jeder Ebene fordert (Kreft und de Leeuw 2002: 125, Ditton 1998: 124). Nach Oberwittler (2008) reichen bereits 15 bis 20 Befragte aus, um robuste Schätzungen zu berechnen. Simulationsstudien (Maas und Hox 2005, Mok 1995) konnten zudem zeigen, dass sich die Qualität der Parameterschätzungen in Mehrebenenmodellen im Hinblick auf ihre Effizienz sowie Erwartungstreue eher durch relativ viele Aggregate mit jeweils wenigen Fällen als durch wenige Aggregate mit jeweils vielen Fällen verbessern lässt. Auf Grundlage dieser Ergebnisse wurde eine geschichtete Zufallsstichprobe von 49 Stadtteilen auf der Grundlage einer PPS-Auswahl (probability proportional to size) gezogen (Schnell et al. 1999: 265 f.). Hierzu wurden zunächst alle 98 Hamburger Stadtteile nach den beiden theoretisch relevanten Dimensionen Sozialstruktur und Kriminalität geschichtet. Folgende Schichtungsvariablen wurden einbezogen: Prozent Sozialhilfeempfänger im Stadtteil, Prozent Arbeitslose im Stadtteil, Prozent Sozialwohnungen im Stadtteil, Prozent ausländische Bewohner im Stadtteil, Diebstahldelikte je 1.000 Einwohner im Stadtteil, Gewaltdelikte je 1.000 Einwohner im Stadtteil. Die Aggregatdaten beruhen auf der Polizeilichen Kriminalstatistik (PKS) (Landeskriminalamt Hamburg 2003) und den Angaben des Statistischen Landesamts für 2002. In Tabelle 1 sind die Streuungen und Mittelwerte der sechs Schichtungsvariablen für alle 98 Stadtteile aufgeführt.

Tabelle 1: Deskriptive Statistik der Schichtungsvariablen für alle 98 Stadtteile

	Minimum	Maximum	Mittelwert	Standardabweichung
Prozent Sozialhilfeempfänger	0,4	16,5	5,88	4,05
Prozent Arbeitslose	2,6	16,0	6,62	2,66
Prozent Sozialwohnungen	0	71,1	13,44	14,50
Prozent Ausländer	1,1	73,7	15,74	12,69
Diebstahlsdelikte je 1.000 EW	15	3150	119,66	326,60
Gewaltdelikte je 1.000 EW	0	101	6,09	12,82

Auf Grundlage der Schichtungsvariablen wurde eine oblique Faktorenanalyse (Hauptkomponentenanalyse mit Faktorextraktion nach dem Kaiser-Kriterium, Oblimin-Rotation) durchgeführt. Diese ergab eine Zwei-Faktorenlösung mit einer Einfachstruktur. Alle sozialstrukturellen Variablen luden auf dem ersten Faktor „problematische Sozialstruktur" (Eigenwert: 3,14; erklärte Varianz: 52,37 %) und die Kriminalitätsvariablen luden auf dem zweiten Faktor „Kriminalitätsbelastung" (Eigenwert: 1,60; erklärte Varianz: 26,69 %). Beide Faktoren erklären zusammen 79 % der Varianz der ausgewählten Stadtteilvariablen; die

Korrelation beider Faktoren beträgt 0.21. Auf Grundlage dieser Faktoren wurden Faktor-scores für alle 98 Stadtteile berechnet und für jeden Faktor fünf Schichten gebildet, sodass eine 5×5-Matrix entstand, aus der 49 Stadtteile entsprechend der PPS-Auswahl gezogen wurden. Die Personenstichprobe wurde aus dem Einwohnermelderegister per systematische Zufallsauswahl für die 49 Stadtteile gezogen. Im Anschluss an zwei Nachfassaktionen lagen 3.612 verwertbare Fragebögen (Rücklaufquote: 39,5 %) vor. Die Zahl der verfügbaren Fragebögen pro Stadtteil ist Tabelle 2 zu entnehmen. Ein Vergleich der eingesetzten Stichprobe mit der realisierten Stichprobe konnte zeigen, dass die eingesetzte Stichprobe durch die realisierte Stichprobe gut abgebildet werden konnte. Frauen sind in der realisierten Stichprobe etwas über- und Männer unterrepräsentiert. Jüngere Personen (≤ 34) sind leicht unter-, die 45- bis 64-Jährigen dagegen leicht überrepräsentiert. Es haben weniger nicht-deutsche als deutsche Personen teilgenommen, was u. a. an der relativ hohen Anzahl nicht mehr aktueller Adressen auf Seiten der Nicht-Deutschen lag. Der Anteil der neutralen Ausfälle liegt bei den Nicht-Deutschen mit 26,5 % um das ca. achtfache höher als bei den Deutschen. Im Vergleich zum Mikrozensus für Hamburg zeigt die realisierte Stichprobe einen für Umfrageforschungen typischen Bildungsbias, d. h. Personen mit mittlerer Reife oder Fach- und Hochschulreife sind überrepräsentiert.

Tabelle 2: Ausschöpfung und Ausfallgründe

	N	%
Eingesetzte Bruttostichprobe	10 018	100
Zielperson ist verzogen	829	8,3
Zielperson spricht nicht deutsch	5	0,05
Zielperson ist verstorben	5	0,05
Zielperson aus gesundheitlichen Gründen nicht befragbar	38	0,4
(Bekannte) stichprobenneutrale Ausfälle	877	8,8
Bereinigte Einsatzstichprobe	9144	100
Ohne Rücklauf	5280	57,8
Annahme des Anschreibens verweigert	30	0,3
Fragebogen leer zurückgeschickt	13	0,1
Zielperson verweigert Teilnahme	86	0,9
Ausgefüllte Fragebögen	3729	40,8
Davon:		
- auswertbare Fragebögen	3612	39,5
- erst nach Abschluss der Feldphase zurückgeschickt	21	0,2
- ohne Identifikationsnummer zurück	68	0,7
- nicht auswertbar, weil unvollständig	31	0,4

5. Messung der Individual- und Kontextvariablen

Die Messung der personalen Kriminalitätseinstellungen orientierte sich an den innerhalb der Forschungsliteratur weit verbreiteten Dimensionen affektiv, kognitiv und konativ (u. a. Skogan 1993). Die affektive Dimension stellt die Kriminalitätsfurcht dar, während sich die kognitive Dimension auf das subjektive Viktimisierungsrisiko bezieht. Die konative Dimension, die sich auf unterschiedliche Schutz- und Vermeidungshandlungen bezieht, wurde aufgrund der eher geringen Relevanz für das Disorder-Modell nicht in die Analyse mit einbezogen.[4] Die Kriminalitätsfurcht als affektive Dimension der personalen Kriminalitätseinstellungen wurde in Anlehnung an das sog. Standarditem durch die Frage gemessen, wie sicher oder unsicher man sich fühlt, wenn man bei Dunkelheit alleine im eignen Stadtteil unterwegs ist (sehr sicher = 4 bis sehr unsicher = 1).[5]

Zur Erfassung der Risikoperzeption wurden die Befragten gebeten, anzugeben, für wie wahrscheinlich sie es halten, innerhalb der nächsten zwölf Monate Opfer einer Reihe von 13 vorgegebenen Delikten zu werden. Diese wurden auf drei Dimensionen eingeschätzt. Erstens wurde die Person gefragt, ob ihr diese Dinge in ihrem Stadtteil innerhalb der letzten zwölf Monate schon selbst passiert sind (Ja = 1; Nein = 0). Diese Frage betrifft die persönliche Viktimisierung. Zweitens wurde danach gefragt, für wie wahrscheinlich es die Person hält, dass ihr diese Dinge in ihrem Stadtteil in den nächsten zwölf Monaten passieren (sehr wahrscheinlich = 3 bis sehr unwahrscheinlich = 0). Diese Frage bezieht sich auf die Risikoperzeption (Tabelle 3). Drittens wurde danach gefragt, ob die befragte Person Leute kennt, denen diese Dinge im Stadtteil innerhalb der letzten zwölf Monate schon passiert sind (Ja = 1; Nein = 0). Hier ging es um die indirekte Viktimisierung. Für die verschiedenen Ereignisse wurden entsprechend drei additive Indizes gebildet (persönliche Viktimisierung, erwartete persönliche Viktimsierung [Risikoperzeption], indirekte Viktimisierung).

---

[4] Vgl. hierzu den Beitrag von Peter et al. in diesem Band.
[5] Diese Art der Messung von personaler Kriminalitätsfurcht war in der Vergangenheit Gegenstand umfangreicher Kritik. So wurde u. a. angenommen, dass mit dieser Messung auch unspezifische bzw. nicht kriminalitätsrelevante Bedrohungsgefühle angesprochen werden (z. B. Kury et al. 2004a, Kreuter 2002) und durch diese Form der Messung die Kriminalitätsfurcht der Befragten überschätzt wird. Oberwittler (2008) weist allerdings darauf hin, dass es sich beim Standarditem durch die explizite Frage nach der Wohngegend um eine sozialökologische Beobachtungsvariable handelt, die sowohl „in Hinblick auf die kollektiven Eigenschaften der Wohngebiete denn in Hinblick auf die individuellen Merkmale der Befragten interpretiert werden kann" (S. 220). Des Weiteren konte die Studie von Oberwittler (2008) zeigen, dass das Standarditem eine hohe intersubjektive Reliabilität aufweist. Aus sozialökologischer Perspektive erscheint die Verwendung des Standarditems folglich angemessen.

Tabelle 3: Deskriptive Statistik für das subjektiv perzipierte Viktimisierungsrisiko

	M	SD	TK
Wahrscheinlichkeit einer Beschädigung des Zweirads	1,13	0,787	0,644
… Diebstahl des Zweirads	1,24	0,820	0,637
… Beschädigung des Autos	1,42	0,837	0,671
… Aufbrechen des Autos	1,25	0,752	0,690
… Diebstahl des Autos	0,92	0,692	0,675
… Einbruch in die Wohnung	1,20	0,702	0,539
… Von Hund gebissen zu werden	1,10	0,667	0,481
… Auf der Straße ausgeraubt zu werden	0,98	0,643	0,677
… Geschlagen oder verletzt zu werden	0,92	0,634	0,680
… Durch Verkehrsunfall verletzt zu werden	1,26	0,651	0,494
… Sexuell tätlich angegriffen zu werden	0,66	0,632	0,604
… Auf der Straße sexuell belästigt zu werden	0,76	0,672	0,593
… Auf der Straße angepöbelt zu werden	1,25	0,796	0,610

Cronbach's α = 0.90, M = arithmetisches Mittel; SD = Standardabweichung, TK = Trennschärfekoeffizient

Zur Messung der subjektiven Problembelastung durch Incivilities im Stadtteil sollten die Befragten die perzipierte Häufigkeit sowie die subjektive Schwere für insgesamt 30 Incivilities im Stadtteil angeben. Zunächst wurde danach gefragt, für wie schlimm Befragte eine bestimmte Incivility halten (eher schlimm = 3 bis gar nicht schlimm = 0). Anschließend wurden sie gefragt, wie oft sie diese Incivility in ihrem Stadtteil in den letzten zwölf Monaten selbst gesehen haben (sehr oft = 4 bis nie = 0). Für jede Incivility wurde ein Produkt aus Schwere × Häufigkeit gebildet. Anschließend wurden die Produkte summiert, und es ergab sich eine Produktsumme für die subjektive Problembelastung durch physical und social incivilities (Cronbach's α = 0.92). Eine Incivility war für eine Person nicht von subjektiver Bedeutung, wenn das Produkt für diese Incivility den Wert 0 hatte, d. h. wenn diese Incivility als gar nicht schlimm (0) eingeschätzt wurde, wenn sie nie (0) auftrat oder wenn beides der Fall war. Die Rangfolge der Mittelwerte für die subjektive Problembelastung für alle Incivilities findet sich in Tabelle 4.

Tabelle 4: Rangfolge der subjektiven Problembelastung (Häufigkeit × Schwere) durch Incivilities

	N	M
Hundekot	3592	6,84
zu schnell fahrende Autofahrer	3600	6,72
Abfall	3590	6,24
demolierte Telefonzellen. Briefkästen. Haltestellen	3591	4,88
Graffiti	3588	4,34
unerlaubt parkende Autos	3591	4,30
Betrunkene	3590	3,93
abgestellte Supermarkt-Einkaufswagen	3598	3,91
unerlaubt abgestellter Sperrmüll	3589	3,73
freilaufende Hunde	3590	3,63
Kampfhunde	3577	3,50
Leute. die in der Öffentlichkeit urinieren	3567	3,48
ungepflegte Grünflächen	3587	3,26
Lärm auf der Straße	3586	3,18
kaputte Sitzgelegenheiten	3573	2,92
Drogenabhängige oder Drogendealer	3583	2,77
Gruppen Jugendlicher	3595	2,63
Obdachlose oder Bettler	3587	2,60
irgendwo stehen gelassene. kaputte Fahrräder	3591	2,53
Leute. die Passanten anpöbeln	3587	2,52
kaputte Straßenbeleuchtung	3585	2,50
Radfahrer oder Inlineskater auf dem Gehweg	3589	2,48
leer stehende Läden. Kioske. Gaststätten	3589	2,34
weggeworfene Kondome. Spritzen oder Kanülen	3599	2,33
zur Entsorgung abgestellte Autos	3594	2,25
Aufkleber oder Zettel an Bäumen. Laternen	3584	2,22
Streitereien oder Schlägereien	3587	2,19
verlassene oder verwahrloste Wohngebäude	3588	1,92
psychisch Kranke	3544	1,15
Prostituierte	3592	0,80

Wertebereich für die Produkte: 0 bis 12, N = Anzahl Befragter, M = arithmetisches Mittel

Das lokale soziale Kapital wurde durch die Indikatoren Kontakte zu Nachbarn, soziale Kohäsion, Vertrauen zu Nachbarn sowie durch die collective efficacy als neuere Dimension des lokalen sozialen Kapitals gemessen. Zur Messung nachbarschaftlicher Kontakte wurden die Personen gefragt, wie oft sie in den letzten zwölf Monaten folgende Dinge mit Nachbarn unternommen hat (sehr oft = 4 bis nie = 0): (1) Sich mit Nachbarn über Ereignisse oder Probleme unterhalten; (2) Gemeinsam mit Nachbarn etwas in der Freizeit unternommen; (3) Nachbarn etwas ausgeliehen. Zur Messung des Vertrauens in Nachbarn wurden die Personen gefragt, wie sehr sie den folgenden Items zustimmen (trifft voll und ganz zu = 4 bis trifft überhaupt nicht zu = 1): (1) Den meisten Nachbarn hier kann man vertrauen; (2) Wenn ich längere Zeit nicht da bin, bitte ich Nachbarn darum, nach meiner Wohnung zu schauen;

(3) Wenn es darauf ankommen würde, könnte ich mich auf meine Nachbarn verlassen. Zur Messung der sozialen Kohäsion wurden die Personen gefragt, wie sehr sie den folgenden Items zustimmen (trifft voll und ganz zu = 4 bis trifft überhaupt nicht zu = 1): (1) Die Leute in meiner Nachbarschaft kenne ich größtenteils mit Namen; (2) Die Leute in meiner Nachbarschaft sind bereit, sich gegenseitig zu helfen und zu unterstützen; (3) Die Leute in meiner Nachbarschaft haben oft Streitigkeiten. Die collective efficacy wurde durch die Frage gemessen, für wie wahrscheinlich es Befragte halten, dass Nachbarn gemeinsam etwas unternehmen, um bestimmte Probleme im Stadtteil zu lösen. Hierzu sollten Befragte davon ausgehen, dass folgende Probleme in ihrem Stadtteil auftreten (sehr wahrscheinlich = 3 bis sehr unwahrscheinlich = 0): (1) Auf einer Grünfläche liegt häufig Sperrmüll herum; (2) Eine Gruppe von Jugendlichen steht abends oft draußen herum und macht Lärm; (3) Wände werden immer wieder mit Graffiti besprüht.

Eine oblique Faktorenanalyse aller Items zur Messung des lokalen Sozialkapitals (Nachbarschaftskontakte, Vertrauen, Kohäsion, collective efficacy) führte zunächst zu einer nicht interpretierbaren Lösung ohne Einfachstruktur. Nach Entfernung des gedrehten Items „Die Leute in meiner Nachbarschaft haben oft Streitigkeiten" ergab sich jedoch eine gut interpretierbare Einfachstruktur mit drei Faktoren. Auf dem ersten Faktor luden alle Items zur Messung von Vertrauen und die ersten beiden Items zur Messung sozialer Kohäsion. Auf dem zweiten Faktor luden alle Items zur Messung von Nachbarschaftskontakten und auf dem dritten Faktor luden alle Items zur kollektiven Wirksamkeit informeller sozialer Kontrolle. Es wurde daher ein additiver Index Vertrauen aus den drei Items zu Vertrauen und den beiden Items zur Kohäsion (Cronbach's α = 0.84), ein additiver Index Nachbarschaftskontakte aus den drei Items zu nachbarschaftlichen Kontakten (Cronbach's α = 0.81) und ein additiver Index kollektive Wirksamkeit informeller sozialer Kontrolle aus den drei efficacy-Items (Cronbach's α = 0.85) gebildet. Alle drei Faktoren korrelieren positiv miteinander.

Die perzipierte formelle soziale Kontrolle im Stadtteil wurde mit der Frage gemessen, wie oft Befragte in den letzten zwölf Monaten die Polizei (Streifenwagen, Motorradstreifen, Fuß- oder Fahrradstreifen) in ihrem Stadtteil gesehen haben (nie = 0; 1 – 2 mal = 1; 3 - 5 mal = 2; öfter = 3; täglich = 4). Die indirekte soziale Kontrolle im Stadtteil wurde mit der Frage gemessen, wie oft sich Befragte in den letzten zwölf Monaten wegen Problemen in ihrem Stadtteil an die Polizei gewendet haben (nie = 0; 1 - 2 mal = 1; 3 - 5 mal = 2; 6 - 10 mal = 3; öfter = 4). Weitere Kontrollvariablen auf der Individualebene waren Alter und Geschlecht.

Die Stadtteilvariablen (Level 2) wurden den Veröffentlichungen des Statistischen Landesamtes und der polizeilichen Kriminalstatistik (PKS) für 2002 entnommen. Eine oblique Faktorenanalyse der folgenden Variablen ergab dabei die gleiche Einfachstruktur wie die Faktorenanalyse, die auf Grundlage der gleichen Variablen zur Schichtung aller 98 Stadtteile für die Ziehung der PPS-Stichprobe durchgeführt wurde: Prozent Arbeitslose, Prozent Sozialhilfeempfänger, Prozent Sozialwohnungen, Prozent Ausländer, Gewaltdelikte pro 1.000 Einwohner, Diebstahldelikte pro 1.000 Einwohner. Es wurden Faktorscorevariablen für die beiden extrahierten Faktoren „problematische Sozialstruktur" sowie „Kriminalitäts-belastung im Stadtteil" berechnet. Weitere Variablen auf der Kontextebene sind die Bevöl-kerungsdichte (Einwohnerzahl pro km²), die Fluktuation der Wohnbevölkerung im Stadtteil = [(bereinigte Zuzüge + bereinigte Wegzüge)/Bevölkerungszahl im Stadtteil] × 1000 sowie die beobachteten Incivilities, auf deren Erhebung im folgenden Kapitel näher eingegangen wird.

6. Die systematische Beobachtung von Incivilities

Aufgrund erwartbarer Messfehlerkorrelationen zwischen Incivilities und Kriminalitätsfurcht (Oberwittler 2008: 218) liegt der Fokus dieser Analyse auf den systematisch beobachteten Incivilities (SBI) als unabhängige Variable. In Anlehnung an frühere Beobachtungsstudien soll daher die Frage geklärt werden, ob SBI einen unabhängigen Einfluss auf Kriminalitäts-furcht und Risikoperzeption haben. Die Messung der objektiven Verbreitung von Incivilities erfolgte im Rahmen einer verdeckt durchgeführten systematischen Beobachtung in den ausgewählten 49 Stadtteilen. Da eine Begehung der gesamten Fläche aus forschungsökono-mischen Gründen nicht realisierbar war, wurden diejenigen Räume bzw. Orte, Straßen und Plätze für die Beobachtung ausgewählt, die für die Befragten subjektiv relevant und daher kognitiv präsent waren. Grundlage dieses Vorgehens war die Annahme, dass sich Bewohner eines Stadtteils innerhalb ihres alltäglichen Aktionsradius nie flächendeckend in ihrem Stadtteil bewegen, sondern nur ganz bestimmte Wege (zur Arbeit, zum Einkaufen) routine-mäßig nutzen. Diese Annahme legt den Schluss nahe, dass die Bewohner bei der Häufig-keits- und Schwereeinschätzung von Incivilities an konkrete Orte im Stadtteil denken, d. h. an Orte, die innerhalb ihres Aktionsradius liegen und die sie daher im Laufe der Zeit auch selbst beobachtet haben (Häfele und Lüdemann 2006). Zur Ermittlung dieser Incivility-Hotspots wurde im Anschluss an die geschlossene Frage zur perzipierten Häufigkeit und Schwereeinschätzung unterschiedlicher Incivilities folgende offene Frage gestellt: „Gibt es in Ihrem Stadtteil Straßen oder Plätze, wo besonders störende Dinge oder Verhaltensweisen sehr häufig auftreten?" Die Befragten konnten drei Orte im Stadtteil nennen. Über eine Häufigkeitsauszählung konnte der jeweils am häufigsten genannte Hotspot pro Stadtteil ermittelt werden, wodurch sich 49 Beobachtungsgebiete ergaben. Um Vergleichbarkeit zu gewährleisten, wurden alle Incivilities, die in der Bevölkerungsbefragung abgefragt wurden, als Beobachtungskategorien in das hochstrukturierte Beobachtungsschema aufgenommen. Für den Großteil der Incivilities wurde die beobachtete absolute Häufigkeit mit Hilfe von Strichlisten ermittelt. Zur Erhebung der Kategorien „beklebte Objekte" (Bäume, Straßenla-ternen, Straßenschilder, Mülltonnen) und „Abfall" (Papier, weggeworfene Flaschen, Ge-tränkedosen, Zigarettenkippen) wurden Ratingskalen mit vier Kategorien (fast nichts = 1; wenig = 2; viel = 3; fast überall verwendet. Einige Incivilities wurden anhand zusammen-fassender Beobachtungskategorien wie „Vandalismus" (demolierte Telefonzellen, Briefkästen, Haltestellen, kaputte Sitzgelegenheiten) und „aggressive Personen" (Leute, die Passanten anpöbeln, Streitereien oder Schlägereien) erhoben.

Ziehung der Beobachtungsstichprobe und Datenerhebung

Bisherige Beobachtungsstudien zeigen, dass das Auftreten von social Incivilities von der Tageszeit (Sampson und Raudenbush 1999, 2004), der Jahreszeit (Perkins und Taylor 1996), dem Wochentag und vom Wetter abhängig ist (Perkins und Taylor 1996). Um eine zeitabhängiges Auftreten von social Incivilities zu berücksichtigen, wurden die Beobachtungen eines Hotspots zu vier Zeiten durchgeführt, wobei zwischen verschiedenen Tageszeiten (11.30 bis 15.00; 15.00 bis 18.30; 18.30 bis 22.00; 22.00 bis 24.00) und unterschiedlichen Wochentagen (Werktag vs. Wochenende) differenziert wurde. Drei Hotspots wurden jeweils nur einmal beobachtet, da die Antworten auf die offene Frage ergaben, dass dort nur zu schnell fahrende Auto- und Motorradfahrer störten. Damit ergaben sich insgesamt 187 Beobachtungen.[6] Da sich die Hotspots in ihrer Fläche unterschieden, variierte die Dauer der jeweiligen Beobachtung zwischen 15 und 100 Minuten (Mittelwert: 44,1 Minuten). Für jede Beobachtungsvariable wurde der Mittelwert aus den vier Beobachtungen pro Hotspot berechnet. Die Rangfolge der Mittelwerte der absoluten Häufigkeiten beobachteter Incivilities für alle 187 Beobachtungen in den 49 Hotspots ist in Tabelle 5 dargestellt.[7]

Um die Interraterreliabilität zu überprüfen, kodierten die Beobachter anhand von Videoaufnahmen die Auftrittshäufigkeiten von 32 unterschiedlichen Incivilities. Die Auswertung ergab eine unjustierte Intraklassen-Korrelation (ICC) für Einzelmaße von 0.85 und damit einen sehr hohen Reliabilitätswert (Wirtz und Caspar 2002: 232). Dieser Wert indiziert, dass die Beobachter bei der unabhängigen Kodierung der einzelnen Kategorien zu sehr ähnlichen Ergebnissen kamen und drückt eine hohe Zuverlässigkeit der Beobachtungen aus.[8]

---

[6] Bei den 19 Beobachtern handelte es sich um Studierende der Kriminologie, die im Rahmen einer Lehrveranstaltung intensiv geschult wurden. Entsprechend den methodischen Voraussetzungen für wissenschaftliche Beobachtungsverfahren wurde jede Beobachtungskategorie anhand ihrer Operationalisierung ausführlich besprochen, mögliche Fehlerquellen wurden diskutiert sowie Testbeobachtungen durchgeführt und analysiert. Jeder Beobachter führte im Durchschnitt 10 Beobachtungen durch. Die Beobachtungen erfolgten, indem das Beobachtungsgebiet in langsamem Schritttempo abgegangen und dabei die beobachteten Ereignisse in das Beobachtungsschema eingetragen wurden (Häfele 2006a).

[7] Die beiden Beobachtungskategorien „Abfall" und „beklebte Objekte" wurden mit einer vierstufigen Ratingskala (fast nichts = 1; wenig = 2; viel = 3; fast überall = 4) gemessen und tauchen daher nicht in Tabelle 5 auf. Die Mittelwerte für „Abfall" liegen bei 1,98 und für „beklebte Objekte" bei 1,59.

[8] Die bivariaten Korrelationen zwischen den durch die unterschiedlichen Methoden gemessenen Incivilities betragen .61 für die physical Incivilities, .42 für die social Incivilities und .65 für alle Incivilities.

Tabelle 5: Rangfolge der Mittelwerte für die absoluten Häufigkeiten beobachteter Incivilities bei 187 Beobachtungen in 49 Hotspots

	M
Graffiti	48,24
Vandalismus	15,39
ungepflegte öffentliche Grünflächen	9,29
Betrunkene	3,56
Hundekot	2,41
herrenlose Fahrräder	1,37
Radfahrer, Inlineskater, Rollschuhfahrer auf dem Gehweg	0,96
leer stehende Gebäude	0,88
herumhängende Jugendliche	0,79
freilaufende Hunde	0,73
irgendwo abgestellte Supermarkteinkaufswagen	0,68
verwahrloste Wohngebäude	0,65
Obdachlose oder Bettler	0,58
unerlaubt abgestellter Sperrmüll	0,57
zu schnell fahrende Autofahrer	0,45
kaputte Straßenbeleuchtung	0,43
unerlaubt parkende Autos	0,40
Lärm auf der Straße	0,37
Drogenabhängige oder Drogendealer	0,23
Prostituierte	0,14
Leute, die urinieren	0,07
zur Entsorgung abgestellte Autos	0,06
Kampfhunde	0,06
psychisch Kranke	0,06
aggressive Personen	0,05
weggeworfene Kondome, Spritzen, Kanülen	0,03

M = arithmetisches Mittel

7. Ergebnisse der Mehrebenenanalyse

Um festzustellen, ob die abhängigen Variablen Kriminalitätsfurcht, Risikoperzeption und subjektive Perzeption von Incivilities signifikant zwischen den Stadtteilen variieren, wurden für die abhängigen Variablen zunächst vollständig unkonditionierte Modelle, d. h. Null-Modelle (Hox 2002: 11 ff.) ohne Prädiktoren berechnet, die nur die Regressionskonstante enthalten. Die Ergebnisse mit den Werten für die Varianzanteile auf Befragten- und Stadtteilebene, die Intraklassen-Korrelationen (ICC) sowie die Werte für die ökologischen Reliabilitäten (Lambda) sind in Tabelle 6 dargestellt. Die ICC gibt den Anteil der Varianz in der abhängigen Variablen an, der durch Strukturmerkmale des Stadtteils maximal erklärt werden kann. Es zeigt sich, dass signifikante Varianzanteile der abhängigen Variablen (Kriminalitätsfurcht: 12 %, Risikoperzeption 9 %, perzipierte Incivilities: 18 %) der Aggregatebene zuzurechnen sind, was wiederum bedeutet, dass sozialräumliche Kontexteffekte vorliegen und Mehrebenenanalysen angebracht sind. Oberwittler (2008: 222) berechnete mit der gleichen Methode für Wohngebiete in Köln, Freiburg und Gemeinden des Landkreises Breisgau-Hochschwarzwald einen sozialräumlichen Varianzanteil von 18,5 % für das Konstrukt Kriminalitätsfurcht.

Tabelle 6: Varianzkomponenten der Nullmodelle für die abhängigen Variablen Kriminalitätsfurcht und Risikoperzeption

	Kriminalitäts-furcht	Risiko-perzeption	Subjektiv perzipierte Incivilities
Konstante	2.69	1.10	3.36
Varianz Level-1 zwischen Befragten (σ^2)	0.54	0.24	2.29
Varianz Level-2 zwischen Stadtteilen (τ_{00})	0.07 p < 0.001	0.02 p < 0.001	0.52 p < 0.001
ICC	0.12	0.09	0.18
λ Lambda	0.89	0.86	0.93
Deviance	7328.57	5187.64	11684.04

Die Werte für die kontextbezogenen Reliabilitäten λ (Lambda) für die Gesamtpopulation bezüglich der personalen Kriminalitätseinstellungen betragen 0.89 (Kriminalitätsfurcht) und 0.86 (Risikoperzeption), d. h. die Übereinstimmungen der Befragten hinsichtlich der Kriminalitätsfurcht und Risikoperzeption bezogen auf alle ausgewählten Stadtteile ist sehr hoch, was wiederum bedeutet, dass eine sehr hohe ökologische Reliabilität der Messungen vorliegt. Die Tabellen 7, 8 und 9 enthalten die unstandardisierten Koeffizienten für Mehrebenenmodelle in Form von Random Intercept Modellen mit fixierten Effekten der Individualvariablen. Die Parameter werden mit dem Programm HLM 6.0 (Raudenbush et al. 2004) mit der restricted maximum likelihood Methode (RML) geschätzt und es werden asymptotische Standardfehler zugrunde gelegt. Mit Ausnahme der 0-1-kodierten Prädiktoren Geschlecht und Wohnstatus (Mieter vs. Eigentümer) wurden alle Prädiktoren grand mean zentriert. Die erklärten Varianzen für jede Ebene werden in Relation zum jeweiligen Nullmodell berechnet. Die Toleranzwerte für alle Prädiktoren unterschreiten nicht den kritischen Bereich von < 0.10, was darauf hinweist, dass keine gravierende Multikollinearität vorliegt. Die Ergebnisse der Mehrebenenmodelle zu den Determinanten der subjektiven Perzeption von Incivilities werden nicht separat erörtert, sondern in die Diskussion der Ergebnisse zur Kriminalitätsfurcht und Risikoperzeption einbezogen.

7.1. Incivilities und Kriminalitätsfurcht

Zur Überprüfung des Zusammenhangs zwischen Incivilities und Kriminalitätsfurcht werden stufenweise Regressionsanalysen durchgeführt. So kann einerseits überprüft werden, ob Incivilities auf Individual- und Stadtteilebene bei simultaner Schätzung einen unabhängigen Einfluss auf die Kriminalitätsfurcht haben. Andererseits kann überprüft werden, ob ein overcontrolling-Effekt zwischen systematisch beobachteten Incivilities und der subjektiven Problembelastung durch Incivilities bei simultaner Aufnahme beider Variablen vorliegt. Des Weiteren ist so eine Interpretation der Varianzreduktion auf Stadtteilebene durch Einführung von Individual-Prädiktoren möglich (Oberwittler 2008). In Modell 1 werden daher zunächst nur die Stadtteilprädiktoren aufgenommen. In Modell 2 werden alle individuellen Prädiktoren mit Ausnahme der subjektiv perzipierten Incivilities und der Risikoperzeption aufgenommen. In Modell 3 wird zusätzlich die subjektive Problembelastung durch Incivilities auf der Individualebene aufgenommen. Durch die Aufnahme der Risikoperzeption in Modell 4 kann die innerhalb der Forschungsliteratur häufig postulierte Annahme einer vermittelnden Funktion der Risikoperzeption auf den Zusammenhang zwischen Incivilities und Kriminalitätsfurcht (LaGrange et al. 1992, Wyant 2008) überprüft werden.

In Modell 1 zeigt sich, dass der Gesamtindex der systematisch beobachteten Incivilities bei Kontrolle weiterer Stadtteilprädiktoren keinen signifikanten Effekt auf die Kriminalitätsfurcht hat. Im isolierten Aggregat-Modell kann lediglich für die problematische Sozialstruktur der theoretisch erwartete negative Effekt nachgewiesen werden.[9] Hinsichtlich der Varianzkomponenten auf Stadtteilebene führt die Aufnahme der Stadtteilprädiktoren zu einer Verringerung der Varianz (im Vergleich zum Nullmodell) von 0.08 auf 0.043, was einer Varianzreduktion von ca. 46 % entspricht. Diese Ergebnisse zeigen, dass ein beträchtlicher Teil der Varianz hinsichtlich der Kriminalitätsfurcht zwischen den Stadtteilen durch tatsächliche Unterschiede zwischen den Stadtteilen erklärt wird.

Nach Aufnahme der Individuellen Prädiktoren in Modell 2 zeigen sich folgende Effekte auf der Individualebene (Level 1): Bestätigt werden kann der postulierte negative Effekt des Vertrauens zu Nachbarn auf das Sicherheitsgefühl. Der postulierte positive Effekt der collective efficacy verfehlt in Modell 2 nur knapp das Signifikanzniveau (p = 0.050), bleibt aber hinsichtlich des Vorzeichens hypothesenkonform. Für die Häufigkeit von Nachbarschaftskontakten kann, entgegen der postulierten Annahme, ein negativer Effekt auf das Sicherheitsgefühl nachgewiesen werden. Für die direkte und indirekte Viktimisierung kann die theoretisch postulierte Annahme eines negativen Effekts auf das Sicherheitsgefühl zunächst bestätigt werden. Auch für die soziodemographischen Variablen Geschlecht und Alter zeigen sich zunächst durchgängig die aus der Literatur bekannten Effekte, wonach Frauen sich unsicherer fühlen als Männer und ältere Menschen sich unsicherer fühlen als jüngere. Ebenfalls bestätigt werden kann der theoretisch postulierte Effekt der perzipierten Polizeistreifen, d. h. je mehr Polizeistreifen im Stadtteil wahrgenommen werden, desto höher ist das Sicherheitsgefühl. Bei der Interpretation dieses Ergebnisses ist dennoch Vorsicht geboten, da die bislang vorliegenden empirischen Befunde insgesamt widersprüchlich sind

---

[9] Auch wenn der Index der systematisch beobachteten Incivilities isoliert, d. h. ohne weitere Stadtteilprädiktoren in das Modell eingeführt wird (nicht dargestellt), kann kein signifikanter Effekt auf die Kriminalitätsfurcht nachgewiesen werden. Auch hinsichtlich der Kriminalitätsbelastung führten alternative Modelle mit anderen Kriminalitätsarten der PKS (Straftaten je 1000 Einwohner, Diebstahlsdelikte je 1000 Einwohner, Gewaltdelikte je 1000 Einwohner sowie Straßenkriminalität je 1000 Einwohner) zu keinen signifikanten Effekten in der erwarteten Richtung.

und bisweilen auch negative Effekt sowohl auf der Individual- als auch auf der Aggregatebene zeigen.

Auf der Stadtteilebene (Level 2) hat die Bevölkerungsdichte erst nach Aufnahme der individuellen Prädiktoren einen signifikanten positiven Effekt auf das Sicherheitsgefühl. Dieses Ergebnis überrascht insofern, als frühere Untersuchungen gezeigt haben, dass eine hohe Bevölkerungsdichte im Stadtteil zu sozialen Problemen und abweichendem Verhalten führen, was sich in der Folge auch in einer höheren Wahrnehmung von Incivilities und in einer verstärkten Kriminalitätsfurcht auswirken dürfte. Entgegen dieser Annahme fördern dichter besiedelte Stadtteile offenbar das Gefühl von Sicherheit, was damit erklärt werden kann, dass die (höhere) Anwesenheit anderer Personen auch im Sinne potenzieller Hilfe bzw. Unterstützung interpretiert werden kann. Der theoretisch erwartete Effekt der problematischen Sozialstruktur auf die Kriminalitätsfurcht kann dagegen bestätigt werden, d. h. problematischer die Sozialstruktur in einem Stadtteil ist, desto höher ist die Kriminalitätsfurcht der Bewohner in diesem Stadtteil. Die Armutslage übt demnach einen spezifischen Effekt auf die Kriminalitätsfurcht der Bewohner aus. Dieses Ergebnis deckt sich mit dem jüngst von Oberwittler (2008: 225) ermittelten Zusammenhang zwischen Armut und Kriminalitätsfurcht und kann auch als Bestätigung der Generalisierungsthese betrachtet werden, wonach Kriminalitätsfurcht nur *eine* Facette eines tiefgreifenden (vor allem ökonomischen) Unsicherheitsgefühls darstellt.

Die Aufnahme der individuellen Prädiktoren führt auf Stadtteilebene zu einer Varianzreduktion im Vergleich zum Nullmodell von 0.08 auf 0.038 um ca. 52,5 %. Im Vergleich zu Modell 1 reduziert sich damit die Level-2-Varianz nach Aufnahme der individuellen Prädiktoren nicht mehr wesentlich. Dies bedeutet, dass die Unterschiede zwischen den Stadtteilen hinsichtlich der Kriminalitätsfurcht nicht auf die in Modell 2 repräsentierten individuellen Prädiktoren der Befragten, sondern tatsächlich auf die kollektiven Merkmale der Stadtteile zurückzuführen sind. Auch Oberwittler (2008) konnte zeigen, dass die Stadtviertel-Unterschiede hinsichtlich der Kriminalitätsfurcht beinahe vollständig auf die kollektiven Merkmale der Stadtviertel zurückzuführen waren.

In Modell 3 wird die Annahme des Disorder-Modells bestätigt, wonach die Wahrnehmung von als problematisch erachteten Incivilities einen negativen Effekt auf das Sicherheitsgefühl hat. Die Kriminalitätsfurcht der Befragten steigt demnach parallel zur subjektiven Problembelastung durch Incivilities im Stadtteil. Bei der Interpretation dieses statistischen Zusammenhangs ist jedoch erhöhte Vorsicht geboten. Zwischen beiden Variablen besteht vermutlich eine Messfehlerkorrelation, die zumindest teilweise auf eine tautologische Beziehung hinweist (Oberwittler 2008: 218). So konnten entsprechende Studien zeigen, dass Menschen, die eine höhere Kriminalitätsfurcht haben, Incivilities stärker wahrnehmen und daher auch mehr Incivilities berichten (Covington/Taylor 1991, Robinson et al. 2003, Taylor 2001). Erklärungsbedürftig ist, dass der zunächst hochsignifikante negative Effekt der persönlichen Viktimisierung nach Aufnahme der subjektiven Problembelastung durch Incivilities seine Signifikanz verliert. Offenbar wird der Effekt der persönlichen Viktimisierung in Modell 2 über die subjektive Problembelastung durch Incivilities vermittelt, was insofern plausibel ist, als einige der innerhalb der vorliegenden Untersuchung erhobenen social Incivilities durchaus den Charakter von persönlichen Viktimisierungen haben können (z. B. aggressive Personen). Die bivariate Korrelation zwischen beiden Variablen beträgt 0.39.

Die Mehrebenenanalysen zur subjektiven Perzeption von Incivilities zeigen, dass die persönliche Viktimisierung einen hochsignifikanten positiven Effekt auf die Perzeption von Incivilities hat (Tabelle 12). Lüdemann und Peter (2007) konnten nachweisen, dass die subjektive Problembelastung durch Incivilities einen positiven Effekt auf die persönliche Viktimisierung hat. Einiges deutet darauf hin, dass persönliche Opfererfahrungen und die subjektive Perzeption von Incivilities in einem engen Zusammenhang stehen, wobei die Frage nach der kausalen Wirkungsrichtung, ähnlich wie für den Zusammenhang zwischen Incivilities und Kriminalitätsfurcht in beiden Fällen nicht eindeutig geklärt werden kann. Überdies sind die bisherigen Ergebnisse der kriminologischen Forschung zum Zusammenhang zwischen persönlicher Viktimisierung und personaler Kriminalitätsfurcht im deutschsprachigen Raum inkonsistent und liefern daher keine eindeutigen Erklärungshinweise. Der weiterhin signifikante Effekt der indirekten Viktimisierungserfahrungen kann damit erklärt werden, dass diese wesentlich häufiger vorkommen dürften als eigene Viktimisierungserfahrungen. Entsprechende Untersuchungen konnten regelmäßig zeigen, dass die Zusammenhänge zwischen indirekten Viktimisierungen und Kriminalitätsfurcht stärker ausgeprägt sind (Wetzels et al. 1993). Hinsichtlich der Prädiktoren auf Level 2 zeigen sich keine wesentlichen Veränderungen im Vergleich zu den vorigen Modellen. Die Level-2-Varianz reduziert sich nach Aufnahme der subjektiven Problembelastung um 16 % (von 0.038 auf 0.032) gegenüber Modell 2. Die entsprechende Varianzreduktion auf Level 1 beträgt ca. 24 % gegenüber dem Null-Modell.

Die Risikoperzeption erweist sich nach Einführung auf Level 1 in Modell 4 wie erwartet als hochsignifikanter Prädiktor zur Erklärung der Kriminalitätsfurcht, d. h. je höher die Risikoperzeption ausgeprägt ist, desto höher ist das Niveau der Kriminalitätsfurcht. Auch für die collective efficacy kann jetzt ein signifikanter positiver Effekt auf das Sicherheitsgefühl nachgewiesen werden. Der negative Effekt der Nachbarschaftskontakte auf das Sicherheitsgefühl verschwindet nach Aufnahme der Risikoperzeption, d. h. dieser Effekt wirkt indirekt über die Risikoperzeption. Hinsichtlich der Stadtteilprädiktoren ergeben sich nach Einführung der Risikoperzeption keine wesentlichen Veränderungen.[10]

---

[10] Werden die Incivilities auf beiden Ebenen separat in die Modelle 1 bis 4 aufgenommen (nicht dargestellt), dann bleibt der Effekt der social Incivilities durchgehend signifikant in der erwarteten Richtung. Des Weiteren erweisen sich nach Trennung der Incivilities in Modell 4 lediglich die social Incivilities (auf beiden Ebenen) als signifikante Prädiktoren in der erwarteten Richtung.

7.2. Incivilities und Risikoperzeption

Entsprechend dem Vorgehen im vorherigen Abschnitt wurde auch für die abhängige Variable Risikoperzeption eine Regressionsanalyse in drei Schritten durchgeführt. Die Werte für das unkonditionierte Modell lassen sich aus Tabelle 6 entnehmen. Auch der Risikoperzeption kann ein signifikanter Varianzanteil an der Gesamtvarianz der Stadtteilebenen zugerechnet werden. In Modell 1 in Tabelle 8 werden zunächst nur die Stadtteilprädiktoren aufgenommen. Modell 2 enthält zusätzlich die individuellen Prädiktoren auf Level 1. In Modell 3 wird schließlich die subjektive Problembelastung durch Incivilities aufgenommen.

In Modell 1 lassen sich zunächst die theoretisch erwarteten signifikanten Effekte für die systematisch beobachteten Incivilities und die problematische Sozialstruktur nachweisen. Die Aufnahme der Stadtteilprädiktoren führt zu einer beträchtlichen Varianzreduktion von 0.02 im vollständig unkonditionierten Modell auf 0.0052 im konditionalen Modell 1, was einer Reduktion von 74 % entspricht. Dies macht deutlich, dass ein erheblicher Anteil der Unterschiede zwischen den Stadtteilen hinsichtlich der Risikoperzeption tatsächlich auf Stadtteilunterschiede zurückzuführen ist und unterstreicht damit die Relevanz einer Mehrebenenanalyse im vorliegenden Zusammenhang.

Die Aufnahme der individuellen Prädiktoren in Modell 2 führt zu folgenden Ergebnissen auf Level 1: Für die sozio-demographischen Variablen zeigt sich, dass die Risikoperzeption umso höher ist, wenn es sich um eine Frau handelt und je jünger die Befragten sind. Der negative Effekt des Lebensalters auf die Risikoperzeption zeigt, dass jüngere Menschen entsprechend ihres höheren objektiven Risikos viktimisiert zu werden, diese Risiko auch subjektiv höher einschätzen als ältere Menschen. Der negative Effekt des nachbarschaftlichen Vertrauens deckt sich mit den für die Kriminalitätsfurcht berechneten Effekten, d. h. mit sinkendem Vertrauen in die Nachbarn steigt die perzipierte Risikoeinschätzung der Bewohner im Stadtteil. Der positive Effekt der Nachbarschaftsaktivitäten lässt sich damit erklären, dass häufigere Kontakte zu Nachbarn einhergehen mit häufigeren Gesprächen über Probleme, Incivilities oder Kriminalität im Stadtteil oder der Nachbarschaft, was zu einer erhöhten Risikoperzeption führt. Die Grenzen zwischen solchen Kriminalitätsgeschichten und indirekter Viktimisierung dürften fließend sein. Die Mehrebenenanalyse zur subjektiven Perzeption von Incivilities zeigt, dass die subjektive Perzeption von Incivilities umso höher ist, je häufiger die Kontakte zu Nachbarn sind. Weiter kann ein positiver Effekt der direkten und indirekten Viktimisierungserfahrungen auf die Risikoperzeption nachgewiesen werden. Vergleicht man diese Ergebnisse mit denen zur Erklärung der Kriminalitätsfurcht, so wird deutlich, dass der positive Effekt der persönlichen Viktimisierung auf die Risikoperzeption auch nach Aufnahme der Incivilities auf Level 1 erhalten bleibt, während die Signifikanz des negativen Effekts auf das nächtliche Sicherheitsgefühl nach Aufnahme der Incivilities auf Level 1 verschwindet. Für die perzipierten Polizeistreifen sowie die collective efficacy können keine signifikanten Effekte in der theoretisch erwarteten Richtung nachgewiesen werden.

Auf der Stadtteilebene führt die Aufnahme der Level 1-Prädiktoren zu keiner wesentlichen Veränderung in Richtung und Stärke der Koeffizienten. Allerdings sinkt die Signifikanz des positiven Effekts der systematisch beobachteten Incivilities von $p < 0.05$ (Modell 1) auf $p < 0.10$ (Modell 2). Auch der signifikante positive Effekt der problematischen Sozialstruktur bleibt erhalten, wenn auch in der Stärke der Koeffizienten verringert. Der Anteil der Varianz auf Level 2 reduziert sich nach Aufnahme der individuellen Prädiktoren um ca. 86,5 % gegenüber dem unkonditionierten Modell. Gegenüber Modell 1 reduziert sich die Level-2-Varianz immerhin um weitere ca. 63 %, d. h. der größte Anteil der Varianzreduktion auf Level 2 wird durch die Stadtteilmerkmale erklärt. Vergleicht man aber das um individuelle Merkmale erweiterte Modell mit dem Aggregatmodell, so verringert sich die Level-2-Varianz noch einmal deutlich.

Die in Modell 3 aufgenommene subjektive Problembelastung durch Incivilities im Stadtteil erweist sich auch für die Risikoperzeption als signifikanter positiver Prädiktor. Dieses Ergebnis deckt sich mit der zentralen Annahme des Disorder-Modells, sollte allerdings erneut mit Vorsicht interpretiert werden. Hinsichtlich der restlichen Variablen auf Level 1 ergeben sich nach Aufnahme der subjektiven Problembelastung durch Incivilities keine wesentlichen Veränderungen in Richtung und Stärke der Koeffizienten. Weiterhin positiv und signifikant bleiben die Effekte der persönlichen- und indirekten Viktimisierungserfahrungen. Weiterhin negativ signifikant bleiben die Effekte des Alters und des Geschlechts. Auf der Stadtteilebene fällt auf, dass der in Modell 2 auf dem 10-%-Niveau signifikante positive Effekt der systematisch beobachteten Incivilities nach Aufnahme der Incivilities auf Level 1 seine Signifikanz verliert. Die objektive Verbreitung von Incivilities im Stadtteil hat offenbar (zumindest in ihrer Gesamtheit) keinen direkten Effekt auf die Risikoperzeption.[11] Untermauert wird diese Interpretation durch die in Tabelle 9 dargestellten Ergebnisse der Mehrebenenanalyse zur subjektiven Perzeption von Incivilities, wonach die systematisch beobachteten Incivilities einen signifikanten positiven Effekt auf die subjektive Perzeption von Incivilities haben. Denkbar ist daher auch ein overcontrolling-Effekt, da inhaltlich ähnliche Dimensionen simultan wirken. Die Aufnahme der Incivilities auf Level 1 führt zu einer Varianzreduktion von 0.002 in Modell 2 auf 0.001 in Modell 3 was einer Reduktion der Level-2-Varianz gegenüber Modell 2 von ca. 50 % entspricht. Die subjektive Problembelastung durch Incivilities erweist sich damit auch hinsichtlich der Unterschiede in der Risikoperzeption zwischen den Stadtteilen als ein einflussreicher Prädiktor.

---

[11] Zur Vergleichbarkeit wurden die Incivilities in den Modellen 1 bis 3 auch auf beiden Ebenen in social und physical Incivilities getrennt eingeführt. Die Ergebnisse zeigen, ähnlich wie für die Kriminalitätsfurcht, dass der positive Effekt der systematisch beobachteten social Incivilities erhalten bleibt (nicht dargestellt). Social Incivilities erweisen sich demnach, insofern sie isoliert betrachtet werden, auf Individual- sowie auf Stadtteilebene als direkte Prädiktoren zur Erklärung der Risikoperzeption und Kriminalitätsfurcht.

Tabelle 7: Hierarchische Lineare-Regression mit Effekten von individuellen-und Kontextvariablen auf die Kriminalitätsfurcht im Stadtteil; Random-Intercept-Modell mit fixierten Effekten der Individualvariablen (abg.: unstandardisierte Koeffizienten)

	Modell 1		Modell 2		Modell 3		Modell 4	
Level-1-Prädiktoren, N = 3149 Befragte	B	p-Wert	B	p-Wert	B	p-Wert	B	p-Wert
Alter[b]	—	—	-0.431	0.000	-0.276	0.003	-0.003	0.000
Geschlecht (Frau = 0; Mann = 1)	—	—	0.326	0.000	0.308	0.000	0.289	0.000
Incivilities	—	—	—	—	-0.148	0.000	-0.106	0.000
Vertrauen zu Nachbarn	—	—	0.223	0.000	0.176	0.000	0.154	0.000
Nachbarschaftsaktivitäten	—	—	-0.058	0.000	-0.036	0.014	-0.024	0.094
Zahl persönlicher Viktimisierungen	—	—	-0.619	0.000	-0.233	0.114	0.218	0.074
Zahl indirekter Viktimisierungen	—	—	-0.474	0.000	-0.305	0.000	-0.206	0.000
Perzipierte formelle soziale Kontrolle	—	—	0.048	0.002	0.073	0.000	0.069	0.000
collective efficacy	—	—	0.033	0.050	0.031	0.052	0.035	0.033
Risikoperzeption	—	—	—	—	—	—	-0.406	0.000
Level-2-Prädiktoren, J = 49 Stadtteile								
Konstante	2.686	0.000	2.534	0.000	2.552	0.000	2.564	0.000
Problematische Sozialstruktur	-0.200	0.000	-0.142	0.001	-0.085	0.029	-0.081	0.018
Bevölkerungsdichte[a]	0.013	0.234	0.021	0.040	0.022	0.027	0.022	0.020
Fluktuationsrate im Stadtteil[a]	0.056	0.843	0.059	0.822	0.043	0.861	0.079	0.768
Kriminalitätsbelastung im Stadtteil	0.068	0.023	0.058	0.033	0.061	0.034	0.049	0.141
Systematisch beobachtete Incivilities	0.004	0.972	0.005	0.965	0.027	0.819	0.048	0.627
Varianzkomponente	Parameter	p-Wert	Parameter	p-Wert	Parameter	p-Wert	Parameter	p-Wert
Level-1	0.543	—	0.667	—	0.409	—	0.387	—
Level-2	0.043	0.000	0.038	0.000	0.032	0.000	0.028	0.000
ICC (Nullmodell = 12 %)		—	5,4	—	7,2	—	6,7	—
Deviance	6528.42	—	6009.77	—	5773.79		5613.49	

[a] Koeffizient wurde mit 1000 multipliziert. [b] Koeffizient wurde mit 100 multipliziert.
*Varianzdifferenz im Vergleich zum Null-Modell (Angaben ca. in %).
**Varianzdifferenz im Vergleich zu Modell 5. (Angaben ca. in %).

Tabelle 8: Hierarchische Lineare-Regression mit Effekten von allen Incivilities auf die Risikoperzeption; Random-Intercept-Modell mit fixierten Effekten der Individualvariable (abg.: unstandardisierte Koeffizienten)

	Modell 1		Modell 2		Modell 3	
Level-1-Prädiktoren, N = 3149 Befragte	B	p-Wert	B	p-Wert	B	p-Wert
Alter[b]	—	—	-0.147	0.006	-0.261	0.000
Geschlecht (Frau = 0; Mann = 1)	—	—	-0.060	0.000	-0.049	0.000
Incivilities	—	—	—	—	0.103	0.000
Vertrauen zu Nachbarn	—	—	-0.088	0.000	-0.054	0.004
Nachbarschaftsaktivitäten	—	—	0.045	0.000	0.029	0.003
Zahl persönlicher Viktimisierungen	—	—	1.383	0.000	1.11	0.000
Zahl indirekter Viktimisierungen	—	—	0.363	0.000	0.244	0.000
Perzipierte formelle soziale Kontrolle	—	—	0.007	0.419	-0.010	0.183
collective efficacy	—	—	0.008	0.413	0.010	0.328
Level-2-Prädiktoren, J = 49 Stadtteile						
Konstante	1.106	0.000	1.124	0.000	1.112	0.000
Problematische Sozialstruktur	0.108	0.000	0.049	0.001	0.009	0.452
Bevölkerungsdichte [a]	0.005	0.139	-0.003	0.903	0.001	0.742
Fluktuationsrate im Stadtteil [a]	0.015	0.342	0.057	0.691	0.066	0.607
Kriminalitätsbelastung im Stadtteil	-0.016	0.100	-0.024	0.018	-0.026	0.015
Systematisch beobachtete Incivilities	0.099	0.031	0.068	0.075	0.052	0.123
Varianzkomponente	Parameter	p-Wert	Parameter	p-Wert	Parameter	p-Wert
Level-1	0.218	—	0.157	—	0.139	—
Level-2	0.0054	0.000	0.002	0.000	0.001	0.001
ICC (Nullmodell = 9 %)	2,4	—	1,2	—	0,7	—
Deviance	3879.827	—	2984.366	—	2644.602	—

[a] Koeffizient (B) wurde mit 1000 multipliziert.
[b] Koeffizient wurde mit 100 multipliziert.
*Varianzdifferenz im Vergleich zum Null-Modell (Angaben ca. in %).
**Varianzdifferenz im Vergleich zum vorigen Modell (Angaben ca. in %).

Tabelle 9: Hierarchische Lineare-Regression mit Effekten von individuellen- und Variablen und Kontextvariablen auf die subjektive Perzeption von Incivilities im Stadtteil; Random-Intercept-Modell mit fixierten Effekten der Individualvariable (abg.: unstandardisierte Koeffizienten)

	Modell 1		Modell 2		Modell 3	
Level-1-Prädiktoren, N = 3149 Befragte	B	p-Wert	B	p-Wert	B	p-Wert
Alter[b]	0.659	0.005	0.796	0.000	0.008	0.000
Geschlecht (Frau = 0; Mann = 1)	-0.179	0.001	-0.124	0.005	-0.123	0.005
Mieter (Nein = 0; Ja = 1)	-0.120	0.009	-0.089	0.035	-0.079	0.057
Wohndauer	0.008	0.000	0.010	0.000	0.010	0.000
Vertrauen zu Nachbarn	—	—	-0.399	0.000	-0.392	0.000
Nachbarschaftsaktivitäten	—	—	0.179	0.000	0.179	0.000
Zahl persönlicher Viktimisierungen	—	—	2.819	0.000	2.796	0.000
Zahl indirekter Viktimisierungen	—	—	1.162	0.000	1.146	0.000
collective efficacy	—	—	0.021	0.609	0.027	0.525
generelles Sozialkapital	—	—	-0.498	0.078	-0.477	0.093
Wohnzufriedenheit	—	—	-0.106	0.001	-0.099	0.002
Level-2-Prädiktoren, J = 49 Stadtteile	B	p-Wert	B	p-Wert	Koeffizient	p-Wert
Konstante	3.498	0.000	3.430	0.000	3.433	0.000
Problematische Sozialstruktur	—	—	—	—	0.386	0.000
Bevölkerungsdichte[a]	—	—	—	—	0.001	0.916
Fluktuationsrate im Stadtteil[a]	—	—	—	—	0.208	0.573
Kriminalitätsbelastung im Stadtteil	—	—	—	—	0.033	0.416
Systematisch beobachtete Incivilities	—	—	—	—	0.249	0.009
Varianzkomponente	Parameter	p-Wert	Parameter	p-Wert	Parameter	p-Wert
Level-1	2.2347	—	1.7600	—	1.7599	—
Level-2	0.5418	.000	0.2298	0.000	0.0376	.000
ICC (Nullmodell = 18 %)	19,5	—	11,5	—	2,0	—
Deviance	11633.425	—	10872.976	—	10850.344	—

[a] Koeffizient wurde mit 1000 multipliziert. [b] Koeffizient wurde mit 100 multipliziert.
*Varianzdifferenz im Vergleich zum Null-Modell (Angaben ca. in %).
**Varianzdifferenz im Vergleich zu Modell 5. (Angaben ca. in %).

8. Diskussion

In Deutschland liegen bislang nur wenige Untersuchungen zur empirischen Überprüfung des Disorder-Modells vor. Dies dürfte u. a. daran liegen, dass es sich um ein sehr komplexes und empirisch nur schwer überprüfbares Modell handelt. Eine Vielzahl von kausalen und teilweise rekursiven Zusammenhängen, die in ihrer Wirkung strenggenommen nur über längere Zeiträume hinweg beobachtet werden müssten, macht dieses Problem deutlich. Die grundlegende Annahme des Disorder-Modells lautet, dass Risikoperzeption und Kriminalitätsfurcht bei Bewohnern eines Stadtteils umso höher ausgeprägt sind, je mehr Incivilities in diesem Stadtteil vorkommen. Alle weiteren negativen Externalitäten (sinkendes lokales

Sozialkapital, sinkende formelle soziale Kontrolle, Kriminalität) ergeben sich dann als Folge einer ansteigenden Kriminalitätsfurcht. Im vorliegenden Beitrag wurde im Rahmen von Mehrebenenanalysen diese erste und gleichzeitig entscheidende Stufe des Disorder-Modells empirisch überprüft. Des Weiteren wurde im Rahmen von Mehrebenenanalysen der bislang noch kaum erforschten Frage nach den Determinanten der subjektiven Perzeption von Incivilities im Stadtteil nachgegangen.

Die erzielten Ergebnisse zeigen, dass die subjektive Problembelastung durch Incivilities jeweils signifikante Effekte in der theoretisch erwarteten Richtung auf die Kriminalitätsfurcht und Risikoperzeption hat. Überdies konnte in der vorliegenden Untersuchung nachgewiesen werden, dass die Konstrukte Kriminalitätsfurcht und subjektive Perzeption von Incivilities zu einem großen Teil von denselben individuellen und sozialräumlichen Merkmalen abhängen.

Für die systematisch beobachteten Incivilities konnten zunächst keine signifikanten Effekte auf die Kriminalitätsfurcht oder die Risikoperzeption nachgewiesen werden. Bleiben die subjektiv perzipierten Incivilities allerdings unberücksichtigt, so haben die objektiv gemessenen Incivilities auf Level 2 (bei Kontrolle der relevanten Individualmerkmale) den erwarteten Einfluss auf die Risikoperzeption. Andererseits konnte ein signifikanter positiver Effekt der systematisch beobachteten Incivilities auf die subjektiv perzipierten Incivilities nachgewiesen werden, was dafür spricht, dass die subjektive Problembelastung durch Incivilities den stärkeren Prädiktor zur Erklärung der Risikoperzeption darstellt und der Zusammenhang zwischen systematisch beobachteten Incivilities und der Risikoperzeption durch die subjektive Perzeption von Incivilities vermittelt wird. Ein unabhängiger Effekt auf die Kriminalitätsfurcht kann jedoch von den systematisch beobachteten social Incivilities nachgewiesen werden. Entsprechende Mehrebenenanalysen zeigten, auch bei Kontrolle aller weiteren theoretisch relevanten Variablen (inkl. der subjektiven Problembelastung durch Incivilities), signifikante positive Effekte der systematisch beobachteten social Incivilities auf die Kriminalitätsfurcht und Risikoperzeption. Dieser Effekt deckt sich mit der Annahme des Broken-Windows-Ansatzes von Wilson und Kelling (1982) sowie früheren Ergebnissen zur Frage nach der relativen Bedeutung von social und physical Incivilities für die Entstehung von Kriminalitätsfurcht. So konnte auch in früheren Studien nachgewiesen werden, dass die Wahrnehmung von social Incivilities eng mit Kriminalitätsfurcht verknüpft ist, physische Verfallserscheinungen dagegen weniger relevant sind (LaGrange et al. 1992), was insofern plausibel erscheint, als bedrohlich erscheinende Personen direkt mit abweichendem Verhalten in Beziehung gesetzt werden können, physische Verfallserscheinungen dagegen auch altersbedingt auftreten können und zu Gewöhnungseffekten führen. Die vorliegende Analyse zeigt überdies, dass physical Incivilities wesentlich häufiger vorkommen als social Incivilities, was einen Gewöhnungseffekt vermutlich weiter verstärkt.

Das höhere Bedrohungspotenzial von social Incivilities dürfte jedoch auch einer anhaltend hohen und öffentlichkeitswirksamen politischen und medialen Thematisierung von social Incivilities zuzuschreiben sein, wie sie seit Mitte der 1990er Jahre im Rahmen eines ausgedehnten Diskurses um die „innere Sicherheit" stattfindet. Dieser häufig in direkter

Anlehnung an den Broken-Windows-Ansatz zur Kriminalisierung von strafrechtlich nicht relevanten social Incivilities (z. B. Betteln, öffentlicher Alkoholkonsum) führende „politisch-publizistische Verstärkerkreislauf" (Scherer 1978) führt demnach im Sinne der Soziale-Probleme-Perspektive zu einer erhöhten Wahrnehmung und problematischen Einschätzung solcher „Ungebührlichkeiten" und infolgedessen zu einem Anstieg der Risikoperzeption und kriminalitätsbezogener Unsicherheitsgefühle.

Insgesamt können die Ergebnisse früherer Beobachtungsstudien sowie die vorliegenden Befunde dem Disorder-Modell nur einen sehr begrenzten Erklärungswert attestieren. Das komplexe Zusammenspiel unterschiedlicher Wirkmechanismen auf Individual- und Stadtteilebene verweist vielmehr auf die Notwendigkeit eines ebenso komplexen Erklärungsmodells, welches die Gleichzeitigkeit von Aspekten auf der gesellschaftlichen Mikro- und Makroebene berücksichtigt und einer empirischen Überprüfung zugänglich macht. Nur ein solches „integratives Modell" (Farrall et al. 2009; Jackson et al. 2007) dürfte in der Lage sein, der Komplexität kriminalitätsbezogener Unsicherheitsgefühle in einer prinzipiell verunsicherten Gesellschaft gerecht zu werden. Besondere Aufmerksamkeit sollte dabei den Determinanten der subjektiven Perzeption von Incivilities gewidmet werden. Kriminalpolitische Maßnahmen zur Reduktion der Kriminalitätsfurcht dürften vor allem dann Erfolg haben, wenn ihr Fokus auf diesen Determinanten liegt.

Weiter machen bisherige sowie die vorliegenden Forschungsergebnisse deutlich, dass es neben individuellen Prädiktoren vor allem sozial benachteiligte Stadtteile sind, die zu einer erhöhten Perzeption von Incivilities und zur Entstehung bzw. einem Anstieg der Kriminalitätsfurcht beitragen. Eine ausschließlich auf die Beseitigung von Incivilities zielende Kriminalpolitik erscheint daher nicht sehr erfolgversprechend, zumal es sich bei vielen Incivilities um sichtbare Erscheinungsformen von Armut handelt. Auch vor dem Hintergrund der in den vergangenen Jahren zunehmend an Bedeutung gewonnenen Generalisierungsthese sowie entsprechender empirischer Befunde (u. a. Sessar 1997) müssen ausschließlich auf kriminalpolitische und kriminalpräventive Maßnahmen begrenzte Programme zur Reduzierung der Kriminalitätsfurcht der Bürger in Frage gestellt werden. Programme wie das 1999 vom Bundesministerium für Verkehr, Bau und Stadtentwicklung (BMVBS) und den Ländern gestartete Stadtbauförderungsprogramm mit dem Ziel, die Lebensbedingungen in benachteiligten Quartieren zu verbessern, oder das jüngst vom Hamburger Senat beschlossene „Rahmenprogramm Integrierte Stadtteilentwicklung (RISE) erscheinen vom Ansatz her langfristig wirksamer als das „Bestrafen der Armen" (Waquant 2009), denn der Verlust an sozialer Stabilität und eine damit einhergehende ökonomische Verunsicherung wird kaum mit repressiven ordnungspolitischen Mitteln gestoppt werden.

Abschließend sind noch verschiedene methodische Aspekte der Studie anzusprechen. Kausale statistische Aussagen sind anhand einer Querschnittsanalyse streng genommen zwar nicht zulässig. Aus forschungsökonomischen Gründen konnte ein Längsschnittdesign jedoch nicht realisiert werden. Dieses Problem trifft auf die meisten bisher durchgeführten Incivility-Studien zu.

Ein weiteres zentrales Problem der vorliegenden Analyse bezieht sich auf die Messung personaler Kriminalitätsfurcht, welche durch das inzwischen vielfach kritisierte Standard-Item gemessen wurde. Die Kritik richtet sich vor allem auf den fehlenden expliziten Bezug des Standard-Items zu Kriminalität bzw. kriminellen Ereignissen. Angenommen wird, dass durch die Frage nach dem nächtlichen Sicherheitsgefühl auch unspezifische bzw. nicht kriminalitätsrelevante Bedrohungsgefühle angesprochen werden und es zu einer Überschätzung der Kriminalitätsfurcht seitens der Befragten kommt, was durch Vergleiche mit qualitativen Ergebnissen auch empirisch bestätigt werden konnte (u. a. Kury et al. 2004; Kury und Obergfell-Fuchs 2008). Relativiert wird diese Kritik durch Oberwittler (2008), der zu Recht darauf hinweist, dass es sich beim Standard-Item durch die explizite Frage nach der Wohngegend um eine sozialökologische Beobachtungsvariable handelt. In der vorliegenden Analyse konnte für das Standard-Item außerdem eine hohe intersubjektive Reliabilität berechnet werden, was aus sozialökologischer Perspektive für die Verwendung des Standard-Items spricht.

Hinsichtlich der ausgewählten Kontexteinheiten stellt sich das Problem, nicht ausschließen zu können, dass Befragte bei den stadtteilspezifischen Fragen die korrekten administrativen Grenzen ihres Stadtteils nicht kennen. Dieses Problem taucht innerhalb von Stadtteilstudien regelmäßig auf und ist aufgrund der häufig nur auf Stadtteilebene vorliegenden Daten nur schwer zu umgehen.

Weiter kann problematisiert werden, dass die Befragten nach Incivilities und Furcht in ihrem Stadtteil befragt wurden. Dies kann sich subjektiv auf das engere Wohnumfeld, die ausgewählten Hotspots oder andere Bereiche des Stadtteils beziehen. Die objektive Beobachtung der Incivilities dagegen fand nur an einem (am häufigsten genannten) Hotspot des Stadtteils statt. Wenn sich die Befragten bei Furcht eher auf das engere Wohnumfeld beziehen, kann jedoch nicht notwendigerweise angenommen werden, dass eine sehr enge Korrelation zwischen der Furcht und den objektiv gemessenen Incivilities an einem möglicherweise weit entfernten Hotspot besteht. In eine ähnliche Richtung weist das Problem, dass sich kleinräumlichere Einheiten möglicherweise besser zur Analyse von Kontexteffekten eignen (Nonnemacher 2007). Möglicherweise ließen sich durch kleinräumigere Level-2-Ebenen (z. B. Quartiere, Baublöcke oder Straßenzüge) deutlichere Kontexteffekte feststellen. Da auf diesen Ebenen jedoch wichtige Daten zur sozialstrukturellen Zusammensetzung der Gebiete nicht vorlagen, war eine Alternative zur Auswahl von Stadtteilen nicht gegeben.

Bei der Abfrage der perzipierten Häufigkeiten von Incivilities ist nicht auszuschließen, dass es trotz Vorgabe einer Referenzperiode (in den letzten zwölf Monaten) durch Telescoping zu Überschätzungen gekommen ist. Dieses Problem tritt auf, wenn Ereignisse, die faktisch nicht in den abgefragten Zeitraum fallen, so erinnert werden, als hätten sie in der erfragten Referenzperiode stattgefunden. Die vorgegebene Referenzperiode von zwölf Monaten führte andererseits dazu, dass nicht alle zurückliegenden Opfererfahrungen der Befragten erfasst wurden. Dasselbe Problem betrifft die Frage nach selbst und stellvertretend erfahrenen Viktimisierungen. Außerdem wurden nur Delikte abgefragt, die im öffentlichen Raum verübt werden. Weiter ist es wahrscheinlich, dass Befragte als besonders furchtsam erlebte Situationen besser erinnern, was zu einer Überschätzung schwerer Viktimisierungen führen dürfte. Durch die Antwortvorgaben „Ja" und „Nein" wurden außerdem keine Mehrfachviktimisierungen innerhalb der gleichen Deliktkategorie erfasst. Weiter lässt sich nicht ausschließen, dass Personen, die persönlich viktimisiert wurden, stärker motiviert waren, an der Befragung teilzunehmen als Personen, die in der Vergangenheit keine derartigen Erfahrungen gemacht haben. Diese Selbstselektion bei den Teilnehmern an der Befragung könnte zu einer Überschätzung der Prävalenzraten geführt haben. Andererseits wurden Obdachlose, die aufgrund ihres Aufenthalts im öffentlichen Raum relativ hohe Viktimisierungswahrscheinlichkeiten aufweisen, nicht befragt. Auch ausländische Bürger, oder Deutsche mit Migrationshintergrund, die die deutsche Sprache nicht ausreichend beherrschen, wurden in der Befragung nicht berücksichtigt.

Literaturverzeichnis

Bellair, P. E., 2000. Informal surveillance and street crime: A complex relationship. *Criminology*, 38, 137-169.

Birenheide, A., Legnaro, A., Ruschmeier, S., 1999. *Recht und Sicherheit im urbanen Raum*. Endbericht. Institut für Sicherheits- und Präventionsforschung e.V. (ISIP). Hamburg.

Birenheide, A., Legnaro, A., Ruschmeier, S., 2001. Sicherheit und Recht und Freiheit. Städtisches Lebensgefühl und Globalisierung. In: Kriminologische Vereinigung (Hg.): *Retro-Perspektiven der Kriminologie: Stadt - Kriminalität - Kontrolle*. Freundschaftsgabe zum 70. Geburtstag von Fritz Sack. Hamburg, 17-57.

Boers, K., Kurz, P., 1997. Kriminalitätseinstellungen, soziale Milieus und sozialer Umbruch. In: Boers, K., Gutsche, G., Sessar, K. (Hg.), *Sozialer Umbruch und Kriminalität in Deutschland*. Opladen, 178-253.

Covington, J., Taylor, R. B., 1991. Fear of crime in urban residential neighbourhoods: Implications of between- and within-neighborhoods sources for current models. *The Sociological Quarterly*, 32, 231-249.

Farrall, S., Jackson J., Gray E., 2009. *Social Order and the Fear of Crime in Contemporary Times*. Oxford: Clarendon Studies in Criminology.

Ferraro, K, F., 1995. *Fear of crime: Interpreting victimization risk*. Albany NY.

Häfele, J., 2006a. „Incivilities" im urbanen Raum. Eine empirische Analyse in Hamburg. In: Schulte-Ostermann, K., Heinrich, R. S., Kesoglou, V. (Hg.): *Praxis, Forschung. Kooperation – Gegenwärtige Tendenzen in der Kriminologie*. Frankfurt a.M.

Häfele, J., 2006b. „Incivilities", Kriminalität und Kriminalpolitik. Aktuelle Tendenzen und Forschungsergebnisse. *Neue Kriminalpolitik*, 18, 104-109.

Häfele, J., Sobczak, O., 2002. Der Bahnhof als Laboratorium der Sicherheitsgesellschaft? Soziale Kontrolle und Ausschließung am Hamburger Hauptbahnhof. *Widersprüche, Zeitschrift für sozialistische Politik im Bildungs-, Gesundheits- und Sozialbereich*, 86, 71-86.

Häfele, J., Lüdemann, C., 2006. „Incivilities" und Kriminalitätsfurcht im urbanen Raum. Eine Untersuchung durch Befragung und Beobachtung. *Kriminologisches Journal*, 38, 273-291.

Häfele, J., Schlepper, C., 2006. Die attraktive Stadt und ihre Feinde. Neue Trends in der Hamburger Verdrängungspraxis. *Forum Recht 03 /2006*, 24, 76-78.

Hess, H., 2004. Broken Windows. Zur Diskussion um die Strategie des New York Police Department. *Zeitschrift für die gesamte Strafrechtswissenschaft*, 116, 66-110.

Hinkle, J. C., Weisburd, D., 2008. The irony of broken windows policing: A micro-place study of the relationship between disorder, focused police crackdowns and fear of crime. *Journal of Criminal Justice*, 36, 503-512.

Hohage, C., 2004. "Incivilities" und Kriminalitätsfurcht. *Soziale Probleme*, 15, 77-95.

Hope, T., Hough, M., 1988. Area, crime and incivilities: A profile from the British Crime Survey. In: Hope, T., Shaw, M. (Eds.), *Communities and Crime Reduction*. London: Home Office Research and Planning Unit, 30-47.

Hox, J. J., 2002. Multilevel *Analysis. Techniques and Applications.* Mahwah: Lawrence Erlbaum Associates.

Hunter, A., 1978. *Symbols of Incivility: Social Disorder and Fear of Crime in Urban Neighboorhods.* Paper presented to the Annual Meeting of the American Criminological Society. Dallas.

Innes, M., Fielding, N., 2002. From community to communicative policing: "Signal crimes" and the problem of public reassurance. *Sociological Research Online* http://www.socresonline.org.uk/7/2/innes.html.

Jackson, J., 2004. Experience and expression. Social and cultural significance in the fear of crime. *British Journal of Criminology,* 44, 946-966.

Jackson, J., Farrall, S., Gray, E., 2007. *Experience and Expression in the Fear of Crime.* Working Paper No. 7. http://papers.ssrn.com/sol3/papers.cfm?abstract_id=1012397 (20.06.10).

Kreft, I. G. G., de Leeuw, J., 1988. *Introducing multilevel modeling.* London.

Kreuter, F., 2002. *Kriminalitätsfurcht: Messung und methodische Probleme.* Leverkusen.

Kury, H., Obergfell-Fuchs, J., 2008. Measuring the Fear of Crime. How Valid are the Results? In: Kury, H. (Ed.), *Fear of Crime-Punitivity. New Developments in Theory and Research.* Bochum, 53-84.

Kury, H., Lichtblau, A., Neumaier, A., Obergfell-Fuchs, J., 2004. Zur Validität der Erfassung der Kriminalitätsfurcht. *Soziale Probleme,* 15, 139-163.

Kury, H., Lichtblau, A., Neumaier, A., 2004. Was messen wir, wenn wir Kriminalitätsfurcht messen? *Kriminalistik,* 58. 457-465.

LaGrange, R. L., Ferraro, K. F., Supancic, M., 1992. Perceived Risk and Fear of Crime: Role of Social and Physical Incivilities. *Journal of Research in Crime and Delinquency,* 29, 311-334.

Landeskriminalamt Hamburg (Hg.), 2003. *Polizeiliche Kriminalstatistik 2002.* Hamburg: Landeskriminalamt Hamburg.

Langer, W., 2004. *Mehrebenenanalyse. Eine Einführung für Forschung und Praxis.* Wiesbaden.

Lewis, D. A., Salem, G., 1986. *Fear of crime: Incivility and the production of a social problem.* New Brunswick NJ.

Lowenkamp, C. T., Cullen, F. T., Pratt, T. C., 2003. Replicating Sampson and Groves's test of social disorganization theory: Revisiting a criminological classic. *Journal of Research in Crime and Delinquency,* 40, 351-373.

Lüdemann, C., Peter, S., 2007. Kriminalität und Sozialkapital im Stadtteil. Eine Mehrebenenanalyse zu individuellen und sozialräumlichen Determinanten von Viktimisierungen. *Zeitschrift für Soziologie,* 36, 25-42

Maas, C. J. M, Hox, J. J., 2005. Sufficient Sample Sizes for Multilevel Modeling. *Methodology,* 1, 86-92.

Markowitz, F. E., Bellair, P. E., Liska, A. E., Liu, J., 2001. Extending social disorganization theory: Modeling the relationship between cohesion, disorder, and fear. *Criminology,* 39, 293-320.

Mok, M., 1995. Sample size requirements for 2-level-designs in educational research. *Multilevel Modelling Newsletter,* 7, 11-15.

Nonnenmacher, A., 2007. Eignen sich Stadtteile für den Nachweis von Kontexteffekten? *Kölner Zeitschrift für Soziologie und Sozialpsychologie,* 59, 493-511.

Oberwittler, D., 2008. Armut macht Angst. Ansätze einer sozialökologischen Interpretation der Kriminalitätsfurcht. In: Groenemeyer, A., Wieseler, S. (Hg.): *Soziologie sozialer Probleme und sozialer Kontrolle. Realitäten, Repräsentationen und Politik.* Festschrift für Günter Albrecht. Wiesbaden, 215-230.

Perkins, D. D., Meeks, J. W., Taylor, R. B., 1992. The physical environment of street blocks and resident perceptions of crime and disorder: Implications for theory and measurement. *Journal of Environmental Psychology,* 12, 21-34.

Perkins, D. D., Taylor, R. B., 1996. Ecological assessments of community disorder: Their relationship to fear of crime and theoretical implications. *American Journal of Community Psychology,* 24, 63-107.

Raudenbush, S. W., Bryk, A. S., Cheong, Y. F., Congdon, R., 2004. *HLM 6. Hierarchical Linear and Nonlinear Modeling.* Lincolnwood IL: Scientific Software.

Robinson, J. B., Lawton, B. A., Taylor, R. B., Perkins, D. D., 2003. Multilevel Longitudinal Impacts of Incivilities: Fear of Crime, Expected Safety, and Block Satisfaction. *Journal of Quantitative Criminology,* 19, 237-274.

Ross, C. E., Jang, S. J., 2000. Neighborhood Disorder, Fear, and Mistrust: The Buffering Role of Social Ties with Neighbors. *American Journal of Community Psychology,* 28, 401-420.

Sack, F., 1996: Kriminologie – populär gemacht. *Kriminologisches Journal,* 28, 600–614.

Sampson, R. J., Raudenbush, S. W., 1999. Systematic Observation of Public Spaces: A New Look at Disorder in Urban Neighborhoods. *American Journal of Sociology*, 105, 603-651.

Sampson, R. J., Raudenbush, S. W., 2004. Seeing disorder: Neighborhood stigma and the social construction of broken windows. *Social Psychology Quarterly*, 67, 319-342.

Scheerer, S., 1978. Der politisch-publizistische Verstärkerkreislauf. Zur Beeinflussung der Massenmedien im Prozess strafrechtlicher Normgenese. *Kriminologisches Journal*, 10, 223-227.

Schnell, R., Hill, P. B., Esser, E., 1999. *Methoden der empirischen Sozialforschung, 6. völlig überarbeitete und erweiterte Auflage*. München.

Sessar, K., Herrmann, H., Keller, W., Weinrich, M., Breckner, I., 2004. *INSEC - Insecurities in European Cities. Crime-Related Fear Within the Context of New Anxieties and Community-Based Crime Prevention*. Final Report.

Shaw, C. R., McKay, H. D., 1942. *Juvenile delinquency and urban areas*. Chicago.

Skogan, W. G., 1990. *Disorder and Decline: Crime and the Spiral of Decay in American Neighborhoods*. New York.

Skogan, W. G., 1993. The Various Meanings of Fear. In: Bilsky, W., Pfeiffer, C., Wetzels, P. (Eds.): *Fear of Crime and Criminal Victimization*. Stuttgart.

Skogan, W. G., Maxfield, M. G., 1981. *Coping with Crime. Beverly Hills*. CA.

Taylor, R. B., 1999. The incivilities thesis: Theory, measurement and policy. In: Langworthy, R. H. (Ed.). *Measuring what matters: Proceedings from the policing research institute meetings*. Washington D.C, 65-88.

Taylor, R. B., 2001. *Breaking Away from Broken Windows: Baltimore Neighborhoods and the Nationwide Fight Against Crime, Grime, Fear, and Decline*. Boulder CO.

Taylor, R. B., Shumaker, S. A., Gottfredson, S. D., 1985. Neighborhood-level links between physical features and local sentiments. Deterioration, fear of crime, and confidence. *Journal of Architectural Planning and Research*, 2, 261-275.

Wetzels, P., Bilsky, W., Mecklenburg, E., Pfeiffer, C., 1993. *Persönliches Sicherheitsgefühl, Angst vor Kriminalität und Gewalt, Opfererfahrung älterer Menschen. Deskriptive Analysen krimineller Opfer erfahrungen (Teil II): Subjektiv schwerste Opfererfahrung und Prävalenz stellvertretender Opferwerdung*. KFN-Opferbefragung 1992. KFN-Forschungsberichte Nr. 16. Hannover.

Wilcox, P., Quisenberry, N., Jones, S., 2003. The built environment and community crime risk interpretation. *Journal of Research in Crime and Delinquency*, 40, 322-345.

Wilson, J. Q., Kelling, G. L., 1982. Broken windows: The police and neighborhood safety. *Atlantic Monthly*, 29-38.

Wirtz, M., Caspar, F., 2002. *Beurteilerübereinstimmung und Beurteilerreliabilität. Methoden zur Bestimmung und Verbesserung der Zuverlässigkeit von Einschätzungen mittels Kategoriensystemen und Ratingskalen*. Göttingen.

Wyant, B. R., 2008. Multilevel impacts of perceived incivilities and perceptions of crime risk on fear of crime isolating endogenous impacts. *Journal of Research in Crime and Delinquency*, 45, 39-64.

Xu, Y., Fiedler, M. L., Flaming, K. H., 2005. Discovering the Impact of Community Policing: The Broken Windows Thesis, Collective Efficacy, and Citizens' Judgement. *Journal of Research in Crime and Delinquency*, 42, 147-186.

Young, J., 1999. *The exclusive society. Social exclusion, crime and difference in late modernity*. London.

Tabelle 1A: Fläche, Bevölkerungsdichte und Bevölkerung für alle ausgewählten Stadtteile

Stadtteil	Fläche in km²	Bevölkerung pro km²	Bevölkerung insgesamt
Allermöhe	11,9	1169	13 883
Altona-Altstadt	2,8	9945	27 817
Altona-Nord	2,2	9660	21 030
Bahrenfeld	10,9	2404	26 101
Bergedorf	11,3	3696	41 911
Billbrook	6,1	332	2032
Billstedt	16,8	4065	68 461
Blankenese	8,3	1602	1252
Borgfelde	0,9	7473	6457
Dulsberg	1,2	14592	17 321
Fuhlsbüttel	6,6	1821	11 985
Groß Borstel	4,5	1825	8273
Hamburg-Altstadt	2,4	809	1908
Hamm-Mitte	0,9	12261	10 422
Hamm-Süd	1,1	3590	4053
Harburg	3,9	5251	20 241
Hausbruch	11,2	1552	17 351
Heimfeld	11,7	1663	19 489
Hohenfelde	1,1	7679	8792
Horn	5,8	6168	35 910
Iserbrook	2,7	3966	10 537
Jenfeld	5,0	5138	25 816
Kleiner Grasbrook	12,3	115	1410
Lohbrügge	13,0	2881	37 583
Lurup	6,4	5107	32 565
Neuengamme	18,6	185	3436
Neugraben-Fischbek	22,5	1220	27 453
Neuland und Gut Moor	10,0	163	1635
Neustadt	2,2	5369	11 989
Niendorf	12,7	3140	39 870
Ochsenwerder	14,1	163	2292
Ohlsdorf	7,2	1965	14 081
Osdorf	7,3	3569	25 909
Poppenbüttel	8,1	2784	22 608
Rahlstedt	26,6	3218	85 527
Rothenburgsort	7,6	1065	8063
Rotherbaum	2,9	5717	16 493
Schnelsen	9,0	3081	27 662
Sinstorf	2,6	1207	3090
Spadenland	3,4	128	436
St. Georg	1,8	5414	9940
St. Pauli	2,6	10407	26 776
Steilshoop	2,5	7923	19 466
Tonndorf	3,9	3084	12 155
Veddel	4,4	1052	4592
Wandsbek	6,0	5382	32 261
Wilhelmsburg	35,3	1357	47 857
Wilstorf	3,5	4496	15 655

Selbstaufrüstung des Bürgers. Eine Mehrebenenanalyse zu individuellen und sozialräumlichen Determinanten von Self-Policing-Aktivitäten der Hamburger Bevölkerung

Sascha Peter, Christina Schlepper und Christian Lüdemann

1. Einleitung

Mit der präventiven Wende in der deutschen Kriminalpolitik (Sack 1995, 2003) und der Verbreitung von Konzepten Kommunaler Kriminalprävention hat sich die Rolle des Bürgers im System der Kriminalitätskontrolle verändert. Kriminalprävention wird nicht mehr als allein staatliche, sondern als gesamtgesellschaftliche Aufgabe formuliert (Berner und Groenemeyer 2000: 84, Hohmeyer et al. 2001: 163, Schily 1999: 14). Dementsprechend werden Bürger zur Partizipation an der Präventionsarbeit und zur Reduktion ihrer Viktimisierungsrisiken durch geeignete Präventionsmaßnahmen aufgefordert. Legitimiert wird diese Verantwortungsverschiebung durch die Prämisse, dass die Polizei Kriminalität alleine nicht effektiv bekämpfen könne. Darüber hinaus wird davon ausgegangen, dass ein Zusammenhang zwischen individueller Präventionsaktivität und subjektivem Sicherheitsgefühl dahingehend existiere, dass nur das eigene Self-Policing-Verhalten die subjektive Unsicherheit reduzieren könne. Dabei erfolgt eine Erhöhung des subjektiven Sicherheitsgefühls allerdings eher durch kommunitaristisch geprägte und kollektiv orientierte Formen von Self-Policing (wie z. B. gemeinsame Streifengänge von Bürgern im Wohnviertel) als durch die bloße individuelle Abwehr von Kriminalitätsrisiken (Steinert 1995: 411).

Der Begriff Self-Policing ist zwar in der wissenschaftlichen Diskussion sehr verbreitet (Crawford 2002: 4, Garland 2001: 162, Johnston 1992, Sparke 2006: 154, Stenson 1996: 107), wird jedoch meist nicht näher definiert. Nach unserem Verständnis fallen hierunter Maßnahmen und Verhaltensweisen, die Privatpersonen ergreifen, um Viktimisierungsrisiken zu minimieren und ihre persönliche Sicherheit zu erhöhen.

Die Privatisierung der einst nur dem Staat obliegenden Verantwortlichkeit für Policing-Aufgaben und die Aktivierung des Bürgers (Kocyba 2004), für seine Sicherheit selbst zu sorgen und sich vor Kriminalität zu schützen, liegt der Strategie der Responsibilisierung zugrunde (Krasmann 2000: 306). Die Responsibilisierung von nichtstaatlichen Akteuren und Individuen für Kriminalitätskontrolle und Kriminalprävention stellt eine neue Form staatlicher Machtausübung dar – des „governing-at-a-distance" –, die sich im Bereich der Ökonomie und der Sozialpolitik bereits etabliert hat (Crawford 1998: 247, Garland 2001: 127). Bröckling (2004: 214) spricht in diesem Zusammenhang vom „[...] ‚aktivierenden Staat', der seine Bürger und Bürgerinnen aus der fürsorglichen Belagerung entlässt und ihnen zumutet, ihre Lebensrisiken eigenverantwortlich zu managen". Diese Neubestimmung der Rolle des Staates im Bereich der Kriminalitätskontrolle hat zur Folge, dass dieser sich in Bezug auf „Alltagskriminalität" vornehmlich auf die Aufgabe beschränkt, die Bürger zu mobilisieren, selber aktiv Kriminalprävention zu betreiben und Verantwortung für ihre persönliche und die öffentliche Sicherheit zu übernehmen. Beispiele hierfür sind die Gründung von Sicherheitspartnerschaften, kommunalen Präventionsgremien, Nachbarschaftswachen, aber auch staatliche Kampagnen wie die Aktion „Wachsamer Nachbar". Diese wurde 2004 von der Polizei bundesweit initiiert. Mit dem Slogan „Ganze Sicherheit für unser Viertel!" wird die Bevölkerung dazu aufgerufen, nachbarschaftliche Beziehungen zu intensivieren und Mitverantwortung für das Wohl der Nachbarn zu übernehmen. Im Mittelpunkt dieser Kampagne steht die Verhinderung von Wohnungseinbrüchen. Die Bevölkerung soll zum einen motiviert werden, technische Schutzvorkehrungen zu ergreifen und längere Abwesenheiten von der Wohnung zu verbergen (z. B. durch eine Zeitschaltuhr für Licht oder Rollläden). Zum anderen sollen die Bürger dafür sensibilisiert werden, auf ungewöhnliche Ereignisse und fremde Personen in der Nachbarschaft zu achten und der Polizei „verdächtige Beobachtungen" zu melden. In der deutschen kriminalpräventiven Praxis handelt es sich hierbei um relativ neue Strategien, die erst seit Beginn der 1990er Jahre in die Programmatik der Kriminalprävention Einzug gehalten haben. Vorbild dieser Konzepte und Strategien bilden die Community Policing-Ansätze in angelsächsischen Ländern, welche dort schon auf eine längere Tradition zurückblicken können.[1]

2. Fragestellung und Hypothesen

Der Rahmen, der für Self-Policing-Praktiken innerhalb der Diskurse Kommunaler Kriminalprävention als notwendig erachtet wird, ist die intakte Gemeinschaft innerhalb eines kleinräumlichen Nachbarschaftskontextes. „Das Leitbild der kommunalen Kriminalprävention ist die Vorstellung einer ideal funktionierenden Gemeinschaft aktiver Bürger und Bürgerinnen, in der Konflikte und Kriminalität durch informelle soziale Kontrollmechanismen reguliert werden" (Berner und Groenemeyer 2000: 93). Dieses „Regieren durch Community" (Rose 2000: 81) lehnt sich an kommunitaristische Maximen an (Hughes und Rowe 2007, Kreissl 2004, Kreissl 2009). Der Kommunitarismus sieht die Notwendigkeit, den negativen Begleiterscheinungen postmoderner Lebensformen wie Individualisierung und Werteverfall sowie einer allumfassenden Ökonomisierung entgegenzuwirken. Dies soll durch eine Rückbesinnung auf die Gemeinschaft und die Förderung und Forderung bürgerschaftlichen Engagements erfolgen. Möglichkeiten, die Gemeinschaft zu stärken und die öffentliche Sicherheit zu erhöhen, sieht Etzioni, einer der führenden kommunitaristischen Theoretiker, zum einen in einer bürgernahen Polizei und zum anderen in zivilgesellschaftlichen Formen

---

[1] Der Leitgedanke von Community Policing-Ansätzen besagt, dass erfolgreiche Kriminalprävention und Kriminalitätsbekämpfung ohne die Unterstützung der Bevölkerung nicht möglich sei und die Polizei es sich daher zur Aufgabe machen müsse, „[to] transform communities from being passive consumers of police protection to active co-producers of public safety" (Bayley und Shearing 1996: 588).

der Kontrolle wie Nachbarschaftswachen und Bürgerstreifen. „Crime watches, die über des Nächsten Sicherheit und Eigentum wachen, und citizen patrols, die im Viertel patrouillieren, können bei adäquatem Vorgehen zur Befriedigung kommunitärer Bedürfnisse beitragen und Gemeinschaftsbande entstehen lassen" (Etzioni 1995: 164).

Auch in weiterentwickelten Ansätzen der Theorie der sozialen Desorganisation der Chicagoer Schule wird angenommen, dass die sozialen Eigenschaften des Nachbarschaftskontextes (nachbarschaftliche Kontakte, soziale Kohäsion, Vertrauen) das Ausmaß an Self-Policing-Aktivitäten der Bewohner beeinflussen (Warner 2007). So postuliert das „systemic model" (Bellair 2000, Bursik 1988) enge Nachbarschaftsnetzwerke als Basis dafür, dass Bewohner selbst aktiv werden und soziale Kontrolle ausüben. Self-Policing begünstigende Voraussetzungen werden aus dieser Perspektive daher eher in Wohngebieten angenommen, in denen die nachbarschaftlichen Kontakte intensiv sowie der Zusammenhalt und das gegenseitige Vertrauen hoch sind. Das Gelingen der Strategie der Bürgeraktivierung ist somit an die Existenz intakter Nachbarschaftsnetze geknüpft. Stabile soziale Bindungen innerhalb der Nachbarschaft sind von günstigen sozialstrukturellen Bedingungen im Stadtteil abhängig (Bursik 1988). Diese Voraussetzungen sind z. B. eher in Stadtteilen gegeben, in denen der Bestand an Wohneigentum hoch und die Fluktuation bzw. Mobilität der Bewohner gering ist (vgl. auch Strasser und van den Brink 2004: 250). Bewohnern solcher Stadtteile wird ein höheres Interesse an stabilen sozialen Bindungen in ihrem Wohnumfeld zugeschrieben (DiPasquale und Glaeser 1999). Insbesondere Wohneigentum führt zu einem starken individuellen Interesse am Erhalt der Attraktivität des eigenen Stadtteils, da diese den Wert der eigenen Immobilie beeinflusst (Dietz und Haurin 2003). Da eine hohe Kriminalitätsbelastung die Attraktivität eines Stadtteils senkt und damit auch den Wert der Immobilie, wird vermutet, dass Wohneigentum zu verstärkten Self-Policing-Aktivitäten motiviert.

Weiter ist davon auszugehen, dass sich das Self-Policing-Verhalten durch Viktimisierungserfahrungen verstärkt (Giblin 2008) und damit Bewohner von Stadtteilen mehr Self-Policing betreiben, in denen durchschnittlich mehr persönliche oder indirekte Viktimisierungen erfolgen, d. h. die Kriminalitätsbelastung im Stadtteil höher ist. Dahinter steht die Annahme, dass persönliche und indirekte Viktimisierungserfahrungen einen positiven Effekt auf die Sensibilisierung für Kriminalitätsrisiken und damit auf die Häufigkeit von praktizierten Self-Policing-Aktivitäten der Bürger ausüben. Dieser Zusammenhang findet sich z. B. auch in der von Garland (2001) beschriebenen „high crime society" wieder, in der Kriminalität zu einem normalen Bestandteil des alltäglichen Lebens geworden sei, den es zu bewältigen gelte.

Bislang jedoch kaum erforscht ist die Frage, ob dieser „kommunitäre Gemeinschaftsdiskurs" (Berner und Groenemeyer 2000: 84) der Kommunalen Kriminalprävention auf der programmatischen Ebene der politischen Akteure stecken geblieben ist oder ob diese Community-Rhetorik auch auf der Handlungsebene der Bevölkerung ihren Niederschlag findet. So stehen folgende Fragen im Zentrum unserer Analyse: Gehen von einer intakten nachbarschaftlichen Gemeinschaft tatsächlich positive Effekte auf das Self-Policing-Verhalten der Bürger aus? Fördern Wohneigentum, nachbarschaftliches Vertrauen, Nachbarschafts-

aktivitäten und soziale Kohäsion die Self-Policing-Aktivitäten der Bürger? Welchen Einfluss haben die sozialräumlichen Eigenschaften des Stadtteils auf das Self-Policing der Bewohner? Fühlen sich die Bürger für den Schutz vor Kriminalität selbst zuständig? Diesen Fragen werden wir im Folgenden nachgehen. Unsere Hypothesen auf der Individualebene lauten:
- je häufiger Kontakte zu Nachbarn sind,
- je höher das Vertrauen zu Nachbarn ist,
- je stärker die individuelle Wahrnehmung sozialer Kohäsion innerhalb der Nachbarschaft ist
- je häufiger persönliche und indirekte Viktimisierungserfahrungen sind, desto mehr Self-Policing-Aktivitäten übt eine Person aus.

Auf der individuellen Ebene haben wir als Kontrollvariablen neben den soziodemographischen Variablen Alter, Geschlecht, Nationalität, Familienstand, Einkommen, Bildung und Wohneigentum die Variablen, ob eine Person in den letzten 12 Monaten die Polizei gerufen hat, und den Wunsch nach mehr Polizeipräsenz im Stadtteil eingeführt. Dadurch wollen wir überprüfen, ob das eigene Self-Policing-Verhalten als Substitut für formelle soziale Kontrolle (Polizei) fungiert oder aber zusätzlich praktiziert wird. Unsere Hypothesen auf der Stadtteilebene lauten:
- je unproblematischer die Sozialstruktur im Stadtteil, d. h. je niedriger der Anteil an Arbeitslosen und Sozialhilfeempfängern, je geringer die Fluktuationsrate, je höher der Bestand an Wohneigentum im Stadtteil ist,
- je höher die Kriminalitätsbelastung im Stadtteil ist,
- je höher die durchschnittliche persönliche Viktimisierung im Stadtteil ist,
- je höher die durchschnittliche indirekte Viktimisierung im Stadtteil ist,
- je häufiger die durchschnittlichen Nachbarschaftskontakte im Stadtteil sind,
- je stärker das durchschnittliche nachbarschaftliche Vertrauen im Stadtteil ist,
- je stärker die durchschnittliche soziale Kohäsion im Stadtteil ist, desto mehr Self-Policing-Aktivitäten übt eine Person aus.

Analog zu den Hypothesen auf der Individualebene haben wir auch hier den Anteil der Bewohner, die sich mehr Polizeipräsenz im Stadtteil wünschen, als Kontrollvariable aufgenommen.

3. Stichprobe

Unsere Hypothesen werden mit Hilfe einer 2004 in Hamburg durchgeführten postalischen Befragung überprüft. Um sowohl Merkmale der Bewohner als auch Merkmale der Stadtteile zu erheben, wurde eine zweistufige Stichprobe gezogen, bei der auf der ersten Stufe Stadtteile und auf der zweiten Stufe Bewohner aus den ausgewählten Stadtteilen gezogen wurden. Die Stadtteile wurden vor der Ziehung nach den zwei theoretisch relevanten Faktoren

„Sozialstruktur" und „Kriminalität" geschichtet. Ziel der Schichtung war es, die Varianz bezüglich dieser Faktoren in der Stichprobe zu maximieren. Die beiden Faktoren waren das Ergebnis einer obliquen Hauptkomponenten-Faktorenanalyse mit den sechs Stadtteilvariablen „Prozent Sozialhilfeempfänger", „Prozent Arbeitslose", „Prozent Sozialwohnungen", „Prozent ausländische Bevölkerung", „Diebstahlsdelikte je 1.000 Einwohner" und „Gewaltdelikte je 1.000 Einwohner". Es ergab sich eine zweifaktorielle Lösung mit einer Einfachstruktur, da alle sozialstrukturellen Variablen auf dem ersten und die beiden Kriminalitätsvariablen auf dem zweiten Faktor luden. Auf der Grundlage der beiden extrahierten Faktoren wurden für alle Stadtteile entsprechende Faktorwerte berechnet. Jeder Faktor wurde in fünf Schichten unterteilt, so dass eine 5 × 5-Matrix entstand, in die alle Hamburger Stadtteile entsprechend ihrer Faktorwerte eingingen. Per PPS-Auswahl (PPS = probability proportional to size) wurden dann aus allen Schichten 49 Stadtteile gezogen, in denen die schriftliche Befragung durchgeführt wurde. Die Einwohnerzahlen der ausgewählten Stadtteile liegen laut amtlicher Statistik zwischen 436 und 85.527 mit einem Mittelwert von 19.293.

Die Personenstichprobe für die schriftliche Befragung wurde aus dem Hamburger Einwohnermeldeamtsregister über eine systematische Zufallsauswahl mit Startzahl und Intervall gezogen. Die Grundgesamtheit bildeten alle volljährigen deutschen und nicht-deutschen Personen, die zum Erhebungszeitpunkt in Hamburg gemeldet waren und über ausreichende Deutschkenntnisse verfügten. Insgesamt wurden 10.018 Fragebogen versandt. Der Einsatz von Incentives (Verlosung von Sachpreisen) und zwei Nachfassaktionen (erst schriftlich, dann telefonisch) führten zu 3.612 auswertbaren Fragebögen, was einer – um stichprobenneutrale Ausfälle bereinigten – Rücklaufquote von 39,5 % entspricht. Ein Vergleich der realisierten Stichprobe mit dem Mikrozensus für Hamburg zeigt, dass für die vorliegende Stichprobe ein Mittelschichts- bzw. Bildungsbias zu beobachten ist, wie man ihn auch aus anderen Bevölkerungsbefragungen kennt. D. h. Personen ohne Schulabschluss und Personen mit Hauptschulabschluss sind eher unterrepräsentiert, während Personen mit Mittlerer Reife sowie Fachhochschul- und Hochschulreife überrepräsentiert sind. Die Zahl der auswertbaren Fragebögen je Stadtteil variierte zwischen 54 und 98 mit einem Mittel von knapp 74. Simulationsstudien haben gezeigt, dass diese Aufteilung von Level-1- und Level-2-Einheiten (3.612 Befragte, 49 Stadtteile) zu einer akzeptablen Genauigkeit der für die Mehrebenenanalyse üblichen Maximum-Likelihood-Schätzer führt, da diese erst ab einer gewissen Mindeststichprobengröße konsistent und effizient sind. Insbesondere die Schätzung der Standardfehler der Varianzkomponenten wird bei weniger als 100 Level-2-Einheiten systematisch unterschätzt. Bei 50 Level-2-Einheiten beträgt die Wahrscheinlichkeit für einen Fehler erster Art bezüglich der Varianzkomponenten bei einem nominellen Alpha-Wert von $\alpha = 0{,}05$ real durchschnittlich 7,3 % (Maas und Hox 2005).

4. Messung der Variablen

4.1. Abhängige Variablen

Um das Spektrum von Self-Policing der Hamburger Bevölkerung möglichst umfassend und differenziert abzubilden, wurden zwei Indizes (Vermeidungs- und Schutzverhalten) und eine Skala (Collective Efficacy) gebildet. Die Unterscheidung zwischen Indizes und Skalen ist in der Literatur leider nicht immer eindeutig. Wir folgen hier der Unterscheidung, wonach Skalen aus reflektiven und Indizes aus formativen Indikatoren bestehen (Diamantopoulos und Winklhofer 2001). Für Skalen kann die interne Konsistenz sinnvoll bestimmt werden, da alle Indikatoren einer Skala das gleiche Konstrukt widerspiegeln und somit positiv interkorrelieren sollten. Indizes sind demgegenüber Linearkombinationen formativer Indikatoren, die nicht notwendigerweise positiv interkorrelieren müssen. Daher können Maßzahlen interner Konsistenz in diesen Fällen nicht sinnvoll interpretiert werden (Streiner 2003). Unserer Auffassung nach stellen Inventare von Verhaltensweisen Indizes dar, wenn diese Verhaltensweisen in substitutiven Beziehungen zueinander stehen können. So führt etwa die Teilnahme an einem Selbstverteidigungskurs nicht zwangsläufig auch zur Mitnahme von Waffen, sondern „ersetzt" gewissermaßen die Mitnahme von Waffen. Zur Berechnung von Maßzahlen der internen Konsistenz müsste eine positive Interkorrelation entsprechender Items schon aus logischen Gründen gegeben sein, da das zugrunde liegende Messmodell dies impliziert (Bollen und Lennox 1991).

Beim Vermeidungsverhalten handelt es sich um einen additiven Index aus Verhaltensweisen, die alle das Ziel haben, Situationen aus dem Weg zu gehen, denen ein erhöhtes Gefährdungspotential zugeschrieben wird. Dieser Index bildet somit eine Klasse defensiver Präventionsmaßnahmen ab, die zur Reduktion von Viktimisierungsrisiken getroffen werden. Die Befragten wurden aufgefordert, die Maßnahmen zu nennen, die sie in den letzten zwölf Monaten ergriffen haben, um sich vor Kriminalität zu schützen („ja" = 1, „nein" = 0). Die folgenden sieben Items sind Bestandteil dieses Index: (1) ich meide in meinem Stadtteil tagsüber bestimmte Straßen und Plätze; (2) ich meide in meinem Stadtteil bei Dunkelheit bestimmte Straßen und Plätze; (3) ich benutze in meinem Stadtteil bei Dunkelheil lieber Auto, Taxi oder Zweirad statt zu Fuß zu gehen; (4) ich gehe bei Dunkelheit nur in Begleitung aus dem Haus; (5) ich bleibe bei Dunkelheit lieber zuhause; (6) ich vermeide bei Dunkelheit die Nutzung öffentlicher Verkehrsmittel; (7) ich weiche in meinem Stadtteil bestimmten Personen oder Gruppen aus (z. B. herumstehenden Jugendlichen oder Betrunkenen).

Das Vermeidungsverhalten erfüllt zwar zweifellos die eingangs formulierten Definitionskriterien für Self-Policing und kann damit hierunter subsumiert werden. Da es sich jedoch nicht als aktives Handeln, sondern eher im Sinne der Broken Windows-Theorie als soziales Rückzugsverhalten interpretieren lässt, gehen wir, anders als bei den Self-Policing-Variablen Schutzverhalten und Collective Efficacy, davon aus, dass günstige sozialstrukturelle Bedingungen im Stadtteil sowie ein intakter Nachbarschaftskontext das Vermeidungsverhalten nicht erhöhen, sondern verringern. Dieser negative Zusammenhang hat sich auch in früheren Studien bestätigt (z. B. Giblin 2008).

Für eine relativ weite Definition des Begriffs „Self-Policing", die auch Vermeidungs-verhalten beinhaltet, spricht auch das wissenschaftstheoretische Argument, dass sich mit weiten Begriffen (als Explanandum) mehr erklären lässt, weil sie einen höheren Informationsgehalt haben (Opp 2005: 148 ff.). Enge Definitionen, die sich auf deliktspezifische Self-Policing-Aktivitäten (z. B. Schutzmaßnahmen gegen Körperverletzung, Einbruch, Diebstahl, Sachbeschädigung usw.) als jeweiliges Explanandum beziehen, würden zu einer unerwünschten „Atomisierung" des Explanandums im Sinne einer atheoretischen „Variablen-Soziologie" (Esser 1996) und damit zu einer Gehaltsverminderung des Self-Policing-Ansatzes führen. Eine weite Definition des Explanandums ist also theoretisch immer fruchtbarer und informativer, weil sich damit mehr Self-Policing-Aktivitäten erklären lassen.

Schutzverhalten ist demgegenüber ein additiver Index aus Verhaltensweisen, die darauf abzielen, sich aktiv vor Kriminalität zu schützen. Sie bilden gewissermaßen die Aufrüstung des Bürgers ab und sind mit höheren Kosten als das Vermeidungsverhalten verbunden. Folgende vier Maßnahmen flossen in den Index ein („ja" = 1, „nein" = 0):   (1) ich nehme etwas mit, womit ich mich wehren könnte (z. B. Tränengas, Pfefferspray, Elektroschocker, Messer), wenn ich ausgehe; (2) ich habe an einem Selbstverteidigungskurs teilgenommen; (3) ich lasse abends Licht in der Wohnung bzw. im Haus brennen (oder verwende eine Zeitschaltuhr, wenn ich nicht da bin); (4) ich habe meine Wohnung bzw. mein Haus zusätzlich gesichert (z. B. durch zusätzliche Türschlösser, abschließbare Fenster, Alarmanlage, Bewegungsmelder, Videokamera).

Dem Einwand, dass die Schutzmaßnahmen (1) und (2) eher von jüngeren Personen mit niedriger Bildung, die Schutzmaßnahmen (3) und (4) dagegen eher von Älteren mit höherer Bildung praktiziert würden, und dass daher ein gemeinsamer Index mit allen vier Items als Explanandum ungeeignet wäre, ist zu entgegnen, dass eine ad-hoc-Differenzierung des Explanandums in Form von zwei verschiedenen Indizes zu der bereits erwähnten atheoretischen „Atomisierung" des Explanandums und damit zu einer unerwünschten Gehaltsverminderung des Self-Policing-Ansatzes führen würden.

Collective Efficacy kennzeichnet die Einschätzung des Befragten, wie handlungsfähig er sein soziales Umfeld darin wahrnimmt, gemeinsam Ziele zu erreichen, die von seinem sozialen Umfeld geteilt werden (Sampson et al. 1997). In unserem Kontext erfasst dieses Konstrukt die kollektiv und kommunitaristisch orientierte Form des Self-Policing. Im Gegensatz zu den Indizes zum Vermeidungs- und Schutzverhalten kann hier davon ausgegangen werden, dass allen Antworten ein gemeinsames Einstellungskonstrukt zugrunde liegt und die Items somit positiv interkorrelieren sollten. Folglich handelt es sich um eine Skala. Collective Efficacy wurde durch die Frage erhoben, für wie wahrscheinlich es Befragte halten, dass Nachbarn gemeinsam etwas unternehmen würden, um folgende Probleme im Stadtteil zu lösen („sehr wahrscheinlich" = 3 bis „sehr unwahrscheinlich" = 0): (1) wenn auf einer Grünfläche häufig Sperrmüll (z. B. alte Fernseher, Möbel, Kartons) herum liegt, (2) wenn eine Gruppe von Jugendlichen abends oft draußen herumsteht und Lärm macht, (3) wenn Wände immer wieder mit Graffiti besprüht werden. DieSkalenbildung erfolgte durch Mittelung über alle Antworten je Befragten. Cronbachs α für diese Skala beträgt 0,84.

Tabelle 1: Korrelationen zwischen den drei abhängigen Variablen

	Vermeidungsverhalten	Schutzverhalten	Collective Efficacy
Vermeidungsverhalten	1	-	-
Schutzverhalten	0,260*** (n = 3609)	1	-
Collective Efficacy	-0,057*** (n = 3569)	0,107*** (n = 3569)	1

* p ≤ 0,05; ** p ≤ 0,01; *** p ≤ 0,001

Wie man Tabelle 1 entnehmen kann, korrelieren der Vermeidungs- und der Schutzindex moderat positiv miteinander. Collective Efficacy hingegen korreliert negativ mit Vermeidungsverhalten und positiv mit Schutzverhalten. Personen, die Vermeidungsverhalten zeigen, tendieren auch dazu, Schutzverhalten auszuüben. Der schwach negative Zusammenhang zwischen Collective Efficacy und Vermeidungsverhalten kann dahingehend interpretiert werden, dass Personen, die die Collective Efficacy ihrer Nachbarschaft hoch einschätzen, sich selbst und ihre Nachbarschaft als wehrhaft wahrnehmen und somit eher aktiv gegen Disorder-Probleme vorgehen als zu resignieren und sich aus dem öffentlichen Raum zurückzuziehen.

4.2. Unabhängige Variablen

4.2.1. Level-1-Prädiktoren

Zur Überprüfung der Hypothesen, die die Relevanz der Einbettung in eine intakte Gemeinschaft postulieren, wurden verschiedene Dimensionen des nachbarschaftlichen Zusammenlebens erhoben, die als lokales Sozialkapital charakterisiert werden können (vgl. Friedrichs und Oberwittler 2007). Für den Index nachbarschaftliche Aktivitäten wurden Befragte gebeten, anzugeben, wie häufig sie die folgenden Dinge mit ihren Nachbarn in den letzten zwölf Monaten unternommen haben („sehr oft" = 4 bis „nie" = 0): (1) sich mit Nachbarn über Ereignisse oder Probleme unterhalten; (2) gemeinsam mit Nachbarn etwas in der Freizeit unternommen (z. B. Kaffee getrunken, gegessen, Sport getrieben); (3) Nachbarn etwas ausgeliehen (z. B. Werkzeug, Lebensmittel). Die Indexbildung erfolgte durch Mittelung der Antworten.

Nachbarschaftliches Vertrauen ist eine Skala aus 3 Items. Die Befragten sollten angeben, wie sehr die folgenden Aussagen auf ihre direkten Nachbarn zutreffen („trifft voll und ganz zu" = 4 bis „trifft überhaupt nicht zu" = 1): (1) den meisten Nachbarn hier kann man vertrauen; (2) wenn ich längere Zeit nicht da bin, bitte ich Nachbarn darum, nach meiner Wohnung zu schauen (Briefkasten leeren, Pflanzen gießen oder Haustier versorgen); (3)

wenn es darauf ankommen würde, könnte ich mich auf meine Nachbarn verlassen. Die Skalenbildung erfolgte auch hier durch Mittelung der Antworten. Cronbachs α für die Vertrauensskala beträgt 0,82.

Die Items zur Messung sozialer Kohäsion innerhalb der Nachbarschaft hatten dieselben Antwortvorgaben wie das nachbarschaftliche Vertrauen. Die Items lauten: (1) die Leute in meiner Nachbarschaft kenne ich größtenteils mit Namen; (2) die Leute in meiner Nachbarschaft sind bereit, sich gegenseitig zu helfen und zu unterstützen.   Cronbachs α für diese 2-Item-Skala beträgt 0,68. Wir gehen davon aus, dass diese individuellen Einschätzungen der Befragten über ihre Nachbarschaft für die Self-Policing-Aktivitäten relevanter sind als die auf Stadtteilebene aggregierten Werte dieser Variablen. Dies liegt zum einen daran, dass die direkte Nachbarschaft und nicht der Stadtteil den relevanten Kontext zur Bildung dieser Einschätzung darstellt. Zum anderen ist davon auszugehen, dass insbesondere in räumlich großen Stadtteilen diese Einschätzungen sehr heterogen ausfallen können, da sich die jeweiligen Wohngebiete in großen Stadtteilen u. U. deutlich voneinander unterscheiden. Das Stadtteilmittel stellt in solchen Fällen keinen repräsentativen Wert für das jeweilige Wohngebiet dar (Nonnenmacher 2007).

Die Wohndauer im Stadtteil wurde in Jahren abgefragt. Wohneigentum wurde mit den beiden Kategorien Eigentümer bzw. Mieter abgefragt (Eigentümer = 1, Mieter = 0).

Bei der persönlichen Viktimisierung handelt es sich um einen additiven Index, der sich auf 13 verschiedene Arten einer Viktimisierung bezieht. Die Befragten sollten angeben, ob ihnen Folgendes innerhalb der letzten 12 Monate in ihrem Stadtteil schon passiert ist („ja" = 1, „nein" = 0): (1) Beschädigung des Zweirads (Fahrrad, Mofa, Motorrad, Motorroller); (2) Diebstahl des Zweirads; (3) Beschädigung des Autos; (4) Aufbrechen des Autos und Diebstahl aus dem Auto; (5) Diebstahl des Autos; (6) Einbruch in die Wohnung; (7) von jemandem auf der Straße angepöbelt werden; (8) auf der Straße sexuell belästigt werden; (9) auf der Straße sexuell tätlich angegriffen werden; (10) als Fußgänger oder Radfahrer durch einen Verkehrsunfall verletzt werden; (11) auf der Straße von einem Hund gebissen werden; (12) auf der Straße ausgeraubt werden; (13) von jemand geschlagen oder verletzt werden. Für Befragte ohne Zweirad oder Auto wurden entsprechende Antwortvorgaben angeboten (habe kein Zweirad; habe kein Auto).

Der additive Index zur indirekten Viktimisierung basiert auf den gleichen Arten einer Viktimisierung wie der Index zur persönlichen Viktimisierung. Hier sollten die Befragten allerdings angeben, ob sie jemanden in ihrem Stadtteil kennen, dem so etwas innerhalb der letzten zwölf Monate passiert ist. Im Gegensatz zu den Fragen zur persönlichen Viktimisierung hatten die Befragten hier die Möglichkeit, „weiß nicht" als Antwortkategorie zu wählen.

Die praktizierte formelle soziale Kontrolle wurde mit Hilfe der Frage „Wie oft haben Sie sich in den letzten zwölf Monaten wegen Problemen in Ihrem Stadtteil an die Polizei gewendet" erfasst („nie" = 0, „1-2 mal" = 1, „3-5 mal" = 2, „6-10 mal" = 3, „öfter" = 4). Der Wunsch nach mehr formeller sozialer Kontrolle wurde durch die Zustimmung zum Item „Ich wünsche mir in meinem Stadtteil mehr Polizeistreifen" gemessen (ja = 1, nein = 0).

Um eine eventuelle Konfundierung der Effekte durch nicht kontrollierte Drittvariablen zu minimieren, nehmen wir auch soziodemografische Merkmale als Kontrollvariablen in die Modelle auf: Alter, Geschlecht (Mann = 1, Frau = 0), Familienstand (verheiratet = 1, anderes = 0), deutsche Staatsangehörigkeit (ja = 1, nein = 0), Schulbildung (Abitur und höher = 1, anderes = 0). Das Netto-Haushaltseinkommen (in 1.000 Euro) wurde in neun Klassen abgefragt. Um zu einer stetigen Einkommensvariable zu gelangen, wurde den Klassen das jeweilige Klassenmittel zugewiesen. Für die letzte nach oben hin offene Klasse wurde das Mittel auf Basis einer Pareto-Verteilung geschätzt (Parker und Fenwick 1983, West et al. 1992). Da wir an den Effekten der Stadtteilvariablen unter Kontrolle der Level-1-Prädiktoren interessiert sind, wurden alle Level-1-Prädiktoren um den Gesamtmittelwert zentriert (Enders und Tofighi 2007, Hofmann und Gavin 1998).

4.2.2. Level-2-Prädiktoren

Ein Teil der Stadtteilvariablen wurde durch Aggregation der entsprechenden individuellen Bewohnervariablen gebildet. So wurde der Anteil derjenigen im Stadtteil, die sich mehr formelle soziale Kontrolle im Stadtteil wünschen und die über Wohneigentum verfügen, aus den Individualdaten aggregiert. Entsprechend wurden durchschnittliche persönliche Viktimisierungen, durchschnittliche indirekte Viktimisierungen, durchschnittliche nachbarschaftliche Aktivitäten, durchschnittliches nachbarschaftliches Vertrauen und die durchschnittliche soziale Kohäsion durch Mittelwertbildung je Stadtteil bestimmt.

Damit eine solche Aggregation sinnvoll ist, sollten die Werte innerhalb eines Stadtteils hinreichend konsistent sein. Jeder Befragte wird somit als Rater aufgefasst, der eine individuelle Einschätzung hinsichtlich des gemeinsamen, nicht direkt gemessenen Stadtteilmerkmals abgibt. Die Konsistenz dieser Einschätzungen informiert dann über die ökologische Reliabilität der Messung dieses Stadtteilmerkmals (Oberwittler 2003).

Eine Möglichkeit zur Bestimmung der ökologischen Reliabilität besteht in der Berechnung von Intraklassenkorrelationen für die zu aggregierenden Prädiktoren (Bliese 2000). Die Intraklassenkorrelation lässt sich als Reliabilität einer einzelnen Einschätzung bezüglich des Stadtteilmerkmals interpretieren. Da es in jedem Stadtteil aber mehrere Einschätzungen gibt, kann nach der Reliabilität des Mittelwerts dieser Einschätzungen gefragt werden. Jede individuelle Einschätzung innerhalb eines Stadtteils wird dabei als paralleles Item zur Messung des Stadtteilmerkmals aufgefasst (Snijders und Bosker 1999: 25). Über die bekannte Spearman-Brown-Formel (Nunnally und Bernstein 1994: 230 ff.) gelangt man dann von der Reliabilität einer einzelnen Einschätzung zur Reliabilität des Mittelwerts innerhalb eines Stadtteils (Bliese 2000; Snijders und Bosker 1999: 26). Mittelt man nun diese stadtteilspezifischen Reliabilitäten über alle Stadtteile, erhält man den Durchschnitt der J stadtteilspezifischen Reliabilitäten λ. Diese Maßzahl informiert über die Repräsentativität der Gruppenmittelwerte für die nicht direkt gemessenen Stadtteilmerkmale und wird wie üblich als Anteil der Varianz der wahren Gruppenmittelwerte an der Varianz der beobachteten Gruppenmittelwerte interpretiert (Raykov und Marcoulides 2006). Für die 49 Mittelwerte zur persönlichen Viktimisierung ergibt sich eine durchschnittliche ökologische Reliabilität von 0,80, für die indirekte Viktimisierung von 0,83, für durchschnittliche nachbarschaftliche Aktivitäten von 0,82, für durchschnittliches nachbarschaftliches Vertrauen von 0,91 und für die durchschnittliche soziale Kohäsion von 0,89. Für den Anteilswert „Wunsch nach mehr formeller sozialer Kontrolle", der als Mittelwert einer 0/1 kodierten Variable interpretiert werden kann, ergibt sich eine Reliabilität von 0,82. Ab einer stadtteilspezifischen Reliabilität ≥ 0,70 gilt eine Aggregation als akzeptabel (Dixon und Cunningham 2006). Insofern sind die ökologischen Reliabilitäten der aggregierten Prädiktoren als durchaus zufriedenstellend zu betrachten.

Die sozialstrukturellen Stadtteilvariablen „Prozent Arbeitsloser" und Prozent Sozialhilfeempfänger" entstammen den „Stadtteilprofilen 2003" des Statistikamts Nord. Gleiches gilt für die Wohnfluktuation. Sie entspricht dem aus der demografischen Forschung bekannten Wanderungsvolumen, berechnet als Summe aus Zuzügen und Fortzügen bezogen auf 1.000 Personen der Bevölkerung. Um Ungleichbehandlungen von Umzügen innerhalb und zwischen Ortsteilen innerhalb eines Stadtteils in der amtlichen Statistik Rechnung zu tragen, bezieht sich diese Zahl nur auf Zu- und Fortzüge, die mit einem Wechsel des Stadtteils verbunden waren. Zur Bestimmung der Kriminalitätsbelastung wurde die Zahl der Straßenkriminalitätsdelikte je 1.000 Bewohner im Stadtteil der „Polizeilichen Kriminalstatistik" für 2002 entnommen. Wir haben uns für diese Häufigkeitsziffer entschieden, da insbesondere von Straßenkriminalitätsdelikten anzunehmen ist, dass sie zum einen aufgrund ihrer Schwere das Self-Policing-Verhalten der Befragten beeinflussen. Demgegenüber dürften umfassendere Häufigkeitsziffern wie z. B. Straftaten insgesamt je 1.000 Einwohner, die etwa auch Wirtschaftsdelikte und Schwarzfahren enthalten, kaum eine Beziehung zu Self-Policing-Aktivitäten aufweisen. Zum anderen stellen unsere Self-Policing-Formen überwiegend Verhaltensweisen oder Maßnahmen dar, die sich auf den Schutz im öffentlichen Raum beziehen. Daher gehen wir von einem stärkeren Zusammenhang mit Delikten aus, die sich ebenfalls im öffentlichen Raum ereignen und eine entsprechende Sichtbarkeit aufweisen.

Alle Level-2-Prädiktoren wurden um den Mittelwert zentriert in die Modelle aufgenommen. Die deskriptiven Statistiken aller Level-1- und Level-2-Variablen sind Tabelle 2 zu entnehmen.

Tabelle 2: Deskriptive Statistiken der Level-1- und Level-2-Variablen

Variable	Mit-telwert	Stand. abw.	Min.	Max.	N
Level-1-Variablen					
Vermeidungsverhalten	2,460	1,969	0	7	3609
Schutzverhalten	0,998	0,954	0	4	3609
Collective Efficacy	1,633	0,821	0	3	3572
Alter	47,255	17,169	18	94	3598
Mann	0,475	0,499	0	1	3604
verheiratet	0,491	0,500	0	1	3593
deutsch	0,923	0,267	0	1	3601
Abitur und höher	0,348	0,476	0	1	3529
Haushaltseinkommen in 1000 Euro	2,030	1,222	0,250	5,099	3451
nachbarschaftliche Aktivitäten	1,652	1,055	0	4	3603
nachbarschaftliches Vertrauen	3,142	0,843	1	4	3594
soziale Kohäsion	2,988	0,651	1	4	3598
Wohndauer	17,546	16,890	0	83	3589
Wohneigentümer	0,302	0,459	0	1	3584
persönliche Viktimisierung	0,993	1,304	0	10	3611
indirekte Viktimisierung	3,241	2,765	0	13	3250
praktizierte formelle Kontrolle	0,322	0,588	0	4	3597
Wunsch nach mehr formeller sozialer Kontrolle	0,386	0,487	0	1	3579
Level-2-Variablen					
Arbeitslose in %	7,986	2,702	2,9	16	49
Sozialhilfeempfänger in %	8,135	4,190	1	16,5	49
durchschnittliche nachbar-schaftliche Aktivitäten	1,633	0,283	1	2,444	49
durchschnittliches nach-barschaftliches Vertrauen	3,115	0,305	2,120	3,724	49
durchschnittliche soziale Kohäsion	2,971	0,220	2,456	3,524	49
Wohnfluktuation	259,39	127,88	126,09	766,73	49
Anteil Wohneigentümer	0,285	0,213	0	0,683	49
durchschnittliche persönliche Viktimisierung	1,014	0,328	0,243	1,987	49
durchschnittliche indirekte Viktimisierung	3,305	0,794	1,643	4,807	49
Straßenkriminalitätsdelikte je 1000 Einwohner	91,73	164,17	9,90	1082,81	49
Anteil Wunsch nach mehr formeller sozialer Kontrolle	0,394	0,131	0,083	0,618	49

5. Analysestrategie und Ergebnisse

Um die verschiedenen Analyseebenen (Merkmale der Bewohner und Merkmale der Stadt-teile) mit der jeweils korrekten Zahl an Freiheitsgraden sowie eventuelle Abhängigkeiten zwischen den Bewohnern innerhalb eines Stadtteils statistisch angemessen berücksichtigen zu können, wurden die Analysen mit Hilfe von Mehrebenenmodellen durchgeführt (Rau-denbush und Bryk 2002, Snijders und Bosker 1999). Die Berücksichtigung von Stadtteil-merkmalen neben Individualvariablen als Einflussgrößen individueller Self-Policing-

Aktivitäten entspricht dabei den postulierten Hypothesen, nach denen sowohl eine intakte Nachbarschaft als auch der sozialstrukturelle Kontext und die Kriminalitätsbelastung das Self-Policing-Verhalten direkt beeinflussen. Somit besteht ein Interesse an den Haupteffekten der Stadtteilprädiktoren auf individuelle Self-Policing-Aktivitäten. Die modellmäßige Umsetzung zum Testen dieser Hypothesen entspricht einem Random-Intercept-Modell (Snijders und Bosker 1999: 38 ff.). Alle Mehrebenenmodelle wurden mit dem Maximum-Likelihood-Schätzer des xtmixed-Kommandos in Stata 10 geschätzt (Rabe-Hesketh und Skrondal 2008). Fälle mit fehlenden Werten wurden listenweise von der Analyse ausgeschlossen.

In einem ersten Schritt wurde für jede der drei abhängigen Variablen ein Nullmodell berechnet, das die Varianz der abhängigen Variablen in Binnen- und Zwischenvarianz zerlegt. Die so geschätzten Varianzen bilden einerseits die Basis zur Berechnung der Varianzaufklärung bei Einführung von Prädiktoren. Andererseits ist es mit diesen Angaben möglich, die Intraklassenkorrelation (ICC) zu berechnen. Für den Vermeidungsverhaltensindex beträgt die ICC 0,12, d. h. 12 % der Varianz liegen zwischen den Stadtteilen und können maximal durch Stadtteilvariablen erklärt werden. Die entsprechenden ICC-Werte für das Schutzverhalten und die Collective Efficacy sind 0,06 respektive 0,10. In einem zweiten Schritt wurden soziodemografische Prädiktoren auf der Individualebene eingeführt (Tabelle 3, Spalten 1, 4 und 7). Wie in Tabelle 3 an den jeweiligen Level-2-Determinationskoeffizienten[2] zu sehen ist, geht ein Teil der Stadtteilunterschiede auf Kompositionseffekte zurück. So erklären die soziodemografischen Variablen auf der Individualebene 15 % der Stadtteilvarianz im Vermeidungsverhalten, 60 % im Schutzverhalten und 33 % in der Collective Efficacy. Danach wurden die theoretisch relevanten Level-1-Prädiktoren in die Modelle aufgenommen (Tabelle 3, Spalten 2, 5 und 8).

Die Modellspezifikation in Mehrebenenmodellen beinhaltet eine schwierige Abwägung bezüglich der Aufnahme von Level-1-Prädiktoren. Confounder müssen kontrolliert werden, da andernfalls das Modell fehlspezifiziert ist und sämtliche Koeffizienten verzerrt sind (Oakes 2004). Werden allerdings die Effekte von Level-2-Prädiktoren über Level-1-Prädiktoren vermittelt, wäre es falsch, diese Level-1-Mediatoren im Modell zu kontrollieren. Dieses Vorgehen würde die Effekte der Level-2-Prädiktoren „wegerklären" (Blakely und Woodward 2000). Man spricht in diesem Zusammenhang auch von Overcontrolling. Da in Querschnittstudien empirisch nicht zwischen Confounding und Mediation unterschieden werden kann (MacKinnon et al. 2000), ist diese Klassifikation und damit die Entscheidung über die Aufnahme eines Prädiktors von den Zielen der jeweiligen Studie abhängig. Insbesondere den individuellen Wahrnehmungen kollektiver Eigenschaften wie etwa nachbarschaftliches Vertrauen oder soziale Kohäsion könnte die Mediatorrolle zukommen. Durch ihre Aufnahme bestünde somit die Gefahr, Effekte von Level-2-Prädiktoren „wegzuerklären". Da das Weglassen der Level-1-Versionen von nachbarschaftlichen Vertrauen und

---

[2] Wir verwenden hier den von Raudenbush und Bryk (2002) vorgeschlagenen Determinationskoeffizienten; vgl. auch Langer (2009: 151f.).

sozialer Kohäsion kaum nennenswerte Änderungen der Effekte der Level-2-Prädiktoren zur Folge hat[3], haben wir uns für die Aufnahme dieser Prädiktoren entschieden, da sie z. T. einen signifikanten Einfluss auf die Self-Policing-Variablen haben und somit das Ausmaß einer Fehlspezifikation durch Auslassen relevanter Variablen verringert wird.

Auch die Aufnahme der theoretisch relevanten Level-1-Prädiktoren erklärt Stadtteilunterschiede in den abhängigen Variablen. Diese Variablen verteilen sich demnach nicht zufällig über die Stadtteile. Aber selbst nach Kontrolle aller Level-1-Prädiktoren verbleiben signifikante Stadtteilunterschiede. Aus diesem Grund wurde versucht, diese Stadtteilunterschiede durch die Aufnahme von Level-2-Prädiktoren zu erklären (Tabelle 3, Spalten 3, 6 und 9). Da die Level-2-Prädiktoren keine Level-1-Varianz aufklären können, bleiben die Level-1-Determinationskoeffizienten im Wesentlichen unverändert.

Sowohl der Index Vermeidungsverhalten als auch der Index Schutzverhalten sind Zählvariablen, d. h. sie sind rechtsschief verteilte Variablen, die nur nichtnegative ganzzahlige Werte annehmen können. Dies entspricht jedoch nicht den üblichen Annahmen linearer Modelle, gehen diese doch davon aus, dass die abhängige Variable normalverteilt ist und zwischen $-\infty$ und $+\infty$ jeden Wert annehmen kann. Da die Anwendung eines linearen Modells auf solche Zählvariablen zu verzerrten, inkonsistenten und ineffizienten Schätzungen führen kann (Long 1997: 217), haben wir auch Mehrebenen-Poissonmodelle gerechnet (*xtmepoisson* in Stata 10). Die Ergebnisse bleiben jedoch im Wesentlichen unverändert. Lediglich die Prädiktoren Haushaltseinkommen und Wohnfluktuation verlieren im vollständigen Poisson-Modell zur Erklärung des Schutzverhaltens ihre Signifikanz. Aus diesem Grund berichten wir hier ausschließlich die leichter zu interpretierenden linearen Modelle.

---

[3] Der einzige Level-2-Prädiktor, der beim Weglassen des individuellen nachbarschaftlichen Vertrauens und der individuellen sozialen Kohäsion signifikant wird, ist die durchschnittliche soziale Kohäsion im Modell zur Erklärung der Collective Efficacy.

Tabelle 3: Mehrebenenmodelle zu den drei Dimensionen des Self-Policing-Verhaltens

Modell abhängige Variable	(1)	(2)	(3)	(4)	(5)	(6)	(7)	(8)	(9)
	Vermeidungsverhalten			Schutzverhalten			Collective Efficacy		
Konstante	2,345*	2,292*	2,282*	0,991*	0,984*	0,987*	1,648*	1,636*	1,643*
Level-1-Prädiktoren									
Alter	0,015*	0,019*	0,019*	0,010*	0,005*	0,005*	0,005*	0,000	0,000
Alter quadriert	0,000*	0,001*	0,001	0,000	0,000	0,000	-0,000	-0,000	-0,000
Mann	-1,083	-1,141	-1,129	-0,126	-0,123	-0,120	-0,046	-0,008	-0,005
verheiratet	0,063	0,102	0,095	0,155*	0,073*	0,065	0,050	0,002	-0,009
deutsch	-0,221	-0,147	-0,142	0,130	0,099	0,085	-0,103	-0,126	-0,144
Abitur und höher	-0,366	-0,240	-0,224	-0,154	-0,088	-0,079	-0,137	-0,164	-0,154
Haushaltseinkommen	-0,08*	0,067	0,068	0,079	0,035	0,032*	0,072	0,033*	0,029*
nachbarschaftl.Aktivitäten		0,856*	0,821*		0,272*	0,263*		-0,055	-0,052
nachbarschaftl. Vertrauen		-0,178	-0,166		0,006	0,002		0,212	0,208
soziale Kohäsion		-0,208	-0,203		0,001	-0,006		0,194*	0,183*
Wohndauer		-0,003	-0,003		0,005	0,005		-0,002	-0,002
Wohneigentümer		0,088	0,090		0,508*	0,482*		0,060	0,025
persönliche Viktim.		0,004	0,003		0,058*	0,062*		0,070	0,072
indirekte Viktim.		0,095*	0,095*		0,067*	0,068		-0,016	-0,014
praktizierte form. Kontrolle		0,131*	0,127*		0,055*	0,056*		-0,005	-0,004
Wunsch mehr form. Kontr.		0,159	0,158		0,109*	0,119*		-0,075	-0,068
Level-2-Prädiktoren									
Arbeitslose in %			-0,012			-0,032			-0,026
Sozialhilfeempfänger in %			-0,005			-0,004			0,003
nachbarschaftl. Aktivitäten[a]			-0,073			-0,193			-0,282
nachbarschaftl. Vertrauen[a]			-0,284			0,014			-0,024
soziale Kohäsion[a]			0,093			0,323			0,418*
Wohnfluktuation[a]			-0,133			0,382*			-0,014
Anteil Wohneigentümer			0,597			0,031			0,256
persönl. Viktimisierung[a]			-0,319			0,074			-0,068
indirekte Viktimisierung[a]			0,292*			-0,001			0,060
Straßenkrim. je 1000 EW[b]			0,355			-0,063			-0,093
Wunsch mehr form. Kontr[c]			2,138*			0,485*			-0,029
Varianzkomponenten									
τ_{00}	0,377	0,158	0,028	0,020	0,009	0,001	0,044	0,015	0,001
σ^2	2,922	2,406	2,404	0,815	0,673	0,673	0,583	0,507	0,507
Gütemaße									
$R^2_{Level-1}$	0,137	0,289	0,290	0,066	0,229	0,229	0,030	0,156	0,157
$R^2_{Level-2}$	0,154	0,646	0,937	0,604	0,820	0,981	0,328	0,773	0,979
Log Likelihood	-5865,3	-5562,4	-5535,6	-3937,2	-3645,7	-3632,8	-3431,6	-3209,8	-3186,6
N		2973			2973			2950	

[a] arithm. Mittel der Befragten im Stadtviertel [b] Koeffizient × 1000 [c] Anteil der Befragten im Stadtviertel
Alle Prädiktoren sind um den Gesamtmittelwert zentriert. Erklärte Varianzen im Vergleich zum Nullmodell. * $p \leq 0,05$; ** $p \leq 0,01$; *** $p \leq 0,001$

Kommen wir nun zur Frage, inwiefern unsere Hypothesen durch die Daten gestützt werden. Die Ergebnisse der Mehrebenenanalysen bestätigen die postulierten Effekte des kommunitären Gemeinschaftsdiskurses nur teilweise. So zeigt sich für die defensive Self-Policing-Variable Vermeidungsverhalten insgesamt ein eher negativer Einfluss eines intakten Nachbarschaftskontexts. Zwar hat die Häufigkeit der Nachbarschaftsaktivitäten einen positiven signifikanten Einfluss auf das Vermeidungsverhalten. Für die Variablen Vertrauen in Nachbarn und soziale Kohäsion ergeben sich aber negative Zusammenhänge: Das Vermeidungsverhalten ist umso stärker, je geringer das nachbarschaftliche Vertrauen und die soziale Kohäsion sind. Neben einem problematischen individuellen Nachbarschaftskontext fördern auch indirekte Viktimisierungserfahrungen das Vermeidungsverhalten. Dieser Zusammenhang findet sich auch auf der Stadtteilebene wieder, da auch hier die durchschnittliche indirekte Viktimisierung im Stadtteil einen positiven – über die individuelle indirekte Viktimisierung hinausgehenden – Effekt besitzt. Der Anteil derjenigen, die sich mehr formelle soziale Kontrolle im Stadtteil wünschen, besitzt ebenfalls einen positiven Effekt. Die durchschnittliche persönliche Viktimisierung im Stadtteil und die Indikatoren einer problematischen Sozialstruktur sowie des Nachbarschaftskontextes sind auf der Stadtteilebene jedoch nicht signifikant. Für die soziodemografischen Variablen kann festgestellt werden, dass Vermeidungsverhalten mit zunehmenden Alter überproportional ansteigt, Männer diese defensiven Präventionsmaßnahmen weniger ausführen als Frauen und eine hohe Bildung sowie ein steigendes Haushaltseinkommen das Vermeidungsverhalten verringern. Die aufgenommenen Prädiktoren erklären zusammen 29 % der Level-1- und 94 % der Level-2-Varianz.

Auch für die Self-Policing-Variable Schutzverhalten bestätigen sich die postulierten Hypothesen nur teilweise. Der individuelle Nachbarschaftskontext erweist sich nicht als durchgängig erklärungskräftig. Vertrauen in Nachbarn und soziale Kohäsion haben keinen Einfluss auf das Schutzverhalten. Schutzmaßnahmen werden allerdings eher von Personen ergriffen, die häufig Aktivitäten mit ihren Nachbarn unternehmen. Zudem zeigen Wohnungseigentümer – wie vermutet – mehr Schutzverhalten und die Schutzmaßnahmen nehmen mit steigender Wohndauer zu. Ebenfalls bestätigen sich die postulierten positiven Effekte persönlicher und indirekter Viktimisierungserfahrungen. Auf Stadtteilebene ergeben sich im linearen Modell drei signifikante Effekte. Der Anteil an Arbeitslosen im Stadtteil verringert die Schutzmaßnahmen und bestätigt somit – zumindest auf diesen Indikator bezogen – unsere Hypothese, dass eine unproblematische Sozialstruktur die Häufigkeit von Schutzmaßnahmen fördert. Der positive Effekt der Wohnfluktuation auf das Schutzverhalten widerspricht dieser Hypothese allerdings.[4] Zusätzlich erhöht der Anteil derjenigen, die sich mehr formelle soziale Kontrolle im Stadtteil wünschen, das individuelle Schutzverhalten. Da dieser Kontexteffekt über den individuellen Wunsch nach mehr formeller sozialer Kontrolle hinausgeht, kann dieser Einfluss als Reaktion auf geringe polizeiliche Präsenz im Stadtteil interpretiert werden. Für die Kontrollvariablen zeigt sich, dass Schutzverhalten mit dem Alter zunimmt. Der überproportionale Effekt, der beim Vermeidungsverhalten sichtbar wurde, zeigt sich hier allerdings nicht mehr. Auch das Haushaltseinkommen besitzt einen positiven Effekt. Männer und höher Gebildete ergreifen dagegen weniger Schutzmaßnahmen. Die aufgenommenen Individual- und Stadtteilprädiktoren leisten eine Varianzaufklärung von 23 % auf Level-1 und von 98 % auf Level-2.

---

[4] Dieser Effekt ist allerdings – wie bereits erwähnt – im Mehrebenen-Poissonmodell nicht signifikant.

Für die Collective Efficacy als kollektiv und kommunitaristisch orientierte Self-Policing-Variable bestätigt sich eine Reihe von Hypothesen. Mit sozialer Kohäsion und nachbarschaftlichem Vertrauen haben zwei Indikatoren eines intakten Nachbarschaftskontextes einen signifikanten positiven Einfluss auf die Collective Efficacy. Weiter ist ein positiver Zusammenhang mit persönlichen Viktimisierungserfahrungen festzustellen. Wie bei den Schutzmaßnahmen findet sich auf der Stadtteilebene ein negativer Effekt des Anteils an Arbeitslosen im Stadtteil und stützt damit die Hypothese, dass eine unproblematische Sozialstruktur Self-Policing fördert. Ein Blick auf die Kontrollvariablen zeigt, dass die Collective Efficacy bei Deutschen und Hochgebildeten geringer ist, während sie mit dem Haushaltseinkommen zunimmt. Die Level-1-Varianzaufklärung ist mit 16 % bei der Collective Efficacy die geringste unter unseren Self-Policing-Variablen. Auf der Stadtteilebene werden 98 % der Varianz im Vergleich zum Nullmodell erklärt.

Insgesamt zeigt sich also, dass die postulierten positiven Effekte einer intakten nachbarschaftlichen Gemeinschaft auf das Self-Policing-Verhalten der Bürger nicht durchgängig bestätigt werden. Somit wird die Hypothese des Gemeinschaftsdiskurses der Kommunalen Kriminalprävention, dass gute nachbarschaftliche Beziehungen das Self-Policing-Verhalten der Bürger fördern, nur partiell gestützt. Aber in der Wendung Steinerts (1995), wonach eine intakte nachbarschaftliche Gemeinschaft kommunitaristisch geprägte und kollektiv orientierte Formen von Self-Policing wie das gemeinsame Vorgehen gegen Disorder wie z. B. Sperrmüll auf Grünflächen, Lärmbelästigung durch Jugendliche oder Graffiti begünstigt, wird diese Hypothese durch unsere Daten durchaus bestätigt.

In Bezug auf die nicht kommunitaristisch orientierten Self-Policing-Aktivitäten wie Vermeidungsverhalten und das Ergreifen von Schutzmaßnahmen scheinen allerdings vor allem indirekte Viktimisierungserfahrungen einen konsistenteren Effekt zu besitzen als ein intakter Nachbarschaftskontext. So hat die Häufigkeit der Nachbarschaftskontakte zwar einen positiven Effekt auf das Vermeidungs- und Schutzverhalten. Nachbarschaftsaktivitäten scheinen jedoch kein widerspruchsfreier Indikator eines intakten Nachbarschaftskontextes darzustellen, weil sie in Bezug auf das Ergreifen von Schutzmaßnahmen nicht mit sozialer Kohäsion und nachbarschaftlichen Vertrauen einhergehen und hinsichtlich des Vermeidungsverhaltens trotz der negativen Effekte der sozialen Kohäsion und des nachbarschaftlichen Vertrauens ein positiver Einfluss der Häufigkeit der Nachbarschaftskontakte besteht. Es ist davon auszugehen, dass häufige Kontakte zu Nachbarn dazu führen, dass man vermehrt von Viktimisierungen erfährt, was eine Erklärung für den positiven Effekt darstellen könnte. Unsere Ergebnisse legen daher nahe, Vermeidungsverhalten und Schutzmaßnahmen, wie in der klassischen Kriminalitätsfurchtforschung üblich, als Indikatoren konativer Kriminalitätsfurcht zu betrachten und nicht als davon losgelöste individuelle Präventionsaktivitäten. Diese Annahme gewinnt zusätzlich an Plausibilität, wenn man die Effekte des Wunsches nach mehr Polizeipräsenz auf die verschiedenen Self-Policing-Formen berücksichtigt. Für die nicht kommunitaristisch orientierten Self-Policing-Variablen Vermeidungs- und Schutzverhalten ergeben sich sowohl auf der individuellen als auch auf der Stadtteilebene signifikante positive Effekte. Insofern fungieren die nicht kommunitaristisch orientierten Self-Policing-Aktivitäten keineswegs als Substitut für formelle soziale Kontrolle. Auf die Collective Efficacy hat der Wunsch nach mehr Polizeipräsenz demgegenüber einen negativen Einfluss. Auch die Ergebnisse für die Variable, wie häufig ein Befragter die Polizei gerufen hat, bestätigen diese Interpretation. Je häufiger sich eine Person an die Polizei gewendet hat, desto mehr Vermeidungs- und Schutzverhalten zeigt sie. Für die Collective Efficacy ergibt sich jedoch kein Zusammenhang. Dies lässt vermuten, dass sich Bewohner für die Beseitigung von Disorder-Problemen eher selber verantwortlich fühlen.

Ein weiterer Unterschied zu den nicht kommunitaristisch geprägten Self-Policing-Aktivitäten, der in diesem Zusammenhang bedeutsam ist, besteht darin, dass diese nicht primär auf Disorder abzielen, sondern auf den Umgang mit Kriminalitätsrisiken. Eine mögliche Erklärung für die vorgefundenen Unterschiede im Umgang mit Disorder-Problemen und Kriminalitätsrisiken könnte darin bestehen, dass sich Bürger deshalb eher für erstere selbst zuständig fühlen, weil es für die Lösung von Disorder-Problemen keine formellen korporativen Akteure gibt, die zu deren Beseitigung herangezogen werden könnten, während Bürger Kriminalprävention primär als Aufgabe der Polizei betrachten. Gestützt wird diese Annahme durch die Ergebnisse einer repräsentativen Bevölkerungsbefragung durch die Polizeiliche Kriminalprävention der Länder und des Bundes, die sich unter anderem mit der Frage beschäftigt, inwieweit sich Bürger selbst für den Schutz vor Kriminalität verantwortlich fühlen oder die Zuständigkeit für Kriminalprävention beim Staat verorten. Diese Studie hat ergeben, dass „die überwältigende Mehrheit der Bürger die Verantwortlichkeit für den Themenkomplex Kriminalprävention in erster Linie beim Staat an[siedelt]. Gerade einmal 8 Prozent der Deutschen sehen eine primäre Verantwortlichkeit für die Prävention bei den Bürgern selbst" (zit. nach Jasch 2003: 415).

Weiter legen unsere Ergebnisse nahe, dass nachbarschaftliche Fürsorge in ihrer traditionellen Form zwar durchaus funktioniert, aber nicht mit einer Community-Orientierung im Sinne des Neighbourhood Watch gleichzusetzen ist, da sie nicht in organisierten Bahnen verläuft, sondern eher auf der Ebene informeller Nachbarschaftshilfe bleibt. Beim Auftreten von Sperrmüll auf Grünflächen, Lärmbelästigung durch Jugendliche oder mit Graffiti besprühten Wänden hält es die Mehrheit der Befragten für wahrscheinlich, dass die Nachbarn gemeinsam etwas dagegen unternehmen würden. Streifengänge im Stadtteil oder die Beteiligung an einer Bürgerinitiative – beides Formen von Self-Policing, die als Ausdruck einer Community-Orientierung verstanden werden können – finden jedoch kaum statt. Lediglich 10,9 % der Befragten haben sich schon einmal an einer Bürgerinitiative beteiligt und Streifengänge im Stadtteil wurden nur von 3,1 % der befragten Personen unternommen. Leider konnten wir diese Formen praktizierter informeller sozialer Kontrolle nicht in unserem Modell als abhängige Variablen berücksichtigen, da die Varianz zwischen den Stadtteilen zu gering war.

6. Diskussion

Zunächst sind einige methodische Aspekte anzusprechen. Wie bei allen Querschnittsstudien können auch unsere Ergebnisse nicht kausal interpretiert werden. Die Interpretation der Effekte als kausal ist schon in Querschnittsmodellen mit nur einer Analyseebene problematisch. Im Mehrebenenfall nehmen die Schwierigkeiten diesbezüglich weiter zu (vgl. Oakes 2004). Ebenso können wir trotz Aufnahme soziodemografischer Kontrollvariablen Verzerrungen aufgrund nicht berücksichtigter Einflussgrößen nicht ausschließen. So haben wir beispielsweise in unserem Datensatz keine Variable, die über die Zahl der Kinder von Befragten informiert. Da davon ausgegangen werden muss, dass die Sorge um die Sicherheit des eigenen Nachwuchses einen Einfluss auf die Self-Policing-Aktivitäten hat, kann eine Konfundierung der Effekte somit nicht ausgeschlossen werden.

Der Umstand, dass nur wenige Stadtteilvariablen einen Effekt auf die drei individuellen Self-Policing-Aktivitäten ausüben, könnte zum einen damit erklärt werden, dass der administrative Stadtteil, für den üblicherweise Kontextdaten vorliegen, nicht dem subjektiv relevanten Aktionsraum, d. h. dem subjektiven „Stadtplan" der Befragten entspricht (vgl. Friedrichs 1983). Somit ist die Möglichkeit gegeben, dass sich etwa die Antworten der Befragten und die Daten der amtlichen Statistik bzw. der Polizeilichen Kriminalstatistik auf unterschiedliche Gebietseinheiten beziehen, was in der Folge zu schwachen Zusammenhängen führt. Die Effekte der Stadtteilvariablen können auch dann systematisch unterschätzt werden, wenn die Stadtteile als sozialer Bezugsrahmen räumlich zu groß sind, um handlungsrelevant zu sein. Große Stadtteile sind häufig auch sehr heterogen und für diese Gebietseinheiten berechnete Kennzahlen stellen dann keinen repräsentativen Wert dar (Nonnenmacher 2007).

Ein generelles Problem beim Arbeiten mit aggregierten Daten besteht darin, dass verschiedene Definitionen der Kontexte bzw. Gebietseinheiten zu unterschiedlichen Ergebnissen führen können. In der Geografie ist das Problem der Ergebnisabhängigkeit statistischer Analysen von der Definition der Untersuchungseinheiten als Modifiable Areal Unit Problem (MAUP) bekannt (Amrhein 1995). Man unterscheidet dabei einen Scale-Effekt, also die Abhängigkeit der Ergebnisse von der Aggregationsebene, auf der die Daten aggregiert werden (z. B. Ortsteil, Stadtteil, Bezirk), von einem Zoning-Effekt, d. h. den Auswirkungen von Grenzverschiebungen innerhalb einer Aggregationsebene auf die Ergebnisse statistischer Analysen. Da die Daten der amtlichen Statistik immer nur für bestimmte Gebietseinheiten verfügbar sind, können die Auswirkungen verschiedener Aggregationsniveaus und/oder Zonierungen auf die Ergebnisse statistischer Modelle im Allgemeinen nicht abgeschätzt werden. Unserer Ansicht nach kann auch das Problem des Nachweises von Kontexteffekten in Abhängigkeit von der Stadtteilgröße unter diese Diskussion subsumiert werden.

Trotz dieser methodischen Vorbehalte sprechen unsere Ergebnisse dafür, dass sich eine Community-Orientierung und Bürgeraktivierung wie sie im kommunitären Gemeinschaftsdiskurs der Kommunalen Kriminalprävention vorgegeben wird, nicht in gleicher Weise in der Handlungspraxis der Bevölkerung niederschlägt, sondern weitgehend auf der programmatischen Ebene der politischen Akteure stecken bleibt. Eine Ursache dafür, dass sich die Umsetzung von Präventionsstrategien, die auf dem Konzept des Community Policing basieren, in Deutschland schwierig gestaltet, ist darin zu sehen, dass die Einbindung zivilgesellschaftlicher Akteure in die Kriminalprävention bislang hierzulande überhaupt keine Tradition hat. Im Gegensatz dazu hat sich z. B. in Großbritannien die Bürgerbeteiligung im Rahmen von Community-Safety-Programmen schon seit langer Zeit fest etabliert. Die Verlagerung der Verantwortlichkeit für Sicherheit und Kriminalitätskontrolle auf den Staat vollzog sich in Großbritannien erst im 19. Jahrhundert und stellt damit dort noch eine relativ neue historische Entwicklung dar: „In Britain the historic movement from communal self-help through the development of justices of the peace as purveyors of local justice led only relatively recently to the establishment of a formal state criminal justice system. […] Today, this trajectory has been stalled by a partial move back to communal self-help" (Zedner 2000: 204). In Großbritannien existiert traditionell hohes Vertrauen in die ehrenamtliche Mitarbeit von Bürgern auf dem Gebiet Community Safety und ist ausdrücklich erwünscht. So gibt es eine Vielzahl an Community-basierten Projekten, die auf die Initiative von Bürgern zurückgehen, während vergleichbare Einrichtungen auf lokaler Ebene in Deutschland überwiegend staatlich initiiert sind. Diese komparative Betrachtung zeigt, dass der „Import" von Präventionskonzepten und -strategien auf die programmatische Ebene der politischen Akteure keine Garantie für ihre praktischen Erfolge darstellt, da ihre Umsetzbarkeit in hohem Maße von den spezifischen nationalen Kontextbedingungen abhängig zu sein scheint.

Literaturverzeichnis

Amrhein, C. G., 1995. Searching for the Elusive Aggregation Effect: Evidence from Statistical Simulations. *Environment and Planning,* 27, 105-119.

Bayley, D. H., Shearing, C. D., 1996. The Future of Policing. *Law & Society Review,* 30, 585-606.

Bellair, P. E. 2000. Informal Surveillance and Street Crime: A Complex Relationship. *Criminology,* 38, 137-169.

Berner, F., Groenemeyer A., 2000. „…denn sie wissen nicht, was sie tun". Die Institutionalisierung kommunaler Kriminalprävention im Kriminalpräventiven Rat. *Soziale Probleme,* 11, 83-115.

Blakely, T. A., Woodward, A. J., 2000. Ecological Effects in Multi-Level Studies. *Journal of Epidemiological Community Health,* 54, 367-374.

Bliese, P. D., 2000. Within-Group Agreement, Non-Independence, and Reliability. Implications for Data Aggregation and Analysis. In: Klein, K. J., Kozlowski, S. W. J. (Eds.), *Multilevel Theory, Research, and Methods in Organizations. Foundations, Extensions, and New Directions.* San Francisco: Jossey-Bass, 349-381.

Bollen, K., Lennox, R., 1991. Conventional Wisdom on Measurement: A Structural Equation Perspective. *Psychological Bulletin,* 110, 305-314.

Bröckling, U., 2004. Prävention. In: Bröckling, U., Krasmann, S., Lemke, T. (Hg.), *Glossar der Gegenwart.* Frankfurt/M.: Suhrkamp, 210-215.

Bursik, R. J., Jr., 1988. Social disorganization and theories of crime and delinquency: Problems and prospects. *Criminology,* 26, 519-551.

Crawford, A., 1998. *Crime Prevention and Community Safety.* London.

Crawford, A., 2002. Introduction: Governance and Security. In: Crawford, A. (Ed.): *Crime and Insecurity. The Governance of Safety in Europe.* Cullompton, 1-23.

Diamantopoulos, A., Winklhofer, H. M. 2001. Index Construction with Formative Indicators: An Alternative to Scale Development. *Journal of Marketing Research,* 38, 269-277.

Dietz, R. D., Haurin, D. R. 2003. The Social and Private Micro-level Consequences of Homeownership. *Journal of Urban Economics,* 54, 401-450.

DiPasquale, D., Glaeser, E. L., 1999: Incentives and Social Capital: Are Homeowners Better Citizens? *Journal of Urban Economics,* 45, 354-384.

Dixon, M. A., Cunningham, G. B. 2006. Data Aggregation in Multilevel Analysis: A Review of Conceptual and Statistical Issues. *Measurement in Physical Education and Exercise Science,* 10, 85-107.

Edwards, A., Hughes, G., 2005. Comparing the Governance of Safety in Europe. *Theoretical Criminology,* 9, 345-363.

Enders, C. K., Tofighi, D., 2007. Centering Predictor Variables in Cross-Sectional Multilevel Models: A New Look at an Old Issue. *Psychological Methods,* 12, 121-138.

Esser, H., 1996: What is Wrong with "Variable-Sociology"? *European Sociological Review,* 12, 159-166.

Etzioni, A., 1995. *Die Entdeckung des Gemeinwesens. Ansprüche, Verantwortlichkeiten und das Programm des Kommunitarismus.* Stuttgart.

Friedrichs, J., 1983. *Stadtanalyse. Soziale und räumliche Organisation der Gesellschaft.* Opladen: Westdeutscher Verlag.

Friedrichs, J., Oberwittler, D. 2007. Soziales Kapital in Wohngebieten. In: Franzen, A., Freitag, M. (Hg.): *Sozialkapital. Grundlagen und Anwendungen.* Wiesbaden: VS Verlag für Sozialwissenschaften, 450-486.

Garland, D., 2001. *The Culture of Control. Crime and Social Order in Contemporary Society.* Oxford.

Giblin, M. J., 2008. Examining Personal Security and Avoidance Measures in a 12-City Sample. *Journal of Research in Crime and Delinquency,* 45, 359-379.

Hofmann, D. A. und Gavin, M. B., 1998. Centering Decisions in Hierarchical Linear Models: Implications for Research in Organizations. *Journal of Management,* 24, 623-641.

Hohmeyer, C., Kant, M., Pütter, N., 2001. Tendenzen der Sicherheitspolitik im lokalen Kontext. In: Fehérváry, J. und Stangl, W. (Hg.): *Polizei zwischen Europa und den Regionen. Analysen disparater Entwicklungen.* Schriftenreihe der Sicherheitsakademie. Wien, 155-183.

Hughes, G., Rowe, M., 2007. Neighbourhood policing and community safety: Researching the instabilities of the local governance of crime, disorder and security in contemporary UK. *Criminology and Criminal Justice,* 7, 317-346.

Jasch, M., 2003. Kommunale Kriminalprävention in der Krise. *Monatsschrift für Kriminologie und Strafrechtsreform,* 86, 411-420.

Johnston, L., 1992. *The Rebirth of Private Policing.* London.

Kocyba, H., 2004. Aktivierung. In: Bröckling, U., Krasmann, S., Lemke, T. (Hg.): *Glossar der Gegenwart.* Frankfurt/M.: Suhrkamp, 17-22.

Krasmann, S., 2000. Kriminologie der Unternehmer-Gesellschaft. In: Dinges, M., Sack, F. (Hg.), *Unsichere Großstädte? Vom Mittelalter bis zur Postmoderne.* Konstanz, 291-311.

Landeskriminalamt Hamburg, 2003. *Polizeiliche Kriminalstatistik 2002.* Hamburg: Landeskriminalamt Hamburg.

Langer, W., 2009. *Mehrebenenanalyse. Eine Einführung für Forschung und Praxis.* 2. Aufl. Wiesbaden: VS Verlag für Sozialwissenschaften.

Long, J. S., 1997. *Regression Models for Categorical and Limited Dependent Variables.* Thousand Oakes: Sage.

Maas, C. J. M., Hox, J. J., 2005. Sufficient Sample Sizes for Multilevel Modeling. *Methodology,* 1, 86-92.

MacKinnon, D. P., Krull, J. L., Lockwood, C. M., 2000. Equivalence of Mediation, Confounding and Suppression Effect. *Prevention Science,* 1, 173-181.

Nonnenmacher, A., 2007. Eignen sich Stadtteile für den Nachweis von Kontexteffekten? Eine empirische Analyse am Beispiel von Disorder und Kriminalitätsfurcht. *Kölner Zeitschrift für Soziologie und Sozialpsychologie,* 59, 493-511.

Nunnally, J. C., Bernstein, I. H., 1994. *Psychometric Theory.* 3rd ed. New York: McGraw-Hill.

Oakes, J. M., 2004. The (Mis)Estimation of Neighborhood Effects: Causal Inference for a Practicable Social Epidemiology. *Social Science & Medicine,* 58, 1929-1952.

Oberwittler, D., 2003. Die Messung und Qualitätskontrolle kontextbezogener Befragungsdaten mithilfe der Mehrebenenanalyse - am Beispiel des Sozialkapitals von Stadtvierteln. *ZA-Information,* 53, 11-41.

Opp, K.-D., 2005. *Methodologie der Sozialwissenschaften. Einführung in Probleme ihrer Theorienbildung und praktischen Anwendung.* 6. Aufl. Wiesbaden: VS Verlag für Sozialwissenschaften.

Parker, R. N., Fenwick, R., 1983. The Pareto Curve and Its Utility for Open-Ended Income Distributions in Survey Research. *Social Forces,* 61, 872-885.

Rabe-Hesketh, S., Skrondal, A., 2008. *Multilevel and Longitudinal Modeling Using Stata.* College Station: Stata Press.

Raudenbush, S. W., Bryk, A. S., 2002. *Hierarchical Linear Models. Applications and Data Analysis Methods.* 2nd ed. Thousand Oakes: Sage.

Raykov, T., Marcoulides, G. A. 2006. On Multilevel Model Reliability Estimation from the Perspective of Structural Equation Modeling. *Structural Equation Modeling,* 13, 130-141.

Rose, N., 2000. Tod des Sozialen? Eine Neubestimmung der Grenzen des Regierens. In: Bröckling, U., Krasmann, S., Lemke, T. (Hg.), *Gouvernementalität der Gegenwart. Studien zur Ökonomisierung des Sozialen.* Frankfurt/M., 72-109.

Sack, F., 1995. Prävention – ein alter Gedanke in neuem Gewand. Zur Entwicklung und Kritik der Strukturen »postmoderner« Kontrolle. In: Gössner, R. (Hg.): *Mythos Sicherheit. Der hilflose Schrei nach dem starken Staat.* Baden-Baden, 429-456.

Sack, F., 2003. Von der Nachfrage- zur Angebotspolitik auf dem Feld der inneren Sicherheit. In: Dahme, H.-J., Otto, H.-U., Trube, A., Wohlfahrt, N. (Hg.), *Soziale Arbeit für den aktivierenden Staat.* Opladen, 249-276.

Sampson, R. J., Raudenbush, S. W., Earls, F., 1997. Neighborhoods and Violent Crime: A Multilevel Study of Collective Efficacy. *Science,* 277, 918-924.

Schily, O., 1999: Eröffnungsrede. In: Bundeskriminalamt (Hg.), *Moderne Sicherheitsstrategien gegen das Verbrechen.* Vorträge und Diskussionen der Arbeitstagung des Bundeskriminalamtes vom 17. bis 19. November 1998. Wiesbaden, 11-22.

Snijders, T. A. B., Bosker, R. J., 1999. *Multilevel Analysis. An Introduction to Basic and Advanced Multilevel Modeling.* London: Sage.

Sparke, M. B., 2006. A Neoliberal Nexus: Economy, Security, and the Biopolitics of Citizenship on the Border. *Political Geography,* 25, 151-180.

Statistisches Landesamt der Freien und Hansestadt Hamburg, 2003. *Stadtteilprofile 2003.* Hamburg: Statistisches Landesamt Hamburg.

Steinert, H., 1995. Prävention als kommunale Aufgabe. Jenseits von Polizei und Strafrecht. In: Gössner, R. (Hg.), *Mythos Sicherheit. Der hilflose Schrei nach dem starken Staat.* Baden-Baden, 403-414.

Stenson, K., 1996. Communal Security as Government – The British Experience. In: Hammerschick, W., Karazman-Morawetz, I., Stangl, W. (Hg.), *Die sichere Stadt: Prävention und kommunale Sicherheitspolitik.* Jahrbuch für Rechtssoziologie 1995. Baden-Baden, 103-123.

Strasser, H., van den Brink, H. 2004. Kriminalität im Dienste der Gesellschaft. Oder: Was Emile Durkheim zur kommunalen Kriminalprävention gesagt hätte. *Zeitschrift für Rechtssoziologie,* 25, 241-254.

Streiner, D. L., 2003. Being Inconsistent About Consistency: When Coefficient Alpha Does and Doesn't Matter. *Journal of Personality Assessment,* 80, 217-222.

Warner, B. D., 2007. Directly Intervene or Call the Authorities? A Study of Forms of Neighborhood Social Control within a Social Disorganization Framework. *Criminology,* 45, 99-129.

West, S., Kratzke, D.-T., Butani, S., 1992. Measures of Central Tendency for Censored Wage Data. In: *Proceedings of the Survey Research Methods Section.* American Statistical Association, 643-648.

Zedner, L., 2000. The Pursuit of Security. In: T. Hope und R. Sparks (Hg.), *Crime, Risk and Insecurity.* London: 200-214.

Methodische Herausforderungen des Einbezugs sozialräumlicher Kontexteffekte in Mehrebenenanalysen

Julia Simonson

1. Einleitung

Um Effekte von Stadtteileigenschaften auf Einstellungen und Verhalten adäquat zu modellieren, haben sich seit längerer Zeit Mehrebenenanalysen als Methode der Wahl durchgesetzt. Trotz aller Vorzüge, die mit dieser Vorgehensweise verknüpft sind, ist der Einbezug stadtteilbezogener Kontextmerkmale in Mehrebenenmodellen aus mehreren Gründen nicht immer ganz unproblematisch. Neben den notwendigerweise anzustellenden theoretischen Überlegungen, über welche Mechanismen und unter welchen Bedingungen Eigenschaften der Wohnumgebung auf individuelle Einstellungen und Verhaltensweisen wirken können, sind eine Reihe methodischer Probleme zu berücksichtigen. So stellt sich beispielsweise die Frage, ob Stadtteile wirklich eine geeignete Ebene sind, um Kontexteffekte zu analysieren, oder aber zu große räumliche Einheiten für einen theoretisch plausiblen und empirisch auffindbaren Einfluss von Kontextmerkmalen darstellen. Eine weitere Ungewissheit besteht hinsichtlich der Aussagekraft von Stadtteilmerkmalen: Neben den Informationen aus amtlichen Strukturdaten werden häufig auch aggregierte Stadtteileigenschaften zur Erklärung von Einstellungen und Verhaltensweisen herangezogen; zu denken ist z. B. an aus Individualdaten aggregierte Maße der „collective efficacy" eines Stadtteils. Hier stellt sich die Frage, wie aussagekräftig solche aggregierten Kontextmerkmale eigentlich sind.

Im Folgenden sollen verschiedene methodische Herausforderungen anhand einer Studie zum delinquenten Verhalten Jugendlicher untersucht und diskutiert werden. Auf der Grundlage von Daten einer vom Kriminologischen Forschungsinstitut Niedersachsen (KFN) 2006 in Hannover durchgeführten Schülerbefragung wird im Rahmen erster Analysen aufgezeigt, inwieweit die auf Basis der Befragtenangaben aggregierten Kontextmerkmale als reliabel gelten können, wie hoch die Übereinstimmung dieser Merkmale mit amtlichen Strukturdaten ist, ob der Grad dieser Übereinstimmung von Befragtenzahl und Einwohnerstruktur des Stadtteils beeinflusst wird und in wie weit die Flächengröße sowie die Einwohnerzahl eines Stadtteils relevant für das Auffinden von Kontexteffekten auf die Gewaltprävalenz sowie das Sicherheitsempfinden Jugendlicher sind.

2. Der Einbezug von Stadtteileffekten im Rahmen der Mehrebenenanalyse

Während in den älteren Studien insbesondere Aggregatanalysen verwendet wurden, um den Einfluss von Stadtteilmerkmalen auf delinquentes Verhalten zu untersuchen, werden seit einigen Jahren vorrangig Mehrebenenanalysen eingesetzt. Die Mehrebenenanalyse liefert ein geeignetes Instrumentarium zur Analyse der Effekte von Stadtteil- und anderen Kontexteigenschaften, da sie eine statistisch adäquate Modellierung und die simultane Schätzung von kollektiven und individuellen Effekten sowie von Wechselwirkungen zwischen beiden ermöglicht.[1] Potentiale bietet der Einsatz von Mehrebenenanalysen auch hinsichtlich der Vermeidung ökologischer Fehlschlüsse. Ein ökologischer Fehlschluss liegt vor, wenn auf der Basis von Aggregatdaten von einer Kollektivhypothese fälschlicherweise auf eine Individualhypothese geschlossen wird. So muss beispielsweise ein auf der Aggregatebene von Stadtteilen gefundener Zusammenhang zwischen dem Migrantenanteil und dem Anteil delinquenter Jugendlicher nicht unbedingt implizieren, dass es tatsächlich Migranten sind, die überproportional häufig ein delinquentes Verhalten aufweisen. Korrelationen auf der Makroebene müssen also nicht zwangsläufig mit denen auf der Mikroebene identisch sein. Umgekehrt kann die Verallgemeinerung von Korrelationen auf der Mikroebene in Richtung höherer Ebenen zu einem individualistischen oder atomistischen Fehlschluss führen.

Im Rahmen des Mehrebenenansatzes können lineare aber auch logistische und verwandte Modelle für kategoriale Daten berechnet werden. Dabei ist die Logik der Erweiterung des Einebenenmodells zum Mehrebenenmodell für alle Modeltypen gleich und soll hier kurz am Beispiel der linearen Regression erläutert werden: Während bei der linearen Regression sowohl die Konstante b_0 als auch der Steigungskoeffizient b_1 als jeweils für alle Untersuchungseinheiten gleich angenommen werden,

$$(1) \qquad y_i = b_0 + b_1 x_{1i} + e_i$$

berücksichtigt eine 2-Ebenen-Variante dieses Modells, dass beide Koeffizienten prinzipiell von Kontext zu Kontext variieren können:

$$(2) \qquad y_{ij} = b_{0j} + b_{1j} x_{1ij} + e_{ij}$$

Ist die Variabilität von b_{0j} und b_{1j} das Ergebnis zufälliger Unterschiede von Kontext zu Kontext, kann diese Annahme für die Konstante und den Steigungskoeffizienten über die Gleichungen

$$(3) \qquad b_{0j} = b_0 + u_{0j}$$

---

[1] Zur Methode der Mehrebenenanalyse existieren mittlerweile zahlreiche Einführungen. Vgl. z. B. Bryk und Raudenbush (1992), Engel (1998), Engel und Simonson (2006), Hox (2002), Langer (2004), Pötschke (2006), Snijders und Bosker (1999).

(4) $$b_{1j} = b_1 + u_{1j}$$

auf Ebene 2 wiedergegeben werden. Durch Einsetzen von (3) und (4) in (2) resultiert nach Auflösen der Klammern und Umstellung der Terme mit

(5) $$y_{ij} = b_0 + b_1 x_{1ij} + u_{0j} + u_{1j} x_{1ij} + e_{ij}$$

eine Gleichung, die sich von einer gewöhnlichen Regressionsgleichung darin unterscheidet, dass sie nicht nur einen Residualterm für die Individualebene umfasst, sondern darüber hinaus auch Zufallseffekte für die Aggregat- bzw. Kontextebene (u_{0j} und u_{1j}).

Statistische Mehrebenenanalysen werden möglich, wenn zwischen Analyseeinheiten ein Verhältnis der Inklusion besteht. Eine Menge von Personen bildet zum Beispiel eine Nachbarschaft, eine Menge solcher Nachbarschaften einen Ortsteil, eine Menge solcher Ortsteile einen Ort usw. Wie die Aggregation der Daten vorgenommen wird, ist eine Frage des Erkenntnisinteresses und des theoretischen Hintergrundes der Analyse, aber auch der Verfügbarkeit von Informationen (vgl. Engel und Simonson 2006). Damit verknüpft ist die Frage nach dem adäquaten Aggregierungsgrad und ob es die in einem Datensatz verfügbaren Informationen erlauben, Kontexte so abzubilden, dass von ihnen auch erwartet werden kann, dass sie sich auf Einstellungen und Verhalten der in ihnen lebenden Menschen auswirken. Dies ist nicht zu erwarten, wenn die Kontexte zu hoch aggregiert sind: Wenn z. B. aus theoretischen Gründen die Nachbarschaft als adäquate Kontexteinheit anzusehen ist, jedoch nur sehr viel höher aggregierte Einheiten wie z. B. Stadtbezirke als übergeordnete Analyseeinheiten gebildet werden können, dann ist es nicht überraschend, wenn diese Kontexte bei der Varianzzerlegung kaum Varianzanteile binden.

Häufig werden Stadtteile als Aggregateinheiten herangezogen, da über diese weitere sozialstatistische Daten verfügbar sind, die mit Umfragedaten verknüpft werden können. Allerdings stellt sich die Frage, ob Stadtteile wirklich eine geeignete Ebene sind, um Kontexteffekte zu analysieren. Forschungsergebnisse zeigten, dass insbesondere bei großen Stadtteilen Kontexteffekte deutlich unterschätzt werden können. Nonnenmacher (2007) konnte zeigen, dass Effekte der Disorder im Stadtteil auf Kriminalitätsfurcht in Hamburg, Kiel und München nur in Stadtteilen mit einer Fläche von bis zu 5 km^2 nachzuweisen waren. Hierfür wurden zwei Ursachen verantwortlich gemacht: Zum einen unterschieden sich die Bewohner innerhalb der größeren Stadtteile hinsichtlich ihrer Kriminalitätsfurcht so stark voneinander, dass letztlich kaum Varianz zwischen den Gebieten bestand und eine Kontextvariable diese nicht existierenden Unterschiede somit auch nicht erklären konnte. Darüber hinaus zeigte die mittlere Disorder aber auch in den Fällen, in denen es zu erklärende Unterschiede in der Kriminalitätsfurcht der Bewohner unterschiedlicher Stadtteile gab, keinen Effekt, was darauf zurückgeführt wurde, dass das durchschnittliche Ausmaß der Disorder auf der Basis von Angaben über Wohngebiete berechnet wurde, die weit voneinander entfernt lagen und daher nur wenig aussagekräftig für den gesamten Stadtteil war (Nonnenmacher 2007: 509). Die größeren Stadtteile waren also einerseits zu heterogen, damit Aggregierungen der erklärenden Kontextvariablen Disorder sinnvoll gebildet werden und Wirkung entfalten konnten, und andererseits war die Binnenvarianz hinsichtlich der zu erklärenden Variable Kriminalitätsfurcht zu hoch. Auch Oberwittler und Wikström (2009) kamen zu dem Ergebnis, dass kleinere Kontexteinheiten eine höhere Homogenität aufweisen, weshalb sie auch eher für den Nachweis von Kontexteffekten geeignet scheinen.

Eine weitere hier zu behandelnde Frage betrifft die Güte der herangezogenen Kontextmerkmale, insbesondere wenn es sich um aggregierte Eigenschaften handelt. Als Maß für die Reliabilität aggregierter Kontextmerkmale kann das von Raudenbush und Sampson (1999) vorgeschlagene Maß λ verwendet werden (vgl. auch Oberwittler 2003 sowie Oberwittler und Wikström 2009). λ ist ein Maß für den Grad der Übereinstimmung der in die Aggregation einfließenden individuellen Angaben innerhalb der Kontexte und damit für das Ausmaß der ‚ökologischen Reliabilität'. Auch wenn der ursprüngliche Ansatz eher darin bestand, das Ausmaß der Übereinstimmungen von individuellen Einschätzungen hinsichtlich des Kontexts (z. B. bezüglich der sozialen Kohäsion) zu quantifizieren (vgl. Oberwittler 2003: 16), kann die ökologische Reliabilität auch generell dazu verwendet werden, um die Homogenität eines Kontextes bezüglich einer bestimmten Eigenschaft (z. B. der Staatsangehörigkeit) der Kontextmitglieder zu beschreiben. Für die Schätzung der ökologischen Reliabilität macht man sich die Möglichkeit der Mehrebenenanalyse zu Nutze, die Gesamtvarianz einer Variablen in die Varianz innerhalb der Kontexte und zwischen den Kontexten aufzuteilen. Hierzu kann ein einfaches Mehrebenenmodell ohne erklärende Variablen, ein so genanntes leeres Modell, verwendet werden:

$$(6) \qquad y_{ij} = b_{0j} + e_{ij}$$

Wie bereits beim Modell unter Einschluss erklärender Variablen wird angenommen, dass sich die Konstante b_{0j}, die hier dem Mittelwert von y entspricht, aufteilt in einen festen Bestandteil (b_0) und einen zufällig zwischen den Kontexten variierenden Bestandteil (u_{0j}).

$$(7) \qquad b_{0j} = b_0 + u_{0j}$$

Setzt man Gleichung (7) in Gleichung (6) ein, ergibt sich:

$$(8) \qquad y_{ij} = b_0 + u_{0j} + e_{ij}$$

Dieses leere Modell schätzt über b_0 den mittleren Wert von y sowie die Varianzkomponenten der Kontexte (u_{0j}) und der Individuen (e_{ij}). Die Varianz der Variablen y besteht demnach aus den Varianzanteilen auf der individuellen Ebene sowie der Kontextebene:

$$(9) \qquad Var(y_{ij}) = \sigma^2 + \tau_{00}$$

Auf der Basis dieser Varianzzerlegung kann die Intraklassenkorrelation (ρ) berechnet werden, die angibt, welcher Anteil der Varianz auf die Individual- und welcher auf die Kontextebene entfällt:

$$(10) \qquad \rho = \frac{\tau_{00}}{\tau_{00} + \sigma^2}$$

Diese Intraklassenkorrelation ist ein Maß für den Anteil der Zwischengruppen- an der Gesamtvarianz sowie für die Homogenität innerhalb der Gruppen: Je größer die Intraklassenkorrelation ist, desto homogener sind die Untersuchungseinheiten innerhalb der Gruppen und desto heterogener sind die Gruppen untereinander.

Ähnlich wie für die Intraklassenkorrelation bildet die Varianzzerlegung auch die Grundlage für die Berechnung der ökologischen Reliabilität des jeweiligen Kontextes:

$$(11) \qquad \lambda_j = \frac{\tau_{00}}{\tau_{00} + \left(\sigma^2 / n_j \right)}$$

Dabei wird das Gewicht der individuellen Fehlervarianz durch die Fallzahl innerhalb des Kontextes (n_j) reduziert, d. h. je mehr Befragte innerhalb eines Kontextes in die Messung eingehen, desto stärker nähert sich die kontextspezifische Reliabilität dem Maximalwert von 1 an. Die ökologische Reliabilität aller Kontexte berechnet sich schließlich aus dem Mittelwert der kontextspezfischen Reliabilitäten:

$$(12) \qquad \lambda = \frac{1}{j} \sum_{j=1}^{j} \lambda_j$$

Raudenbush und Sampson (1999) fanden selbst bei kleinen Kontexten schon akzeptable Reliabilitäten. Diese sind allerdings nur dann zu erreichen, wenn die zugrunde liegenden Aggregatmaße eine ausreichende kontextinterne Homogenität aufweisen. Zu berücksichtigen ist darüber hinaus, dass die Reliabilität eines Aggregatmaßes auch von der Reliabilität der zugrunde liegenden Individualmerkmale abhängt. Lüdtke et al. (2002) konnten zeigen, dass gerade bei großen Kontexten unreliable Individualmerkmale zu unreliablen Aggregatmaßen führen können.

Neben der Reliabilität ist die Validität ein entscheidendes Kriterium für die Güte einer Messung. Auch wenn aggregierte Stadtteilmerkmale als hinreichend reliabel angesehen werden, können sie von geringer Validität sein. Wenn zum Beispiel die Aggregation des individuellen Merkmals Arbeitslosigkeit eine hohe kontextspezifische Konsistenz aufweist und damit reliabel ist, heißt dies noch nicht, dass damit auch tatsächlich die korrekte Arbeitslosenquote gemessen wird. Tatsächlich können mehr oder minder große Abweichungen auftreten, z. B. wenn sich die Einschätzung der Befragten bezüglich ihrer Arbeitslosigkeit nicht mit den offiziellen Kriterien der Arbeitslosigkeit deckt.

Im Folgenden sollen verschiedene methodische Fragestellungen untersucht werden. Datenbasis ist eine vom KFN 2006 in Hannover durchgeführte Schülerbefragung. Dabei wird folgenden Fragen nachgegangen:

- Sind die auf Basis der Befragtenangaben zur Staatsangehörigkeit sowie zur sozialen Kohäsion aggregierten Kontextmerkmale reliabel?
- Wie hoch ist die Übereinstimmung der auf Stadtteilebene aggregierten Staatsangehörigkeit mit amtlichen Strukturdaten?
- Wie wirken sich Befragtenzahl und Einwohnerstruktur des Stadtteils auf die Übereinstimmung aus?
- Sind Flächengröße sowie Einwohnerzahl eines Stadtteils relevant für das Auffinden von Kontexteffekten auf die Gewaltprävalenz sowie das Sicherheitsempfinden Jugendlicher?

3. Datensatz

Das KFN führt seit 1998 wiederholt Befragungen von Schülern und Schülerinnen durch, um Informationen über das Ausmaß und die Struktur devianten Verhaltens zu gewinnen. Im Jahre 2006 wurden Neunt- und Siebtklässler in Hannover befragt.[2] In den neunten Klassen wurde aufgrund des Anliegens, nach Stadtteilen differenzierte Auswertungen zu ermöglichen, eine Vollerhebung geplant, d. h. es sollten alle der insgesamt 198 Klassen aus Schulen öffentlicher und freier Trägerschaft (inkl. Förderschulen mit Schwerpunkt Lernbehinderung) befragt werden. In der siebten Jahrgangsstufe wurde eine Zufallsstichprobe bestimmt, wobei etwa jede vierte der insgesamt 163 Klassen (ohne Förderschulen) ausgewählt werden sollte (Rabold et al. 2008).

Die Erhebungen fanden im Februar und März 2006 statt. Die Befragung wurde im Klassenverband in standardisierter Weise durch eine geschulte Interviewperson durchgeführt. Die Befragten wurden auf die Freiwilligkeit der Teilnahme und die Anonymität der Befragung hingewiesen. Schüler und Schülerinnen, deren Eltern nicht mit einer Teilnahme einverstanden waren, wurden nicht in die Befragung einbezogen und während der Befragung anderweitig beschäftigt. Alle Schüler und Schülerinnen bekamen einen schriftlichen Fragebogen. Nach einer Einführungsphase, in der die ersten Seiten des Fragebogens vom Interviewer laut vorgelesen wurden und den Schülern jeweils Zeit gegeben wurde, die Fragen für sich zu beantworten, wurden die restlichen (und überwiegenden) Seiten des Frage-

---

[2] Vgl. zur Durchführung der Befragung in Hannover Rabold et al. (2008).

bogens von den Schülern allein ausgefüllt.[3] Die Befragung nahm im Durchschnitt 97 Minuten in Anspruch; in Förderschulen dauerten sie 15 Minuten länger (Rabold et al. 2008). In der Regel war der Klassenlehrer oder die Klassenlehrerin während der Befragung anwesend, hielt sich jedoch zurück und griff nur ein, wenn es zu Disziplinproblemen kam. Einsicht in ausgefüllte Schülerfragebögen bekamen die Lehrkräfte nicht.

Tabelle 1: Rücklaufstatistik

	7. Klasse	9. Klasse
Bruttostichprobe	1540	4822
Absagen von Klassen/Schulen (Totalausfälle)	-74	-690
Bereinigte Bruttostichprobe	1466	4132
Am Befragungstag abwesende	-80	-336
Teilnahmeverweigerung (Eltern/Schüler)	-62	-105
Nicht verwertbare Fragebögen	-9	-30
Anzahl Befragte (Analysestichprobe)	1315	3661
Rücklaufquote bezogen auf Bruttostichprobe	85,4 %	75,9 %
Rücklaufquote bezogen auf bereinigte Bruttostichprobe	89,7 %	88,6 %

Quelle: Rabold et al. (2008: 16)

Von den ursprünglich für die Befragung ausgewählten Schülern nahmen 4,8 % in den siebten und 14,3 % in den neunten Klassen nicht teil, weil eine Genehmigung von Seiten des Schuldirektors bzw. des Klassenlehrers nicht erteilt wurde (Tabelle 1). Die um diese Totalausfälle bereinigte Stichprobe umfasst 1.466 bzw. 4.132 Schüler. Von diesen konnten 89,7 % bzw. 88,6 % tatsächlich befragt werden. Die Schüler, die nicht befragt werden konnten, waren zum Teil am Befragungstag abwesend (5,5 % in der siebten, 8,1 % in der neunten Jahrgangsstufe). Etwas häufiger in der siebten als in der neunten Jahrgangsstufe kommt hinzu, dass einige Eltern der Befragung nicht zugestimmt haben (4,2 zu 2,5 %). In beiden Jahrgangsstufen gab es schließlich auch Fragebögen, die nicht ernsthaft ausgefüllt wurden und somit nicht verwertbar waren. Die beiden auswertbaren Stichproben haben letztlich eine Größe von 1.315 bzw. 3.661 Schülern.[4]

Für die folgenden Analysen wird ein gepoolter Datensatz mit den Angaben der Siebt- und Neuntklässler verwendet. Dabei werden nur diejenigen Schüler einbezogen, die angegeben haben, in Hannover zu wohnen und zudem eine Angabe zum Stadtteil, in dem sie leben, gemacht haben. Dies trifft auf insgesamt 4.404 Personen (1.172 Siebtklässler, 3.232 Neuntklässler) zu. Insgesamt werden 50 Stadtteile unterschieden. Dabei unterscheiden sich

---

[3] Eine Ausnahme bildeten Förderschulen, in denen der gesamte Fragebogen vorgelesen wurde.

[4] Die Rücklaufquote der Befragung ist, selbst wenn sie auf die Bruttostichprobe und nicht auf die bereinigte Bruttostichprobe bezogen wird, als sehr gut einzuschätzen: Diese gute Ausschöpfung ist auch Resultat der gewählten Vorgehensweise: Klassenbasierte Befragungen führen in der Regel zu besseren Rücklaufquoten im Vergleich zu postalischen Befragungen oder Telefoninterviews und haben zudem den Vorteil, dass sie auch schwer erreichbare Bevölkerungsgruppen aus benachteiligten Sozialschichten oder ethnischen Minderheiten erreichen (Köllisch und Oberwittler 2004, Simonson 2009).

die Stadtteile teilweise deutlich sowohl hinsichtlich ihrer Größe als auch der Anzahl der befragten Personen: Die Befragtenanzahl innerhalb der Stadtteile reicht von 2 bis 353 Personen. Die mittlere Befragtenzahl liegt bei 88 Personen (Median: 68).[5] Die mittlere Größe der Stadtteile beträgt 4,0 km^2 (Median: 3,2 km^2, Min: 0,7 km^2, Max: 13,9 km^2). Die durchschnittliche Zahl der Bewohner liegt bei 10.269 (Median: 8.564, Min: 846, Max: 42.229).[6]

4. Ergebnisse

4.1. Reliabilität und Validität aggregierter Stadtteilmerkmale

Im Folgenden wird zunächst die Reliabilität der aggregierten Kontextmerkmale (soziale Kohäsion und Staatsangehörigkeit) betrachtet. Die soziale Kohäsion wurde ausschließlich bei den Neuntklässlern erhoben. Sie wurde auf der Individualebene über eine Mittelwertskala aus fünf Items gemessen. Die Befragten sollten dabei folgende Aussagen auf einer vierstufigen Skala („stimmt nicht", „stimmt kaum", „stimmt eher", „stimmt genau") bewerten: „Die Leute in meiner Nachbarschaft helfen sich gegenseitig", „In meiner Nachbarschaft kennen sich die Leute gut", „Man kann den Leuten in der Nachbarschaft vertrauen", „Hier gibt es häufiger Konflikte zwischen den Nachbarn" und „Die Leute hier haben keine gemeinsamen Werte". Für die Berechnung der Mittelwertskala wurden die beiden letzten Items umgepolt. Die interne Konsistenz der Individualskala ist mit einem Wert für Cronbachs Alpha von 0,74 zufriedenstellend.[7] In die Analysen fließen die Angaben von 3.312 Personen ein. Der Mittelwert der Skala liegt bei 2,84.

Die Staatsangehörigkeit wurde sowohl in den Fragebögen für Neunt- als auch für Siebtklässler erfasst. Für die folgenden Analysen wurden alle Angaben einer nichtdeutschen Staatsangehörigkeit zusammengefasst, d. h. betrachtet wird die Angabe einer nichtdeutschen in Abgrenzung zur deutschen Staatsangehörigkeit. Insgesamt 16,1 % der Schüler gaben an, keine deutsche Staatsangehörigkeit zu besitzen; 83,9 % gaben eine deutsche Staatsangehörigkeit an. Gültige Angaben hierzu liegen von allen Personen vor.

---

[5] Die teilweise sehr geringen stadtteilbezogenen Fallzahlen sind für die Durchführung von Mehrebenenanalysen per se nicht problematisch; sie sind aber dann kritisch zu bewerten, wenn aus Individualeigenschaften Stadtteilmerkmale aggregiert werden, wie im vorliegenden Beispiel. Da es im vorliegenden Beitrag unter anderem darum geht, die Reliabilität und Validität von Aggregierungen auch bei kleinen Fallzahlen einzuschätzen, wurde auf einen Ausschluss von Stadtteilen mit wenigen Befragten verzichtet. Insgesamt liegen bei drei Stadtteilen Informationen von weniger als 10 Befragten vor. Bei weiteren drei Stadtteilen ist die Befragtenzahl geringer als 20 und bei sechs Stadtteilen geringer als 30.

[6] Zumindest die größeren Stadtteile stellen damit sehr hoch aggregierte Einheiten da, die ein Auffinden von Kontexteffekten erschweren dürften. Kleinere räumliche Einheiten standen allerdings nicht zur Verfügung.

[7] Bei einer explorativen Hauptkomponentenanalyse luden die Items allesamt auf einem Faktor, wobei für die beiden letzten Items („Konflikte zwischen Nachbarn", „keine gemeinsamen Werte") allerdings deutlich niedrigere Faktorladungen festzustellen waren als für die anderen Aussagen.

Tabelle 2: Intraklassenkorrelation und ökologische Reliabilität von sozialer Kohäsion und Staatsangehörigkeit

	ICC	λ	$\lambda_{j\,min}$	$\lambda_{j\,max}$
Soziale Kohäsion	0,013	0,365	0,013	0,760
Staatsangehörigkeit (deutsch/nicht deutsch)	0,119	0,849	0,213	0,980

Daten: KFN Schülerbefragung (2006), eigene Berechnungen

Tabelle 2 gibt die Intraklassenkorrelation sowie die ökologische Reliabilität für die aggregierte soziale Kohäsion und die Staatsangehörigkeit an.[8] Während Intraklassenkorrelation und Reliabilität der sozialen Kohäsion Aufschluss über die Konsistenz der diesbezüglichen Einschätzungen auf Stadtteilebene geben, lassen sich die Informationen zur Staatsangehörigkeit nicht als Beleg für oder gegen die Konsistenz der Angaben interpretieren, sondern geben vielmehr Aufschluss über die tatsächliche Homogenität der Befragten innerhalb der Stadtteile und die Heterogenität zwischen ihnen hinsichtlich dieser Eigenschaft. Zu erkennen ist, dass die Intraklassenkorrelation für die soziale Kohäsion äußerst gering ist. Etwas höher ist sie für die Staatsangehörigkeit. Dementsprechend wird zwar für die Staatsangehörigkeit eine zufriedenstellende ökologische Reliabilität erreicht, nicht jedoch für die soziale Kohäsion.

Letzteres ist insofern überraschend, als dass in anderen Studien unter Erwachsenenpopulationen bei Verwendung ähnlicher Skalen teilweise deutlich höhere Intraklassenkorrelationen und Reliabilitäten berichtet wurden. So fanden beispielsweise Friedrichs und Oberwittler (2007: 473) für die soziale Kohäsion (Skala aus sechs Items) eine Intraklassenkorrelation von 0,18 sowie eine ökologische Reliabilität von 0,89. Oberwittler (2003: 25) berichtet hinsichtlich einer aus drei Items bestehenden Skala der sozialen Kohäsion eine Intraklassenkorrelation von 0,17 und eine ökologische Reliabilität von 0,81. Die von Raudenbush und Sampson (1999: 8) für die soziale Kohäsion (fünf Items) berichtete Intraklassenkorrelation liegt bei 0,24, die ökologische Reliabilität bei 0,80. Möglicherweise liegt ein Grund für die in der vorliegenden Studie deutlich geringere stadtteilbezogene Reliabilität an speziellen, hier nicht betrachteten, Eigenschaften der hannoverschen Stadtteile. Gerade in großen Stadtteilen dürfte die soziale Kohäsion heterogen sein, so dass eine Aggregierung auf kleinräumigerer Ebene vermutlich bessere Ergebnisse erbringen würde. Die deutliche Abweichung zu den Ergebnissen anderer Studien kann allerdings auch durch die Befragtenpopulation begründet sein. Denkbar ist, dass jugendliche Befragte die soziale Kohäsion im Stadtteil nur schwer einschätzen können und ihr Urteil daher heterogener ausfällt als das von Erwachsenen.

Bei der Staatsangehörigkeit sind die Homogenität innerhalb der Stadtteile und die ökologische Reliabilität dagegen relativ hoch, was als Hinweis auf ein gewisses Maß an Segregation der Stadtteile bezüglich der Staatsangehörigkeit verstanden werden kann.

---

[8] Alle Berechnungen wurden mit dem Datenanalyseprogramm Stata durchgeführt. Für die Berechnung der Mehrebenenanalysen wurde der Algorithmus der Restricted Maximum Likelihood (REML) gewählt.

Wie bereits dargestellt, ist die Reliabilität eines Merkmals noch keine hinreichende Bedingung dafür, dass damit auch tatsächlich das Intendierte gemessen wird. So wäre es im vorliegenden Beispiel zwar unwahrscheinlich, aber nicht völlig ausgeschlossen, dass die befragten Schüler auf Stadtteilebene zwar relativ konsistent über ihre Staatsangehörigkeit berichten, dies aber durch unterschiedliche Vorstellungen über die eigene Staatsangehörigkeit zustande kommt, und nicht dadurch, dass die Anteile an nichtdeutschen Staatsangehörigen tatsächlich unterschiedlich hoch ausgeprägt sind. Ersteres könnte beispielsweise dann der Fall sein, wenn die Zusammensetzung der nichtdeutschen Befragten in den einzelnen Stadtteilen unterschiedlich ist. Denkbar ist, dass Migranten der zweiten oder dritten Generation auch beim Vorliegen einer nichtdeutschen Staatsangehörigkeit eher selbst angeben, eine deutsche Staatsbürgerschaft zu besitzen als Migranten der ersten Generation, da erstere sich selbst häufiger als deutsche Staatsbürger wahrnehmen, auch wenn dies vom formalen Status abweicht. Möglich ist darüber hinaus eine unterschiedliche Selbstzuschreibung je nach Herkunftsland.

Im Folgenden wird untersucht, inwieweit die auf Basis der Befragtenangaben aggregierten Kontextangaben zur Staatsangehörigkeit mit amtlichen Strukturdaten übereinstimmen. Zu berücksichtigen ist dabei, dass es sich bei den Befragten ausschließlich um Schüler und Schülerinnen der siebten bzw. neunten Jahrgangsstufe aus Hannovers Schulen handelt. Die Grundgesamtheit bilden dementsprechend Jugendliche des entsprechenden Alters, nicht jedoch die gesamte Bevölkerung der einzelnen Stadtteile. Gewisse Abweichungen zwischen den aggregierten Stadtteilinformationen und den Daten der amtlichen Statistik sind also zu erwarten. Die befragten Jugendlichen gaben zwar auch Auskunft über ihre Eltern, aber auch Jugendliche und Eltern ergäben zusammengenommen noch kein repräsentatives Abbild der Bevölkerung, da Eltern jüngerer, älterer oder bereits erwachsener Kinder, Kinderlose sowie Kinder und Jugendliche in anderen Altersgruppen unberücksichtigt bleiben. Nicht auszuschließen ist, dass sich die ausgewählten Altersgruppen bzw. deren Eltern systematisch von anderen Altersgruppen unterscheiden. Da zu vermuten ist, dass die befragten Schüler genauer über ihre eigene Staatsangehörigkeit berichten können, als über die ihrer Eltern, wird im Folgenden nur erstere einbezogen.[9] Verglichen wurden die auf Stadtteilebene aggregierten Angaben zur Staatsangehörigkeit (Anteil nichtdeutscher Schüler) mit den amtlichen Strukturdaten der hannoverschen Stadtteile (vgl. Landeshauptstadt Hannover 2006).

Tabelle 3 zeigt die mittleren absoluten Abweichungen sowie die Über- und Unterschätzungen, die man erhält, wenn man die aggregierten Informationen mit den amtlichen Daten vergleicht. Darüber hinaus sind die Korrelation zwischen der aggregierten Schätzung und den Strukturdaten sowie die Mittelwerte beider Angaben widergegeben. Insgesamt ist die mittlere Abweichung mit sechs Prozentpunkten verhältnismäßig gering. In den meisten Stadtteilen (32) wird der Anteil der Nichtdeutschen dabei durch die Aggregation überschätzt, d. h. der Anteil ist höher als aufgrund der Strukturdaten zu erwarten wäre. Nur in 18

---

[9] Hier nicht dargestellte Vergleichsanalysen zeigten, dass die Übereinstimmung der Staatsangehörigkeit mit Strukturdaten tatsächlich etwas geringer war, wenn zusätzlich die Angaben über die Eltern einbezogen wurden.

Stadtteilen verhält es sich umgekehrt, d. h. der Anteil der Nichtdeutschen wird aufgrund der Aggregation unterschätzt. Betrachtet man die Korrelation, so ist mit einem Wert von 0,743 ebenfalls eine recht hohe Übereinstimmung festzustellen. Anzunehmen ist, dass diese Abweichungen von der Anzahl der Befragten im Stadtteil beeinflusst werden. Tatsächlich sind die Abweichungen noch etwas geringer, wenn man nur die Stadtteile mit mindestens 30 Befragten einbezieht. Auch die Korrelation zwischen aggregiertem Merkmal und der Information der offiziellen Statistik steigt auf 0,848 an.

Tabelle 3: Übereinstimmung der auf Stadtteilebene aggregierten Staatsangehörigkeit mit amtlichen Strukturdaten

	alle Stadtteile			nur Stadtteile mit mind. 30 Befragten		
	Mittelwert	s.d	N (Ebene 2)	Mittelwert	s.d.	N (Ebene 2)
Anteil Nichtdeutscher (aggregiert)	0,169	0,111	50	0,182	0,099	38
Anteil Nichtdeutscher (Strukturdaten)	0,147	0,074	50	0,158	0,073	38
Abweichungen:						
Gesamt (Absolutbetrag)	0,060	0,050	50	0,047	0,035	38
davon Überschätzung	0,064	0,054	32	0,052	0,037	26
Unterschätzung	0,052	0,042	18	0,035	0,028	12
Korrelation	0,743	(p < 0,001)	50	0,848	(p < 0,001)	38

Daten: KFN Schülerbefragung (2006), Strukturdaten Hannover (2006), eigene Berechnungen

Neben der Anzahl der Befragten pro Stadtteil hat möglicherweise auch die Einwohnerstruktur des Stadtteils einen Effekt auf den Grad der Übereinstimmung. Tabelle 4 zeigt den Einfluss der Befragtenzahl, des Anteils an Kindern und Jugendlichen sowie des Migrantenanteils im Stadtteil auf die Abweichung des aggregierten Anteils der Personen mit nichtdeutscher Staatsangehörigkeit von der amtlichen Statistik (Absolutbetrag). Dabei wurden die Berechnungen zunächst für alle Stadtteile durchgeführt. Da zwei Stadtteile durch besonders starke Abweichungen auffielen, wurden diese in einem zweiten Schritt aus der Analyse ausgeschlossen.[10] Zu erkennen ist zunächst, dass mit einer zunehmenden Befragtenzahl eine signifikant geringere absolute Abweichung verbunden ist, sich in Stadtteilen mit vielen Befragten also eine bessere Schätzung des Aggregatmerkmals erzielen lässt. Dieses Ergebnis bleibt auch bestehen, wenn die Stadtteile um zwei Ausreißer (Stadtteile mit den höchsten Abweichungen) bereinigt werden.

Desweiteren kann vermuten werden, dass in Stadtteilen mit einem hohen Anteil an Kindern bzw. Jugendlichen im Befragtenalter eine bessere Schätzung der Aggregatmerkmale zu erreichen ist, da abweichende Verteilungen in anderen Altersgruppen weniger ins

---

[10] Dabei handelt es sich um zwei Stadtteile mit einer eher geringen Zahl an Befragten (N=6 bzw. N=27). Hinsichtlich anderer Charakteristika wie Fläche, Einwohnergröße, Migrantenanteil wiesen die beiden ausgeschlossenen Stadtteile keine Auffälligkeiten auf.

Gewicht fallen. Allerdings liegt in den amtlichen Strukturdaten lediglich die Information über den Anteil an Kindern und Jugendlichen von 0 bis 17 Jahren vor, jedoch keine Information über deren genaues Alter. Dieser Anteil an Kindern und Jugendlichen im Stadtteil liefert keinen signifikanten Erklärungsbeitrag hinsichtlich der Güte der Aggregatmerkmale, was darauf hindeutet, dass er nur ein ungenügender Indikator für den Anteil an Kindern und Jugendlichen im Befragtenalter ist. Bereinigt man die Stadtteile um die zwei Ausreißer mit den höchsten Abweichungen, so ist ebenfalls kein signifikanter Effekt festzustellen, auch wenn nun ein tendenziell positiver Effekt des Anteils an Kindern bzw. Jugendlichen im Stadtteil zu finden ist.[11]

Tabelle 4: Effekte auf die Abweichung zwischen der auf Stadtteilebene aggregierten Staatsangehörigkeit und amtlichen Strukturdaten (standardisierte Koeffizienten)

	Alle Stadtteile (N=50)	Ohne Ausreißer (N=48)
Befragtenzahl	-0,423**	-0,405**
Anteil an Kindern und Jugendlichen	-0,010	0,186
Anteil Nichtdeutscher	0,219	0,334*

Daten: KFN Schülerbefragung (2006), Strukturdaten Hannover (2006), eigene Berechnungen, lineare Regression, * p < 0,05; ** p < 0,01

Als letzter potentieller Einflussfaktor wurde der Anteil an nichtdeutschen Personen im Stadtteil (Strukturdaten) einbezogen. Zu vermuten ist, dass in Stadtteilen mit hohem Anteil nichtdeutscher Bewohner eine höhere Abweichung zu verzeichnen ist, da die Abweichungen teilweise auch auf fehlerhafte Angaben von Personen mit Migrationshintergrund, die sich fälschlicherweise entweder eine nichtdeutsche oder deutsche Staatsangehörigkeit zuschreiben, zurückzuführen sein können. Bei deutschen Personen ohne Migrationshintergrund dürfte diese Art des Fehlers unwahrscheinlich sein. Tatsächlich ist ein positiver Effekt des Migrantenanteils auf die Abweichung zwischen aggregiertem Anteil und Strukturinformation festzustellen. Dieser ist allerdings nur dann signifikant, wenn man die beiden Stadtteile mit den stärksten Abweichungen aus der Analyse ausschließt. Mit steigendem Anteil nichtdeutscher Bewohner des Stadtteils ist also wie erwartet auch eine höhere Abweichung bei der Schätzung dieses Merkmals aus den Befragtenangaben festzustellen.

Insgesamt zeigte sich beim Vergleich der aggregierten Angaben zur Staatsangehörigkeit mit den amtlichen Strukturdaten eine verhältnismäßig hohe Übereinstimmung, insbesondere wenn man bedenkt, dass es sich bei den vorliegenden Umfragedaten nicht um eine bevölkerungsrepräsentative Stichprobe handelt, sondern um eine reine Schülerstichprobe (Siebt- und Neuntklässler). Die Übereinstimmung erwies sich, erwartungskonform, insbe-

---

[11] Dieser Effekt wäre gegenläufig zur getroffenen Annahme, könnte aber dadurch zustande kommen, dass ein hoher Anteil an Kindern bzw. Jugendlichen mit anderen Stadtteilmerkmalen assoziiert ist, welche die Validität des Merkmals beeinflussen. Zu denken wäre hier z. B. an einen erhöhten Anteil eher gering gebildeter Personen. Denkbar wäre auch, dass ein erhöhter Anteil an Kindern und Jugendlichen mit dem Anteil an Migranten im Stadtteil verknüpft ist. Allerdings beträgt die Korrelation zwischen dem Anteil an Personen mit nichtdeutscher Staatsangehörigkeit und dem Anteil an Kindern und Jugendlichen auf Stadtteilebene lediglich 0,013 und ist nicht signifikant.

sondere als abhängig von der Befragtenzahl im Stadtteil. Für den Anteil an Kindern und Jugendlichen im Stadtteil konnte dagegen kein signifikanter Effekt auf den Grad der Übereinstimmung festgestellt werden, was möglicherweise darauf zurückzuführen ist, dass dieser Indikator ein zu ungenauer Schätzer für den Anteil an Jugendlichen im Befragtenalter ist. Für den Migrantenanteil ließ sich nur unter Ausschluss der beiden Stadtteile mit den höchsten Abweichungen ein signifikanter Effekt auf die Höhe der Abweichung zwischen aggregierter und amtlicher Information finden.

4.2. Zusammenhänge zwischen der Stadtteilgröße und der Messung von Kontexteffekten hinsichtlich Jugenddelinquenz und Sicherheitsempfinden

Die letzte hier aufgeworfene Frage betrifft die Messung von Kontexteffekten und deren Bedeutsamkeit zur Erklärung von Jugenddelinquenz und dem Sicherheitsempfinden Jugendlicher.

Jugenddelinquenz kann – wie andere soziale Phänomene auch – nicht isoliert von den jeweiligen Rahmenbedingungen und dem sozialen Kontext betrachtet werden. Zahlreiche Studien belegen, dass neben individuellen Merkmalen, dem familiären Umfeld und direkten sozialen Netzwerken auch Stadtteileigenschaften einen Einfluss auf das individuelle Risiko der Delinquenz haben.

Die verschiedenen Erklärungsansätze können zum einen danach unterschieden werden, ob sie die Rolle von Erwachsenen im Viertel betonen (wie beim Desorganisationsansatz) oder diejenige von Gleichaltrigen (wie bei Lern- und Subkulturtheorien; vgl. Oberwittler 2004). Zum anderen können Stadtteile als Entwicklungs- oder Lernkontexte einerseits sowie als Handlungs- oder Gelegenheitskontexte andererseits Wirkung entfalten. In erstem Fall sind die Auswirkungen eher langfristiger Natur, da die Eigenschaften eines Stadtteils die in ihnen heranwachsenden Bewohner prägen, z. B. wenn positive Rollenvorbilder fehlen (Wilson 1987). Im zweiten Fall bieten die Eigenschaften eines Stadtteils mehr oder weniger gute Gelegenheitsstrukturen für Delinquenz, z. B. wenn die informelle soziale Kontrolle nur gering ausgeprägt ist (Sampson et al. 1997), und entfalten somit eher kurzfristig Wirkung.

Häufig werden zwei verschiedene Modelle zur Wirkung von Wohnumgebungen auf abweichendes Verhalten unterschieden: das Modell kollektiver Sozialisation und das Ansteckungsmodell (vgl. z. B. Buck 2001, Jencks und Mayer 1990). Nach letzterem wird delinquentes Verhalten lerntheoretischen Annahmen zu Folge insbesondere über den Kontakt mit anderen delinquenten Jugendlichen erlernt (Akers und Jensen 2003, Crane 1991). Das Verhalten von Jugendlichen überträgt sich somit auf andere Jugendliche, weshalb man auch von einem Ansteckungsmodell („contagion model") sprechen kann. Je mehr delinquente Jugendliche in einem Stadtteil leben, desto höher ist die Wahrscheinlichkeit des Kontaktes zu jenen und damit auch des Erlernens delinquenter Verhaltensweisen. Nach dieser Auffassung würden Kontexteffekte des Wohnviertels also weitgehend durch den Kontakt mit Gleichaltrigen vermittelt werden. Darüber hinaus können Stadtteile aber auch durch die erwachsene Bevölkerung Wirkung entfalten, wie es im Modell kollektiver Sozialisation („collective socialisation model") zugrundegelegt wird (Sampson et al. 1997). Angenommen wird, dass insbesondere eine hohe Bewohnerfluktuation, eine ausgeprägte ethnische Heterogenität sowie eine starke Konzentration von Armut in benachteiligten Stadtteilen über die fehlende soziale Kohäsion zu einer mangelnden informellen Sozialkontrolle der Jugendlichen durch die erwachsenen Bewohner und dadurch zu einer erhöhten Wahrscheinlichkeit abweichenden Verhaltens beiträgt. Andererseits können aber auch eine hohe soziale Kohäsion und soziale Kontrolle sowie das Vorhandensein positiver erwachsener Rollenvorbilder zu einer Verringerung abweichender jugendlicher Verhaltensweisen beitragen. Nach dem Broken-Windows-Ansatz führen insbesondere wahrnehmbare Zeichen der Zerstörung und Unordnung im Stadtteil zu einem sozialen Rückzug der Bewohner und damit zu einer Erhöhung der Wahrscheinlichkeit, dass Straftaten begangen werden (Wilson und Kelling 1982).

Zahlreiche Studien konnten Effekte des Wohnviertels auf (Jugend-)Delinquenz nachweisen, von denen hier nur einige wenige genannt werden sollen.[12] So zeigten z. B. Wikstroem und Loeber (2000) im Rahmen einer Aggregatanalyse, dass in Stadtteilen mit hohem Anteil sozioökonomisch benachteiligter Familien auch eine höhere Kriminalitätsrate zu finden war. Ingoldsby et al. (2006) kamen zu den Ergebnis, dass das Aufwachsen in einem sozioökonomisch benachteiligten Stadtteil das Risiko eigenen devianten Verhaltens steigerte, und auch Bellair und McNulty (2005) konnten zeigen, dass die Armutskonzentration im Wohngebiet einen signifikanten Einfluss auf die Gewaltdelinquenz von Jugendlichen hat. Oberwittler (2004) fand einen steigernden Einfluss der Gewalttoleranz im Stadtteil auf schwere Gewalt von Jugendlichen. Nach Simons et al. (2005) verringert der Grad der collective efficacy im Stadtteil die Wahrscheinlichkeit sich einer delinquenten Freundesgruppe anzuschließen und selbst delinquent zu werden.

Die Kriminalitätsfurcht bzw. das (Un-)Sicherheitsempfinden ist aus Sicht der Soziale-Kontrolle-Perspektive insbesondere von der Wahrnehmung sozialer Desorganisation in der eigenen Wohnumgebung abhängig. Eine hohe soziale Desorganisation ist der Theorie zufolge mit einer geringen sozialen Kohäsion und sozialen Kontrolle unter den Bewohnern verknüpft, was dazu führen kann, dass die öffentliche Ordnung nur schwer aufrecht erhalten werden kann. Werden von den Bewohnern Verstöße gegen die öffentliche Ordnung (z. B. öffentlicher Drogengebrauch, körperliche Auseinandersetzungen Graffiti, Zerstörung von Hauseingängen, Überreste öffentlichen Drogengebrauchs etc.) als Zeichen dafür gewertet, dass die anderen Bewohner des Wohngebietes nicht von den herrschenden Normen geleitet sind, kann dies das Unsicherheitsgefühl und die Furcht vor Kriminalität steigern (vgl. Nonnenmacher 2007: 493). Zusammenhänge zwischen der wahrgenommenen Disorder in der näheren Wohnumgebung und der Kriminalitätsfurcht konnten in zahlreichen Studien gezeigt werden (vgl. z. B. Lüdemann 2006, Gibson et al. 2002). Nonnenmacher (2007) konnte darüber hinaus nachweisen, dass nicht nur die Beschaffenheit der engeren Wohnumgebung, sondern auch das Disorder-Niveau im umgebenden Stadtteil einen Effekt auf das Sicherheitsgefühl hat.

---

[12] Vgl. für einen Überblick zu den zwischen 1996 und 2001 veröffentlichte Studien Sampson et al. (2002).

Im Rahmen von Mehrebenenanalysen werden im Folgenden die Effekte der stadtteil-spezifischen Arbeitslosenquote, des Migrantenanteils sowie der sozialen Kohäsion unter-sucht: Die Information zur Arbeitslosenquote wurde den Strukturdaten der Stadt Hannover entnommen. Angegeben ist der Anteil der Arbeitslosen an der im jeweiligen Stadtteil woh-nenden erwachsenen Bevölkerung. Ebenfalls amtlichen Daten entnommen wurde der Anteil der Bewohner mit nichtdeutscher Staatsangehörigkeit. Als aggregiertes Merkmal wurde darüber hinaus die stadtteilspezifische soziale Kohäsion, die aus den individuellen Einschät-zungen zur sozialen Kohäsion gebildet wurde, einbezogen.

Als zu erklärende Merkmale wurden das Sicherheitsempfinden der Jugendlichen sowie die Gewaltprävalenz bezogen auf die letzten zwölf Monate betrachtet. Das Sicherheitsempf-inden wurde als Summenindex aus den Angaben zur Sicherheit nachts und tagsüber im Stadtteil gebildet.[13] Für die Gewaltprävalenz wurden die Angaben der Jugendlichen darüber, ob sie in den letzten zwölf Monaten einen Raub, eine Erpressung, ein Körperverletzungsde-likt begangen oder jemanden mit einer Waffe bedroht haben, herangezogen.[14] Insgesamt gaben 14,3 % der Befragten an, mindestens eines der Delikte in den vergangenen zwölf Monaten begangen zu haben.

Um zu untersuchen, inwieweit die Messung der Kontexteffekte von der Größe des Stadtteils bzw. dessen Einwohnerzahl abhängt, wurden die Analysen zunächst global für alle Stadtteile durchgeführt. In einem zweiten Schritt wurden Gruppen nach der Fläche bzw. Einwohnerzahl der Stadtteile gebildet. Dabei wurden die Stadtteile anhand des kontextbezo-genen Medianes der Fläche bzw. der Einwohnerzahl in jeweils zwei Gruppen von 25 Stadt-teilen unterteilt. Bezogen auf die Fläche liegt der Median bei 3,2 km^2, bezogen auf die Be-wohner bei 8.564 Personen. Da der Median auf Kontextebene als Grenze gewählt wurde, und nicht der auf Individualebene, unterscheiden sich die resultierenden Gruppen relativ deutlich hinsichtlich der Fallzahlen (vgl. Tabelle 5). Eine Unterteilung in Gruppen mit an-nähernd gleicher Fallzahl auf Individualebene hätte allerdings zu Gruppen mit sehr stark differierender Anzahl von Kontexten geführt.

---

[13] Der Fragetext lautete: „Gewalt kann in verschiedenen Situationen auftreten. Wie sicher fühlst du dich persönlich an folgenden Orten?" Gefragt wurde neben der Sicherheit an anderen Orten (Schule, Schulweg, Wohnung etc.) auch nach der Sicherheit „wenn ich nachts/abends in meinem Stadt-/Ortsteil draußen bin" und „wenn ich tagsüber in meinem Stadt-/Ortsteil draußen bin". Vorgegeben waren die Antwortkategorien „sehr unsicher", „unsicher", „sicher" und „sehr sicher".

[14] Die Fragen zu den Gewaltdelikten wurden folgendermaßen eingeleitet „Fast alle Menschen haben als Jugendli-che schon mal unerlaubte Dinge getan, z. B. gestohlen oder absichtlich fremdes Eigentum kaputt gemacht. Einige haben auch schon mal absichtlich und nicht aus Spaß jemanden verprügelt und verletzt. Wie ist das bei dir?" Daran anschließend wurden die Jugendlichen gefragt, ob sie schon einmal verschiedene Delikte begangen haben, wie alt sie beim ersten Mal waren und wie oft sie dieses in den letzten zwölf Monaten getan haben. Die hier einbezogenen Gewaltdelikte wurden folgendermaßen umschrieben: „einen anderen Menschen verprügelt und dabei verletzt", „einen anderen Menschen mit einer Waffe bedroht", „alleine oder mit anderen jemanden erpresst, dafür ‚zu bezah-len', dass er/sie nicht verprügelt wird" und „alleine oder mit anderen zusammen jemand mit Gewalt etwas abge-nommen".

Tabelle 5: Kennzahlen der Stadtteilgruppen (Mittelwerte)

	Stadtteile			
	Fläche $< 3,2\ km^2$	Fläche ab $3,2\ km^2$	Einwohner < 8.564	Einwohner ab 8.564
Befragte	81,72	182,75	51,65	177,16
Einwohner	9414,99	20.071,63	5246,89	19.747,41
Fläche in km^2	2,17	6,25	3,74	5,29

Daten: KFN Schülerbefragung (2006), eigene Berechnungen, Angaben auf Stadtteilebene

Anhand der in Tabelle 5 dargestellten Kennzahlen wird ersichtlich, dass sich die Gruppen nicht nur hinsichtlich des jeweils zur Differenzierung herangezogenen Merkmals unterscheiden, sondern auch hinsichtlich anderer Größen. So sind die hinsichtlich der Einwohnerzahl schwächeren Stadtteile auch in der Fläche deutlich kleiner als die einwohnerstarken Stadtteile und vice versa. Dennoch führt die Unterteilung anhand der beiden Kriterien Einwohnerzahl und Fläche durchaus zu unterschiedlichen Gruppen. Mehr als ein Drittel der Stadtteile wurde abweichend, also einmal den einwohner- bzw. flächenbezogen größeren und einmal den kleineren Stadtteilen zugeordnet. Darüber hinaus gibt es aufgrund der Stichprobenkonstruktion einen deutlichen Zusammenhang mit der Anzahl der Befragten pro Stadtteil.

Tabelle 6 zeigt die Intraklassenkorrelationen der abhängigen Variablen für alle Stadtteile sowie für die unterschiedenen Stadtteilgruppen. Zu erkennen ist, dass die Intraklassenkorrelationen mit 0,016 bzw. 0,038 insgesamt eher gering sind, also lediglich Anteile von 1,6 % bzw. 3,8 % der Gesamtvarianzen auf der Ebene der Stadtteile erklärt werden können. In kleineren Stadtteilen sowie in Stadtteilen mit geringerer Einwohnerzahl ist die Intraklassenkorrelation sowohl für die Gewaltprävalenz als auch für das Sicherheitsempfinden zum Teil deutlich höher als in größeren bzw. bevölkerungsstärkeren Stadtteilen. Die Heterogenität der betrachteten Phänomene ist also – erwartungsgemäß – in größeren Stadtteilen höher als in kleinen.

Tabelle 6: Intraklassenkorrelationen von Gewaltprävalenz und Sicherheitsempfinden

		Stadtteile			
	Alle	Fläche $< 3,2\ km^2$	Fläche ab $3,2\ km^2$	Einwohner < 8.564	Einwohner ab 8.564
Gewaltprävalenz[a]					
ICC	0,016	0,017	0,014	0,025	0,013
N (Ebene 1/Ebene 2)	4367/50	1383/25	2984/25	917/25	3450/25
Sicherheitsempfinden[b]					
ICC	0,038	0,046	0,019	0,055	0,002
N (Ebene 1/Ebene 2)	4307/50	1359/25	2948/25	902/25	3405/25

Daten: KFN Schülerbefragung 2006, eigene Berechnungen, [a] logistische Mehrebenenregression, [b] lineare Mehrebenenregression

In Tabelle 7 sind die Effekte des stadtteilspezifischen Migrantenanteils, der Arbeitslosenquote und der sozialen Kohäsion auf die Gewaltprävalenz sowie das Sicherheitsempfinden wiedergegeben.[15] Unabhängig von der Flächengröße bzw. Einwohnerstärke der Stadtteile ist zu erwarten, dass in Stadtteilen mit hohem Migrantenanteil und hoher Arbeitslosenquote das Risiko gewalttätigen Verhaltens erhöht ist. Sowohl der Migrantenstatus als auch Arbeitslosigkeit im Elternhaus stellen ebenso wie der Kontakt zu anderen gewaltbereiten oder bereits als gewalttätig in Erscheinung getretenen Jugendlichen auf individueller Ebene Risikofaktoren für gewalttätiges Verhalten dar (vgl. z. B. Baier et al. 2009). In Stadtteilen mit einem hohen Anteil risikobehafteter Jugendlicher ist die Wahrscheinlichkeit des Kontaktes zu anderen gewalttätigen Jugendlichen erhöht, so dass in solchen Stadtteilen auch unabhängig von der eigenen Herkunft oder der Betroffenheit von (elterlicher) Arbeitslosigkeit ein erhöhtes Gewaltrisiko besteht.[16] Auch hinsichtlich des Sicherheitsempfindens ist zu erwarten, dass der Anteil der Migranten sowie der arbeitslosen und damit soziökonomisch benachteiligten Personen im Stadtteil einen Einfluss ausübt. In Stadtteilen mit einem hohen Anteil solcher Personen ist davon auszugehen, dass die soziale Kohäsion eher gering ist, was zum einen das Risiko gewalttätigen Verhaltens erhöhen und zum andern das Sicherheitsempfinden verringern sollte. Für die aggregierte Wahrnehmung der sozialen Kohäsion ist schließlich ein ähnlicher Einfluss zu erwarten.

Betrachtet man die in Tabelle 7 aufgeführten Ergebnisse, so zeigt sich, dass bezogen auf die Gesamtheit der Stadtteile (Spalte 1) alle Effekte die erwartete Richtung aufweisen.[17] Für den Migrantenanteil ist ein signifikanter das Gewaltrisiko erhöhender Effekt festzustellen. Der Effekt der stadtteilspezifischen Arbeitslosenquote auf die Gewaltprävalenz weist in dieselbe Richtung, ist jedoch nicht signifikant. Für die soziale Kohäsion ist ein negativer und signifikanter Effekt auf die Gewaltprävalenz vorhanden. Eine erhöhte Arbeitslosenquote geht mit einer signifikanten Verringerung des Sicherheitsempfindens einher, tendenziell auch der Migrantenanteil, dieser Effekt ist jedoch ebenso wie der in der Tendenz das Sicherheitsempfinden stärkende Effekt der sozialen Kohäsion nicht signifikant.

---

[15] Wenn hier von „Einflüssen", „Wirkungen" oder „Effekten" gesprochen wird, dann immer unter dem Vorbehalt, dass es sich dabei aufgrund des Querschnittcharakters der Studie lediglich um Hinweise auf ebensolche handelt. Gerade in Bezug auf Kontextmerkmale ist ein Nachweis von Effekten in Querschnittstudien problematisch, da z. B. Prozesse der Selbstselektion nicht kontrolliert werden können.

[16] Inwieweit in solchen Stadtteilen tatsächlich ein erhöhter Kontakt zu risikobehafteten Jugendlichen stattfindet, wurde im vorliegenden Modell nicht geprüft. Ein Stadtteileffekt der erwarteten Richtung ist also nicht notwendigerweise darauf zurückzuführen, sondern kann auch andere Ursachen haben.

[17] Auf eine Darstellung der Varianzkomponenten in der Tabelle wurde der Übersichtlichkeit wegen verzichtet. Auch hier ist noch einmal auf den explorativen Charakter der Analysen hinzuweisen.

Tabelle 7: Mehrebenenanalysen zur Messung von Kontexteffekten auf Gewaltprävalenz und Sicherheitsempfinden (unstandardisierte Koeffizienten)

		Stadtteile			
	Alle	Fläche <3,2 km²	Fläche ab 3,2 km²	Einwohner < 3.276	Einwohner ab 3.276
AV: Gewaltprävalenz[a]					
Modell 1: Migrantenanteil (β)	1,535⁺	-1,717	3,422**	-1,690	2,826**
N (Ebene 1/Ebene 2)	3589/50	1129/25	2460/25	764/25	2825/25
Modell 2: Arbeitslosenquote (β)	2,236	-0,187	3,087⁺	0,629	3,099*
N (Ebene 1/Ebene 2)	3589/50	1129/25	2460/25	764/25	2825/25
Modell 3: soziale Kohäsion (β)	-1,460*	-2,255*	-0,629	-1,746	-1,411⁺
N (Ebene 1/Ebene 2)	2689/49	854/24	1835/25	576/24	2113/25
AV: Sicherheitsempfinden[b]					
Modell 1: Migrantenanteil (β)	-0,669	-0,323	-1,437⁺	-1,002	-0,365
N (Ebene 1/Ebene 2)	3554/50	1118/25	2436/25	754/25	2800/25
Modell 2: Arbeitslosenquote (β)	-1,977*	-1,923	-2,526*	-2,386⁺	-1,489*
N (Ebene 1/Ebene 2)	3554/50	1118/25	2436/25	754/25	2800/25
Modell 3: soziale Kohäsion (β)	0,423	0,124	0,548⁺	0,755	-0,467
N (Ebene 1/Ebene 2)	2665/49	846/24	1819/25	570/24	2095/25

AV: abhängige Variable; ⁺ p < 0,1; * p < 0,05; ** p < 0,01; unter Kontrolle von: Alter, Geschlecht, Arbeitslosigkeit der Eltern, ethnischer Herkunft; alle kontinuierlichen Variablen am grand mean zentriert, unstandardisierte Koeffizienten; Daten: KFN Schülerbefragung (2006), Strukturdaten Hannover (2006), eigene Berechnungen, [a] logistische Mehrebenenregression, [b] lineare Mehrebenenregression, ohne Darstellung der Varianzkomponenten.

Wie verhalten sich die Effekte nun hinsichtlich der Stadtteilgruppen? Beim Migrantenanteil sind Effekte insbesondere in großflächigen Stadtteilen bzw. solchen mit hoher Einwohnerzahl zu finden. Einflüsse der Arbeitslosenquote lassen sich hinsichtlich der Gewaltprävalenz ebenfalls nur in Stadtteilen mit hoher Einwohnerzahl bzw. in großflächigeren Stadtteilen feststellen. Auf das Sicherheitsempfinden sind signifikante Wirkungen der Arbeitslosenquote in allen Gruppen mit Ausnahme der Stadtteile geringerer Fläche feststellbar. Für die soziale Kohäsion lassen sich Effekte auf die Gewaltprävalenz nur in kleinräumigen Stadtteilen und solchen mit höherer Einwohnerzahl finden; Effekte der sozialen Kohäsion auf das Sicherheitsempfinden sind ausschließlich in großflächigen Stadtteilen feststellbar. Insgesamt sind die Ergebnisse damit uneindeutig, d. h. die Effekte lassen sich nicht eindeutig eher in kleineren Stadtteilen nachweisen.

Eine mögliche Erklärung hierfür könnte sein, dass in kleineren Stadtteilen auch die Anzahl der Befragten im Durchschnitt geringer ist. Da jedoch auch in kleineren Stadtteilen vereinzelt signifikante Kontexteffekte zu finden sind (und z. T. nur dort), scheint die (mangelnde) Nachweisbarkeit nicht nur auf die unterschiedlich hohen Befragtenzahlen zurückführbar sein. Eine alternative Erklärungsmöglichkeit wäre in der unterschiedlichen Eigenart der Kontextmerkmale zu sehen. Während der Migrantenanteil und die Arbeitslosenquote den amtlichen Strukturdaten entnommen wurden, handelt es sich bei der sozialen Kohäsion um ein aus Befragtenangaben aggregiertes Merkmal. Bereits zu Beginn des Beitrags war festgestellt worden, dass die ökologische Reliabilität der sozialen Kohäsion nur gering ausgeprägt ist. Dies ist umso stärker der Fall, je geringer die Befragtenzahl in einem Stadtteil ist. Demnach sollte die soziale Kohäsion gerade in kleineren und einwohnerschwächeren Stadtteilen (in denen zugleich die Anzahl der Befragten je Stadtteil geringer ist) schwächere oder keine Wirksamkeit entfalten. Dies lässt sich allerdings so eindeutig nicht belegen: Zwar lässt sich kein signifikanter Effekt der sozialen Kohäsion auf das Sicherheitsempfinden in kleinflächigeren Stadtteilen feststellen und in großflächigeren schon. Bezogen auf die Gewaltprävalenz verhält es sich allerdings genau umgekehrt: Hier ist gerade in kleineren Stadtteilen ein signifikanter Effekt auffindbar. Hinsichtlich der Einwohnerstärke der Stadtteile verlaufen die Effekte bei der Gewaltprävalenz erwartungskonform, beim Sicherheitsempfinden ist kein signifikanter Effekt der sozialen Kohäsion nachweisbar – weder in Stadtteilen mit hoher noch mit niedriger Bewohnerzahl.

5. Zusammenfassung und Schlussfolgerungen

Im vorliegenden Beitrag wurden verschiedene methodische Herausforderungen des Einbezugs von Kontexteffekten in Mehrebenenanalysen anhand einer Studie zum delinquenten Verhalten Jugendlicher diskutiert. Auf der Grundlage von Daten einer vom Kriminologischen Forschungsinstitut Niedersachsen 2006 in Hannover durchgeführten Schülerbefragung wurde untersucht, inwieweit auf Basis der Befragtenangaben aggregierte Kontextmerkmale als reliabel anzusehen sind, wie hoch die Übereinstimmung mit amtlichen Strukturdaten ist, ob der Grad dieser Übereinstimmung von der Befragtenzahl sowie der Einwohnerstruktur des Stadtteils beeinflusst wird und in wie weit Fläche und Einwohnerzahl eines Stadtteils relevant für das Auffinden von Kontexteffekten auf die Gewaltprävalenz sowie das Sicherheitsempfinden Jugendlicher sind.

Im Ergebnis zeigte sich zunächst, dass die soziale Kohäsion nur eine geringe ökologische Reliabilität aufwies. Ob dies der geringen Güte der Einschätzung der sozialen Kohäsion bei den jugendlichen Befragten geschuldet ist oder aber auf eine hohe Heterogenität innerhalb der Stadtteile zurückzuführen ist, kann hier nicht eindeutig geklärt werden.

Die ökologische Reliabilität der Staatsangehörigkeit war dagegen deutlich höher. Beim Vergleich der aggregierten Angaben mit amtlichen Strukturdaten zeigte sich darüber hinaus eine verhältnismäßig hohe Übereinstimmung. Diese erwies sich insbesondere als abhängig von der Befragtenzahl im Stadtteil. Der Anteil an Kindern und Jugendlichen im Stadtteil hatte dagegen keinen Effekt auf den Grad der Übereinstimmung, was möglicherweise darauf zurückzuführen ist, dass dieser Indikator ein zu ungenauer Schätzer für den Anteil an Jugendlichen im Befragtenalter ist. Für den Migrantenanteil ließ sich nur unter Ausschluss der beiden Stadtteile mit den höchsten Abweichungen ein signifikanter Effekt auf die Höhe der Abweichung zwischen aggregierter und amtlicher Information finden.

Die letzte Frage richtete sich darauf, inwieweit die Messung von Kontexteffekten von der Größe bzw. der Einwohnerzahl der Stadtteile beeinflusst wird. Dabei zeigte sich einerseits, dass sowohl für die Gewaltprävalenz als auch für das Sicherheitsempfinden die Intraklassenkorrelation in kleineren und einwohnerschwächeren Stadtteilen höher war als in größeren bzw. bevölkerungsstärkeren Stadtteilen, die Heterogenität der betrachteten Phänomene also in größeren Stadtteilen höher war als in kleinen. Allerdings ließ sich die Annahme, dass Kontexteffekte insbesondere in kleineren Stadtteilen (hinsichtlich Fläche und Einwohnerzahl) auffindbar sind, nicht eindeutig bestätigen.

Auch wenn die Ergebnisse eher explorativer Natur sind, lassen sich aus ihnen einige vorsichtige Schlussfolgerungen für den Einbezug von stadtteilbezogenen Kontexteffekten ableiten: Die Ergebnisse bezüglich der sozialen Kohäsion verweisen einmal mehr darauf, dass aggregierte Kontextmerkmale vor ihrer Verwendung auf ihre ökologische Reliabilität geprüft werden sollten. Die relativ hohe ökologische Reliabilität und die Übereinstimmung des aggregierten Merkmals Staatsangehörigkeit mit amtlichen Stadtteilinformationen weisen darauf hin, dass aggregierten Kontextmerkmalen – zumindest wenn es um messbare Fakten (in Abgrenzung zu Einschätzungen) geht – durchaus Aussagekraft zuzusprechen ist, was auch in Einklang mit der diesbezüglichen Methodenliteratur steht (vgl. Duncan und Raudenbush 1999, Lüdtke et al. 2002). Allerdings scheint die Validität aggregierter Merkmale deutlich mit der kontextspezifischen Fallzahl zu variieren. Es sollte also darauf geachtet werden, bei der Aggregation von Merkmalen, Kontexte mit ausreichend großer Fallzahl zu wählen. Eine generelle Einschätzung, ab wann die Fallzahl für eine sinnvolle Aggregation groß genug ist, kann hier jedoch nicht gegeben werden.

Auch hinsichtlich der Frage, ob Stadtteile aufgrund ihrer Größe sinnvolle Kontexteinheiten darstellen, kann hier kein abschließendes Fazit gezogen werden. So zeigte sich zwar, dass die Gewaltprävalenz und das Sicherheitsempfinden Jugendlicher innerhalb von Stadtteilen über 3,2 km^2 und mit mind. 8.564 Einwohnern eher heterogen war, es ließen sich aber auch in diesen Stadtteilen kontextspezifische Effekte auf beide Merkmale nachweisen. Die Vermutung, dass Kontexteffekte in größeren Stadtteilen generell eher unterschätzt werden, ließ sich somit nicht eindeutig bestätigen. Dieser Frage sollte aber in weiteren Untersuchungen nachgegangen werden.

Literaturverzeichnis

Akers, R. L. und Jensen, G. F., 2003. *Social learning theory and the explanation of crime: a guide for the new century.* New Brunswick: N.J.

Baier, D., Pfeiffer, C., Simonson, J., Rabold, S. 2009. *Jugendliche in Deutschland als Opfer und Täter von Gewalt.* Erster Forschungsbericht zum gemeinsamen Forschungsprojekt des Bundesministeriums des Innern und des KFN. Hannover. KFN Forschungsbericht Nr. 107.

Bellair, P. E., McNulty, T. L., 2005. Beyond the bell Curve: Community Disadvantage and the Explanation of Black-White Differences in Adolescent Violence. *Criminology*, 43, 1135-1167.

Bryk, A. S., Raudenbush, S. W., 1992. *Hierarchical Linear Models: Applications and Data Analysis Methods.* Newbury Park: Sage.

Buck, N., 2001. Identifying Neighborhood Effects on Social Exclusion. *Urban Studies*, 38, 2251–2275.

Crane, J., 1991. The Epidemic Theory of Ghettos and Neighborhood Effects on Dropping out and Teenage Childbearing. *American Journal of Sociology*, 96, 1226-1259.

Duncan, G. J., Raudenbush, S. W., 1999. Assessing the Effect of Context in Studies of Child and Youth Development. *Educational Psychologist*, 34, 29-41.

Engel, U., 1998. *Einführung in die Mehrebenenanalyse. Grundlagen, Auswertungsverfahren und praktische Beispiele.* Opladen/Wiesbaden: Westdeutscher Verlag.

Engel, U., Simonson, J., 2006. Sozialer Kontext in der Mehrebenenanalyse. In: Diekmann, A. (Hg.): *Methoden der Sozialforschung.* Wiesbaden: VS Verlag, 303-329.

Friedrichs, J., Oberwittler, D., 2007. Soziales Kapital in Wohngebieten. In: Franzen, A. und Freitag, M. (Hg.): *Sozialkapital. Grundlagen und Anwendungen.* Wiesbaden. VS Verlag, 450-486.

Gibson, C. L., Zhao, J., Lovrich, N., Gaffney, M., 2002. Social Integration, Individual perceptions of Collective efficacy, and fear of Crime in three Cities. *Justice Quarterly*, 19, 537-563.

Hox, J. J., 2002. *Multilevel Analysis. Techniques and Applications.* Mahwah, New Jersey: Erlbaum.

Ingoldsby, E. M., Shaw, D. S., Winslow, E., Schonberg, M., Gilliom, M., Criss, M. M., 2006. Neighborhood Disadvantage, Parent–Child Conflict, Neighborhood Peer Relationships, and Early Antisocial Behaviour Problem Trajectories. *Journal of Abnormal Child Psychology*, 34, 303–319.

Jencks, C., Mayer, S. E., 1990. The Social Consequences of Growing up in a Poor Neighborhood. In: Lynn, L. E., McGeary, M. G. H. (Eds.), *Inner-City-Poverty in the United States.* Washington, D.C.: National Academy Press, 111-186.

Köllisch, T., Oberwittler, D., 2004. Wie ehrlich berichten Jugendliche über ihr delinquentes Verhalten? Ergebnisse einer externen Validierung selbstberichteter Delinquenz auf Individual- und Aggregatebene. *Kölner Zeitschrift für Soziologie und Sozialpsychologie*, 56, 708-735.

Landeshauptstadt Hannover, 2006. *Strukturdaten der Stadtteile und Stadtbezirke 2006.* http://www.hannover.de/data/download/s/statistik/Strukturdaten06/strukturdaten2006.pdf (aufgerufen am 31.07.2009).

Langer, W., 2004. *Mehrebenenanalyse. Eine Einführung für Forschung und Praxis.* Wiesbaden: VS Verlag.

Lüdemann, C., 2006. Kriminalitätsfurcht im urbanen Raum. *Kölner Zeitschrift für Soziologie und Sozialpsychologie*, 58, 285-306.

Lüdtke, O., Robitzsch, A., Köller, O., 2002. Statistische Artefakte bei Kontexteffekten in der pädagogisch-psychologischen Forschung. *Zeitschrift für Pädagogische Psychologie*, 16, 217-231.

Nonnenmacher, A., 2007. Eignen sich Stadtteile für den Nachweis von Kontexteffekten? Eine empirische Analyse am Beispiel von Disorder und Kriminalitätsfurcht. *Kölner Zeitschrift für Soziologie und Sozialpsychologie*, 59, 493-511.

Oberwittler, D., 2003. Die Messung und Qualitätskontrolle kontextbezogener Befragungsdaten mithilfe der Mehrebenenanalyse – am Beispiel des Sozialkapitals von Stadtvierteln. *ZA-Information*, 53, 11-41.

Oberwittler, D., 2004. Stadtstruktur, Freundeskreise und Delinquenz: Eine Mehrebenenanalyse zu sozialökologischen Kontexteffekten auf schwere Jugenddelinquenz. In: Oberwittler, D., Karstedt, S. (Hg.), *Soziologie der Kriminalität.* Wiesbaden: Leske und Budrich, 135-170.

Oberwittler, D., Wikström, P.-O., 2009. Why small is better. Advancing the study of the role of behavioral contexts in crime causation. In: Bernasco, W. W., Bruinsma, G. (Eds.), *Putting crime in its place. Units of analysis in geographic criminology.* New York: Springer, 33-58.

Pötschke, M., 2006. Mehrebenenanalyse. In: Behnke, J., Gschwend, T., Schindler, D., Schnapp, K.-U. (Hg.), *Methoden der Politikwissenschaft. Neuere qualitative und quantitative Analyseverfahren.* Baden-Baden: Nomos, 167-179.

Rabold, S., Baier, D., Pfeiffer, C., 2008: *Jugendgewalt und Jugenddelinquenz in Hannover. Aktuelle Befunde und Entwicklungen seit 1998.* Hannover. KFN Forschungsbericht Nr. 105.

Raudenbush, S. W., Sampson, R. J., 1999. Econometrics: Toward a Science of Assessing Ecological Settings, with Appliance to the Systematic Social observation of Neighborhoods. *Sociological Methodology*, 29, 1-41.

Sampson, R. J., Morenoff, J. D., Gannon-Rowley, T., 2002. Assessing "Neighbourhood Effects": Social Processes and New Direction in research. *Annual Review of Sociology*, 28, 443-478.

Sampson, R. J., Raudenbush, S. W., Earls, F., 1997. Neighborhoods and Violent Crime: A Multilevel Study of Collective Efficacy. *Science*, 277, 918-924.

Simons, R. L., Simons, L. G, Burt, C. H., Brody, G. H., Cutrona, C., 2005. Collective Efficacy, Authorative Parenting and Delinquency. A Longitudinal Test of a Model Integrating Community and Family-Level Processes. *Criminology*, 43, 989-1029.

Simonson, J. 2009. Klassenzimmerbefragungen von Kindern und Jugendlichen: Praktikabilität, Potentiale und Probleme einer Methode. In: Weichbold, M., Bacher, J., Wolf, C. (Hg.), *Umfrageforschung. Herausforderungen und Grenzen*. Wiesbaden: VS Verlag, 63-84.

Snijders, T. A. B., Bosker, R. J., 1999. *Multilevel Analysis. An Introduction to Basic and Advanced Multilevel Modeling*. London: Sage.

Wikström, P.-O., Loeber, R., 2000. Do Disadvantaged Neighborhoods Cause Well-Adjusted Children to Become Adolescent Delinquents? A Study of Male Juvenile Serious Offending, Risk and Protective Factors, and Neighborhood Context. *Criminology*, 38, 1109-1142.

Wilson, J. Q., Kelling, G. E., 1982. Broken Windows. The Police and Neighborhood Safety. *The Atlantic Monthly*, 249, 29-38.

Wilson, W. J., 1987. *The Truly Disadvantaged: The Inner City, the Underclass, and Public Policy*. Chicago.

Zur Nachweisbarkeit von Kontexteffekten der sozialräumlichen Umgebung

Alexandra Nonnenmacher

1. Einleitung

Die Frage, ob die sozialräumliche Umgebung eines Menschen ein relevanter Faktor zur Erklärung individueller Einstellungen und Verhaltensweisen ist, wird in der sozialwissenschaftlichen Forschung zunehmend thematisiert. Dies gilt vor allem im Hinblick auf die Stadt bzw. ihre Teilgebiete. In den Jahren 1980 bis 1989 wurden 741 Artikel mit dem Schlagwort „neighborhood" in den Fachzeitschriften veröffentlicht, die im Social Sciences Citation Index erfasst sind. Zwischen 1990 und 1999 waren es schon 1.685 Artikel, und von 2000 bis zum Ende der ersten Jahreshälfte 2009 wurden 4.860 Artikel zu diesem Thema veröffentlicht. Dies entspricht einer Steigerung um 556 %. Die Steigerungsrate ist noch höher, wenn ausschließlich diejenigen Publikationen betrachtet werden, die sich auf Kriminalität oder Disorder beziehen: von 37 Veröffentlichungen zwischen 1980 und 1989 über 186 Artikel zwischen 1990 und 1999 bis zu 778 Artikeln zwischen 2000 und 2009 (Steigerung um 2.003 %). Noch deutlicher wird die zunehmende Beschäftigung mit der sozialräumlichen Umgebung mit dem folgenden Vergleich: Die Steigerungsrate für Veröffentlichungen mit dem Schlagwort „urban" beträgt im genannten Zeitraum 347 %, während sie für die (gleichzeitig angegebenen) Schlagwörter „urban" und „neighborhood" bei 1.948 % liegt. Ähnliches gilt für „delinquency" bzw. „delinquency" und „neighborhood" (321 % bzw. 3.620 %).

Trotz dieser verstärkten Forschungsaktivität ist Oberwittler und Wikström Recht zu geben, wenn sie die Rolle der sozialräumlichen Umgebung als „one of least understood aspects of crime causation" bezeichnen (2009: 34). Defizite in der Entwicklung theoretischer Modelle ist einer der von ihnen angeführten Gründe; Defizite in der Methodologie, die sich auf methodische Aspekte wie Messung von Kontexteinflüssen auswirken, ein zweiter. Der vorliegende Beitrag beschäftigt sich mit einem methodischen Problem: Die Verwendung von zu großen räumlichen Einheiten zur Messung des sozialräumlichen Kontextes.

In empirischen Analysen, die sich mit Kontexteffekten der städtischen Umgebung beschäftigen, werden häufig Daten verwendet, die auf der Ebene von administrativ festgelegten Gebietseinheiten dargestellt werden, d. h. Stadtbezirke, -teile oder -viertel bzw. census tracts (vgl. z. B. Lüdemann 2006, Rountree und Warner 1999, Sampson et al. 1997, Wolf 2004). Die Nutzung von Daten auf der Ebene von vorgegebenen städtischen Teilgebieten dürfte in vielen Fällen forschungsökonomisch begründet sein, da Informationen aus der amtlichen Statistik, die für die Überprüfung von Kontexteinflüssen genutzt werden können, nur auf der Ebene dieser Einheiten verfügbar sind. Die Alternative, d. h. die Generierung von Datenmaterial durch Umfragen, ist wesentlich kostspieliger. Zudem sind amtliche Daten, die in der Regel auf Vollerhebungen der Bevölkerung von städtischen Teilgebieten beruhen, reliabler als Kennwerte, die mittels Aggregierung der Daten vergleichbar kleiner Stichproben gewonnen werden.

Es stellt sich aber die Frage, ob solche Daten für den Nachweis von Kontexteffekten des urbanen Umfelds geeignet sind. Dies betrifft die Nutzung von Stadtteilen und den noch großflächigeren Stadtbezirken ebenso wie die in vielen US-amerikanischen Studien übliche Verwendung von census tracts. Die vorliegende Studie wird am Beispiel der Auswirkungen von sozialer Kohäsion und Disorder auf die Bereitschaft zur Ausübung sozialer Kontrolle zeigen, dass die Verwendung von Daten auf der Ebene administrativ vorgegebener räumlicher Einheiten zu einer massiven Unterschätzung von Kontexteffekten führen und den Nachweis solcher Effekte verhindern kann.

Eine zweite zu beantwortende Frage betrifft die Ursache dieser Unterschätzung. Hier gibt es zwei Möglichkeiten. Um die erste, methodische Erklärung zu verdeutlichen, sei angenommen, dass relativ kleine räumliche Einheiten, z. B. die in der Regel nur einige Quadratkilometer großen Stadtviertel, den für das Individuum relevanten sozialräumlichen Kontext darstellen. Weiterhin sei angenommen, dass ein gegebenes Merkmal von Stadtvierteln, z. B. der Anteil an jugendlichen Sozialhilfeempfängern, Auswirkungen auf das individuelle Verhalten der Bewohner hat, z. B. auf die Delinquenzneigung bei Jugendlichen (nachgewiesen von Oberwittler 2003). Stadtviertel mit unterschiedlich hohen Anteilen an jugendlichen Sozialhilfeempfängern würden unter diesen Voraussetzungen auch unterschiedlich hohe Anteile an delinquenten Jugendlichen aufweisen. In einer empirischen Analyse würde nun überprüft werden, ob das zwischen den Stadtvierteln variierende Ausmaß an Jugenddelinquenz durch den Anteil an Sozialhilfeempfängern erklärt werden kann.

Bestehen dagegen zwischen Stadtvierteln keine Unterschiede im mittleren Ausmaß der Jugenddelinquenz, gibt es nichts, das durch Gebietsmerkmale erklärt werden könnte, und entsprechend wären keine Kontexteffekte nachweisbar. Eine Ursache (wenn auch nicht die einzige) für einen solchen Befund kann ein zu hohes Aggregationsniveau der räumlichen Einheiten und damit der abhängigen Variablen sein. Bei der Zusammenfassung mehrerer kleiner Einheiten zu einer großen, z. B. zu einem Stadtbezirk, werden Aggregatmerkmale homogenisiert, da sich Unterschiede *innerhalb* der großen Einheiten gegenseitig ausgleichen. Je größer die Aggregateinheiten sind, desto größer ist somit die Wahrscheinlichkeit, dass *zwischen* räumlichen Einheiten keine Varianz besteht.

Die zweite, inhaltliche Erklärung der Unterschätzung von Kontexteffekten beruht ebenfalls auf dem Aggregationsniveau. Je größer die untersuchten räumlichen Einheiten sind, desto geringer ist die Wahrscheinlichkeit, dass der gesamte Raum für das Individuum relevant ist. Die lokalen Aktionsräume, die sich um den Wohnstandort herum ausbreiten, sind in der Regel relativ eng begrenzt (vgl. Reuber 1993: 39ff, Scheiner 2000: 210ff). Wenn große Teile eines untersuchten Gebiets niemals genutzt werden oder völlig unbekannt sind, kann es keinen Einfluss auf das Individuum haben. Dies gilt zumindest dann, wenn angenommen wird, dass der Einflussmechanismus auf sozialer Interaktion und/oder der Beobachtung von Verhaltensweisen oder der physischen Umwelt beruht.[1]

Der vorliegende Beitrag ist wie folgt strukturiert: Nach einer Beschreibung der Forschungsfrage, der Stichprobe und der verwendeten Variablen in Abschnitt 2 werden in Abschnitt 3 die Auswirkungen der Verwendung großer räumlicher Einheiten auf die Nachweisbarkeit von Kontexteffekten sowie die Gründe für nicht nachweisbare Effekte analysiert. Die Ergebnisse der Untersuchung werden in Abschnitt 4 zusammengefasst und ihre Bedeutung für die Durchführung von Kontextanalysen diskutiert.

2. Fragestellung, Daten und Methode

2.1. Fragestellung

Um die Auswirkungen der Größe sozialräumlicher Einheiten auf die Nachweisbarkeit von Kontexteffekten zu demonstrieren, wird im vorliegenden Beitrag der Einfluss sozialer Kohäsion und Disorder im Stadtteil auf die Bereitschaft zur Ausübung sozialer Kontrolle sowie auf die den Nachbarn im Wohngebiet zugeschriebene Bereitschaft analysiert. Soziale Kontrolle wird seit mittlerweile 50 Jahren als ein wichtiger Faktor zur Reduktion von (Gewalt-)Kriminalität diskutiert und in empirischen Studien analysiert (z. B. Bellair 2000, Goodstein und Shotland 1980, Maccoby et al. 1958, Sampson und Groves 1989). Im Rahmen der Theorie sozialer Desorganisation (vgl. Shaw und McKay 1969) wird angenommen, dass die strukturelle Benachteiligung von neighborhoods (im Folgenden mit „Stadtteil" übersetzt), z. B. ein hoher Ausländer- bzw. Minoritätenanteil oder eine hohe Bevölkerungsfluktuation, eine geringe soziale Kohäsion und eine geringe Bereitschaft zur Ausübung sozialer Kontrolle mit sich bringen. Sampson et al. (1997) betrachten in ihrem Konzept der kollektiven Wirksamkeit (Bandura 1995) von Stadtteilen gegenseitiges Vertrauen und Solidarität als Voraussetzungen für die Bereitschaft des Einzelnen, sich zum Wohl der Gemeinschaft für die Einhaltung sozialer Regeln einzusetzen, d. h. abweichendes Verhalten zu sanktionieren. Disorder und Kriminalität als Folgen fehlender sozialer Kontrolle führen ihrerseits zu einer weiteren Verringerung der Kontrollbereitschaft (vgl. Bellair 2000, Skogan 1990: 49).

Sampson et al. (1997) können zeigen, dass soziale Kohäsion und die den *Nachbarn* zugeschriebene Bereitschaft zur Ausübung sozialer Kontrolle auf der Aggregatebene des Stadtteils einen starken Zusammenhang aufweisen. Ob ein solcher Zusammenhang auch auf der Individualebene nachweisbar ist, wurde bisher nicht empirisch untersucht. Studien, die die Auswirkungen sozialer Kohäsion auf die eigene Bereitschaft zur Ausübung sozialer

---

[1] Andere Einflussmechanismen, die von der Größe der Untersuchungsgebiete unabhängiger sein sollten, sind gebietsspezifische Ressourcen und Institutionen, z. B. der Einfluss der Zahl der Jugendeinrichtungen pro Einwohner auf die Jugenddelinquenz. Aufzählungen möglicher Einflussmechanismen finden sich bei Jencks und Mayer (1990) sowie Leventhal und Brooks-Gunn (2000). Eine Diskussion einiger Probleme der wichtigsten Mechanismen leisten Friedrichs und Nonnenmacher (2010).

Kontrolle thematisieren, kommen zu unterschiedlichen Ergebnissen. Bellair (2000) und Renauer (2007) zufolge beeinflusst die soziale Kohäsion im Stadtteil die Bereitschaft zu informeller sozialer Kontrolle positiv, während Frye (2007) und Warner (2007) keinen solchen Effekt feststellen. Indirekte informelle soziale Kontrolle, z. B. durch die Verständigung der Polizei, nimmt Warner (2007) zufolge mit steigender Kohäsion sogar ab. Auch die Befunde zum Zusammenhang zwischen Disorder im Stadtteil und der Bereitschaft zur Ausübung sozialer Kontrolle sind widersprüchlich. Frye (2007) findet keinen solchen Effekt, während Gracia und Herrero (2007) dagegen den zu erwartenden negativen Zusammenhang berichten.

Die Heterogenität der berichteten Befunde kann verschiedene Ursachen haben, z. B. unterschiedliche Konzeptspezifikationen und Operationalisierungen oder unterschiedliche Parameter in den vorgestellten Regressionsmodellen. Instabile Ergebnisse können mit dem hier fokussierten Problem aber auch in unterschiedlichen Stichprobenstrukturen begründet sein. Bellair (2000) nutzt beispielsweise Daten auf der Basis von census tracts. Renauer (2007) untersucht „neighborhoods", die teilweise aus mehreren census tracts bestehen. Warner (2007) stützt sich auf „block groups", d. h. die Zusammenfassung mehrerer Wohnblocks. Frye (2007) untersucht die Auswirkungen des individuell definierten Wohngebiets, arbeitet also nicht mit Aggregat-, sondern ausschließlich mit Individualdaten.

Es stellt sich die Frage, ob die unterschiedliche Größe der in diesen Studien untersuchten städtischen Teilgebiete die Erklärung für die Heterogenität der Befunde darstellt. Um zu zeigen, wie stark die Nachweisbarkeit von Kontexteffekten von der Größe der betrachteten Untersuchungseinheiten anhängt, werden im Folgenden die Bewohner von Stadtteilen unterschiedlicher Größe daraufhin untersucht, ob sich für sie Kontexteffekte sozialer Kohäsion und/oder Disorder auf die eigene Bereitschaft zur Ausübung sozialer Kontrolle sowie auf die den Nachbarn zugeschriebene Bereitschaft nachweisen lassen.

2.2. Stichprobe

Die hier verwendeten Daten stammen aus einer postalischen Bevölkerungsbefragung, die im Rahmen des von der Volkswagen-Stiftung geförderten Projekts „Determinanten und Wirkungen kommunaler Drogenpolitik" (AZ II/76571) im Herbst 2002 in fünf deutschen Großstädten am Sozialwissenschaftlichen Institut der Heinrich-Heine-Universität Düsseldorf unter der Leitung von Karl-Heinz Reuband durchgeführt wurde. Die Befragung wurde in Anlehnung an die Empfehlungen von Dillman (2000) und unter Berücksichtigung der Erfahrungen mit postalischen Befragungen in deutschen Großstädten (vgl. Reuband und Blasius 1996, Reuband 2001) mit bis zu drei Erinnerungsschreiben durchgeführt. Für die Stichprobenziehung wurde aus den Beständen der Einwohnermelderegister der Städte eine zufällige Auswahl unter allen volljährigen Einwohner mit deutscher Staatsangehörigkeit getroffen. Im Fragebogen wurden die Befragten gebeten anzugeben, in welchem Stadtteil sie wohnen. Ein solches Vorgehen ist mit dem Risiko verbunden, dass falsche Angaben gemacht werden, vor allem bei Befragten, deren Wohnstandort in der Nähe der Grenze zweier Stadtteile liegt. Die Angaben haben sich aber als zuverlässig erwiesen: Ein gutes Drittel der Befragten hat in der ansonsten anonymen Befragung seine Adresse offen gelegt, so dass geprüft werden konnte, ob der richtige Stadtteil genannt wurde.[2] Fehler konnten nur in Einzelfällen festgestellt werden.

Für die vorliegende Untersuchung wurden die Daten für Hamburg und München ausgewertet. Die anderen drei Städte wurden nicht betrachtet, da sie entweder aufgrund einer deutlich geringeren Einwohnerzahl nicht mit Hamburg und München vergleichbar sind (Kiel), die Zahl der Individuen pro Stadtteil zu gering für die Berechnung reliabler Kontextvariablen war (Stuttgart) oder nicht alle notwendigen Variablen erhoben wurden (Dresden). Aus den im folgenden Abschnitt beschriebenen Gründen konnte jeweils nur eine Teilstichprobe ausgewertet werden. Die ursprünglich realisierten Stichprobengrößen betragen N = 936 für Hamburg und N = 932 für München. Die Ausschöpfungsquote lag bei 49,2 % (Hamburg) bzw. 52,2 % (München).

Die Stadtgebiete von Hamburg und München sind unterschiedlich strukturiert. Hamburg ist administrativ in sieben Bezirke eingeteilt, die jeweils aus mehreren Stadtteilen bestehen und diese wiederum aus mehreren Stadtvierteln. Für die vorliegende Untersuchung wurde die Ebene der Stadtteile genutzt, von denen es zum Untersuchungszeitpunkt 104 gab. Im Rahmen einer Gebietsreform in Jahr 2008 wurden neue Stadtteile gebildet, die hier aber nicht berücksichtigt werden können. Für München steht nur eine Untersuchungsebene zu Verfügung. Die Stadt besteht aus 25 Stadtbezirken, die größtenteils durch die Zusammenfassung mehrerer namentlich zu unterscheidender Stadtteile gebildet wurden (z. B. Au – Haidhausen). Es besteht in beiden Städten eine große Varianz der Gebietsgrößen. In Hamburg sind die Stadtteile zwischen 0,6 Quadratkilometer (Hoheluft-Ost) und 35,5 Quadratkilometer groß (Wilhelmsburg). Die durchschnittliche Stadtteilgröße liegt bei 7,7 Quadratkilometern, die durchschnittliche Einwohnerzahl bei 19.900 (Standardabweichung: 15.500; Statistisches Landesamt Hamburg 2002). In München reicht die Größe der 25 Stadtbezirke von 3,2 (Altstadt-Lehel) bis 34,0 Quadratkilometer (Aubing-Lochhausen-Langwied) mit einer mittleren Größe von 12,4 Quadratkilometern und einer mittleren Einwohnerzahl von rund 50.600 (Standardabweichung: 18.400; Statistisches Amt der Landeshauptstadt München 2002: 24).

2.3. Variablen

Abhängige Variablen: Die Bereitschaft der Befragten, soziale Kontrolle in ihrem Wohngebiet auszuüben, wurde mit Hilfe dreier hypothetischer Szenarien gemessen. Die Befragten wurden gebeten anzugeben, wie sie reagieren würden, wenn in ihrer Wohngegend a) Jugendliche eine Straßenlaterne demolierten, b) Jugendliche die Reifen eines Autos zerstächen

---

[2] Die Befragten legten ihre Adresse offen, indem sie auf eine entsprechende Bitte eine Kennnummer in den Fragebogen eintrugen, die auf der Rückantwort-Postkarte eingetragen war. Grundsätzlich wurden die Postkarten getrennt vom Fragebogen zurückgesendet, um den Rücklauf unter Gewährung der vollständigen Anonymität der Befragung erfassen zu können.

und c) Jugendliche die Wand eines Nachbarhauses mit Graffiti besprühten. Als Antwortmöglichkeiten standen „Nichts tun", „Betreffende ermahnen", „Polizei verständigen" und „Sonstiges" mit einer offenen Angabe zur Verfügung. Zur Ermittlung der den Nachbarn im Wohngebiet zugeschriebenen Bereitschaft zur Ausübung sozialer Kontrolle wurden die Befragten im Anschluss gebeten anzugeben, wie ihre Nachbarschaft in den beschriebenen Fällen reagieren würde. Die Definition des Gebiets, das individuell als „Wohngebiet" angesehen wird, wurde den Befragten überlassen. Vor den Fragen zur sozialen Kohäsion und Disorder und der Bereitschaft zur Ausübung sozialer Kontrolle wurde eine Reihe von einleitenden Fragen zum Wohngebiet (Wohndauer, größte Probleme, Entwicklung der Lebensbedingungen und des Verhältnisses zwischen Personen in der Nachbarschaft, Sicherheitsgefühl) gestellt. Für die Berechnung des Ausmaßes an sozialer Kontrolle wurde jeweils gezählt, in wie vielen der drei Szenarien eingegriffen würde, d. h. alle Antworten außer „Nichts tun" wurden addiert. Die Wertebereiche der beiden abhängigen Variablen reicht damit von Null bis drei.

Unabhängige Variablen – Individualebene: Soziale Kohäsion und Disorder wurden über die vierstufig skalierte Zustimmung („trifft voll und ganz zu" bis „trifft überhaupt nicht zu") zu insgesamt elf Aussagen über die eigene Wohngegend gemessen. In getrennten Hauptkomponentenanalysen für Hamburg und München luden dieselben fünf bzw. sechs Items auf je einem Faktor (Ladungen über 0,5). Zur Berechnung der Skalen „Soziale Kohäsion" und „Disorder" wurde der ungewichtete Mittelwert über die fünf bzw. sechs Items berechnet (negativ formulierte Items wurden vorher umgepolt).

Soziale Kohäsion wurde mit Hilfe folgender Items gemessen: „Die Leute hier helfen sich gegenseitig", „Hier kennen sich die Leute gut", „Wenn ich praktische Hilfe brauche, kann ich mich auf meine Nachbarn verlassen", „Man kann den Leuten in der Nachbarschaft vertrauen" und „Man sieht häufig Leute auf der Straße stehen, die sich unterhalten". Cronbachs α für die Skala „Soziale Kohäsion" beträgt 0,83 (Hamburg) bzw. 0,81 (München).

Disorder wurde mit Hilfe der folgenden Items gemessen: „Die Gegend ist sauber und ordentlich", „Es gibt viele Häuser mit Wandschmierereien (Graffiti)", „Die Leute hier haben Respekt vor Gesetz und Ordnung", „Es lungern viele Jugendliche auf der Straße herum", „Man sieht auf den Straßen mehr Ausländer als Deutsche" und „Es wird auf der Straße mit Drogen gehandelt". Cronbachs α für diese Skala beträgt 0,82 (Hamburg) bzw. 0,78 (München).

Unabhängige Variablen – Stadtteilebene: Um die Bedingungen des sozialräumlichen Wohnumfelds zu messen, wurden die Angaben zu sozialer Kohäsion und Disorder im eignen Wohngebiet (genauer: im individuell als das eigene Wohngebiet wahrgenommenen Ausschnitt der Wohnumgebung) für alle Bewohner eines Stadtteils gemittelt (die in München „Stadtbezirke" genannten Teilgebiete werden im Folgenden der Einfachheit halber ebenfalls als Stadtteile bezeichnet). Für die Berechnung dieser Mittelwerte wurden nur diejenigen Stadtteile berücksichtigt, für die mindestens vier Individualwerte vorlagen. Diese Untergrenze muss als pragmatischer Kompromiss betrachtet werden, da nicht zu viele Stadtteile aufgrund geringer Fallzahlen ausgeschlossen werden sollten. Der Stichprobenumfang verringerte sich mit diesen Einschränkungen für Hamburg um 11,6 % auf N = 827 und für München um 0,6 % auf N = 926. In der Hamburger Stichprobe mussten überproportional häufig solche Befragte ausgeschlossen werden, die in Innenstadt-Teilen wohnen. Die Einwohnerzahl dieser zentral gelegenen Stadtteile liegt deutlich unter dem Durchschnitt, und entsprechend groß war die Wahrscheinlichkeit, bei einer Zufallsstichprobe nur wenige Innenstadt-Bewohner anzuschreiben. Da sich die Randverteilungen aller Variablen trotz des Ausschlusses dieser Fälle nur sehr geringfügig änderten, kann davon ausgegangen werden, dass die Stichprobenreduktion die folgenden Ergebnisse nicht verzerrt hat.

3. Ergebnisse

Um das mögliche Ausmaß der Unterschätzung von Kontexteffekten sowie deren Ursache feststellen zu können, wird im Folgenden in mehreren Untersuchungsschritten vorgegangen. Im ersten Schritt werden (mit der gesamten Stichprobe) Mehrebenen-Regressionsanalysen für Hamburg und München durchgeführt, in denen die Einflüsse der mittleren sozialen Kohäsion und Disorder im Stadtteil unter Konstanthaltung der Merkmale des individuell wahrgenommenen Wohngebiets geprüft werden. Auf diese Weise ist es möglich festzustellen, ob der Stadtteil unabhängig vom Wohngebiet einen Effekt auf die eigene bzw. die den Nachbarn zugeschriebene Bereitschaft zur Ausübung sozialer Kontrolle hat.[3] Im zweiten Schritt werden Teilstichproben untersucht. Um zeigen zu können, dass die Nachweisbarkeit von Kontexteffekten vom Aggregationsniveau abhängt, enthält jede Teilstichprobe Stadtteile, deren Flächen innerhalb bestimmter Größengrenzen liegen. Diese Grenzen werden mit jeder Teilstichprobe verschoben, so dass es möglich ist festzustellen, ob von einer bestimmten Flächen-Obergrenze an keine Kontexteffekte mehr nachweisbar sind und wo diese Grenze liegt. Zum Abschluss wird mit Hilfe der Intraklassen-Korrelationskoeffizienten für die Teilstichproben der Frage nach der Ursache für nicht feststellbare Kontexteffekte nachgegangen. Detaillierte Angaben zum Vorgehen werden jeweils in den Beschreibungen der drei Untersuchungsschritte gemacht.

Um einen ersten Eindruck von den beiden Untersuchungsstädten zu gewinnen, gibt Tabelle 1 zunächst eine kurze Beschreibung aller Variablen. Bezüglich des Ausmaßes an sozialer Kontrolle wird deutlich, dass der überwiegende Teil der Befragten bereit ist, in allen drei beschriebenen Situationen selbst einzugreifen oder die Polizei zu rufen. Im Detail ist die bei weitem am häufigsten genannte Reaktion die Verständigung der Polizei, aber mit Abstufungen: Etwa zwei Drittel der Befragten in Hamburg und München würden beim Szenario „Straßenlaterne" die Polizei verständigen, knapp 70 % beim Szenario „Graffiti" und mehr als 90 % beim Szenario „Autoreifen".

---

[3] Sämtliche kontinuierlichen unabhängigen Variablen wurden an ihrem Stichproben-Mittelwert zentriert.

Tabelle 1: Beschreibung der analysierten Variablen: Prozentuale Anteile bzw. Mittelwerte (Standardabweichungen in Klammern)

	Hamburg	München
Soziale Kontrolle durch Befragte:		
eingreifen bei...[a]		
3 Szenarien (in %)	85,5	80,1
2 Szenarien (in %)	6,4	11,7
1 Szenario (in %)	3,6	2,7
0 Szenarien (in %)	1,0	0,8
Soziale Kontrolle durch Nachbarn:		
eingreifen bei...[b]		
3 Szenarien (in %)	75,0	75,9
2 Szenarien (in %)	3,1	3,8
1 Szenario (in %)	5,1	4,3
0 Szenarien (in %)	11,1	9,1
Individuelle Angaben zum Wohngebiet		
Soziale Kohäsion (1-4)[c]	2,92	2,82
	(0,60)	(0,56)
Disorder (1-4)[c]	2,27	2,17
	(0,38)	(0,35)
N	827	926

[a] Frageformulierung: „Stellen Sie sich bitte vor, Sie würden die folgenden Situationen in Ihrer Wohngegend erleben. Was wäre Ihre erste Reaktion?"
[b] Frageformulierung: „Und wie wäre Ihrer Meinung nach die erste Reaktion in Ihrer Nachbarschaft auf dieselben Situationen?"
[c] Höhere Werte entsprechen einer stärkeren Ausprägung des Merkmals im Wohngebiet.

Den Nachbarn wird insgesamt eine geringere Bereitschaft zur Ausübung sozialer Kontrolle zugetraut. Besonders auffällig wird dies beim Vergleich der prozentualen Anteile derjenigen, die (vorgeblich) in keinem der drei Szenarien eingreifen. Dies betrifft höchstens 1 % der Befragten, aber etwa 10 % der Nachbarn. Ob dieser Befund darauf hinweist, dass die eigene Kontrollbereitschaft als sozial erwünschtes Verhalten überschätzt oder die Kontrollbereitschaft der Nachbarn unterschätzt wird, kann mit den vorliegenden Daten nicht geprüft werden. Hinsichtlich der Merkmale des individuell wahrgenommenen Wohngebiets unterscheiden sich die beiden Städte kaum. In Hamburg sind Disorder und soziale Kohäsion im Wohngebiet etwas stärker ausgeprägt als in München, aber die Differenz beträgt nur 0,1 Skalenpunkte.

3.1. Schritt 1: Analyse der Gesamtstichproben

Die Ergebnisse des ersten Untersuchungsschritts zeigt Tabelle 2. Da die beiden abhängigen Variablen, die Einschätzung der eigenen Bereitschaft zur Ausübung sozialer Kontrolle sowie die Einschätzung der Nachbarn, extrem schief verteilt sind, wäre eine lineare Modellierung unangemessen. Stattdessen wurden die Werte der beiden Variablen umgedreht, um sie einer Poisson-Verteilung anzunähern, und entsprechende Regressionsanalysen durchgeführt. Höhere Werte der abhängigen Variablen zeigen mit dieser Vorgehensweise eine *geringere*

Bereitschaft zur Ausübung sozialer Kontrolle an. Dies ist bei der Interpretation der Vorzeichen der im Folgenden dargestellten unstandardisierten Logit-Koeffizienten zu beachten.

Sämtliche Analysen wurden mit dem Programm MLwiN (Version 2.11) durchgeführt. Als Schätzalgorithmus wurde RIGLS (Restricted Iterative Generalized Least Squares) gewählt, ein Algorithmus, dessen Ergebnisse den in anderen Mehrebenenanalyse-Programmen verwendeten Restricted Maximum Likelihood-Schätzungen (REML) entsprechen.

Tabelle 2 zeigt, dass sich die individuell wahrgenommene soziale Kohäsion im Wohngebiet in drei von vier Fällen statistisch signifikant auf die eigene bzw. nachbarliche Bereitschaft zur Ausübung sozialer Kontrolle auswirkt. Das Ausmaß an Disorder im Wohngebiet beeinflusst dagegen nur die Einschätzung der Nachbarn in München. Die Vorzeichen entsprechen der erwarteten Richtung: Je stärker die im Wohngebiet wahrgenommene soziale Kohäsion ist, desto geringer ist die eigene oder den Nachbarn zugeschriebene Neigung, *keine* soziale Kontrolle auszuüben – mit anderen Worten, soziale Kohäsion steigert die (zugeschriebene) Bereitschaft zur Ausübung sozialer Kontrolle, während Disorder sie senkt.

Tabelle 2: Mehrebenen-Poisson-Regressionen: Verzicht auf soziale Kontrolle in Abhängigkeit von Individual- und Stadtteilmerkmalen (unstandardisierte Koeffizienten)

	Selbsteinschätzung		Einschätzung Nachbarn	
	Hamburg	München	Hamburg	München
Konstante	-1,87***	-2,80***	-0,91***	-1,11***
Fixe Effekte				
Ebene 1: Individualmerkmale				
Alter	-0,33***	-0,23***	-0,10**	-0,04
Geschlecht: weiblich	0,14	0,51***	0,04	-0,23*
Schulabschluss[a]: Realschulabschluss	-0,33	0,31	-0,07	0,24
Schulabschluss[a]: (Fach-)Abitur	-0,35	0,99***	-0,07	0,29
Soziale Kohäsion im Wohngebiet	-0,33*	-0,26	-0,93***	-0,80***
Disorder im Wohngebiet	-0,49	0,19	0,03	0,47**
Ebene 2: Stadtteil				
Soziale Kohäsion (Mittelwert)	-0,96	-3,07***	-1,07**	-0,69
Disorder (Mittelwert)	1,48*	-0,26	0,59	0,97
Zufallseffekte	Varianzkomponenten			
Ebene 1 (e_{ij}) (scale factor)	1,000	1,000	1,000	1,000
Ebene 2 (u_{0j})	0,511	0,004	0,214	0,076
N (Ebene 1 / Ebene 2)	744 / 65	827 / 25	726 / 65	805 / 25

[a] Referenzkategorie: Höchstens Haupt-/Volksschulabschluss bzw. POS 8. Klasse
*** $p < 0,001$; ** $p < 0,01$; * $p < 0,05$

Entscheidend ist nun, dass über die Wahrnehmung des Wohngebiets hinaus auch der Stadtteil einen statistisch signifikanten Einfluss hat. Für Hamburg gilt, dass mit zunehmender Disorder im Stadtteil die Wahrscheinlichkeit steigt, keine soziale Kontrolle auszuüben (b = 1,48). Das mittlere Ausmaß an sozialer Kohäsion hat wie bei den Wohngebietseffekten einen deutlicheren Einfluss: In München beeinflusst die soziale Kohäsion die Selbsteinschätzung (b = -3,07), in Hamburg die Einschätzung der Nachbarn (b = -1,07). Die beiden anderen Koeffizienten sind nicht statistisch signifikant, weisen aber zumindest das erwartete Vorzeichen auf.

Insgesamt zeigen die in Tabelle 2 dargestellten Ergebnisse, dass nicht nur die perzipierten Bedingungen des Wohngebiets einen Einfluss auf die eigene und den Nachbarn zugeschriebene Bereitschaft zur Ausübung sozialer Kontrolle bei abweichendem Verhalten *im Wohngebiet* haben, sondern darüber hinaus auch der Stadtteil von Bedeutung ist. Die Befunde sind allerdings sehr unsystematisch: Die entsprechenden Variablen haben nur in einigen Fällen einen statistisch signifikanten Einfluss; es ist nicht klar, ob die Selbsteinschätzung oder die Einschätzung der Nachbarn stärker von den Bedingungen des Stadtteils abhängig ist; ebenso wenig wird deutlich, ob soziale Kohäsion oder Disorder eine größere Bedeutung für die Bereitschaft zur Ausübung sozialer Kontrolle hat. Das Fehlen eines erkennbaren Musters erinnert an die eingangs berichteten heterogenen Ergebnisse, die zu den Einflüssen von sozialer Kohäsion und Disorder auf soziale Kontrolle bisher in der Literatur berichtet wurden.

Neben den Merkmalen des individuell als „Wohngebiet" definierten Gebiets und des Stadtteils wurden außerdem relevante Individualmerkmale (Alter, Geschlecht und schulisches Bildungsniveau) in die Regressionsmodelle aufgenommen, um mögliche Selektionseffekte (Kompositionseffekte) zu kontrollieren. Die entsprechenden Koeffizienten zeigen, dass mit dem Alter sowohl die eigene als auch die den Nachbarn zugeschriebene Bereitschaft zur Ausübung sozialer Kontrolle steigt. Die für München feststellbaren Geschlechtereffekte zeigen, dass Frauen in geringerem Maße als Männer bereit sind, auf abweichendes Verhalten zu reagieren, den Nachbarn aber eine stärkere Bereitschaft zuschreiben als Männer. Das schulische Bildungsniveau zeigt keine systematischen Effekte.

3.2. Schritt 2: Analyse der Teilstichproben

Im zweiten Untersuchungsschritt wird geprüft, ob es eine Flächen-Obergrenze gibt, bei deren Überschreiten Einflüsse des durchschnittlichen Niveaus sozialer Kohäsion und Disorder im Stadtteil nicht mehr nachweisbar sind. Zu diesem Zweck wurden die Hamburger und Münchner Stichproben aufgeteilt. Die Teilstichproben umfassen jeweils diejenigen Stadtteile, deren Größe sich um weniger als sechs Quadratkilometer (Hamburg) bzw. neun Quadratkilometer (München) unterscheiden. Die erste Teilstichprobe beinhaltet Gebiete mit einer Fläche von Null bis weniger als sechs (neun) Quadratkilometern, die zweite Gebiete mit einer Fläche von ein bis weniger als sieben (zehn) Quadratkilometern etc. Durch die Verschiebung der Flächengrenze um jeweils einen Quadratkilometer ist es möglich, eine Obergrenze festzustellen, bei deren Überschreiten Stadtteile zu groß sind, um einen Nachweis von Kontexteffekten zuzulassen. Die unterschiedlichen Abgrenzungen der Teilstichproben in Hamburg und München sind durch eine stark differierende Zahl an Stadtteilen bedingt. Für Hamburg liegen Daten aus 65 Gebieten vor, München ist dagegen administrativ in nur 25 Gebiete unterteilt. Eine Flächendifferenz von weniger als sechs Quadratkilometern hätte in München zu extrem kleinen Teilstichproben geführt, die aufgrund von Zufallsschwankungen keine Aussagen zulassen. Für Hamburg hätte dagegen eine Zusammenfassung der Stadtteile in größere Teilstichproben als notwendig eine Verringerung der Aussagekraft der Analyse nach sich gezogen. Aus diesen Gründen wurde entschieden, für die beiden Städte unterschiedliche Teilstichproben zu bilden.

Für jede Teilstichprobe wurde ein Mehrebenen-Regressionsmodell mit den Variablen berechnet, die in Tabelle 2 aufgeführt sind. Da die Koeffizienten von Poisson-Regressionen wenig aussagekräftig und nicht vergleichbar sind, wurden sie für die folgenden Darstellungen in Wahrscheinlichkeiten umgerechnet. Es wird angegeben, um wie viele Prozentpunkte sich die Wahrscheinlichkeit ändert, dass die Befragten sich selbst oder ihren Nachbarn die Ausübung sozialer Kontrolle in allen drei vorgegebenen Szenarien zuschreiben, wenn das Ausmaß an sozialer Kohäsion um 0,2 Skalenpunkte steigt.[4] Mit anderen Worten, es wird die Veränderung der Wahrscheinlichkeit umfassender sozialer Kontrolle unter der Bedingung steigender sozialer Kohäsion berichtet. Zum Vergleich werden außerdem die Effekte von sozialer Kohäsion im individuell wahrgenommenen Wohngebiet berichtet. Dieser Vergleich ist notwendig, um nachweisen zu können, dass von einer bestimmten Flächen-Obergrenze an zwar keine Stadtteileffekte mehr nachgewiesen werden können, aber weiterhin Effekte des Wohngebiets. Ohne diesen Nachweis wäre es möglich, dass in großflächigen Stadtteilen die soziale Kohäsion weder im individuell wahrgenommenen Wohngebiet noch im Stadtteil einen Einfluss auf die soziale Kontrolle hat. Ein solcher Befund könnte nicht mit der Größe von Stadtteilen erklärt werden.

Aus Platzgründen werden im Folgenden nur die Ergebnisse für soziale Kohäsion dargestellt. Auf die Effekte von Disorder wird im Rahmen der abschließenden Zusammenfassung eingegangen. Abbildung 1a zeigt die Ergebnisse für die Selbsteinschätzung der Bereitschaft zu sozialer Kontrolle in Hamburg, Abbildung 1b die Ergebnisse für die Einschätzung der Nachbarn. Stark umrandete Balken weisen auf statistisch signifikante Effekte sozialer Kohäsion ($p \leq 0,1$) in der entsprechenden Teilstichprobe hin.

Abbildung 1a zeigt, dass das mittlere Ausmaß an sozialer Kohäsion im Stadtteil keinen statistisch signifikanten Einfluss auf die eigene Bereitschaft zur Ausübung sozialer Kontrolle hat, wenn die Gesamtstadt betrachtet wird. Die Teilstichproben zeigen dagegen, dass in Gebieten mit einer Fläche von drei bis weniger als zehn Quadratkilometern ein systematischer Einfluss besteht. In kleineren Stadtteilen ist dieser Effekt zwar vorhanden, aber nicht statistisch signifikant. Es ist möglich, dass dieser Befund auf zu geringe Fallzahlen und die damit zusammenhängende geringe Reliabilität von Stadtteil-Mittelwerten zurückgeführt werden muss. Die ersten drei Teilstichproben sind zwar insgesamt nicht kleiner als diejenigen, für die statistisch signifikante Einflüsse der sozialen Kohäsion nachgewiesen werden konnten (vgl. Tabelle 1A im Anhang), aber der Anteil an Stadtteilen, in denen nur wenige Bewohner befragt wurden, ist deutlich größer. Beispielsweise ist der Anteil an Gebieten, in

---

[4] Damit die Teilstichproben miteinander verglichen werden können, muss ein konstanter Wert gewählt werden. 0,2 Skalenpunkte entsprechen in etwa einer Standardabweichung der sozialen Kohäsion im Stadtteil in allen Teilstichproben.

denen weniger als sechs Bewohner befragt wurden, in den ersten drei Teilstichproben mit durchschnittlich 26 % fast doppelt so groß wie in den Teilstichproben mit Gebieten mit einer Fläche zwischen drei und zehn Quadratkilometern (14 %).

Abbildung 1a: Veränderung der Wahrscheinlichkeit der Ausübung sozialer Kontrolle bei Anstieg der sozialen Kohäsion; Selbsteinschätzung; Hamburg

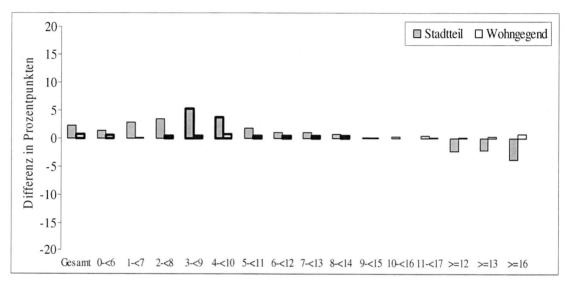

In größeren Gebieten hat eine um 0,2 Skalenpunkte zunehmende soziale Kohäsion im Stadtteil keinen oder sogar einen negativen Effekt. Es wurde geprüft, ob das Ausbleiben eines Stadtteileffekts mit geringen Fallzahlen erklärt werden kann; dies ist aber nicht der Fall. Tabelle 1A im Anhang zeigt, dass die Stichprobengröße erst ab einer Stadtteilgröße von mindestens neun Quadratkilometern merkbar abnimmt. Darüber hinaus wurde geprüft, ob sich für Teilstichproben mit Stadtteilen von drei bis neun bzw. vier bis zehn Quadratkilometern auch dann Konrexteffekte nachweisen lassen, wenn die Stichprobengröße reduziert wird. Hierzu wurden jeweils 10 Stadtteile der Teilstichprobe zufällig ausgewählt. Der Einfluss der Kontextmerkmale blieb unter dieser Bedingung relativ stabil und statistisch signifikant. Ein Einfluss sozialer Kohäsion im individuell wahrgenommenen Wohngebiet ist bis zu einer Gebietsgröße von 14 Quadratkilometern feststellbar und wurde auch für die Gesamtstichprobe berechnet. In größeren Stadtteilen hat aber auch das Wohngebiet keinen Effekt mehr.

Abbildung 1b: Veränderung der Wahrscheinlichkeit der Ausübung sozialer Kontrolle bei Anstieg der sozialen Kohäsion; Einschätzung Nachbarn; Hamburg

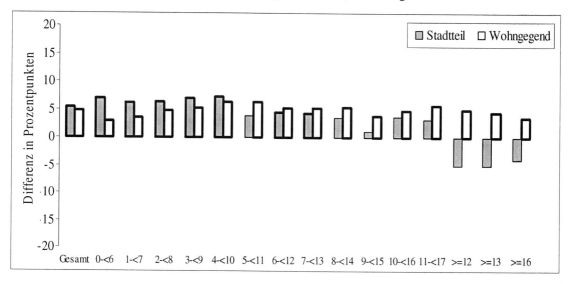

Die Ergebnisse für die Einschätzung der Nachbarn (Abbildung 1b) ähneln den Befunden für die Selbsteinschätzung. Systematische Stadtteileffekte können nur in Gebieten nachgewiesen werden, die weniger als 13 Quadratkilometer groß sind. Über diese Grenze hinaus ist der Kontexteffekt nicht statistisch signifikant und teilweise negativ. Der für die Gesamtstadt berechnete Effekt sozialer Kohäsion, eine Steigerung der Wahrscheinlichkeit umfassender sozialer Kontrolle um 5,4 Prozentpunkte, unterschätzt die Effekte in Teilstichproben mit kleinen Gebieten, wenn auch nicht stark. Die Wahrnehmung sozialer Kohäsion im Wohngebiet hat im Gegensatz zum Stadtteil in jeder Teilstichprobe einen statistisch signifikanten Effekt.

Abbildung 2a zeigt die Ergebnisse für die Einschätzung der eigenen Bereitschaft zur Ausübung sozialer Kontrolle in München. Für die Gesamtstadt wurde in Bezug auf den Stadtteileffekt eine Differenz von 2,7 Prozentpunkten berechnet, die die Effekte in den Teilstichproben teilweise um mehr als die Hälfte unterschätzt. Das Ausmaß der Unterschätzung erscheint auf den ersten Blick gering. Es muss aber berücksichtigt werden, dass diese Differenz einer Steigerung der sozialen Kohäsion im Stadtteil um nur 0,2 Skalenpunkte entspricht. Bei einer weniger vorsichtigen Darstellung wird die Unterschätzung deutlicher. Steigt die soziale Kohäsion beispielsweise um einen ganzen Skalenpunkt, nimmt die Wahrscheinlichkeit umfassender sozialer Kontrolle bei Betrachtung der Gesamtstichprobe um 13 Prozentpunkte zu, während der entsprechende Wert in den Teilstichproben bis zu 30 Prozentpunkte beträgt. Das individuell wahrgenommene Wohngebiet hat weder in der Betrachtung der Gesamtstadt noch in einzelnen Teilstichproben einen Effekt auf soziale Kontrolle.

Abbildung 2a: Veränderung der Wahrscheinlichkeit der Ausübung sozialer Kontrolle bei Anstieg der sozialen Kohäsion; Selbsteinschätzung; München

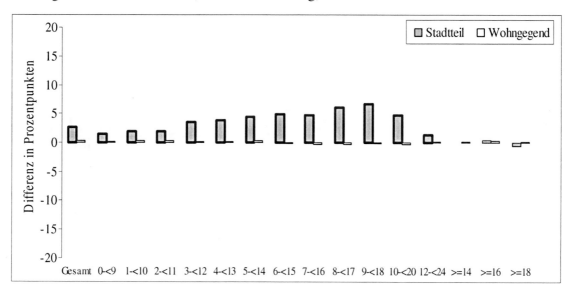

Ein Stadtteileffekt kann nur in den Teilstichproben mit Gebieten festgestellt werden, die weniger als 24 Quadratkilometer groß sind. Damit liegt die gesuchte Obergrenze in München deutlich höher als in Hamburg. Sie übersteigt ebenso deutlich die Flächengrenze von acht Quadratkilometern, die für München in Bezug auf die Auswirkungen von Disorder im Stadtteil auf die individuelle Kriminalitätsfurcht nachgewiesen wurde (Nonnenmacher 2007).

Die Befunde für die Einschätzung der Nachbarn in München zeigt Abbildung 2b. Wie in Hamburg hat die Wahrnehmung sozialer Kohäsion im Wohngebiet in allen Teilstichproben einen systematischen Einfluss. Stadtteileffekte können dagegen nur in den Teilstichproben mit Gebieten zwischen sechs und 24 Quadratkilometern nachgewiesen werden. In kleineren und größeren Gebieten ist der Effekt nicht statistisch signifikant und negativ.

Abbildung 2b: Veränderung der Wahrscheinlichkeit der Ausübung sozialer Kontrolle bei Anstieg der sozialen Kohäsion; Einschätzung Nachbarn; München

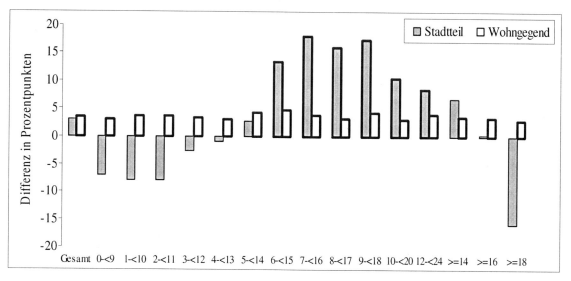

Für die Gesamtstadt wurde ein geringer, positiver, aber nicht statistisch signifikanter Stadtteileffekt berechnet. Ein Anstieg der sozialen Kohäsion um 0,2 Prozentpunkte führt zu einer um 3,1 Prozentpunkte größeren Wahrscheinlichkeit, dass den Nachbarn eine Bereitschaft zur umfassenden sozialen Kontrolle zugeschrieben wird. Es ist deutlich sichtbar, dass mit diesem Wert der Einfluss sozialer Kohäsion, der sich in Stadtteilen mit einer Fläche zwischen sechs und 24 Quadratkilometern zeigt, massiv unterschätzt wird. Er beträgt bis zu 17,3 Prozentpunkte.

Zusammenfassend betrachtet zeigen die Ergebnisse, dass erstens das Ausmaß an individuell wahrgenommener sozialer Kohäsion im Wohngebiet weder in Hamburg noch in München einen Effekt auf die eigene Bereitschaft hat, soziale Kontrolle auszuüben. Das mittlere Niveau sozialer Kohäsion im Stadtteil ist dagegen von Bedeutung. Zweitens beeinflusst die soziale Kohäsion sowohl im Wohngebiet als auch im Stadtteil die Einschätzung der nachbarlichen Bereitschaft. Es scheint, dass es nicht ausreicht, Merkmale sozialer Kohäsion in der engeren Wohnumgebung wahrzunehmen, um eine stärkere Bereitschaft zur Ausübung sozialer Kontrolle zu entwickeln. Entscheidend ist die weitere Umgebung des Wohnstandorts, hier repräsentiert durch den Stadtteil. Umgekehrt bedeutet dies aber auch, dass Individuen, die ihrer Wohngegend ein geringes Maß an sozialer Kohäsion zuschreiben, dennoch zur Ausübung sozialer Kontrolle bereit sind, wenn diese Wohngegend in einem Stadtteil liegt, der ansonsten ein hohes Maß an Kohäsion aufweist.

Das dritte und hier zentrale Ergebnis lautet, dass vorhandene Stadtteileffekte nur in Gebieten nachgewiesen werden können, die höchstens 14 (Hamburg) bzw. 24 (München) Quadratkilometer groß sind. Besteht eine Stichprobe darüber hinaus aus Gebieten mit größerer Fläche, können Stadtteileffekte unterschätzt werden oder sogar nicht statistisch signifikant sein. Beide Fälle traten bei den hier geprüften Beispielen auf. Der hier nicht im Detail dargestellte Einfluss von Disorder auf die soziale Kontrolle zeigte ähnliche Ergebnisse.

Tabelle 3 gibt abschließend einen Überblick über das Ausmaß der Unterschätzung. Dargestellt ist wie in den vorangegangenen Abbildungen die Veränderung der Wahrscheinlichkeit (in Prozentpunkten), dass die Befragten sich selbst bzw. ihren Nachbarn ein Eingreifen in den drei vorgegebenen Szenarien zuschreiben, bei einer Steigerung der sozialen Kohäsion bzw. Disorder im Stadtteil um 0,2 Skalenpunkte. Die Werte wurden zum einen für die Gesamtstichprobe und zum anderen für eine Teilstichprobe berechnet, die ausschließlich diejenigen Stadtteile beinhaltet, für die im zweiten Untersuchungsschritt statistisch signifikante Kontexteffekte nachgewiesen werden konnten.

Tabelle 3: Veränderung der Wahrscheinlichkeit umfassender sozialer Kontrolle bei steigender sozialer Kohäsion bzw. Disorder im Stadtteil, in Prozentpunkten[a]

	Hamburg		München	
	Selbsteinschätzung	Einschätzung Nachbarn	Selbsteinschätzung	Einschätzung Nachbarn
Soziale Kohäsion				
Gesamtstichprobe	2,4	5,4*	2,7*	3,1
Teilstichprobe[b]	5,1*	6,2*	2,9*	12,9*
Disorder				
Gesamtstichprobe	-4,4*	-3,3	-	-
Teilstichprobe[b]	-5,5*	-9,6*	-	-

[a] Veränderung der Wahrscheinlichkeit, dass Befragte sich selbst bzw. ihren Nachbarn eine Reaktion auf alle vorgegebenen Szenarien zuschreiben, bei einer Steigerung der sozialen Kohäsion bzw. Disorder im Stadtteil um 0,2 Skalenpunkte.
[b] Teilstichprobe mit denjenigen Stadtteilen, für die Kontexteinflüsse nachgewiesen werden konnten.
* Statistisch signifikanter Kontexteffekt.

Drei der sechs Vergleichspaare zeigen eine nur geringfügige Unterschätzung, bei der zudem der für die Gesamtstichprobe berechnete Koeffizient statistisch signifikant ist. Dies gilt für den Einfluss von Disorder auf die Selbsteinschätzung in Hamburg und für den Einfluss der sozialen Kohäsion auf die Einschätzung der Nachbarn in Hamburg sowie die Selbsteinschätzung in München. Die anderen drei Vergleichspaare zeigen dagegen erstens deutliche Unterschätzungen und zweitens wurde für die Gesamtstichprobe kein systematischer Kontexteffekt festgestellt, obwohl er in der Teilstichprobe vorhanden ist. In 50 % der Fälle hätten Hypothesentests mit anderen Worten ein falsch negatives Ergebnis produziert. Die Ergebnisse der Teilstichproben zeigen im Gegensatz zu den relativ unsystematischen Befunden der Gesamtstichproben, dass sowohl soziale Kohäsion als auch Disorder im Stadtteil in beiden Städten und bei beiden abhängigen Variablen einen Einfluss haben.

3.3. Schritt 3: Analyse der Zwischengruppenvarianz

Im dritten und letzten Schritt der Untersuchung wird im Folgenden geprüft, welche Ursache den nicht nachweisbaren Kontexteffekten zugrunde liegt, die vor allem in großen Stadtteilen festgestellt wurden. Es wurden zwei mögliche Erklärungen angeführt. Aus methodischer Sicht steigt mit der Größe eines Stadtteils die Wahrscheinlichkeit, dass vorhandene Unterschiede in der Ausprägung der abhängigen Variablen homogenisiert werden, also beim Vergleich mehrerer Gebiete die Zwischengruppenvarianz gering ist. Wenn es keine Unterschiede zwischen Stadtteilen gibt, können Stadtteilmerkmale entsprechend keinen Erklärungsanteil haben. Aus inhaltlicher Perspektive ist es denkbar, dass große Stadtteile ihren Bewohnern nur zu einem kleinen Teil bekannt sind. Kennwerte, die sich auf das gesamte Gebiet beziehen, sollten in diesem Fall keinen Zusammenhang mit individuellem Verhalten aufweisen.

Es ist mit den hier vorliegenden Daten nicht möglich, diese inhaltliche Erklärung zu prüfen. Hierfür wären Angaben über die Aktionsräume der Befragten notwendig. Ob die methodische Erklärung zutrifft, kann dagegen mit Hilfe der Intraklassen-Korrelationskoeffizienten (ICC) für die Teilstichproben überprüft werden. Der ICC gibt an, wie groß der Anteil der Zwischengruppenvarianz an Gesamtvarianz der abhängigen Variablen ist, d. h. wie groß der durch Stadtteil-Merkmale erklärbare Varianzanteil ist. Liegt der ICC bei Null, unterscheiden sich die fraglichen Stadtteile nicht überzufällig im mittleren Ausmaß an (zugeschriebener) sozialer Kontrolle.

Sollten die folgenden Analysen ergeben, dass die Flächengrenzen, innerhalb derer im vorangegangenen Untersuchungsschritt Kontexteffekte nachgewiesen werden konnten, mit den Grenzen übereinstimmen, innerhalb derer die ICCs größer als Null sind, würde dies darauf hindeuten, dass die methodische Erklärung zutrifft. Gibt es dagegen Teilstichproben, bei denen der Stadtteil zwar einen Erklärungsanteil an der (zugeschriebenen) sozialen Kontrolle hat, aber kein Einfluss der sozialen Kohäsion und Disorder festgestellt werden konnte, spräche dies für die inhaltliche Erklärung.

Abbildung 3 zeigt die Ergebnisse für Hamburg, getrennt für die Selbsteinschätzung und die Einschätzung der Nachbarn. Um Einflüsse der sozialen Zusammensetzung (Kompositionseffekte) als Ursache für mögliche Differenzen zwischen den Stadtteilen zu reduzieren, wurden konditionale ICCs berechnet. Hierbei wird der Erklärungsanteil des Stadtteils unter Konstanthaltung des individuellen Alters, Geschlechts und schulischen Bildungsniveaus berechnet.

Abbildung 3: Konditionale ICCs für Teilstichproben; Selbsteinschätzung und Einschätzung Nachbarn, Hamburg

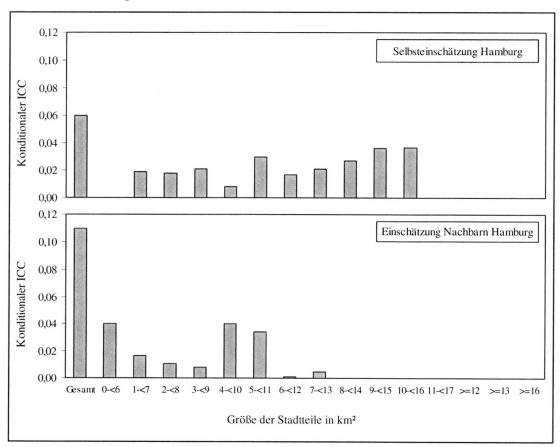

Wird die gesamte Stichprobe betrachtet, hat der Stadtteil für die Einschätzung der eigenen Bereitschaft zur Ausübung sozialer Kontrolle einen Erklärungsanteil von 6,0 %. Bei der Einschätzung der nachbarlichen Bereitschaft sind es 11,0 %. Die Bedingungen des Stadtteils haben somit einen deutlichen Einfluss auf die Ausübung sozialer Kontrolle in Hamburg. Werden die Teilstichproben betrachtet, wird allerdings deutlich, dass ein solcher Einfluss nur in denjenigen Gebieten nachweisbar sein kann, die weniger als 16 (Selbsteinschätzung) bzw. weniger als 13 Quadratkilometer (Einschätzung der Nachbarn) groß sind. Nach Überschreiten dieser Obergrenzen betragen die konditionalen ICCs Null.

Abbildung 4 zeigt die entsprechenden Ergebnisse für München. Bei Betrachtung der gesamten Stichprobe entfällt auf die Selbsteinschätzung ein Erklärungsanteil von 2,0 % auf den Stadtteil, während die Einschätzung der Nachbarn nicht von Merkmalen des Stadtteils abhängig ist. Der konditionale ICC beträgt hier Null. Die Teilstichproben zeigen, dass ein Stadtteileffekt auf die Einschätzung der eigenen Bereitschaft zur Ausübung sozialer Kontrolle nur in Gebieten möglich ist, die weniger als 24 Quadratkilometer groß sind. Für die Einschätzung der Nachbarn ist dieses Fenster mit mindestens fünf und höchstens 24 Quadratkilometern noch enger.

Abbildung 4: Konditionale ICCs für Teilstichproben; Selbsteinschätzung und Einschätzung Nachbarn, München

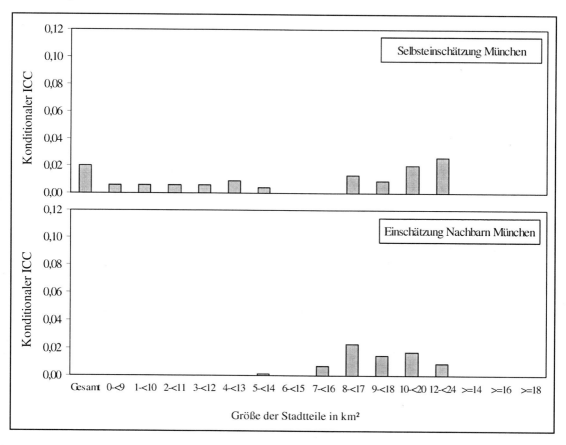

Überraschend ist beim letztgenannten Ergebnis, dass die kleinsten Stadtteile keinen Erklärungsanteil aufweisen. Hier deutet sich an, dass räumliche Gebiete nicht nur zu groß sein können, um den Nachweis von Kontexteffekten zuzulassen, sondern auch zu klein. Bei einer ungeschichteten Zufallsstichprobe wie der vorliegenden wäre eine mögliche Erklärung, dass die Zahl der befragten Individuen pro Stadtteil in kleinen Gebieten so gering ist, dass keine reliablen Mittelwerte für das Gebiet berechnet werden können. Entsprechend wäre es in diesem Fall auch möglich, dass keine systematischen Unterschiede zwischen den Stadtteilen nachgewiesen werden können. Dies trifft im Fall von München aber nicht zu. Die Zahl der Individuen pro Stadtteil beträgt in den Teilstichproben der Gebiete mit weniger als 13 Quadratkilometern durchschnittlich 30,3, in den Teilstichproben mit Stadtteilen von fünf bis weniger als 24 Quadratkilometern 35,6. Die Differenz erscheint nicht groß genug, um eine überzeugende Erklärung zu bieten. Die Zahl der Stadtteile in jeder Teilstichprobe ist in der erstgenannten Gruppe sogar größer.

Abschließend werden die Ergebnisse der letzten beiden Untersuchungsschritte der besseren Übersichtlichkeit halber noch einmal zusammengefasst. In Tabelle 4 sind die Flächengrenzen für die konditionalen ICCs sowie für die Einflüsse von sozialer Kohäsion und Disorder im Stadtteil auf die Selbsteinschätzung und die Einschätzung der Nachbarn in Hamburg und München abgetragen. Ein ICC von mehr als Null konnte bei der Einschätzung der eigenen Bereitschaft zur Ausübung sozialer Kontrolle in Hamburg beispielsweise nur in Stadtteilen mit einer Fläche von einem bis weniger als 16 Quadratkilometern nachgewiesen werden. Ein statistisch signifikanter Einfluss der mittleren sozialen Kohäsion im Stadtteil konnte in Gebieten festgestellt werden, die zwischen drei und zehn Quadratkilometern groß sind. Für Disorder liegt der Bereich zwischen einem und 14 Quadratkilometern.

Tabelle 4: Flächenunter- und -obergrenzen für ICCs größer Null und Nachweisbarkeit von Kontexteffekten des Stadtteils

	Hamburg		München	
	Selbstein-schätzung	Einschätzung Nachbarn	Selbstein-schätzung	Einschätzung Nachbarn
ICC	1 bis <16	0 bis <13	0 bis <24	5 bis <24
Soziale Kohäsion	3 bis <10	0 bis <13	0 bis <24	6 bis <24
Disorder	1 bis <14	0 bis <11	-	-

Tabelle 4 zeigt, dass der Flächenbereich, in denen statistisch signifikante Effekte des Stadtteils nachgewiesen werden konnten, weitgehend mit dem Bereich übereinstimmt, für den der Stadtteil einen Erklärungsanteil hat. Umgekehrt formuliert gibt es keinen Hinweis darauf, dass zwar die Bereitschaft zur Ausübung sozialer Kontrolle zwischen Stadtteilen variiert, diese Unterschiede aber nicht durch die soziale Kohäsion oder Disorder in den Gebieten erklärt werden können. Die Ursache für fehlende Kontexteffekte ist im vorliegenden Fall demnach eine Homogenisierung des mittleren Ausmaßes an sozialer Kontrolle in großflächigen Stadtteilen.

4. Fazit

4.1. Zusammenfassung der Ergebnisse

Im Rahmen des vorliegenden Beitrags wurden zwei Ziele verfolgt. Erstens sollte verdeutlicht werden, dass Kontexteffekte der urbanen sozialräumlichen Umgebung unterschätzt werden können, wenn die der Analyse zugrunde liegenden räumlichen Einheiten zu groß sind. Zu diesem Zweck wurden für Hamburg und München mittels Poisson-Mehrebenenregressionen die Einflüsse des Ausmaßes an sozialer Kohäsion und Disorder im Stadtteil auf die eigene und die den Nachbarn im Wohngebiet zugeschriebene Bereitschaft zur Ausübung sozialer Kontrolle analysiert. Es wurden Ergebnisse für die beiden Gesamtstichproben mit denjenigen für Teilstichproben verglichen, die jeweils Stadtteile beinhalten, deren Größe sich um weniger als sechs Quadratkilometer (Hamburg) bzw. neun Quadratkilometer (München) unterscheidet. Die Flächengrenzen jeder Teilstichprobe sind um einen Quadratkilometer verschoben, so dass es möglich war festzustellen, ob es eine Flächen-Obergrenze gibt, bei deren Überschreiten die Einflüsse von sozialer Kohäsion oder Disorder im Stadtteil nicht mehr statistisch signifikant sind. Zweitens sollte die Frage beantwortet werden, welche Ursache der festgestellten Unterschätzung zugrunde liegt. Hierzu wurde mit Hilfe der Intraklassen-Korrelationskoeffizienten für die Teilstichproben geprüft, ob bei der Verwendung von großen räumlichen Einheiten eine Varianz zwischen Stadtteilen besteht, die durch Stadtteilmerkmale erklärt werden könnte.

Im ersten Schritt der Untersuchung konnte festgestellt werden, dass das individuell wahrgenommene Ausmaß sozialer Kohäsion im Wohngebiet in dem Sinne den stärksten Einfluss auf die Bereitschaft zur Ausübung sozialer Kontrolle hat, als es einen Zusammenhang mit drei der vier abhängigen Variablen (Selbsteinschätzung bzw. Einschätzung der Nachbarn in Hamburg bzw. München) aufweist. Darüber hinaus hat aber auch das durchschnittliche Ausmaß sozialer Kohäsion im Stadtteil einen statistisch signifikanten Effekt auf die Selbsteinschätzung in München sowie auf die Einschätzung der Nachbarn in Hamburg. Disorder hat sowohl im individuell wahrgenommenen Wohngebiet als auch im Stadtteil einen schwächeren Einfluss; es konnte jeweils in nur einem der vier Regressionsmodelle ein systematischer Effekt nachgewiesen werden.

Die im zweiten Untersuchungsschritt an den Teilstichproben durchgeführten Mehrebenenanalysen zeigten, dass es eine Flächen-Obergrenze gibt, nach deren Überschreiten keine Einflüsse der sozialräumlichen Umgebung mehr nachgewiesen werden können. Für Hamburg konnten Kontexteffekte ausschließlich in denjenigen Stadtteilen nachgewiesen werden, die weniger als 14 Quadratkilometer groß sind. Für München beträgt die entsprechende Grenze 24 Quadratkilometer. Die Verwendung der Gesamtstichproben, in denen auch größere Stadtteile enthalten sind, führt zu einer teilweise massiven Unterschätzung der hier geprüften Kontexteffekte. In der Hälfte der Fälle wurde für die Gesamtstichprobe ein nicht statistisch signifikanter Einfluss von sozialer Kohäsion oder Disorder auf die Bereitschaft zur Ausübung sozialer Kontrolle festgestellt, obwohl er in Teilstichproben vorhanden ist.

Damit einhergehend wird die Stärke des Effekts unterschätzt. Die Analyse der Teilstichproben hat gezeigt, dass soziale Kohäsion in Hamburg und München einen Einfluss sowohl auf die Einschätzung der eigenen Bereitschaft zur Ausübung sozialer Kontrolle als auch auf die Einschätzung der Nachbarn hat. Für Disorder haben sich entsprechende Effekte nur in Hamburg gezeigt.

Die Einschätzung der Nachbarn ist den vorliegenden Ergebnissen zufolge stärker von den Bedingungen der sozialräumlichen Umgebung abhängig als die Selbsteinschätzung. Wie hoch die den Nachbarn zugeschriebene Bereitschaft zur Ausübung sozialer Kontrolle ist, hängt sowohl von den Bedingungen des individuell wahrgenommenen Wohngebiets ab als auch vom Stadtteil, während die Einschätzung der eigenen Bereitschaft ausschließlich vom Stadtteil abhängt, und dies zudem in geringerem Maße. Im Rahmen des vorliegenden Beitrages ist es nicht möglich, der Ursache dieses Befundes auf den Grund zu gehen. Es ist denkbar, dass zur (im Gegensatz zu eigenen Kontrollbereitschaft) notwendigen „Schätzung" der Kontrollbereitschaft der Nachbarn Merkmale der Wohnumgebung herangezogen werden, die mit sozialer Kohäsion und Disorder korrelieren.

Im letzten Schritt wurde die Ursache für die Nicht-Nachweisbarkeit von Effekten der sozialräumlichen Umgebung in Stadtteilen, deren Größe die genannten Grenzen überschreitet, untersucht. Es wurde festgestellt, dass die Flächengrenzen, innerhalb derer Kontexteffekte nachgewiesen werden konnten, mit denjenigen Grenzen übereinstimmen, innerhalb derer der Intraklassen-Korrelationskoeffizient größer als Null ist. In großen Gebieten werden die abhängigen Variablen demnach so stark homogenisiert, dass zwischen den Stadtteilen keine Varianz der mittleren Bereitschaft zur Ausübung sozialer Kontrolle vorhanden ist, und entsprechend auch keine Erklärung dieser Varianz durch Stadtteilmerkmale möglich ist.

4.2. Schlussfolgerungen für die Durchführung von Kontextanalysen

Die hier nachgewiesene Abhängigkeit der Feststellbarkeit von Kontexteffekten der sozialräumlichen Umgebung führt zu dem Schluss, dass die Verwendung von administrativ vorgegebenen Gebietseinheiten zu fehlerhaften Ergebnissen, genauer zu falsch negativen Befunden, führen kann. Wären Städte grundsätzlich in relativ kleine Einheiten unterteilt, würde sich dieses Problem nicht stellen. Deutsche (und auch andere europäische sowie US-amerikanische) Städte zeichnen sich aber in vielen Fällen durch ein Muster kleiner Innenstadtgebiete und deutlich größerer Gebiete an der Peripherie des Stadtgebiets aus. Große Gebiete können zudem eine administrative Zusammenfassung mehrerer räumlich unverbundener Einheiten sein, z. B. ehemals eigenständige Gemeinden im Umland der Stadt. Von der Nutzung von Daten, die sich auf Stadtviertel, -teile oder -bezirke beziehen, muss mit den vorgelegten Befunden nicht grundsätzlich abgeraten werden. Werden solche Daten verwendet oder wird dies in Erwägung gezogen, ist es aber mindestens notwendig, die drei im Folgenden genannten Aspekte zu berücksichtigen.

Erstens stellt sich die Frage, worauf ein Kontexteffekt theoretisch beruht: auf sozialer Interaktion, auf der Beobachtung von Verhaltensweisen, auf der Zuschreibung von Verhaltensweisen aufgrund von Merkmalen der physischen Umgebung (wie z. B. beim Zusammenhang zwischen physischer Disorder und Kriminalitätsfurcht; vgl. Boers 1993, Lewis und Salem 1986: 99f), auf der infrastrukturellen oder institutionellen Ausstattung oder auf anderen, hier nicht genannten Einflüssen? *Zweitens* ist zu bedenken, auf welchen Personenkreis bzw. auf welchen Ausschnitt eines individuellen Aktionsraums sich der Einflussmechanismus bezieht. Wird beispielsweise angenommen, dass regelmäßige Interaktionen mit Personen in der unmittelbaren Nachbarschaft individuelles Verhalten beeinflussen, dürfte der Nachweis solcher Effekte auf der Ebene großräumiger Stadtbezirke einen Zufallsfund darstellen. Beruht ein Kontexteffekt dagegen auf der infrastrukturellen Ausstattung, z. B. auf der (fehlenden) Anbindung eines an der Peripherie gelegenen Gebiets an den öffentlichen Nahverkehr, können solche Einflüsse möglicherweise auch auf der Basis größerer Gebietseinheiten entdeckt werden. Die beiden erstgenannten Punkte hängen *drittens* mit der Einstellung oder dem Verhalten zusammen, das durch die sozialräumliche Umgebung beeinflusst wird. Wenn beispielsweise Kriminalitätsfurcht durch ein Item operationalisiert wird, das sich auf das Gefühl der Sicherheit im eigenen Wohngebiet bezieht, liegt es nahe anzunehmen, dass für die Kriminalitätsfurcht Interaktionen oder Beobachtungen im engeren Wohnumfeld relevant sind und Kontexteffekte entsprechend für diejenigen kleineren Gebietseinheiten nachgewiesen werden können, die dieses engere Umfeld abbilden (vgl. Nonnenmacher 2007). Für das hier behandelte Beispiel der eigenen bzw. den Nachbarn zugeschriebenen Bereitschaft zur Ausübung sozialer Kontrolle im Wohngebiet hat sich gezeigt, dass wahrscheinlich (auch) Interaktionen und/oder Beobachtungen im weiteren Wohnfeld relevant sind, da Kontexteffekte auch in Stadtteilen mit einer Größe von bis zu 24 Quadratkilometern nachgewiesen werden konnten. Hierbei muss allerdings bedacht werden, dass im Vergleich zu Innenstadtteilen ein kleinerer Teil der Gesamtfläche dieser großen Stadtteile, die mit einer Ausnahme am Rand des Stadtgebiets liegen, bebaut ist.

Die drei genannten Aspekte weisen darauf hin, dass es nicht möglich ist, grundsätzliche Aussagen über die Nachweisbarkeit von Kontexteffekten im Allgemeinen zu machen. Entscheidend für die Wahl der „richtigen" Gebietseinheiten ist die Frage, welche Aspekte der sozialräumlichen Umgebung auf welchem Weg eine Einstellung oder Verhaltensweise beeinflussen. Kann der Einflussmechanismus aufgrund bisher bestehender theoretischer Defizite nicht genau genug spezifiziert werden, um eine gezielte Auswahl der Untersuchungseinheiten zu treffen, ist es zunächst angeraten, kleine Einheiten mit einer genügend großen Anzahl an Individuen pro Einheit zu wählen (vgl. Oberwittler und Wikström 2009). In einigen Städten wie z. B. Köln und Hamburg ist dies relativ problemlos möglich, da Daten für relativ kleinräumige Einheiten wie Stadtviertel veröffentlicht oder zumindest auf Anfrage zur Verfügung gestellt werden. In einigen Städten, z. B. Kiel, ist es möglich, Daten über noch kleinere Einheiten wie Wohnblöcke zu erhalten. Je kleinräumiger die Einheiten werden, desto schwieriger ist es aber in der Regel, Informationen über sie zu erhalten. Hieraus können zwei Folgerungen (und Forderungen) abgeleitet werden: Erstens ist es wünschenswert, dass Städte die ihnen vorliegenden Daten veröffentlichen oder zur Verfügung stellen. Zweitens ist es notwendig, dass für Kontextanalysen nicht nur auf die veröffentlichten und somit leicht zugänglichen Daten zugegriffen, sondern geprüft wird, ob Informationen über für eine spezifische Fragestellung angemessene räumliche Einheiten erhältlich sind. Dies würde bedeuten, nicht mehr nach Kontexteffekten von vorgegebenen räumlichen Einheiten wie Stadtteilen, Stadtvierteln oder „neighborhoods" zu fragen, sondern allgemein nach Kontexteffekten der sozialräumlichen Umgebung. Ob und wie diese Umgebung durch administrative Einheiten operationalisiert werden kann, ist dann eine andere Frage.

Abschließend sei noch auf die überraschenden Befunde der hier vorgestellten Analysen eingegangen. Erstens hat sich gezeigt, dass Stadtteile nicht nur zu groß, sondern auch zu *klein* sein können, um Kontexteffekte nachweisen zu können. In München konnte eine überzufällige Variation der Mittelwerte sozialer Kontrolle zwischen Stadtteilen und in der Folge ein mit den theoretischen Annahmen übereinstimmender Einfluss sozialer Kohäsion auf die Einschätzung der nachbarlichen Bereitschaft zu sozialer Kontrolle nur in Stadtteilen nachgewiesen werden, die mindestens sechs Quadratkilometer groß sind. Zweitens ist der Einfluss der mittleren sozialen Kohäsion in denjenigen Teilstichproben, in denen der ICC Null beträgt, entgegen der Annahmen negativ, wenn auch nicht statistisch signifikant.[5]

Die Erklärung der fehlenden Zwischengruppenvarianz in großen Stadtteilen (Einebnung von Unterschieden zwischen Teilgebieten durch Zusammenfassung zu einem großflächigen Stadtteil) kann nicht auf die kleinsten Stadtteile übertragen werden. Es ist aber denkbar, dass der Wohnstandort in kleinen Stadtteilen häufiger im „falschen" Stadtteil liegt und dieser Umstand zu einer Homogenisierung führt. Abbildung 5 verdeutlicht diese Überlegung. In Abbildung 5a liegen sämtliche individuell wahrgenommenen Wohngebiete, repräsentiert durch Ovale, innerhalb der Grenzen des Stadtteils (Rechtecke). Dargestellt sind außerdem die Bewertungen eines Merkmals des Wohngebiets, z. B. der den Nachbarn zugeschriebenen Bereitschaft zur Ausübung sozialer Kontrolle. Die Platzierung der Ziffern entspricht dem individuellen Wohnstandort. Mit dieser Anordnung bestehen deutliche Unterschiede in der durchschnittlichen Bewertung. Sie sind jeweils an den Ecken eines „Stadtteils" eingetragen.

In Abbildung 5b wird der Möglichkeit Rechnung getragen, dass individuell definierte Wohngebiete über die Grenzen eines Stadtteils hinausgehen können. Dies stellt kein Problem dar, solange der Wohnstandort in demjenigen Stadtteil liegt, in dem auch der größere Teil des individuell wahrgenommenen Wohngebiets liegt und der somit für die Bewertung dieses Gebiets entscheidend ist. Sobald aber, wie in Abbildung 5c, der Wohnstandort in einem anderen Stadtteil liegt, werden Stadtteil-Mittelwerte mit Hilfe der Bewertung der

---

[5] In einigen Teilstichproben konnte der erwartete statistisch signifikant positive Einfluss der sozialen Kohäsion im Stadtteil nachgewiesen werden, obwohl der ICC gleich Null ist, z. B. in der Münchner Teilstichprobe mit Gebieten zwischen 6 und 15 km² (Einschätzung der Kontrollbereitschaft der Nachbarn, Abbildung 2b und 4 unten). Diese Befunde widersprechen auf den ersten Blick der Argumentation. Die ICCs wurden allerdings mit Hilfe von linearen Mehrebenenregressionen berechnet, während ansonsten Poisson-Regressionen verwendet wurden. Die Unterschiede in den Nullmodellen der beiden Varianten sind gering, führen aber dazu, dass für einige Stichproben ein ICC von Null ausgewiesen wird, während das entsprechende Poisson-Modell eine zumindest geringe Zwischengruppenvarianz angibt.

„falschen" Wohngebiete gebildet. Das Beispiel zeigt deutlich, dass daraus geringere Mittelwertunterschiede resultieren können.

Entscheidend ist nun, dass unter der Annahme, dass die Größe des individuell als „Wohngebiet" definierten Gebiets von der Größe des Stadtteils unabhängig ist, in kleinen Stadtteilen eine höhere Wahrscheinlichkeit besteht, dass individuell wahrgenommene Wohngebiete die Stadtteilgrenze überschreiten und der Wohnstandort im „falschen" Stadtteil liegt.

Abbildung 5: Schematische Darstellung von individuell definierten Wohngebieten ohne (5a) bzw. mit (5b, c) Überschreitung von Stadtteilgrenzen (Erläuterungen siehe Text)

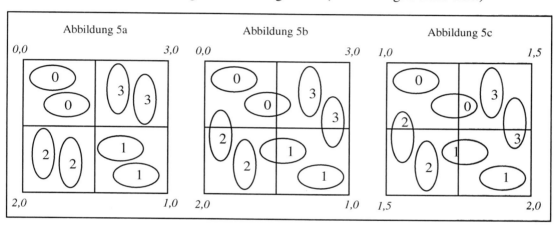

Ob die beschriebene Erklärung zutrifft, kann nur geprüft werden, wenn die Grenzen individuell definierter Wohngebiete bekannt sind. Mit Hilfe eines Datensatzes, der Individuen in Wohngebieten und Wohngebiete in Stadtteilen (ohne Überschreitungen von Stadtteilgrenzen) beinhaltet, sollten sich auch in kleinen Stadtteilen Kontexteffekte nachweisen lassen. Alternativ könnten in einem Datensatz wie dem hier verwendeten nur diejenigen Fälle analysiert werden, deren Wohnstandort im „richtigen" Stadtteil liegt.

In Bezug auf die hier vorgestellten Befunde müsste darüber hinaus geklärt werden, warum in München, nicht aber in Hamburg die individuell definierten Wohngebiete Stadtteilgrenzen überschreiten. Es ist möglich, dass die 1992 in München vorgenommene Stadtteilreform eine Erklärung bietet. Im Zuge der Reform wurde die Zahl der Stadtteile von 36 auf 25 reduziert, und es wurden teilweise intern homogene Gebiete aufgeteilt und anderen Stadtteilen zugeordnet. In einem solchen Fall ist es denkbar, dass sich die Grenzen des individuell definierten Wohngebiets an den Grenzen des „alten" Stadtteils orientieren. Dieses Beispiel zeigt, dass die interne Homogenität von administrativen Einheiten nicht unbedingt von deren Größe abhängig sein muss.

Bei dem zweiten unerwarteten Befund der vorgelegten Untersuchung, die negativen Koeffizienten für soziale Kohäsion im Stadtteil, handelt es sich, so kann angenommen werden, nicht um ein substantielles Ergebnis, sondern um ein statistisches Artefakt. Da es keine überzufälligen Unterschiede zwischen Stadtteilen bezüglich der durchschnittlichen Bereitschaft zu sozialer Kontrolle gibt (der ICC ist gleich Null), können Stadtteilmerkmale keine Varianz erklären. Zeigen sich dennoch von Null verschiedene Regressionskoeffizienten (und wurden Selektions- bzw. Kompositionseffekte kontrolliert), kann dieses Ergebnis keine inhaltliche Ursache haben. Dieses Beispiel zeigt, dass die Prüfung des Effekts von Kontextmerkmalen für den Fall, dass es keine Differenzen zwischen Kontexten gibt, zu Fehlschlüssen führen kann.

Die hier vorgestellten Befunde zeigen ebenso wie die aufgrund der unerwarteten Ergebnisse aufgetauchten Fragen die derzeit bestehenden theoretischen und methodischen Defizite von Kontextanalysen auf. Solange die verschiedenen Einflussmechanismen nicht so weit theoretisch weiterentwickelt und empirisch überprüft sind, dass eine gezielte Auswahl der „richtigen" sozialräumlichen Kontexte möglich ist, erscheint es angeraten, negative Ergebnisse bei Hypothesentests durch die Analyse von Teilstichproben oder andere Methoden zu überprüfen. Besteht beispielsweise die Annahme, dass die Stärke von Kontexteffekten mit der Stadtteilgröße oder Einwohnerzahl variiert, wäre es für eine erste Überprüfung möglich, Interaktionseffekte zwischen Kontextmerkmalen und der (evtl. quadrierten) Gebietsgröße bzw. Einwohnerzahl in ein Regressionsmodell einzuführen. Weisen solche Tests auf eine Abhängigkeit der Nachweisbarkeit von Kontexteffekten hin, ist eine genauere Prüfung angeraten.

Literaturverzeichnis

Bandura, A., 1995. Exercise of personal and collective efficacy in changing societies. In: Bandura, A. (Ed.), *Self-Efficacy in Changing Societies*. Cambridge: Cambridge University Press, 1-45.

Bellair, P. E., 2000. Informal surveillance and street crime: A complex relationship. *Criminology*, 38, 137-169.

Boers, K., 1993. Kriminalitätsfurcht. Ein Beitrag zum Verständnis eines sozialen Problems. *Monatsschrift für Kriminologie und Strafrechtsreform,* 76, 65-82.

Dillman, D., 2000. Mail *and Internet Surveys: The Tailored Design Method*. New York: Wiley.

Friedrichs, J., Nonnenmacher, A. 2010. Welche Mechanismen erklären Kontexteffekte? In: Beckers, T., Birkelbach, K., Hagenah, J. und Rosar, U. (Hg.), *Komparative empirische Sozialforschung*. Wiesbaden: VS Verlag für Sozialwissenschaften.

Frye, V., 2007. The informal social control of intimate partner violence against woman: Exploring personal attitudes and perceived neighbourhood social cohesion. *Journal of Community Psychology*, 35, 1001-1018.

Goodstein, L., Shotland, R. L., 1980. The Crime Causes Crime Model: A Critical Review of the Relationships Between Fear of Crime, Bystander Surveillance, and Changes in the Crime Rate. *Victimology: An International Journal*, 5, 133-151.

Gracia, E., Herrero, J., 2007. Perceived neighbourhood social disorder and attitudes toward reporting domestic violence against women. *Journal of Interpersonal Violence*, 22, 737-752.

Jencks, C., Mayer, S. E., 1990. The Social Consequences of Growing up in a Poor Neighbourhood. In: Lynn, L. E., McGeary, M. G. H. (Eds.), *Inner City Poverty in the United States*. Washington D. C.: National Academy Press, 111-186.

Leventhal, T., Brooks-Gunn, J. 2000. The Neighborhoods They Live. The Effects of Neighborhood Residence on Child and Adolescent Outcomes. *Psychological Bulletin*, 126, 309-337.

Lewis, D. A., Salem, G., 1986. *Fear of Crime. Incivility and the Production of a Social Problem*. New Brunswick, N. J.: Transaction Books.

Lüdemann, C., 2006. Kriminalitätsfurcht im urbanen Raum. *Kölner Zeitschrift für Soziologie und Sozialpsychologie*, 58, 285-306.

Maccoby, E. E., Johnson, J. P., Church, R. M., 1958. Community Integration and the Social Control of Juvenile Delinquency. *The Journal of Social Issues*, 14, 38-51.

Nonnenmacher, A., 2007. Eignen sich Stadtteile für den Nachweis von Kontexteffekten? Eine empirische Analyse am Beispiel von Disorder und Kriminalitätsfurcht. *Kölner Zeitschrift für Soziologie und Sozialpsychologie*, 59, 493-511.

Oberwittler, D., 2003. Stadtstruktur, Freundeskreise und Delinquenz. Eine Mehrebenenanalyse zu sozialökologischen Kontexteffekten auf schwere Jugenddelinquenz. In: Oberwittler, D., Karstedt, S. (Hg.), *Soziologie der Kriminalität*. Wiesbaden: VS Verlag für Sozialwissenschaften, 135-170.

Oberwittler, D., Wikström, P.-O., 2009. Why Small Is Better: Advancing the study of the Role of Behavioral Contexts in Crime Causation. In: Weisburd, D., Bernasco, W., Bruinsma, G. J. N. (Eds.), *Putting Crime in its Place*. New York: Springer, 33-58.

Renauer, B. C., 2007. Is neighbourhood policing related to informal social control. *Policing- An International Journal of Police Strategies & Management*, 30, 61-81.

Reuband, K.-H., 2001. Möglichkeiten und Probleme des Einsatzes postalischer Befragungen. *Kölner Zeitschrift für Soziologie und Sozialpsychologie*, 53, 307-333.

Reuband, K.-H., Blasius, J., 1996. Face-to-face, telefonische und postalische Befragungen. Ausschöpfungsquoten und Antwortmuster in einer Großstadt-Studie. *Kölner Zeitschrift für Soziologie und Sozialpsychologie*, 48, 296-318.

Reuber, P., 1993. *Heimat in der Großstadt*. Köln: Geographisches Institut der Universität zu Köln.

Rountree, P. W., Warner, B. D., 1999. Social Ties and Crime: Is the Relationship Gendered? *Criminology*, 37, 789-813.

Sampson, R. J., Groves, W. B., 1989. Community structure and Crime: Testing Social-Disorganization Theory. *American Journal of Sociology*, 94, 774-802.

Sampson, R. J., Raudenbush, S. W., Earls, F., 1997. Neighborhoods and Violent Crime: A Multilevel Study of Collective Efficacy. *Science*, 277, 918-924.

Scheiner, J., 2000. *Eine Stadt - zwei Alltagswelten?* Berlin: Dietrich Reimer Verlag.

Shaw, C. R., McKay, H. D., 1969 [1942]. *Juvenile Delinquency and Urban Areas*. Chicago: University of Chicago Press.

Skogan, W. G., 1990. *Disorder and Decline. Crime and the Spiral of Decay in American Neighbourhoods*. Berkeley/Los Angeles: University of California Press.

Statistisches Amt der Landeshauptstadt München, 2002. *Statistisches Jahrbuch*. München.

Statistisches Landesamt Hamburg, 2002. *Stadtteil-Profile 2002 mit Kreisdaten für das Umland*. Hamburg.

Warner, B. D., 2007. Directly intervene or call the authorities? A study of forms of neighbourhood social control within a social disorganization framework. *Criminology*, 45, 99-129.

Wolf, C., 2004. Wohnquartier und Gesundheit: Eine Mehrebenenanalyse. In: Kecskes, R., Wagner, M., Wolf, C. (Hg.): *Angewandte Soziologie*. Wiesbaden: VS Verlag für Sozialwissenschaften, 103-126.

Anhang

Tabelle 1A: Größe der Teilstichproben für Hamburg und München

Größe der Stadtteile in km²	Hamburg		Größe der Stadtteile in km²	München	
	N (Ebene 1)	N (Ebene 2)		N (Ebene 1)	N (Ebene 2)
0 bis <6	313	30	0 bis <9	392	12
1 bis <7	372	33	1 bis <10	429	13
2 bis <8	406	34	2 bis <11	433	13
3 bis <9	382	30	3 bis <12	441	13
4 bis <10	296	25	4 bis <13	442	12
5 bis <11	298	24	5 bis <14	325	9
6 bis <12	340	26	6 bis <15	242	7
7 bis <13	299	23	7 bis <16	237	7
8 bis <14	263	19	8 bis <17	272	7
9 bis <15	158	10	9 bis <18	294	7
10 bis <16	167	10	10 bis <20	316	7
11 bis <17	161	10	12 bis <24	374	8
>= 12	174	9	>= 14	371	9
>= 13	152	8	>= 16	348	8
>= 16	122	6	>= 18	240	6

Autoreninformationen

Baier, Dirk, Dr., Kriminologisches Forschungsinstitut Niedersachsen Hannover, dirk.baier @kfn.de.

Burdick-Will, Julia, MA Sociology, University of Chicago, Department of Sociology, juliabw@uchicago.edu.

Friedrichs, Jürgen, Prof. em. Dr., Institut für Soziologie und Sozialpsychologie (ISS) der Universität zu Köln, friedrichs@wiso.uni-koeln.de.

Häfele, Joachim, Dr., HafenCity Universität Hamburg, Stadt- und Regionalsoziologie, joachim.haefele@hcu-hamburg.de.

Kunadt, Susann, Dr., GESIS - Leibniz-Institut für Sozialwissenschaften, susann.kunadt @gesis.org.

Ludwig, Jens, Prof. Ph.D., McCormick Foundation Professor of Social Service Administration, Law, and Public Policy der University of Chicago, jludwig@uchicago.edu.

Lüdemann, Christian, Priv.-Doz. Dr. (gest. 2012), ehem. Institut für Sicherheits- und Präventionsforschung Hamburg.

Nonnenmacher, Alexandra, Prof. Dr., Department Erziehungswissenschaft und Psychologie der Universität Siegen, alexandra.nonnenmacher@uni-siegen.de.

Oberwittler, Dietrich, Priv.-Doz. Dr. phil., Max-Planck-Institut für ausländisches und internationales Strafrecht Freiburg i. B., Abteilung Kriminologie, d.oberwittler@mpicc.de.

Pauwels, Lieven, Prof. Dr., Ghent University Department of Criminal Law and Criminology, Institute for Urban Security & Policing Studies, lieven.pauwels@UGent.be.

Peter, Sascha, Dipl. Soz., Universität Hamburg, Fakultät Wirtschafts- und Sozialwissenschaften, sascha.peter@uni-hamburg.de

Schlepper, Christina, Dipl. Soz. Dipl. Krim., Institut für Sicherheits- und Präventionsforschung Hamburg, isip@uni-hamburg.de.

Rabold, Susann, Dr., Kriminologischer Dienst im Bildungsinstitut des niedersächsischen Justizvollzuges, susann.rabold@justiz.niedersachsen.de.

Simonson, Julia, Dr., Deutsches Zentrum für Altersfragen Berlin, julia.simonson@dza.de.

Windzio, Michael, Prof. Dr., EMPAS Institut für empirische und angewandte Soziologie der Universität Bremen, mwindzio@empas.uni-bremen.de.

Das Grundlagenwerk für alle Soziologie-Interessierten

> in überarbeiteter Neuauflage

Das *Lexikon zur Soziologie* ist das umfassendste Nachschlagewerk für die sozialwissenschaftliche Fachsprache. Für die 5. Auflage wurde das Werk neu bearbeitet und durch Aufnahme neuer Stichwortartikel erweitert.

Das *Lexikon zur Soziologie* bietet aktuelle, zuverlässige Erklärungen von Begriffen aus der Soziologie sowie aus Sozialphilosophie, Politikwissenschaft und Politischer Ökonomie, Sozialpsychologie, Psychoanalyse und allgemeiner Psychologie, Anthropologie und Verhaltensforschung, Wissenschaftstheorie und Statistik.

„[...] das schnelle Nachschlagen prägnanter Fachbegriffe hilft dem erfahrenen Sozialwissenschaftler ebenso weiter wie dem Neuling, der hier eine Kurzbeschreibung eines Begriffs findet, für den er sich sonst mühsam in Primär- und Sekundärliteratur einlesen müsste."
www.radioq.de, 13.12.2007

Werner Fuchs-Heinritz /
Daniela Klimke /
Rüdiger Lautmann /
Otthein Rammstedt /
Urs Stäheli / Christoph Weischer /
Hanns Wienold (Hrsg.)

Lexikon zur Soziologie

5., grundl. überarb. Aufl. 2010.
776 S. Geb. EUR 49,95
ISBN 978-3-531-16602-5

Erhältlich im Buchhandel oder beim Verlag.
Änderungen vorbehalten. Stand: Januar 2012.

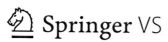

Einfach bestellen:
SpringerDE-service@springer.com
tel +49 (0)6221 / 345–4301
springer-vs.de

Printed by Printforce, the Netherlands